O PROCESSO ADMINISTRATIVO COMO MANIFESTAÇÃO SENSÍVEL DA FUNÇÃO

LIÇÕES DA HISTÓRIA CONSTITUCIONAL DO BRASIL

MAREN GUIMARÃES TABORDA

Prefácio
José Reinaldo Lima Lopes

O PROCESSO ADMINISTRATIVO COMO MANIFESTAÇÃO SENSÍVEL DA FUNÇÃO

LIÇÕES DA HISTÓRIA CONSTITUCIONAL DO BRASIL

Belo Horizonte

FÓRUM
CONHECIMENTO JURÍDICO

2023

© 2023 Editora Fórum Ltda.

É proibida a reprodução total ou parcial desta obra, por qualquer meio eletrônico, inclusive por processos xerográficos, sem autorização expressa do Editor.

Conselho Editorial

Adilson Abreu Dallari
Alécia Paolucci Nogueira Bicalho
Alexandre Coutinho Pagliarini
André Ramos Tavares
Carlos Ayres Britto
Carlos Mário da Silva Velloso
Cármen Lúcia Antunes Rocha
Cesar Augusto Guimarães Pereira
Clovis Beznos
Cristiana Fortini
Dinorá Adelaide Musetti Grotti
Diogo de Figueiredo Moreira Neto (*in memoriam*)
Egon Bockmann Moreira
Emerson Gabardo
Fabrício Motta
Fernando Rossi
Flávio Henrique Unes Pereira
Floriano de Azevedo Marques Neto
Gustavo Justino de Oliveira
Inês Virgínia Prado Soares
Jorge Ulisses Jacoby Fernandes
Juarez Freitas
Luciano Ferraz
Lúcio Delfino
Marcia Carla Pereira Ribeiro
Márcio Cammarosano
Marcos Ehrhardt Jr.
Maria Sylvia Zanella Di Pietro
Ney José de Freitas
Oswaldo Othon de Pontes Saraiva Filho
Paulo Modesto
Romeu Felipe Bacellar Filho
Sérgio Guerra
Walber de Moura Agra

CONHECIMENTO JURÍDICO

Luís Cláudio Rodrigues Ferreira
Presidente e Editor

Coordenação editorial: Leonardo Eustáquio Siqueira Araújo
Aline Sobreira de Oliveira

Rua Paulo Ribeiro Bastos, 211 – Jardim Atlântico – CEP 31710-430
Belo Horizonte – Minas Gerais – Tel.: (31) 99412.0131
www.editoraforum.com.br – editoraforum@editoraforum.com.br

Técnica. Empenho. Zelo. Esses foram alguns dos cuidados aplicados na edição desta obra. No entanto, podem ocorrer erros de impressão, digitação ou mesmo restar alguma dúvida conceitual. Caso se constate algo assim, solicitamos a gentileza de nos comunicar através do *e-mail* editorial@editoraforum.com.br para que possamos esclarecer, no que couber. A sua contribuição é muito importante para mantermos a excelência editorial. A Editora Fórum agradece a sua contribuição.

Dados Internacionais de Catalogação na Publicação (CIP) de acordo com ISBD

T114p	Taborda, Maren Guimarães
	O processo administrativo como manifestação sensível da função: lições da história constitucional do Brasil / Maren Guimarães Taborda. - Belo Horizonte : Fórum, 2023. 292 p. ; 14,5cm x 21,5cm.
	Inclui bibliografia. ISBN: 978-65-5518-437-2
	1. Direito Constitucional. 2. Direito Público. 3. História. 4. Filosofia. 5. Sociologia. I. Título.
2022-2103	CDD 342 CDU 342

Elaborado por Odilio Hilario Moreira Junior - CRB-8/9949

Informação bibliográfica deste livro, conforme a NBR 6023:2018 da Associação Brasileira de Normas Técnicas (ABNT):

TABORDA, Maren Guimarães. *O processo administrativo como manifestação sensível da função*: lições da história constitucional do Brasil. Belo Horizonte: Fórum, 2023. 292 p. ISBN 978-65-5518-437-2.

Ao mestre, Professor Almiro do Couto e Silva, *in memorian*.

Ao meu pai, amigo e colega, Wilmar Corrêa Taborda, porque, nos Campos Elíseos ou no Yvy Maray, está sempre comigo.

Em homenagem ao Professor Ruy Cirne Lima, por sua coragem na defesa das instituições democráticas – e em razão de sua obra brilhante e inspiradora.

Contar é muito, muito dificultoso. Não pelos anos que já se passaram. Mas pela astúcia que têm certas coisas passadas – de fazer balancê, de se remexerem nos lugares. (...) São tantas horas de pessoas, tantas coisas em tantos tempos, tudo miúdo recruzado. (...) A vida inventa! A gente principia as coisas, no não saber por que, e desde aí perde o poder de continuação – porque a vida é mutirão de todos, por todos remexida e temperada.
(Guimarães Rosa. *Grande Sertão*: Veredas)

*Não se deve zombar das placas que trazem
uma mão mostrando o que ali fazem;
o nome de um bar que atrai o freguês,
os regulamentos que a polícia fez.
Elas são, se nada mais fala neste vasto mundo,
um maravilhoso exemplo, justo e profundo:
sua modesta presença é uma lição de cultura:
aqui reina o homem, não mais o urso e o miúra.*
(Christian Morgenstern. *As placas*)

SUMÁRIO

PREFÁCIO
José Reinaldo Lima Lopes 13

INTRODUÇÃO 17

PARTE 1
A ADMINISTRAÇÃO PÚBLICA DO ANTIGO REGIME
LUSITANO ÀS REVOLUÇÕES LIBERAIS 31

CAPÍTULO 1
GOVERNAR (ADMINISTRAR) É JULGAR: O ESTADO
JURISDICIONAL DO IMPÉRIO PORTUGUÊS 33
1.1 Fundamento e legitimidade do poder real 34
1.1.1 O direito no Reino de Portugal 34
1.1.2 Todo o poder deriva das armas e das leis 43
1.2 A organização da jurisdição no Brasil:
     dos primórdios ao iluminismo português (Séc. XVI – XVIII) 44
1.2.1 A justiça do rei 45
1.2.2 A justiça dos donatários e dos governadores-gerais no Brasil ... 49
1.2.3 Mudanças estruturais no curso do século XVII e a organização
       da burocracia para a exploração das Minas 54
1.2.4 Racionalização da justiça no período Pombalino 61
1.2.4.1 O humanismo jurídico 63
1.2.4.2 O jusracionalismo e a tese do *Contrato Social* 65
1.2.4.3 A modernização do Estado 73

CAPÍTULO 2
REVOLUÇÃO LIBERAL, ESTADO DE DIREITO E JURISDIÇÃO
ADMINISTRATIVA: FIXAÇÃO DAS BASES CONCEITUAIS
E IDEOLÓGICAS DO PROCESSO (PROCEDIMENTO)
ADMINISTRATIVO...79
2.1 Os novos ventos da Revolução Francesa 80
2.1.1 Organização do poder no período revolucionário 81
2.1.2 A Restauração monárquica francesa e a *Acta Federal de Viena* (1815)..84
2.2 Organização da jurisdição administrativa na França........................88
2.2.1 O conselho de Estado..89
2.2.2 Fundamentos constitucionais da atuação do Conselho de Estado 91
2.3 A revolução norte-americana e a República Federal..........................96
2.3.1 A tese de Montesquieu e os fundamentos da revolução norte-americana 97
2.3.2 Federação, República e *judicial review of legislation* 101

CAPÍTULO 3
ESTADO DE DIREITO E MODELOS DE CONTROLE
JURISDICIONAL DA ADMINISTRAÇÃO..107
3.1 A teoria do "Estado de Direito" 108
3.2 Os elementos da teoria jurídica do Estado de Direito......................112
3.2.1 O Estado como "pessoa jurídica"...112
3.2.2 A noção de "competência funcional"..117
3.2.3 Legalidade administrativa 120
3.2.4 Controle jurisdicional da atividade da Administração.....................123

CAPÍTULO 4
O CONSELHO DE ESTADO NO IMPÉRIO BRASILEIRO
E A ORGANIZAÇÃO DO PROCEDIMENTO
ADMINISTRATIVO-FISCAL...131
4.1 A Constituição do Império do Brasil e o papel do Conselho de Estado na construção da ordem nacional..132
4.1.1 A Constituição do Império do Brasil...132
4.1.2 Atuação do Conselho de Estado na política imperial 135
4.2 A fixação dos primeiros princípios de processo (procedimento) administrativo na jurisprudência do contencioso fiscal...................141
4.2.1 A seção da Fazenda...143
4.2.2 As regras do processo administrativo 144

PARTE 2
DO ATO AO PROCESSO: O CAMINHO PERCORRIDO PELA ADMINISTRAÇÃO PÚBLICA BRASILEIRA EM DIREÇÃO À SUA DEMOCRATIZAÇÃO E MORALIZAÇÃO 149

CAPÍTULO 5
ADMINISTRAÇÃO E JURISDIÇÃO NA REPÚBLICA DE 1891 A 1988 153

5.1 Organização da jurisdição na 1ª República 153
5.1.1 O sistema de jurisdição única 156
5.1.2 Controle jurisdicional da Administração como verificação indireta de constitucionalidade 159
5.2 Racionalização e burocratização da administração pública brasileira no século XX 166
5.2.1 Burocracia como racionalização da autoridade 166
5.2.2 O segundo ciclo de modernização da Administração e a fixação das regras de procedimento administrativo no âmbito fiscal 173
5.2.2.1 O ambiente institucional até 1988 173
5.2.2.2 Reforma administrativa, código tributário e processo fiscal 179
5.2.2.3 Discussão sobre o conceito de ato administrativo na literatura jurídica 186

CAPÍTULO 6
CONEXÃO FUNCIONAL ENTRE PUBLICIDADE, PARTICIPAÇÃO E PROCESSO ADMINISTRATIVO: OS DESAFIOS DA ADMINISTRAÇÃO PÚBLICA CONTEMPORÂNEA 199

6.1 O aprofundamento do ideal democrático pela participação política 201
6.1.1 A tese da democracia procedimental 203
6.1.2 A esfera pública, a opinião pública e as mídias sociais 207
6.2 Processo administrativo e democracia 210
6.2.1 A constitucionalização da Administração Pública 212
6.2.2 O princípio da publicidade 215

CAPÍTULO 7
A RELAÇÃO PROCESSUAL ADMINISTRATIVA, PROCEDIMENTO, ATO 223

7.1 O *status activus processualis* 224
7. 2 O "estado da arte": discussão sobre os fenômenos procedimentais 228

7.3	Processo administrativo como garantia e concretização dos Direitos Fundamentais	234
7.3.1	O preceito do contraditório e os fundamentos da Lei de Processo Administrativo brasileira	235
7.3.2	Publicidade e participação no processo administrativo	249

EPÍLOGO
EM QUAIS CONDIÇÕES É POSSÍVEL A COMPATIBILIDADE
ENTRE ÉTICA E POLÍTICA? 257

REFERÊNCIAS...............271

PREFÁCIO

A regalia maior dos soberanos, dizia-se, era fazer justiça. O modelo excelente do fazer justiça era o processo, pelo qual alguém agravado por ações alheias queixava-se a um terceiro que deveria recolocar as coisas em seu lugar, reequilibrar as relações entre os envolvidos. Essa justiça implicava duas dimensões: de um lado, confirmava que uma parte tinha razão, segundo uma regra que se reconhecia existente; de outro lado, afirmava que no futuro a mesma regra deveria ser observada. Em caso de a regra não ser muito adequada, a decisão estabelecia uma nova regra para ser seguida dali em diante. Assim, a justiça consistia tanto em olhar para o passado quanto para o futuro.

Do olhar prospectivo nascia a atividade "legislativa". Ao legislar, o soberano também fazia justiça. O advento das formas modernas de Estado e de constitucionalismo alteraram profundamente essa visão. Ao lado da justiça outras atividades cresceram, e se passou a falar de governo e administração. O Estado agora é um governante, vale dizer, um dirigente da sociedade. E uma vez que a sociedade se concebe como mercado, como hoje é moda, a atividade pública por excelência confunde-se com a manutenção do mercado e das regras do mercado.

Nesse modelo, nem sempre se acomoda bem a ideia de justiça. Nele também o processo muda de figura. O processo a que os juristas se dedicam é diferente do processo a que se dedicam os administradores. O sentido e finalidade de um processo jurídico é pôr fim a uma disputa ou a uma diferença tendo em vista um resultado justo. O administrador tem em vista um resultado eficiente. No processo judicial é de sua natureza que todas as partes sejam ouvidas com o mesmo respeito, e não se pode decidir sem ouvir a parte contrária. Na atividade governativa, o procedimento consiste em seguir determinados passos para conseguir resultados definidos: o procedimento (ou processo) tem natureza técnica. O processo administrativo, nesses termos, é um procedimento com um fim determinado, e o fim está fora do processo. É semelhante ao seguimento de um manual de instruções: se quer ligar o aparelho, aperte o botão "ligar".

Quando, porém, queremos submeter esse processo – administrativo e governativo – a algum controle que escape ao simples "apertar um botão", chegamos a um lugar estranho: é o espaço em que a forma e o propósito do Estado – a justiça geral, a paz civil, o respeito igual a todos os cidadãos – encontra-se com as grandes linhas de determinação política – direitos fundamentais, v.g., finalidades e princípios da República – e, portanto, com o direito. *Hic sunt leones*!

É nesse espaço que se move o trabalho de Maren Taborda. Trata-se de um estudo do processo administrativo entrincheirado entre a justiça, a política, o governo e a jurisdição. O texto revela, com riqueza de detalhes e levantamento historiográfico, o longo e árduo processo de mudança de uma primeira perspectiva, aquela da justiça como regalia maior dos reis, para aquela mais próxima a nós, do governo e da administração. Lembremos ainda: quando se fala de processo, no âmbito do direito e da história do direito, devemos pensar na tomada de decisão. Seja a tomada de decisão do governante, que opta por fazer uma coisa, e não outra, seja a do legislador, que opta por legislar num sentido, e não em outro, seja a de tomada de decisão do juiz, que resolve a causa julgando a favor de uma parte, e não de outra – todas elas têm passos determinados inseridos em justificativas e sentidos especiais.

O administrador tem um grau de iniciativa importante e fundamental: não precisa ser provocado, mas precisa saber que sua decisão deve ser apresentada como a mais adequada ou conveniente em certa situação. Precisa, portanto, ter razões para escolher uma coisa, e não outra. E precisa também contemplar simultaneamente muitas finalidades a atingir. No legislativo é preciso estar atento à competência para a iniciativa, em primeiro lugar. Quem pode propor a lei sobre o assunto? Trata-se de um equivalente da legitimidade para estar em juízo. Nem todos podem dar início a uma ação, assim como nem todos podem dar início a um projeto ou proposta de lei. Em seguida passa-se à discussão do projeto, sua admissibilidade, algo que de certo modo no processo judicial se faz por meio do despacho saneador. Finalmente, passa-se ao exame substancial (de mérito) e aos bons fundamentos para uma tomada de decisão.

Quem observa esses processos institucionais dessa maneira percebe que sem uma boa fenomenologia da decisão os juristas podem se perder em detalhes e irrelevâncias, no melhor dos casos, e em verdadeiras barbaridades e teratologias nos piores.

Isso pode ser observado privilegiadamente na conformação do processo administrativo e das regras do bom governar e do bem decidir que o constitucionalismo do século XIX teve que inventar. E o trabalho de Maren Taborda é um guia, um mapa nesse labirinto.

A constitucionalização do século XIX teve muitas razões de ser. Olhada do ponto de vista dos poderes, significava uma delegação de poderes políticos a um grupo limitado de pessoas – um "comitê gerencial da burguesia", disse Marx –, mas toda delegação se faz dentro de certos limites. A constituição estabelecia os limites em que a classe dos capitalistas autorizava outra "fração de sua classe" a tomar decisões. Daí a necessidade de limites constitucionais. Ao mesmo tempo, porém, era evidente que o estabelecimento do mercado e do capitalismo exigia que esse novo Estado interviesse fortemente para abolir o que restava do regime antigo e pusesse de pé as novas formas, bem como dirigisse e organizasse os conflitos entre os próprios capitalistas. Era preciso, pois, que o Estado tivesse realmente o poder de governar e dirigir, mas dentro de certos limites. A forma preferida nas monarquias liberais e constitucionais do século XIX foi estabelecer limites à velha justiça, a justiça ordinária e comum, cujos critérios de decisão nem sempre ligavam para a eficiência e a necessidade de direção atribuída ao governo. Em alguns lugares isso se fez isentando-se os agentes do governo de responsabilidade, como na Inglaterra, onde prevalecia o princípio *"the king can do no wrong"*, ou isentando-os de prestarem contas de seus atos aos cidadãos diante de tribunais comuns. Dessa tradição, exemplar na Europa continental, nasceu o direito administrativo umbilicalmente ligado a uma jurisdição separada, o *contencioso administrativo*. Nele, inclusive no Brasil, teceu-se passo a passo esse direito público relativamente autônomo: o conjunto de regras e institutos que alavancariam ao mesmo tempo a capacidade de iniciativa do governo (administração) e sua contenção dentro de limites aceitáveis para o capital.

Essa história não para por aí. À medida que além de liberal o novo Estado teve que tornar-se democrático, interesses mais populares emergiram e ganharam relevância e direitos. À medida que o próprio capitalismo oscila para lá e para cá, os instrumentos institucionais e governativos também se modificam. Os juristas, pagos para resolver os problemas dessa administração do capital, dedicam-se a essa tarefa imaginando novos institutos ou novas justificativas para os poderes públicos. Os outros juristas, pagos para emancipar grupos subordinados, dedicam-se a tarefa semelhante, mas visando transformar não apenas os instrumentos de governo, mas as grandes finalidades do próprio sistema. Estamos em meio a essa disputa.

A história, que ninguém mais acredita ser mestra da vida, desempenha seu papel propondo-nos um olhar crítico e consciente para a tradição em que estamos imersos. É uma tomada de consciência de nosso percurso social. Dá-nos consciência de nossa identidade e, por isso mesmo, abre-nos para as mudanças a que estamos assistindo e das quais participamos.

O erudito trabalho de Maren Taborda contribui enormemente para essa consciência. De um lado, narra-nos a longa história do estabelecimento da jurisdição administrativa dentro do percurso constitucional. De outro lado, e por isso mesmo, revela a dimensão política e pública desse processo, liberando-o do contexto limitado de um campo jurídico para inseri-lo no campo maior do pensamento e da cultura de um tempo. Aprendamos com ela.

José Reinaldo Lima Lopes
Professor Titular do Departamento de Filosofia e
Teoria do Direito – USP.

INTRODUÇÃO

A História, desde Heródoto, é uma investigação, uma procura e um relato[1] das ações realizadas pelos seres humanos, que se esforça para constituir-se em ciência. O objeto da procura é o que os homens realizaram. "Ciência dos homens no tempo",[2] constitui-se, centralmente, de história *social* e, portanto, de história *jurídica*, uma vez que o *ius*, nas sociedades ocidentais, é *razão civil*, formada no curso da Modernidade, a partir da combinação de dois dispositivos: o paradigma grego de política como soberania popular e de lei igual para todos, e o direito romano como conformidade a um sistema autocentrado de regras racionalmente definidas.

A ciência jurídica, fenômeno de larga duração,[3] contém uma analítica do poder e de sua progressiva normalização racional,[4] de modo

---

[1] Sobre a história ser um relato: LE GOFF, Jacques. *História e memória*. 3. ed., Campinas: Editora da Unicamp, 1994; RICOEUR, Paul. *Historia y verdad*. 3. ed., Madrid: Ediciones Encuentro, 1990; BRETONE, Mário. *Derecho y tiempo el la tradición europea*. Mexico: Fondo de Cultura Económica, 1999, e WHITE, Hayden. *Metahistória. La imaginación histórica en la Europa de siglo XIX*. Mexico: Fondo de Cultura Económica, 1992. Para Koselleck, a história é tanto a ciência quanto a arte de sua representação ou narração, in: KOSELLECK, Reinhart; GADAMER, Hans-Georg. *Historia y hermenéutica*. Barcelona-Buenos Aires-México: Ediciones Paidós, 1997, p.69. A narração (relato) pode usar várias estratégias de explicação: "por argumento formal", por "intriga" ou "implicação ideológica". *Argumentos formais* são o formalismo, o organicismo, o mecanicismo e contextualismo; *intriga*, o romance, a comédia, a tragédia e a sátira. Por fim, *a implicação ideológica* pode ser o anarquismo, o conservadorismo, o radicalismo e o liberalismo. Da combinação das estratégias resulta o "estilo " do historiador. O presente estudo foi construído segundo a explicação por argumento formal (contextualismo), em estilo próximo ao que se chama realismo histórico, entendido como um *romance*.
[2] BLOCH, Marc. *Apologie pour l'histoire ou métier d'historien*. Paris: Colin, 1949. Introduction.
[3] Desde a renovação metodológica da ciência histórica iniciada com a Escola dos *Annales*, na França dos anos 50 do séc. XX, concebe-se o tempo histórico com diferentes ritmos: ou se toma como parâmetro o tempo rápido dos eventos (estrato superficial, é o tempo individual e da política), ou aquele que diz respeito às mudanças das estruturas (geografia, cultura material, mentalidades). Este último é o tempo das "longas durações". O *tempo social* é aquele intermediário e corresponde aos ciclos econômicos e ao ritmo da evolução das sociedades. Ver: BRAUDEL, Fernand. *Memórias do Mediterrâneo*. Pré-História e Antiguidade. Lisboa: Terramar, 2001, prefácio.
[4] Sobre a normalização racional da ciência jurídica, ver: MÜLLER, Friedrich. *Discours de la Méthode Juridique*. Paris: PUF, 1993. p.41-42; 169-170.

que, no mundo contemporâneo, busca-se conjugar direito e democracia, ordem jurídica e povo soberano, em um processo complexo, com consequências imprevisíveis.[5] Falar de *história* é, nesses termos, falar de *direito*, a tecnologia social com estatuto forte, isolada, separada da religião, da política e da moral, que se apresenta como "um corpo compacto, duro, impenetrável",[6] dotado de uma racionalidade especial e potente, e que constitui um dos valores fundacionais da nossa civilização.

No Brasil, formada uma sociedade viripotestal,[7] com a afirmação da superioridade dos homens sobre as mulheres, em que a mestiçagem, processo social complexo de integração, deu origem a uma sociedade plurirracial, predomina a violência intrínseca e o racismo estrutural. Isso foi o resultado da opressão sistêmica do escravismo colonial e da demanda por mão de obra nas minas, (que geraram um país com maior população afrodescendente do planeta), e do peso da burocracia e da tradição do segredo na formação da ordem administrativa nacional. Nas várias fases políticas brasileiras, o traço comum foi o autoritarismo e a centralização burocrática, de modo que os governantes sempre se comportaram como "donos do poder". Essas práticas foram reforçadas com a tradição do segredo administrativo – permanentemente presente – e com a perseguição política, principalmente nos regimes ditatoriais, de que são exemplos recentes a ditadura de Vargas e a ditadura civil-militar que se estabeleceu no País, de 1964 a 1985.

---

[5] SCHIAVONE, Aldo. *Ius: la invención del derecho en Ocidente*. 2. ed. Buenos Aires: Adriana Hidalgo Editora, 2012. p.25.

[6] SCHIAVONE, Aldo. *Ius: la invención del derecho*, p.16.

[7] A hierarquia de gênero é a mais importante e universal operação política de exclusão/inclusão, tendo ocorrido em todos os lugares desde o Neolítico: "o patriarcado tem sido a norma em quase todas as sociedades agrícolas e industriais", afirma Harari. Quando, na sociedade romana antiga, o direito se especializou como subsistema social, diferente da política, da religião e da moral, "inadmitidos os acasos biológicos, a divisão dos sexos inseria-se em um sistema de organização que atribuía a cada sexo uma função legal. Homens e mulheres enquanto pais e mães situavam-se cada qual no seu respectivo estatuto: o de paterfamilias ou de materfamilias", descreve Wilmar Taborda. Foi precisamente sobre essa divisão dos sexos, associada à ideia de conjunção carnal como norma jurídica, desenvolvida com minúcia pelos juristas romanos, que se formou "o substrato sobre o qual, no Direito ocidental, estearam-se a noção de família e os vínculos de parentesco (...)". Com isso, o sistema jurídico tematizou de modo permanente a interconexão visceral entre o poder masculino, o casamento monogâmico, a sujeição feminina e a propriedade, porque todas essas instituições funcionaram e ainda funcionam de modo orgânico como um "código de descendência" que regula a transmissão hereditária da propriedade e que disciplina, ao mesmo tempo, os estatutos masculino e feminino. Ver: TABORDA, Wilmar. *Poder político e direito de família*. O sujeito de direito no âmbito da família. Uma visão histórico-política. Porto Alegre: Editora AGE, 2010, p. 45, 78; HARARI, Yuval Noah. *Sapiens*. Uma breve história da Humanidade. 4. ed. Porto Alegre: L&PM, 2015, p. 161.

Nos relatos histórico-jurídicos, conceitos e palavras devem estar precisos, uma vez que narrar a História é fazer um acerto de contas com o passado.[8] Se o direito é disciplina ou saber sobre a ação humana, não prescinde de finalidades (a busca do bom e do justo), de modo que as normas se compreendem para aquilo que servem: neste particular, a história dos institutos jurídicos é "uma história de tomadas de decisões finalísticas"[9] e, assim, é a história certas ideias e de como se apresentam como ideários ou ideologias. No caso do direito administrativo, isso é de *per si* evidente, pois nele se inserem os problemas fundamentais da ciência política, isto é, da relação entre o Estado e o cidadão, caracteriza-se como "um direito político".[10]

Ao reproduzir, em nível constitucional, o processo de comunicação entre a política e o direito,[11] o direito administrativo é sempre particular, próprio de cada Estado no tempo histórico: a sua definição não tem valor universal, variando, em sentido e conteúdo, de país a país.[12] Isso é assim porque, ao contrário do direito privado, falta ao direito administrativo um ancestral comum análogo ao direito romano, ou uma "comunidade de origem", tendo sido a estrutura do Estado Moderno e o desenvolvimento de suas atividades que suscitaram os problemas que o direito administrativo veio a solucionar.[13] Nestes termos, o direito administrativo comparado deixa-se descrever não como "o que os diversos países chamam de direito administrativo, mas o conjunto de regras jurídicas que, em cada país, regem a organização e a ação da Administração Pública, e suas relações com os particulares, quaisquer que sejam, neste país, a natureza e a qualificação destas regras".[14]

Ademais, já que não se fala em "comunidade de origem", (foram os políticos e administradores que construíram o direito administrativo, tanto quanto os juristas), pode ser afirmado que o desenvolvimento do

---

[8] Cf. LOPES, José Reinaldo. O diálogo entre o direito e a história. In: RIBEIRO, Gladys S; NEVES, Edson Alvisi; FERREIRA, Maria de Fátima Cunha Moura. *Diálogos entre direito e história*: cidadania e justiça. Niterói: Editora da Universidade Federl Fluminense, 2009, p. 282.
[9] LOPES, *Diálogos*, p. 282.
[10] Cf. WEIL, Prosper. *O direito administrativo*. Coimbra: Livraria Almedina, 1977, p. 9.
[11] Cf. BUCCI, Maria Paula Dallari. *Direito administrativo e políticas públicas*. 1. ed. São Paulo: Saraiva, 2006, p. 39.
[12] Cf. RIVERO, Jean. *Curso de Direito administrativo comparado*. São Paulo: Editora Revista dos Tribunais, 1995, p. 35.
[13] Cf. RIVERO, *Curso de Direito administrativo comparado*, p. 80.
[14] RIVERO, *Curso de Direito administrativo comparado*, p. 45/46.

direito administrativo em cada país está relacionado com a demarcação que este teve frente ao "direito privado" de cada um deles, de forma que, diante de "influências recíprocas", acabaram por constituir-se, na perpespectiva histórica, pelo menos três sistemas de direito administrativo, a saber: o sistema do ocidente continental; o sistema anglo-saxão e o sistema soviético.[15]

Conquanto tenha sido grande a influência das experiências francesa e alemã no sistema continental, ainda assim se verificam diferenças de forma e fundo, pois em alguns casos, como o do Brasil, o sistema do direito privado é o continental (romano-germânico, segundo a classificação de René David),[16] o direito administrativo, em conteúdo (técnica e categorias), recebeu a influência do direito francês, alemão e italiano. No que diz respeito ao controle da Administração, a influência foi diretamente anglo-saxã. Ressalte-se, por pertinente, que dita sistematização, no grupo continental, é muito menos rigorosa do que no direito privado dentro do mesmo grupo, de sorte que não tem alcance suficiente para manter a coerência que tem em direito privado, embora o tenha para manter métodos de análise e formas de pensamento comuns. Em face disso, "no grupo continental, em particular, tão rico e diverso, nada poderia substituir o estudo particular de cada direito administrativo, feito em paralelo com o direito nacional do comparatista"[17] e, assim, o conhecimento dos sistemas de direito administrativo não tem o mesmo valor que apresenta no estudo dos sistemas de direito privado. A dificuldade da tarefa diz respeito ao fato de que as atividades que decorrem da função administrativa não são unívocas e se apresentam fragmentadas em inúmeras variedades. Cada variante tem características jurídicas e técnicas próprias e, dado que na atualidade a Administração é cada vez mais complexa (possui centros diferenciados que realizam diferentes atividades, sob forma e regime diversos), agravam-se as dificuldades de caracterização, pois "falta à função administrativa a unicidade (ou uniformidade) predominante na função jurisdicional e na função legislativa".[18]

---

[15] Cf. RIVERO, *Curso de Direito administrativo comparado*, p. 83 e 160.
[16] DAVID, René. *Os grandes sistemas de direito contemporâneo*. São Paulo: Martins Fontes, 1993, *passim*.
[17] Cf. RIVERO, *Curso de Direito administrativo comparado*, p. 164.
[18] MEDAUAR, Odete. *A processualidade no direito administrativo*. São Paulo: Editora Revista dos Tribunais, 1993, p. 54.

Segundo uma concepção geral das funções estatais,[19] "processos" são os meios pelos quais a função se desenvolve no tempo – processo legislativo, processo jurisdicional e processo administrativo – de modo que este desempenha, em relação à função, "o papel de forma externa, no sentido de sua manifestação sensível".[20] Com isso, fica ressaltado o aspecto mais geral de que processo é instrumento que os poderes estatais utilizam para a consecução de seus fins.

Até a década de 20 do séc. XX, entre administrativistas, e década de 40, entre processualistas, a ideia de "processo" vinculava-se, exclusivamente, à função jurisdicional do Estado. A fim de evitar a confusão entre o modo de atuar da Administração e o modo de atuação do Judiciário, reservou-se para o âmbito administrativo o vocábulo "procedimento". Tais posturas podem ser justificadas pela precedência histórica e pela força da construção processual ligada à Jurisdição, pela ideia, presente durante longo tempo, de que a Administração é atividade livre, incompatível com atuações cujo parâmetro seja o "processo", bem como pela preocupação com o termo final da decisão – o ato administrativo – "sem que a atenção se voltasse para os momentos que precedem o resultado final".[21] Ligado a esse aspecto, está o zelo doutrinário e jurisprudencial com a garantia *a posteriori* dos direitos dos administrados, representada pelo controle jurisdicional. Foi a partir da década de 1950 que a ideia de processo apareceu como expressão dinâmica da função, "manifestando a passagem do poder abstrato ao ato administrativo". Na Itália, em 1952, Feliciano Benvenuti vincula a processualidade à função, como sua manifestação sensível. Alberto Xavier, em 1976, na esteira de Benvenuti, publica, no Brasil, a obra *Do Procedimento Administrativo,* em que advoga a noção ampla de processo como expressão de uma vontade funcional.

Assim, na linguagem legal e doutrinária brasileira, processo administrativo pode ser o conjunto de papéis e documentos (arquivos) organizados num órgão da Administração (Pasta) referentes a determinado assunto de interesse da Administração, de quem administra e dos servidores; processo administrativo disciplinar (locução do artigo 41, §1º da Constituição da República, com redação da Emenda Constitucional

---

[19] Ver: TABORDA, Maren Guimarães. *A delimitação da função administrativa na ordem estatal.* Dissertação (Mestrado). Programa de Pós-graduação em Direito. Faculdade de Direito, Universidade Federal do Rio Grande do Sul, 2001.
[20] XAVIER, Alberto. *Do procedimento administrativo.* São Paulo: Bushatsky, 1976, p. 27.
[21] Cf. MEDAUAR, *A processualidade no direito administrativo,* p. 12-18 *et seq.*

19/1998); atos coordenados para solução de controvérsia administrativa e atos preparatórios para a decisão final (ato) da Administração. Via de consequência, "processo" é instrumento para exercício de função (no caso, função administrativa) e "procedimento", as formalidades que devem ser observadas para a prática de atos administrativos, é o rito, a forma de proceder. Como aduz Di Pietro, "o procedimento se desenvolve dentro de um processo administrativo".[22]

No sentido de "atos coordenados para solução de controvérsias" e "atos preparatórios para a decisão final" (ou meios através dos quais se exerce a função) (c e d), a expressão processo ou procedimento administrativo é relativamente recente. A ciência jurídica brasileira, de modo geral, ao referir-se à gênese e evolução do processo administrativo e do direito administrativo, é lacônica ao asseverar que este é o resultado da jurisprudência que o Conselho de Estado Imperial, em suas diversas fases, desenvolveu.[23] Maria Sylvia Di Pietro assevera que, no Brasil, o Conselho de Estado não exerceu função jurisdicional como ocorreu na França e em outros países que adotaram o sistema de dualidade de jurisdição. O Conselho de Estado brasileiro foi, na visão da autora, órgão auxiliar da Administração, que funcionava como tribunal administrativo de última instância.[24] Na mesma linha, Dalmo de Abreu Dallari valorizou o papel da instituição no contencioso administrativo enfatizando a "farta e valiosa jurisprudência" produzida na área".[25] Em quase todos os casos, os autores do século XX referem que, no Império Brasileiro, já havia a divisão de funções entre o Poder Legislativo, o Poder Judiciário, o Poder Executivo e o Poder Moderador, os dois últimos concentrados em mãos do Imperador, bem como uma administração pública organizada.

De fato, a maioria das análises sobre a história do direito processual administrativo tende a convergir para a tese de que o Conselho de Estado é fonte da teoria nacional do Direito Administrativo, mas a problematização foi relativamente precária até o final do século XX,

---

[22] DI PIETRO, Maria Sylvia Zanella. *Direito administrativo*. 28. ed. São Paulo: Editora Atlas, 2015, p. 766.

[23] MOREIRA NETO, Diogo de Figueiredo. *Curso de direito administrativo*. 11. ed. Rio de Janeiro: Forense, p. 55; BRANDÃO CAVALCANTI, Themístocles. *Tratado de direito administrativo*, vol. I. Rio de Janeiro: Freitas Bastos, 1955, 25

[24] DI PIETRO, Maria Sylvia. 500 anos de Direito administrativo brasileiro, in: *Revista da Procuradoria Geral do Estado da Bahia*. Brasília: ENAP, v. 26, n. 2, p. 29-54.

[25] DALLARI, Dalmo de Abreu. O conselho de estado e o contencioso administrativo no Brasil, in: *Revista de Direito Público*, vol. 11, ano 3, jan-mar.1970. São Paulo: Editora Revista dos Tribunais, p. 37.

quando se observa reversão dessa tendência no trabalho de Lydia Garner,[26] que chamou a atenção para o papel fundamental do contencioso administrativo no Conselho de Estado. Em 2010, José Reinaldo Lima Lopes analisou o Conselho de Estado do Império na atuação contenciosa da *Seção de Justiça e Estrangeiros*, ressaltando a sua importância na formação da alta cultura jurídica brasileira e apontando-o como o órgão responsável pelo contencioso administrativo.[27] Já em 2011, Walter Guandalini Jr.[28] produz estudo sobre a gênese do direito administrativo no Brasil, no qual analisa o funcionamento, as competências e o papel do Conselho de Estado brasileiro, e, mais recentemente, nos anos de 2017 a 2018, na Universidade Federal do Rio Grande do Sul, José Correa de Melo produziu dois trabalhos especificamente sobre a atuação do Conselho de Estado, os quais já relacionam, brevemente delineadas, as formas do procedimento na Justiça Administrativa do Brasil Imperial.[29]

Não há, no entanto, consenso entre os estudiosos a respeito das funções desempenhadas pelo Conselho de Estado no Brasil Imperial, assim como quase nada se conhece a respeito do exercício das funções tipicamente administrativas no período reinol (ou colonial), ou, como se está a chamar nesse estudo, Antigo Regime Português.

Quanto aos procedimentos administrativos contenciosos e seus princípios, menos ainda se sabe: os primeiros registros de *como* se pedia na Justiça Administrativa aparecem na obra de juristas do 2º Império,

---

[26] GARNER, Lydia M. Justiça Administrativa no Brasil do Segundo Reinado (1842-1889). 1997. Paper apresentado no *XX International Congress of the Latin American Studies Association*. Guadalajara. Disponível em: http://lasa.international.pitt.edu/LASA97/garner.pdf. Acesso em: 22 dez. 2018,

[27] LOPES, José Reinaldo. *O oráculo de Delfos*. O Conselho de Estado no Brasil-Império. São Paulo: Saraiva, 2010. Ressaltando o caráter político do Conselho de Estado, ver: VIEIRA MARTINS, Maria Fernanda. A velha arte de governar: o Conselho de Estado no Brasil Imperial, in: *Topoi*, v. 7, n. 12, jan.-jun.,2006, p. 178-221; LINCH, Christian Edward Cyril. A idéia de um Conselho de Estado Brasileiro. In: *Revista de Informação Legislativa*. Brasília: Senado Federal, a. 42, n. 168, 2005, ainda que o autor enfatize mais as semelhanças de atuação do Conselho de Estado Brasileiro com a Suprema Corte Norte-Americana, e CARVALHO, José Murillo. *A construção da ordem/teatro de sombras*. 2. ed. Rio de Janeiro: Relume Dumará, 1996, tratando o órgão como cérebro da monarquia.

[28] GUANDALINI JR.,Walter. *Gênese do direito administrativo brasileiro*. Formação conteúdo e funçoes do direito administrativo durante a construção do Estado no Brasil Imperial. Tese (Doutorado). Programa de Pós-Graduação em Direito. Faculdade de Direito. Universidade Federal do Paraná, 2011.

[29] MELO, José Correa. *O conselho de estado e a justiça administrativa*: uma análise do contencioso administrativo no Brasil-Império (Dissertação) e *Modos de governar e administrar*: os conselhos políticos e administrativos de D. Pedro II a partir da Seção de Fazenda do Conselho de Estado (1842-1889) (Tese). Programa de Pós-Graduação em Direito. Universidade Federal do Rio Grande do Sul, 2013 e 2018.

como Antônio Joaquim Ribas e o Visconde do Uruguai (Paulino José Soares de Sousa), e eles, necessariamente, fazem referência à experiência histórica liberal, de construção do Estado de Direito. Tais referências são a ponta de um *iceberg* gigante e quase totalmente desconhecido, pois toda a experiência jurídico-administrativa do Antigo Regime (período colonial e reinol) tinha que ser, naquele momento crucial, afastada e rechaçada.[30]

Contar, pois, a história do processo (procedimento) administrativo em nosso País é contar um pouco sobre a trajetória da Administração Pública em direção à sua progressiva profissionalização e burocratização, ou seja, é relatar, ainda que pontualmente, a evolução de um direito administrativo híbrido, herdeiro de tradições jurídicas distintas e até contraditórias.[31] Essa história pode ser contada em vários tempos históricos e em vários ritmos: o *tempo rápido* (tempo social), a *longa duração*, que diz respeito às mudanças estruturais, e o *passado recente*.

Na longa duração, a gênese e a evolução do processo administrativo estão ligadas à história jurídica de Portugal e, por conseguinte, ao movimento mais geral de progressiva racionalização do Direito na cultura ocidental.[32] Só indiretamente, no que diz respeito às ideias políticas e jurídicas que conformaram a atuação da Administração, é que essa história pode ser inserida no tempo longo. E o tempo do Humanismo tem menos de 300 anos: apenas muito recentemente, em 1958, com a Declaração Universal de Direitos Humanos da ONU, ganhou *status* de pauta de valores da nossa civilização e, no momento em que se escreve este relato, o jogo está longe de estar resolvido – ou

---

[30] URUGUAI, Visconde de. *Ensaio sobre o direito administrativo*. Rio de Janeiro: Typographia Nacional, 1862. Texto integral in: CARVALHO, José Murilo (org). *Visconde do Uruguai*. São Paulo: Editora 34, 2002 (Coleção Formadores do Brasil); RIBAS, Antonio Joaquim. *Direito administrativo brasileiro*. Rio de Janeiro: F.L.Pinto & C., Livreiros-Editores, 1866.

[31] No que diz respeito à Jurisdição Constitucional e suas relações com a Jurisdição Administrativa material, sobre a complexidade do sistema brasileiro derivada da adoção de um sistema de jurisdição única num país de tradição jurídica romano-germânica, ver: TABORDA, Maren Guimarães. Entre morcegos e beija-flores: reflexões críticas sobre a Jurisdição Constitucional no Brasil. *Direito & Justiça* (Porto Alegre. Impresso), v. 40, 2014. Sobre o desenvolvimento do Direito Administrativo a partir do Séc XIX, combinando a tradição francesa e alemã (Estado legislador e administrador e Estado Polícia) e, mais tarde, no século XX, com a tradição norte-americana, ver: BUCCI, Maria Paula Dallari. *Direito administrativo e políticas públicas*, cit., p. 41-92.

[32] Segundo Weber, a escalada de racionalização do direito, cujo desenvolvimento começa no direito romano e culmina na sistemática moderna, apresentou uma grande diversidade de meios técnico-jurídicos tanto na criação quanto na aplicação do direito. Ver, WEBER, Max. *Economia y sociedad* – esbozo de sociología comprensiva. 11. reimpresión, Cidad del Mexico: Fondo de Cultura Económica, 1997, p. 510.

ganho – em seu favor. Em relação ao passado recente (de 1968 até hoje), porque ele ainda é presente, o relato é um *testemunho*.[33]

Considerando-se o tempo rápido, social, não sabemos muito: tradicionalmente, os doutrinadores brasileiros do século XX não se interessaram pela função do *Conselho de Estado* no Império, e os manuais de direito administrativo pouco tratam desses temas. As fontes documentais (formais) do conhecimento histórico sobre os primórdios da organização administrativa no Brasil estão organizadas em arquivos que, submetidos a conhecimento especializado, estão sendo interpretadas desde a segunda metade da centúria (e por isso são parte da narração), mas a do processo judicial e do procedimento administrativo, não.

---

[33] Pelo lado paterno, meu bisavô, Olivério Corrêa Taborda, foi Capitão da Guarda Nacional em Santo Ângelo, fundador do Partido Republicano Riograndense, naquela localidade, em 1889. Sua família chegara à região em 1831, vinda de Minas Gerais, por ocasião da ocupação do território disputado na Guerra Guaranítica (Missões). Meu avô materno, Adroaldo Pereira Guimarães, também era da região (São Borja) e, muito jovem, veio a integrar a burocracia modernizadora de Borges de Medeiros (1916-1928) ingressando na Secretaria da Fazenda (Tesouro) do Estado, à qual serviu toda a vida. Meu pai, Wilmar Corrêa Taborda, advogado, político, poeta e professor, nascido em Palmeira das Missões, teve seu mandato de deputado estadual cassado pelo regime militar, em 1966. Em todo o período da última ditadura civil-militar, foi o único parlamentar do RS que, além de cassado, teve seus direitos políticos suspensos por 10 anos. Meu tio, Waldyr Rangrab Taborda, advogado, professor, vereador e juiz de paz em Uruguaina, RS, também teve seu mandato cassado, direitos políticos suspensos e foi exonerado da Secretaria Estadual de Educação, "a bem do serviço público", em 1969. Outro irmão de meu pai, Walmir Rangrab Taborda, advogado, defensor público do Estado do Mato Grosso do Sul, quando jovem militante do Brizolismo (Grupo dos 11), foi preso e torturado nas dependências do III Exército, em Santa Maria, em 1968. Em 1979, ingressei na Universidade Federal do Rio Grande do Sul e participei da reconstrução da entidade nacional dos estudantes (UNE), naquele mesmo ano. Formada em 1985, passei a trabalhar com direito sindical e direito marítimo. Já a partir de 1989, a fazer assessoria jurídica para sindicatos de trabalhadores filiados à CUT (Sindicato dos Trabalhadores Fluviais e Marítimos do RS e Sindicato dos Bancários de Porto Alegre). Ingressando na Procuradoria-Geral do Município de Porto Alegre em 1998, por concurso de provas e títulos, passei a trabalhar na área fiscal. De 2014 a 2016, coordenei o Grupo de Trabalho para a redação da Lei de Processo Administrativo municipal (LC 790/16). No mestrado e doutorado da UFRGS, fui orientada pelo Professor Almiro do Couto e Silva. Meu pai e meu mestre, colegas e amigos, alunos do Professor Ruy Cirne Lima, viveram com ele experiências diferentes: Almiro do Couto e Silva deu continuidade e visibilidade à sua obra acadêmica; já Wilmar Corrêa Taborda coprotagonizou evento triste e vergonhoso da história do País: em 1966, Ruy Cirne Lima foi candidato a governador do Estado, em eleição indireta. Uma coligação na Assembleia Legislativa, com 31 votos, foi atacada pelo poder militar, com a cassação de sete deputados (Álvaro Petracco da Cunha, Darcy von Hoonholtz, Hélio Fontoura, Cândido Norberto, Osmar Lautenschleiger, Seno Ludwig e Wilmar Corrêa Taborda), sem a chamada dos respectivos suplentes, levando a minoria arenista à maioria, elegendo o coronel Walter Peracchi Barcelos com 23 votos, numa Assembleia de 55 cadeiras. Por isso, muitos fatos da história recente do País relatados neste estudo vêm sem referências, porque eles foram vividos na experiência.

De outra parte, para os fins desse ensaio, é necessário superar outra dificuldade, a que diz respeito à noção de procedimento/processo ou "contencioso administrativo" como conexa à de "Justiça Administrativa", ou seja, sistema de jurisdição de competência específica, que julga litígios em que é parte ou tem interesse a Administração.[34] Dentre as três funções estatais formalizadas na construção da ideia de Estado de Direito, a Função Administrativa, entendida materialmente (como execução), é a mais compreensiva de todas: não existe organização política – Estado – sem Administração, "porque é a única função absolutamente inelimínavel pela existência do ente político".[35] Do ponto de vista histórico, a Administração precedeu a todas as outras manifestações do poder estatal: um Estado pode existir sem leis ou juízes, mas não sem administração.[36] No direito romano, na época imperial, ocorreu a primeira especialização material do que se entende, modernamente, por "funções estatais", através do processo extraordinário – *cognitio extra ordinem* –; a legislação foi a segunda e última especialização, só possível com o Estado Moderno e as Revoluções Liberais, com sua nova concepção de lei. A formalização das funções-atividades do Estado, principalmente da Função Administrativa, simultânea à construção do Estado de Direito, é fruto de uma tradição teórica que se iniciou com Montesquieu.

Por tais razões, este relato é precário e parcial, limitando-se ao conhecimento "do que aconteceu",[37] ao estudo de investigações e sistematizações que foram feitas pelos jushistoriadores nacionais a partir da digitalização e publicação das *Atas do Conselho de Estado*, nos anos de 1970.[38] Sobre a época colonial e reinol, foram utilizados os trabalhos de Lenine Nequete, republicados nos anos 2000,[39] que trazem uma grande quantidade de documentos sobre a justiça nos períodos anteriores ao

---

[34] CRETELLA JR. O contencioso administrativo na Constituição de 1969. *Revista de Direito Administrativo*, nº 104. Rio de Janeiro: FGV, abr./jun 1971, p. 32. (30-48)

[35] MODUGNO, Franco. *Enciclopedia del diritto*. Vol. XVII, Milão: Giufré, 1981, p. 210. Verbete "Funzione".

[36] Cf. STASSINOPOULOS, Michel. *Traité des actes administratifs*. Atenas: Collection de L'Institut Français d'Athènes, 1954, p. 2.

[37] A expressão é de RANKE, Leopold von. *La monarquía española de los siglos XVI y XVII*. México: editorial Leyenda, Col. Carabela, 1942.

[38] RODRIGUES, José Honório. *Atas do Conselho de Estado*. Brasília, Senado Federal, 1973-1978. 13 v. ilust. color. Disponível em: http://www2.senado.leg.br/bdsf/item/id/188985. Acesso em: 24 nov. 2018.

[39] NEQUETE, Lenine. *O poder judiciário no Brasil*: crônica dos tempo coloniais. 2. ed. Facsimile. Brasília: Supremo Tribunal Federal. *O poder judiciário no Brasil a partir da independência*. 2v. Atualizada por Roberto Rosas. Brasília: Supremo Tribunal Federal, 2000.

Império. Não há, ali, todavia, uma preocupação rigorosa em discernir o que é justiça comum de justiça administrativa, até porque essa distinção não havia na época do Antigo Regime Português. Da mesma forma, o texto de Arno e Maria José Wehling[40] relata o funcionamento da Justiça no Brasil colonial, no âmbito do *Tribunal da Relação do Rio de Janeiro*. Por fim, esclarecedor é o livro de Amílcar D'Avila de Mello, demonstrando que as primeiras manifestações do direito romano-germânico justinianeu no País não saíram das penas dos escrivães portugueses, mas sim dos operadores da Justiça a serviço da Coroa de Castela, no caso, o processo penal que resultou no desterro da Ilha de Santa Catarina de três navegadores da frota de Sebastião Caboto (1527).[41]

Nessas condições, com base em pesquisa preliminar de documentos antigos (leis e pareceres, atas) e a partir de fontes indiretas, este estudo usa um *método* de conhecimento da experiência do passado, que toma, como horizonte, a evolução constitucional do Brasil (o tempo rápido, social) e procura compreender e analisar, em cada período assinalado, as bases e a organização do processo (procedimento) administrativo. O viés escolhido foi tratar, primeiro, dos meios pelos quais a função administrativa se desenvolveu no tempo histórico do Brasil (processo no sentido de manifestação sensível da função – *iter* preparatório para atos administrativos, e no sentido de atos coordenados para a solução de controvérsias), tratando da organização administrativa. Para isso, considerações sobre a pré-história do direito administrativo no Brasil são necessárias. Então, procurou-se averiguar, ainda que precariamente, *o que* se podia pedir, nos tribunais que distribuíam a Justiça, em termos de exercício de função administrativa (controle jurisdicional da Administração).

O *como* se pedia, isto é, por quais meios e procedimentos, só é possível inferir a partir da leitura "de trás para frente" dos textos legislativos e literatura jurídica do século XIX, principalmente o Decreto nº 124 de 05/02/1842, do Império do Brasil, que contém o *Regimento Provisório do Conselho de Estado* e as obras de Antônio Joaquim Ribas e Visconde do Uruguai, já citadas. Todavia, é possível pinçar-se, aqui e ali,

---

[40] WEHLING, Arno; WEHLING, Maria José. *Direito e justiça no Brasil Colonial:* o Tribunal da Relação do Rio de Janeiro (1751-1808). Rio de Janeiro/São Paulo/Recife: Editora Renovar, 2004.

[41] MELLO, Amílcar D'Avila de. *Primórdios da justiça no Brasil*. Coletânea de documentos castelhanos do século XVI. Florianópolis: Tekoá et Orbis, 2014, 625 p.

principalmente dos documentos apresentados por Nequete e Wehling, usos, práticas e tradições do Antigo Regime que acabaram consubstanciadas em determinadas concepções de processo administrativo (no sentido de procedimento), pois o direito não resulta somente das tradições religiosas, nem de disposições políticas ou costumes sociais. A sua singularidade reside especificamente no fato de ser uma prática cultural de reflexão e composição, tipificação e mediação que integra e supera tradições, ordens e usos. O ente "direito" encontra, assim, sua raiz na jurisprudência entendida como ciência do direito, nos seus resultados e técnicas que foram conservados.[42]

Dado que o Direito é primeiramente "cultura", não sendo somente uma ordem simples de comando e obediência, mas, antes de tudo, "uma ordem disciplinar complexa de cultura e convivência",[43] ele é, em si mesmo, "História", assumindo-se, neste trabalho, que o tema – procedimento administrativo – insere-se no terreno das mentalidades, pois, aí, o jurista "encontra a sua própria casa" (expressão de Grossi), uma vez que a experiência jurídica é também sistematização de valores que tendem a permanecer e se cristalizar, ou porque o Direito é uma mentalidade cimentada na consciência social. Via de consequência, no atual estado de coisas, em relação ao tema – o que a história constitucional do Brasil ensina sobre o processo administrativo como manifestação sensível da função – o relato foi produzido a partir de resultados já alcançados pela historiografia jurídica europeia e brasileira e de precisões conceituais obrigatórias para o caso.

O método da investigação é o histórico-jurídico, segundo o qual a historicidade do direito é constitutiva e parte integrante dos acontecimentos. Daí que o relato é perspectivista,[44] individuante,[45] seletivo, pois escolhe como importante relatar as linhas gerais de organização do procedimento administrativo no Brasil e, finalmente, visa à explicação condicional e à determinação de possibilidades retrospectivas, porquanto utiliza a explicação e a compreensão para explicar "o que foi". O trabalho também procura compreender e explicar, sinteticamente, a evolução da função administrativa no Brasil e a produção intelectual

---

[42] Cf. CLAVERO, Bartolomè. *Institucion historica del derecho*. Madrid: Marcial Pons, 1992, p. 30.
[43] CLAVERO. *Institucion historica del derecho*. p. 15.
[44] Afasta-se do passado e entende os acontecimentos em seu tempo e lugar. Para isso, ver: ABBAGNANO, Nicola. *Dicionário de filosofia*. São Paulo: Editora Mestre Jou, 1970, p. 485-487, v. "Historiografia".
[45] O evento é individualizado por dois parâmetros fundamentais – cronológico e geográfico.

dos juristas que constituíram o Direito Administrativo brasileiro, tendo por fio condutor a organização das regras de processo administrativo. Da narrativa, exclui-se a evolução do processo administrativo disciplinar e a das várias jurisdições de exceção que existiram no País, como a *Eclesiástica* e a *Inquisição*, na época do Antigo Regime, e os *Tribunais de Segurança Nacional* da Era Vargas e da época da ditadura civil-militar de 1964 (tribunais militares que, excepcionalmente, julgaram crimes de opinião – políticos), até porque o estudo das jurisdições de exceção com a metodologia da História do Direito ainda está por ser feito pelo pensamento jurídico nacional.

Para atingir os objetivos dessa procura, e a partir do que foi selecionado, organizou-se a exposição em vários ritmos e tempos. Na primeira parte, é relatado o caminho da organização da Administração Pública do Antigo Regime Lusitano às Revoluções Liberais dos séculos XVII e XIX (I), em quatro capítulos, pois, para os fins deste ensaio, é necessário tratar do *Estado jurisdicional* da época pré-moderna, na medida em que nele não havia separação entre as tarefas de governo e de jurisdição (administrar era julgar) e da transição que significou a Reforma Pombalina, no século XVIII (1); das consequências da Revolução Francesa e da Restauração, no que diz respeito à organização da Justiça Administrativa (contencioso) e na formulação de dois modelos constitucionais adotados em quase todas as nações europeias e latino-americanas (2); da construção dogmática e histórica do Estado de Direito, porque foi nessa experiência que se configurou propriamente a Jurisdição Administrativa (3), e finalmente, do Conselho de Estado do Império do Brasil e a organização do procedimento administrativo-fiscal, porque, nesse âmbito, foi exercida especialmente a competência contenciosa do Tribunal e foram fixados os primeiros princípios de processo administrativo (4).

Já a segunda parte relata o *iter* percorrido pela Administração Pública brasileira em direção à sua racionalização e democratização, tendo por fio condutor a organização do processo administrativo e a reflexão jurídica que progressivamente deslocou o centro de gravidade do Direito Administrativo do ato ao processo e acabou por fixar suas bases e princípios, como aparecem consolidados na Lei Federal de Processo Administrativo de 1999 (II), também em quatro capítulos. O primeiro descreve sinteticamente a estruturação da jurisdição e da administração na República até a Constituição de 1988, tratado o processo de progressiva racionalização e burocratização do Estado brasileiro, que teve início na Era Vargas e foi aprofundado na época do regime autocrático de 1964, com a edição do Decreto-Lei 200/67, da Lei 4.320/64 e do Código Tributário Nacional (Lei 5.172/66) e que culminou na fixação de procedimentos administrativos principalmente na área fiscal (contencioso administrativo-fiscal) (5). O sexto capítulo problematiza a relação funcional e estrutural entre democracia, participação na gestão da *res publica* e processo administrativo, na sociedade brasileira contemporânea (6), e o sétimo arrola os princípios estruturantes das várias leis de processo administrativo editadas no Brasil após a Constituição de 1988 (7).

Propositalmente, esta narração não tem propriamente uma conclusão, porque é uma observação sobre o *devenir* do tempo, que faz com que passado esteja sempre presente. Por isso, as conclusões vão sendo parcialmente apresentadas no decorrer da exposição. O que se apresenta é um último capítulo, sob a forma de epílogo (8), contendo uma reflexão que permeia toda a investigação, a saber, as condições de compatibilidade entre ética e política, assumindo a posição de que fazer a mediação entre as duas esferas é papel do Direito (e o processo administrativo tem um lugar nessa tarefa). Os leitores entenderão.

PARTE 1

A ADMINISTRAÇÃO PÚBLICA DO ANTIGO REGIME LUSITANO ÀS REVOLUÇÕES LIBERAIS

O Brasil, nos termos da cultura eurocêntrica, nasceu medieval, e a sua história é marcada pela contínua violência,[46] exclusão, subalternização e discriminação dos povos autóctones[47] da América, que possuíam culturas e costumes absolutamente distintos daqueles vivenciados pelos europeus no século XVI. Instaurou-se, a partir de então, um processo de colonização e subalternização; guerras punitivas foram conduzidas pelas autoridades reinóis, bem como a tentativa de escravidão dos indígenas, as epidemias[48] e silenciamentos. O europeu, ao impor o genocídio aos indígenas, perpetuando a lógica da colonialidade (dominação, controle, exploração, dispensabilidade de vidas

---

[46] TABORDA, Maren. Afirmação da soberania e da autonomia dos monarcas portugueses frente ao direito canônico: legislação real, prática do morgadio e da mestiçagem como estratégia ocupação e povoamento. In: ALMEIDA, Cybele; FELONIUK, Wagner; FLORES, Alfredo; LUBICH, Gerhardt; VARGAS, Anderson (Orgs.) *Violência e poder*: reflexões brasileiras e alemãs sobre o medievo e a contemporaneidade. 1. ed. Porto Alegre: DM Editora, 2017, v.1, p. 181-208.

[47] Povos autóctones, segundo Rouland, "são aqueles instalados em um território há tempos imemoriáveis ou (a alternativa é importante) considerados como tais". ROULAND, Norbert (Org.). *Direito das minorias e dos povos autóctones*. Brasília: Editora UnB, 2004, p. 458.

[48] Ver, no particular: DIAMOND, Jared. *Armas, germes e aço:* os destinos das sociedades humanas. São Paulo: Record, 2001; TABORDA, Maren; SPAREMBERGER, Raquel. O STF e o estatuto constitucional dos indígenas: reflexões sobre a construção jurisprudencial de um direito objetivamente justo. In: *II Congresso de Filosofia do Direito para o Mundo Latino*, 2018, Rio de Janeiro. *GT Direito, Razões, Racionalidade*. Rio de Janeiro: CONPEDI, 2018

humanas, subalternização dos saberes dos povos colonizados etc.), acabou por dizimar o sistema de cultura desses povos (conjunto de crenças e tradições), tudo em nome do universalismo. O silenciamento dos indígenas é resultado desse processo,[49] e, para eles, não houve outro lugar que não o mercado de trabalho escravo.[50]

Na época da aventura dos Descobrimentos, Portugal já era uma monarquia cristã consolidada (de fato, junto com Castela, França e Inglaterra, foi um dos primeiros estados nacionais europeus), e a luta para manter o monopólio da navegação para as Índias e a ocupação e povoamento do Brasil constituíram os seus maiores desafios como nação independente. A organização do Estado e da Jurisdição, transplantados para as novas terras no século XVI e, depois, a implantação e consolidação do Império do Brasil, pode ser descrita em quatro atos, sucintamente: como se consolidou o Estado Jurisdicional português, suas bases e legitimação (1); depois da fixação das bases conceituais e ideológicas do procedimento administrativo, ocorrida no tempo histórico, a construção dogmática e histórica do Estado de Direito, que afirmou a importância do controle jurisdicional da Administração Pública (3), e, finalmente, como se organizou a Justiça Administrativa no Brasil Imperial (4).

---

[49] Para Mignolo, foi a "retórica da modernidade e suas ideias pretensamente universais (cristianismo, modernidade, Estado, democracia, mercado etc.)" que permitiram a perpetuação de tal silenciamento. In: MIGNOLO, Walter. Desobediência epistêmica: a opção descolonial e o significado de identidade em política. *Cadernos de Letras da UFF*, Dossiê: Literatura, língua e identidade, Niterói, n. 34, p. 287-324, 2008.

[50] No século XVII, bandeirantes se transformaram de "preadores" a "bugreiros". Após a proibição da escravização dos índios e pregação da Igreja, principalmente, dos Jesuítas, de que eram "almas livres", torna-se predominante a escravidão africana no mercado de trabalho. Com a nova política de repovoamento de Pombal, há uma espécie de "reabilitação" e reintegração dos índios no mercado de trabalho escravo, mas a predominância foi de negros e colonos europeus brancos.

CAPÍTULO 1

GOVERNAR (ADMINISTRAR) É JULGAR: O ESTADO JURISDICIONAL DO IMPÉRIO PORTUGUÊS

Em qualquer fase do Estado, há tarefas públicas de caráter administrativo que lhe incumbe desempenhar; basta pensar na quantidade de "serviços públicos" organizados em Roma desde os tempos mais remotos.[51] A transformação do vocábulo *officium* – dever, obrigação moral, o que se deve fazer por obrigação, execução de uma tarefa, tarefa a executar – em *servitium* – encargos de um serviço – operou-se no medievo europeu através do contrato vassálico geral dos interesses privados.[52] De outra parte, a noção romana de *utilitas publica*, presente no Baixo Império, com o significado de interesse geral do Estado (provisão de tropas, fixação das obrigações das cúrias em matéria fiscal), nos regimes de Teodósio e Diocleciano, ou associada ao interesse comum e coletivo, com Justiniano, sob a influência das ideias cristãs, chega, finalmente, à Idade Média como bem comum ou proveito – *utilitas* – comum (noção civil e temporal dos soberanos carolíngios e merovíngios, que subordina todo o direito à sua utilidade – de acordo com a fé cristã).[53]

---

[51] Cf. COUTO E SILVA, Almiro do. Os indivíduos e o Estado na realização das tarefas públicas. In: BANDEIRA DE MELLO, Celso Antonio (Org). *Direito administrativo e constitucional:* estudos em homenagem a Geraldo Ataliba. São Paulo: Malheiros, 1997, p. 90 e ss. Texto originalmente publicado no site do PPGD-UFRGS (www.ppgd.ufrgs.com.br). Mais recentemente, toda a obra do autor foi organizada e publicada em um só volume. Ver: COUTO E SILVA, Almiro. *Conceitos fundamentais do direito no estado constitucional.* São Paulo: Malheiros, 2015.

[52] Cf. JOURDAN, Philippe. La Formation du Concept de Service Public. *Revue du Droit Public et la Science Politique en France et a l'Étranger.* Paris: Librairie Générale du Droit et de Jurisprudence, 1988, p. 95 . Ver, também: COLLIVA, Paolo. In: BOBBIO, Norberto; MATTEUCCI, Nicola; PASQUINO, Gianfranco. *Dicionário de política.* Brasília: Editora Universidade de Brasília, 1986, verbete "Feudalismo" e MARTIGNETTI, Giuliano. In: *Dicionário de política,* verbete "Propriedade".

[53] Cf. JOURDAN, *Revue du Droit Public,* p. 98.

1.1 Fundamento e legitimidade do poder real

Em Portugal, não houve, propriamente, feudalismo: sua história é marcada pelo centralismo real. Na Ibéria, de modo geral, houve mais um *regime senhorial* do que feudal, com cristãos, mouros e judeus, divididos em razão da religião, obedecendo a diferentes hierarquias religiosas, com a repartição de fidelidades "conforme as circunstâncias da guerra determinassem as relações entre as hierarquias definidas por suas convicções religiosas",[54] de modo que os senhores garantiam a justiça aos que viviam em suas terras, e o rei, por direito divino, a justiça de todos.

1.1.1 O direito no Reino de Portugal

"Ao príncipe, afirma-o prematuramente um documento de 1098, incumbe reinar (*regnare*), ao mesmo tempo em que os senhores, sem a auréola feudal, apenas exercem o *dominare*, assenhorando a terra sem governá-la", diz Faoro.[55] O rei português – senhor da guerra e de terras imensas – impediu a formação de uma camada autônoma, de nobres proprietários. O rei, como maior proprietário, é o centro supremo das decisões, de modo que entre ele e os súditos não havia intermediário. Não houve, pois, independência da nobreza territorial e do clero com lastro no domínio sobre terras, e toda a aventura de construção da "primeira aldeia global" foi comandada pelos monarcas. A formação do Reino se deu sob o signo da guerra "justa" e "santa": guerra legítima, em que a força é empregada para restabelecer um direito violado, recuperar um território invadido ou vingar um dano (justa), ou aquela em que o fundamento religioso anima e justifica um conflito, com sacralidade de suas causas, de seus agentes ou consequências (santa).[56]

---

[54] WEFORT, Francisco. *Espada, cobiça e fé*. As origens do Brasil. 1. ed. Rio de Janeiro: Civilização Brasileira, 2012, p. 77/78.

[55] FAORO, Raymundo. *Os donos do poder*: formação do patronato político brasileiro. Edição revista, acrescida de índices remissivo. 3. ed. São Paulo: Globo, 2001, p. 18 e 20.

[56] Sobre o conceito de "guerra justa" e "guerra santa", ver: FITZ, Francisco García. *La edad media*. Guerra e ideología. Justificaciones religiosas y jurídicas. Madrid: Sílex, 2003, p. 23 *et seq*. Ainda pendem muitas questões sobre onde e como aconteceu a fundação do protótipo do estado cristão que viria a ser Portugal. Certo é, no entanto, a ligação do cavaleiro templário Hughes de Paynes que chegou à Borgonha em 1126, local onde o herdeiro do Conde D. Henriques, D. Afonso Henriques, prendeu a mãe em um castelo e logo proclamou-se rei por direito próprio, o fato de que não existe qualquer prova da batalha de Ourique e o de que o novo rei penhorou a fidelidade de "sua" nação à constituição da Ordem do Tempo, em janeiro de 1128, na cidade de Troyes. Ver PAGE, Martin. *A primeira aldeia global*. Como Portugal mudou o mundo. 15. ed. Lisboa: Casa das Letras, 2016, p. 82

Durante um longo tempo, o rei e seus cavaleiros "comportaram-se não propriamente como um exército, mas como bandidos que faziam incursões em território inimigo com o objetivo de pilhar e de raptar civis que eram transformados em escravos".[57] No primeiro renascimento europeu, tendo Portugal ficado à margem das riquezas que vinham do monopólio do mercado de produtos luxuosos do Oriente, obrigou-se a encarar o oceano. Sorte inesperada,[58] a Casa de Aviz iniciou sua ascensão em Ceuta, em 1415, e foi destruída 163 anos depois. "Nesse ínterim", relata Crowley, "os portugueses avançaram mais depressa e chegaram mais longe do que qualquer outro povo na história".[59]

Em Portugal, no ano de 1383, ocorreu a morte de D. Fernando, e segundo ordem e disposição desse monarca, a coroa portuguesa deveria passar para sua filha única, D. Beatriz, a qual, ainda com o pai vivo, havia casado com D. João, rei de Castella. Entretanto, não querendo o povo se ver dominado, ou unido com uma nação rival, e, ainda, sujeito a um príncipe estrangeiro, recusou-se a reconhecê-la como sucessora. Nessas circunstâncias, os portugueses nomearam como governador e defensor do reino D. João, Mestre de Aviz, também filho, mas bastardo, de D. Pedro. Reuniram-se as Cortes em Coimbra para exercer a soberania originária, julgando o trono vago e escolhendo o novo rei. O novo rei reivindicava ser o representante dos anseios da população, governando em seu nome e impondo sua autoridade.[60]

Ao longo dos séculos de expansão de seu império marítimo, trataram com ferocidade os africanos, asiáticos e americanos, e o seu minúsculo território na Europa manteve-se quase sempre uma "praça de guerra", com população reduzida. Os monarcas, grandes dirigentes

---

[57] Cf. PAGE, *A primeira aldeia global...*, cit., p. 82.

[58] Ver: BRAUDEL, Fernand. *Civilização material, economia e capitalismo. séculos xv-XVIII.* Volume 3. O tempo no mundo. São Paulo: Martins Fontes, 1996, p. 122-140.

[59] CROWLEY, Roger. *Conquistadores.* Como Portugal forjou o primeiro império global. São Paulo: Planeta, 2016, p. 18-20.

[60] Ver: COELHO DA ROCHA, M.A. *Ensaio sobre a história do governo e da legislação de portugal* (Para servir de introducção ao estudo do direito patrio). Coimbra. Imprensa da Universidade. 1872, p. 96-98. A Casa de Aviz, nascida de um conflito que opôs nobres e a herdeira do rei, declarada ilegítima, rompeu um paradigma importante segundo o qual só filhos de matrimônio solene herdam. D. João assumiu o trono nos termos do disposto na Ley 9, Título I, das Siete Partidas: *alguém pode ser chamado rei quando todos do reino o escolhem como senhor por que não há parente que deva herdar*. No particular, as Cortes decidiram a partir de fatos consumados: só D. João, homem guerreiro, adulto, e filho bastardo do rei falecido tinha as condições fáticas de assegurar a independência de Portugal frente à Castela. Ver: TABORDA, Maren Guimarães. Elementos para a compreensão da vocação hereditária dos filhos na tradição jurídica brasileira anterior à codificação de 1916. In: *Revista da faculdade de direito da FMP.* Porto Alegre, n. 5, 2010, p. 225-228

do empreendimento, viram-se obrigados a adotar estratégias de povoamento e ocupação (primeiro do território na Europa, depois, na África, Ásia e América) que acabaram por se distanciar, em parte, do direito consolidado. A disputa com outros soberanos e com parte da Igreja perdurou por séculos e castigou particularmente a América Meridional, região que, desde o Tratado de Tordesilhas, esteve exposta a interesses conflitantes, seja de potências europeias, seja das nações que ali surgiram. A divisão do mundo após 1494, fruto da competição entre os monarcas de Portugal e da Espanha, considerada a "maior jogada diplomática da História",[61] levou a um conflito que perdurou por séculos[62] e que só foi resolvido após "muitas lutas, muitas guerras, muitas negociações e muitos tratados".[63]

Com efeito, a *competição* (descentralização da vida política e econômica), a ciência (forma de estudar, entender e transformar o mundo natural), o *direito* (controle da lei como meio de proteger a propriedade, solucionar conflitos e adoção de formas mais estáveis de governos representativos), a *medicina* (que possibilitou a melhoria na saúde e na expectativa de vida), a *sociedade de consumo* (a produção de vestuário e outros bens de consumo que desempenham papel econômico central) e a *ética do trabalho* (sistema moral e um modo derivado do cristianismo protestante) foram as instituições que "permitiram que uma minoria da humanidade, originando-se no extremo oeste da Eurásia, dominasse o mundo durante a maior parte dos últimos 500 anos", já observou Ferguson.[64]

Quanto ao direito, Portugal, nos primeiros tempos da independência, foi regido por fontes do direito herdadas da Monarquia Leonesa.[65] Os forais – documentos reais que visavam a estabelecer um conselho, deveres e privilégios –, os portugueses o tiveram ainda quando estavam sob o domínio leonês e durante o governo de

---

[61] Cf. PAGE, Martin. *A primeira aldeia global*. Como Portugal mudou o mundo. 15. ed. Lisboa: Casa das Letras, 2016, p. 128.
[62] Ver, BOWN, Stephen R. *1494. Como uma briga de família na Espanha Medieval dividiu o mundo ao meio*. São Paulo: Globo, 2013, p.16.
[63] Cf. GARCIA, Fernando Cacciatore de. *Fronteira iluminada. História do povoamento, conquistas e limites do Rio Grande do Sul a partir do Tratado de Tordesilhas*. Porto Alegre: Editora Meridional Ltda, 2010, p. 21.
[64] FERGUSON, Niall. *Civilização*. Ocidente X Oriente. 2. Reimpressão. São Paulo: Planeta, 2012, p. 35-37.
[65] Ver: MARTINEZ DIEZ, Gonzalo. Recepcion de fueros locales leoneses o castellanos en territorio português. *Boletim da Faculdade de Direito de Coimbra*. Vol. LVIII. Coimbra: Universidade de Coimbra, 1982, p. 451 - 470.

D. Henrique e D. Teresa. Com a independência, principalmente nos reinados de D. Afonso Henriques (1139-1185) e D. Sancho (1185-1211), foi intensa a outorga de forais. É possível destacar três espécies de forais, quais sejam: (a) as constituições políticas dos municípios; (b) os que tratavam das leis penais e civis de cada local; e (c) os que dispunham sobre aforamentos. Neste era estabelecido o foro ou a pensão que cada morador deveria pagar ao senhor do terreno, seja este do Estado, do rei ou de um particular. Já as chamadas ordenações do reino, compilações do direito nacional, encontraram o seu prolongamento natural nos direitos romano e canônico, e o monarca teve liberdade e legitimidade para afastar a "sua" legislação dos princípios e disposições do *ius commune*, tornando este subsidiário.[66]

De fato, no curso do século XI, a Igreja separara-se do poder secular, com a afirmação da supremacia política e legal do Papado sobre toda a cristandade ocidental, e da independência do clero em relação ao controle secular, feita por Gregório VII. Na Península Ibérica dominada pelos mouros, as cidades que obedeciam a príncipes cristãos haviam mantido as suas próprias tradições jurídicas, regendo-se pelo direito visigótico, acrescido das leis confirmadas pelo *Concílio Coiacense Geral da Lusitânia e Galiza* em 1050.[67] Nas demais cidades, os Árabes permitiram a seus habitantes a liberdade de religião e a escolha das leis civis. Com o desenvolvimento da *Reforma Gregoriana*, apesar de a jurisdição ser matéria comum a bispos e senhores, papas e reis ou imperador, separaram-se as jurisdições segundo o critério *ratione personae* e *ratione materiae*. À Jurisdição canônica cabia conhecer todos os conflitos que envolvessem certas pessoas, como clérigos (com privilégio de foro), cruzados e membros das Universidades (a partir do século XII) e pessoas miseráveis (viúvas e órfãos), ou, ainda, certas matérias, como infrações contra a Igreja ou que atentassem contra as regras canônicas, benefícios eclesiásticos, casamento e todas as matérias conexas (esponsais, divórcio, filiação, sucessão), bem como matérias relativas a testamentos e à inexecução de promessas feitas sob juramento. A consolidação da Jurisdição Eclesiástica ocorreu no momento em que um mundo estava concluindo, e outro, sendo gestado, pois o que se conhece por "sistema de direito", no sentido de um corpo integrado e

---

[66] Cf. MARQUES, Mário Reis. *História do direito português medieval e moderno*. 2. ed. Coimbra: Almedina, 2009, p. 72-74.
[67] Cf. MELO FREIRE, Pascoal José. História do Direito Civil Português. *Boletim do Ministério da Justiça*. nº 173, Fevereiro, 1968, p. 94.

distinto de leis, conscientemente sistematizado, não existiu na Europa senão após o final do séc. XI e início do séc. XII, quando surgem esses sistemas primeiro no âmbito da Igreja Católica romana e, depois, nos diversos reinos, cidades e outras comunidades seculares.

Em terras portuguesas, a infiltração romanística se tornou significativa a partir do século XIII, tendo ocorrido principalmente pela permanência de portugueses nos grandes centros do direito na Itália e na França. Os métodos dos civilistas foram utilizados pelo paralelo movimento de renovação do Direito Canônico, apoiado nas coletâneas confeccionadas desde o século XII (*Decretum, Decretales, Sextus, Clementinae, Extravagantes de Johannis XXII e Extravagantes Communes*). À diferença dos civilistas, que trabalharam sobre uma codificação envelhecida, os canonistas "trabalharam um material coevo, cujo nascimento e crescimento acompanharam, passo a passo. Por outras palavras: foi-lhes possível produzir obra mais pura e que o futuro acharia menos defeituosa".[68] Sobre o tema, assim se manifestou Melo Freire: "Depois que vieram a público o Decreto de Graciano no séc. XII, as Decretais de Gregório IX no séc. XIII, bem como o Sexto de Bonifácio VIII e outras colecções de Direito Canônico, logo no mesmo século, desde o tempo de D. Afonso II se acostumaram a alegá-lo em Portugal, e no reinado de D. Dinis, a interpretá-la publicamente, juntamente com o direito civil".[69] A aplicação direta do direito canônico no Reino de Portugal é atestada na legislação de D. Duarte, em cujo prefácio se afirma que as leis e ordenações dos reis de Portugal devem seguir "os decretos dos padres santos e os ditos da Santa Igreja", e que não se faça ou estabeleça lei contra tais decretos ou contra a Igreja, sob pena de tais regras não serem "tidas por leis".[70] No que diz respeito às questões concernentes à família, casamento e sucessão hereditária, pela reforma gregoriana, os bispos se tornaram os únicos juízes, aplicando, a partir daí, o chamado direito canônico.

Sob a denominação historiográfica de *ius commune*, pode-se entender uma doutrina (pura ou constituída pela doutrina admitida

---

[68] COSTA, Mário Júlio de Almeida. Para a história da cultura jurídica medieva em Portugal. *Boletim da Faculdade de Direito de Coimbra*. Vol. XXV. Coimbra: Coimbra Editora, 1959, p. 257.
[69] MELO FREIRE, Pascoal José. História do direito civil português. *Boletim do Ministério da Justiça*. nº 174, Março, 1968, p. 33
[70] *ORDENAÇÕES DEL-REI DOM DUARTE*. ed. Preparada por Martim de Albuquerque e Eduardo Borges Fortes. Lisboa: Fundação Calouste Gulbenkian, 1988. Disponível em: http://www.iuslusitaniae.fcsh.unl.pt. Todas as citações doravante feitas a essa legislação foram retiradas do mesmo local.

judicialmente), um conjunto de ordenamentos (que compreende o direito romano, canônico, feudal e estatutário), um *sistema jurídico* (formado pelo *ius commune* e pelo *ius proprium*) ou uma corrente histórica (cada povo constitui um direito que é, em parte, comum, e em parte, próprio).[71] No que diz respeito à concepção doutrinal, que parte do fragmento de Gaio, recolhido em Digesto I, 1, 9, *ius commune* pode ser: a) a *lex omnium generalis (lex romana)*, contraposta à lei particular ou singular (caso dos lombardos e francos); b) *ius gentium* ou *naturalis ratio* vs. *ius proprium (ius civile)*; c) direito do império (*unum ius*), contraposto aos diversos direitos dos reinos (*multa diversaque iura*); d) direito escrito (*lex aut iura*) contraposto a direito não escrito (*proprium ius civile*); e) razão escrita, leis dos sábios, contra a razão não escrita; f) direito, direito mais comunal (leis romanas, direito da Igreja, leis godas da Espanha) vs. razão e façanha e g) direito e força. Segundo o sentido de "leis dos sábios", *ius commune* é aquele elaborado por juristas romanos, glosadores e canonistas, sábios por definição. Finalmente, na perspectiva normativa, afirma-se por *ius commune* a construção, de origem doutrinal, que foi recepcionada pelos diversos Estados nascentes.

Na Península Ibérica da Reconquista, *ius commune* significou razão escrita, direito romano e direito canônico, contraposto ao *iura própria* (os costumes e forais). Esse *ius commune*, verdadeiro *utrumque ius* (romano e canônico) foi alegado nos tribunais para interpretar os preceitos forais e para preencher as lacunas do direito próprio e acabou sendo incorporado nas diversas legislações locais, caso das ordenações do Reino de Portugal e de numerosos *fueros* dos demais reinos (Castela, Leão, Aragão etc.). Assim, a partir do século XIII, a Europa em geral, e a Península Ibérica, em particular, fizeram compilações dos *iura propria*, tanto em reinos inteiros como em territórios particulares. As coleções de leis e costumes que se produziram nesse período (com variadas denominações, tais como *ordenanzas, ordonnances, fueros, foros, gesetz, ordnung*) fixaram o direito existente ou a ele acrescentaram um novo direito, quando não o derrogaram expressamente. As *leis gerais de Afonso III (1251)* espelham esse esforço de unificação, e daí pode-se compreender o surgimento da legislação como um dos aspectos do processo de formação do "estado territorial".[72] Em Portugal, a partir

---

[71] Cf. ABADIA, Jesús Lalinde. El modelo jurídico europeo del siglo XIII. *GLOSSAE. Revista del derecho europeo*. nº 5-6. 1993. Murcia: Instituto de Derecho Común Europeo. Universidad de Murcia., p. 20; na mesma edição, RODRIGUEZ, Pascual Marzal. El Ius Commune como derecho supletorio en Valencia, p. 413

[72] A "onda codificatória" inicia-se na Sicília, com o *Liber Augustalis*, de Frederico II (1231). Na Península Ibérica, surgem os *Fori Valentiae* (1240), o *Codex de Huesca*, para Aragão (1247), o

de Afonso III, a recepção favoreceu o desenvolvimento da atividade legislativa do monarca, que recebeu o nome de *decreto* ou *degredo*, *ordenação, carta* e *postura*. Manteve-se a importância dos *forais* (foros ou costumes), das concórdias e concordatas, além das *Decretais de Gregório IX* até a consolidação ocorrida com as *Ordenações Afonsinas*.

Afastando-se a discussão no que tange ao conceito, características intrínsecas e elementos constitutivos do direito comum,[73] adota-se, neste trabalho, a concepção doutrinal segundo a qual o *ius commune* é aquele elaborado pelos "sábios" e que foi recepcionado normativamente na Península Ibérica (perspectiva *normativa*). Sendo assim, o *ius commune* (romano e canônico), concebido como verdadeiro direito vigente e universal, desempenhou, na maior parte da Europa, um papel supletivo e unificador, pois, como acentua Mário Reis Marques, "a fricção criada pela coexistência do Direito Romano, do Direito Canônico, dos costumes, da legislação geral dos diversos Estados e dos *iura própria* foi superada pela atividade dos juristas (os doutores)".[74] Com o progressivo aumento da legislação real, e ao término do ciclo em que o *ius commune* se sobrepunha às fontes de direito concorrentes (séc. XVI), o *ius proprium* "se torna a exclusiva fonte imediata, assumindo o *ius commune* o papel de fonte subsidiária apenas mercê da autoridade ou legitimidade conferida pelo soberano, que personificava o Estado".[75]

No que diz respeito às *Ordenações Afonsinas*, elas constituem, como se viu, de uma compilação de leis gerais, promulgadas desde Afonso III (1248-1279); das resoluções das Cortes, desde Afonso IV (1325-1357); das Concordatas de D. Diniz (1279-1325), de D. Pedro I (1356-1367) e de D. Fernando (1367-1385) e de D. João I (1385-1433); dos usos e costumes nacionais; do direito foralício; de títulos inteiros transcritos do direito romano e do direito canônico e também algumas máximas deduzidas das Leis das Sete Partidas, vigentes na Espanha

---

Fuero Real (1252), o *Libro de las Leyes*, (1256/58), compilados nas *Siete Partidas* (1265), para Castillha, a *Reforma dos costumes*, na França (1254) e a série de *Leis Gerais* de Afonso III, em Portugal (1251). Cf. WOLF, Armin. Los *iura propria* en Europa en el siglo XIII. *GLOSSAE, Revista del derecho europeo*, nº 5-6, p. 40. Também PONTES DE MIRANDA, Francisco Cavalcanti. *Fontes e evolução do direito civil brasileiro*. Rio de Janeiro: Forense, 1981, p. 34 e 35.

[73] Ver CALLASSO, F. *Introduzione al diritto commune*. Milano; Giuffrè Editore, 1951, p. 33 e ss; p. 79 e ss e p. 139 e ss.

[74] MARQUES, Mário Reis. O liberalismo e a codificação do direito Civil em Portugal. *Boletim da Faculdade de Direito da Universidade de Coimbra*, Coimbra, v.29, 1986. Suplemento. p. 5 e ss; também COSTA, *Boletim da Faculdade de Direito de Coimbra*. Vol. XXV..., p. 254 e 255.

[75] COSTA, *Boletim da Faculdade de Direito de Coimbra*. Vol. XXV..., p. 255.

e traduzidas em Portugal. Muito embora essas Ordenações do Reino tratavam-se, a rigor, de *ius proprium*, eram impregnadas da doutrina do *ius commune*.[76]

No contexto medieval, o atributo mais importante da soberania era a Jurisdição, pois, juntamente com o *iura* do rei está o poder de administrar a justiça tendo como base as leis consuetudinárias do país.[77] Aqui, além de o rei estar abaixo de Deus, também está abaixo da lei; ou seja, na Idade Média a onipotência do soberano estava limitada pelas leis do seu próprio reino, estando ele abaixo da lei. O direito se reduz, assim, à lei do soberano, que é superior a todas as outras fontes de normas.[78]

Essa formulação consolida um longo processo de construção medieval de uma própria ordem jurídica – complexo harmonioso de soluções típicas para responder a determinadas exigências históricas, fundada nos novos valores emergentes e expressivos da sociedade nas suas mais remotas raízes –, que não se fez sem sobressaltos ou percalços.[79] Isso se deve ao fato de que a experiência jurídica medieval se nutriu de uma multiplicidade de ordenamentos e que, antes de ser norma e comando, é ordem, ordem social, nascida do costume, de uma sociedade que se autotutela contra a desintegração e tende a proteger os indivíduos e os grupos.[80] "Ordem jurídica, portanto, é diferente de

---

[76] No curso dos séculos XIV e XV, a autonomia legislativa real será cada vez mais significativa. Sobre o conceito de Soberania, ver: CALASSO, Francesco. *Glossatori, la teoria della sovranità, studio di diritto commune pubblico*. 2. ed. Milano: Dott. A. Giuffrè Editore, 1950; SKINNER, Quentin. *As fundações do pensamento político moderno*. São Paulo: Companhia das Letras, 1996; MATTEUCCI, Nicola. In: BOBBIO, Norberto; MATTEUCCI, Nicola; PASQUINO, Gianfranco. *Dicionário de política*. Verbete "Soberania"; GRANDO, Guilherme. *O conceito histórico de soberania e a sua relativização na contemporaneidade*, passim. Trabalho de Conclusão de Curso – Faculdade de Direito da Fundação Escola Superior do Ministério Público do Rio Grande do Sul, de 2017.

[77] MATTEUCCI, *Dicionário de política*, p. 1181

[78] Essa característica que definiu a escola que se chamou de Glosadores.

[79] Cf. GROSSI, Paolo. *L'ordine giuridico medievale*. 10. ed. Roma-Bari: Laterza, 2003 p. 28. Sobre o tema da construção da ordem jurídica medieval, ver também: COSTA, Mário Júlio de Almeida. *História do direito português*. Coimbra: Almedina, 1996. p. 85-132; GOMES DA SILVA, Nuno J. Espinosa. *História do direito português*: fontes do direito. Lisboa: Calouste Gulbenkian, 1991. p. 58-78; BRUNNER, SCHWERIN. *Historia del derecho germánico*. Madrid: Labor, 1936. p. 39-55. Textos parciais das *leges barbarorum*, in: RICCOBONO, BAVIERA, FERRINI, FURLANI, ARANGIO-RUIZ. *Fontes iuris romani antejustiniani*: pars altera. Firenze: Barbèra, 1940. Texto integral do *Código visigótico*. Tradução S. P. Scott. Disponível em: www.fordham.edu/halsall/sbook2.html (Print Edition: Boston Book Company, 1910) *e FUERO JUZGO en latin y castellano*. Madrid: Real Academia Espanhola, por Ibarra, impressor de câmara de S.M. 1815. ed. Fac-símile. Disponível em: www.cervantesvirtual.com.

[80] Cf. GROSSI, Paolo. *L'Ordine Giuridico Medievale*, p. 30.

'sistema jurídico', corpo integrado e distinto de leis, conscientemente sistematizado, que só vai surgir a partir do séc. XI".[81]

De modo a conciliar o divino e a natureza no detentor do *imperium*, o pensamento político cristão cria os "dois corpos do rei": por essa construção, se reconhece a um corpo físico mortal, a sua não naturalidade, ou seja, a perpetuidade, ubiquidade e invisibilidade.[82] O rei é pessoa *geminata* ou *mixta*, que imita a natureza dupla de Cristo (homem e Deus): pelo corpo físico, imita a humanidade de Cristo; pela graça, o seu corpo místico imita a divindade do Senhor. *Imago Dei*, o rei não é rei apenas pela graça divina, mas por direito divino. O rei litúrgico se transforma em rei jurídico, torna-se a imagem da Justiça, e seu corpo é agora duplicado em pessoa privada e pessoa pública, sua vontade sendo a *res publica*. "Como pessoa pública, ele, o Príncipe, é simultaneamente *legibus solutus* e *legibus alligatus*, é simultaneamente *imago aequitas* e *servus aequitatis*, senhor e servo da Lei".[83] Maior do que a lei, ele é também *menor* do que a Justiça.[84] Por conseguinte, o príncipe precisa ser instruído para que sua vontade reste submetida à razão, que não é dele, mas razão pública. O poder dos reis tinha essencialmente uma função repressiva, que se tornou necessária por causa dos "pecados dos homens", como fora formulado por Isidoro de Sevilha[85] a partir das ideias de Gregório Magno e Santo Irineu. De acordo com isso, o uso bom ou mau de tal poder por parte dos reis permitia distinguir o rei – monarca legítimo e pai do povo – do tirano, cujo "governo violento

---

[81] Sobre isso: BERMAN, Harold J. *La formación de la tradición jurídica de Occidente*. 1. ed. México: Fondo de Cultura Econômica, 1996, p. 61.

[82] KANTOROWICZ. Ernst H. *Os dois corpos do rei:* um estudo sobre teologia política medieval. São Paulo: Companhia das Letras, 1998, *passim*, e especialmente, p. 77-78.

[83] KANTOROWICZ. Ernst H. *Os dois corpos do rei...*, p. 77.

[84] Cf. CHAUÍ, Marilena. Amizade, recusa do servir. In: LA BOÉTIE, Etienne. *Discurso da servidão voluntária*. Brasiliense: São Paulo, 1982, p. 194-195.

[85] Isidoro de Sevilla (560) já é membro da "nova pátria", a comunidade hispano-goda cuja unidade religiosa se havia firmado com a conversão de Recaredo ao catolicismo, e a relevância de seu trabalho para a filosofia do direito e do Estado de seu tempo se deve à sua obra de compilação de partes da tradição jurídica antiga, especialmente o livro V das *Etimologias* e o livro III das *Sentencias*. Segundo ele, a lei, expressão do direito tanto quanto o costume, deve ser honesta, justa, possível, em conformidade com a natureza e com os costumes do país para ser vigente e válida. (*Etimologia*, cap. V). De acordo com Truyol y Serra, o mais importante da classificação de Isidoro seja o fato de que nela o *ius gentium*, *"por la índole de la mayoría de sus instituciones, corresponde en el fondo implicitamente a lo que en terminología moderna entendemos por derecho internacional"*. Ver TRUYOL Y SERRA, Antonio. *Historia de la filosofia del derecho y del Estado*. 1. De los Orígenes a la baja Edad Media. 11. ed. Madrid: Alianza Editorial, p. 274 e ss, e SEVILLA, San Isidoro. *Etimologias*. Madrid: Biblioteca de Autores Cristianos, 1951, p. 112 e 113.

e opressivo é propriamente ilegal".[86] A justiça exige que o monarca se atenha às leis e respeite a elas. No âmbito do reino Lusitano, na época da ocupação do Brasil, portanto, havia uma unidade religiosa que ligava a Igreja e os reis, no Governo e na Administração.

1.1.2 Todo o poder deriva das armas e das leis

A consolidação legislativa do fundamento do poder real foi feita nas primeiras ordenações, onde se lê, na abertura do Livro I, que "todo o poderio, e conservação da República procede principalmente da raiz, e virtude de duas coisas, a saber, Armas e Leis; e pelo vigor delas juntamente o Império Romano foi nos tempos passados ante todas as Nações triunfante, e será com a graça de Deus ao diante sempre entreposto".[87] Sobre a Justiça, mais adiante, no mesmo título, lê-se "que não é achada ante todas as virtudes alguma tão louvada, nem de tão grande preço como a justiça; porque ela é a que tolhe todo o pecado, e maldade, e ainda conserva cada um no seu verdadeiro ser, dando-lhe o que é seu diretamente".[88] Quase todo o primeiro livro das *Afonsinas* trata da organização administrativa do Reino, que, naqueles termos, era organização da Justiça. Tais disposições seriam repetidas e ampliadas nas compilações posteriores (*Manuelinas*[89] e *Filipinas*)[90], figurando, sempre, no Livro I.

A "Justiça" será, no período de consolidação da nacionalidade portuguesa e, depois, da brasileira, atividade do príncipe. "Não era apenas uma das atividades do poder. Ela era – enquanto manteve pura a sua imagem tradicional – a primeira, senão a única, atividade do poder", diz Hespanha.[91] Tal concepção jurisdicionalista do poder identifica "Justiça" e "Dever do Rei" em uma tradição que remonta ao Digesto, 2.1.3, segundo a qual o *imperium merum* abrangia a punição dos criminosos, a edição de leis, o comando dos exércitos, a expropriação

---

[86] TRUYOL Y SERRA, *Historia de la filosofia del derecho y del Estado*. 1. De los Orígenes a la baja Edad Media, p. 277.
[87] *ORDENAÇÕES AFONSINAS*. Livro I. Lisboa: Fundação Calouste Gubelkian, 1998, p. 3. Edição fac-similada da edição da Real Imprensa da Universidade de Coimbra, no ano de 1792. A linguagem foi modernada por mim, para facilitar a compreensão.
[88] *ORDENAÇÕES AFONSINAS*. Livro I, p. 4.
[89] *ORDENAÇÕES MANUELINAS*. Lisboa: Fundação Calouste Gubelkian. Edição fac-similada da edição feita pela Real Imprensa da Universidade de Coimbra, 1797.
[90] *ORDENAÇOES FILIPINAS*. São Paulo: Edição Saraiva, 1957.
[91] HESPANHA, António Manuel. *Justiça e litigiosidade*: história e prospectiva. Lisboa: Fundação Calouste Gulbenkian, 1993, p. 385.

por utilidade pública e a imposição fiscal.[92] Com isso, mesmo os atos de mero império estavam "sujeitos aos requisitos mínimos de um *iustum iudicium*, nomeadamente, a audição prévia dos interessados (...) e uma averiguação metódica da situação".[93] Isso não quer dizer que o rei não pudesse se subtrair ao *iudicium* em casos especiais (*suprema publica utilitas*), mas esse exercício de poderes extraordinários "sempre foi tido como um meio odioso (no sentido técnico em que os juristas utilizam a palavra) e, logo, excepcional".[94]

Sendo a Justiça um domínio capaz de sobredeterminar todos os outros poderes (domínio superior ou de controle), sobre ela pairava a regra suprema do poder, de acordo com a qual a ação do Rei deveria respeitar o direito (*ius suum cuique tribuere*) e, com isso, *iudicium* significa exame, deliberação, opondo-se a arbítrio: *iudicium* é um processo metódico de decisão, com requisitos mínimos, como a citação e o conhecimento da causa. A metodologia do *iudicium* se torna o método ordinário do governo, da Administração. Nas matérias de governo, a decisão se materializava numa *consulta*, emitida pelo órgão competente, articulada em votos, registrada e criando *precedentes* e *estilos*. Segundo Hespanha, ao se conceber a atividade do governo como atividade judiciária, necessariamente haveria que se reforçar os "mecanismos de intervenção e de defesa dos destinatários dos actos do poder", tais como os interditos, embargos, agravos mesmo contra atos administrativos (que gozam do privilégio de execução prévia).[95] Assim, se existia uma ciência do governo, ela era a jurisprudência.

1.2 A organização da jurisdição no Brasil: dos primórdios ao iluminismo português (Séc. XVI – XVIII)

Desde a formação da nacionalidade portuguesa, a cada palmo de terra reconquistado dos árabes, os cristãos tratavam de garantir a

---

[92] D.2.1.3. ULPIANO: "O império, ou é mero, ou é misto. Mero império é ter a potestade da espada para castigar aos homens facínoras, o qual também se chama poder. É misto o império, ao qual também está anexada a jurisdição, que consiste em dar a posse de bens. A jurisdição também é faculdade de dar juiz". Texto in: GARCÍA DEL CORRAL, D. Ildenfonso. *Cuerpo del derecho civil romano*. Edição fac-similada da edição orginal de 1889, feita por Jaime Mollinas, Editor. Valladolid: Lex Nova, 1989, Tomo I, p. 245.

[93] HESPANHA, *Justiça e litigiosidade...*, p. 386.

[94] HESPANHA, *Justiça e litigiosidade...*, p. 387.

[95] HESPANHA, *Justiça e Litigiosidade...*, p. 397

autonomia das comunas, que voltam a se chamar *municípios*, mediante a concessão de forais.[96] Tais concessões tinham por objetivo incrementar o povoamento cristão e regrar os assuntos de interesse dos municípios. Em cada município organiza-se o *Conselho (Concelho)*,[97] no qual o Alcaide era o representante do poder central, que julgava com os juízes e deliberava questões administrativas. Os Juízes eram escolhidos por eleição pelos "homens bons do lugar" – homens bons, pessoas destacadas por sua riqueza, experiência, intelecto ou exercício anterior de cargo –, para as causas cíveis e criminais. Os soberanos criam, portanto, um protótipo de governo, com Cortes Gerais (assembleias deliberativas, das quais participavam prelados e nobres), sendo a de Coimbra a mais antiga, uma quantidade considerável de magistrados régios (Adelantados, Maiorinos, Sobrejuízes e Corregedores), Conselhos de Jurados (homens bons) e juízes eleitos pelo povo.

1.2.1 A justiça do rei

Nas *Ordenações Afonsinas*, coletânea jurídica produzida em razão do fenômeno geral de centralização do direito,[98] a organização administrativa já está consolidada: todo o Livro I, com 72 capítulos, trata

---

[96] Pelos forais, instituía-se o "Conselho". Segundo Alexandre Herculano, por "Fôro" se entendiam as imunidades e os privilégios pertencentes a uma classe ou corporação; "Foral", por outro lado, designava carta de povoação, diploma regulador dos direitos e deveres dos municípios, vilas e lugares. Legislação escrita dominante no período podiam ser dados pelo Rei e pelos senhores, nas terras em que eram donatários. São leis de governança municipal, traslados de terras, taxamento dos foros, serviços, prestações e jugadas que o povo deveria pagar (leis fiscais, hoje em dia). Na Espanha, utilizou-se o mesmo vocábulo, na sua variante castelhana, de "fueros". Ver: ALEXANDRE HERCULANO. *História de Portugal*. Vol VII, 8. ed. Lisboa: Aillaud & Betrand, 1875, p. 83 *apud* FERREIRA, Waldemar Martins. *As capitanias coloniais de juro e herdade*. Vol 1. São Paulo: Saraiva, 1962, p. 74-82.

[97] Nas fontes documentais e em trabalhos acadêmicos, o vocábulo utilizado é *Concelho*. Todavia, dá-se preferência, doravante, à grafia moderna, *Conselho*.

[98] Cf. COSTA, *História do direito português*, p. 279. De acordo com Mário Farelo, no século XIV a administração e a jurisdição vão se especializando conforme as necessidades, de modo que o anterior ofício *de Contos e Alfândega*, por exemplo, organiza-se numa *Fazenda e Postagem*, isto é, numa rede administrativa baseada nos direitos régios sobre o comércio. Em 1463 organiza-se a *Casa da Guiné*, que mais tarde vai se chamar *Casa da Guiné e da Mina*, em razão da exploração do ouro do Brasil. Os Contadores e Escrivães de Contos da Casa da Alfândega, no século XV, acabaram também cumprindo funções que eram da alçada da Igreja e da Jurisdição Eclesiástica, como a administração de hospitais e albergues. Para isso, ver: FARELO, Mário. Redes de justiça e conhecimento da cidade medieval portuguesa. O exemplo de Lisboa (séculos XII-XV). *e-SLegal History Review 22(2016)*, p. 22-27. Disponível em: https://run.unl.pt/bitstream/10362/57208/1/FARELO_2016_e_SLegal.pdf.

dos regimentos dos cargos públicos, tanto régios quanto municipais, e compreende o governo, a justiça, a fazenda e o exército, conteúdo, portanto, jurídico-administrativo. O regimento, nessa época, é a forma principal do ato de atribuição de competência funcional jurisdicional e administrativa.

De acordo com o texto das *Afonsinas*, o cargo mais alto da hierarquia era o *Regedor*, o *Governador da Casa de Justiça*, que atuava mediante um regimento. A primitiva *Casa de Justiça* ou *Tribunal da Corte* desdobra-se, mais adiante, no *Desembargo do Paço*[99] e na *Casa de Suplicação*,[100] como órgãos supremos da Justiça. São criados novos cargos, o de *Procurador do Conselho* bem como os de *Vereadores* e *Juízes ordinários* e *Almotacés*.[101] No século XIV aparece, nas *Ordenações*, a previsão de nomeação, pelo Rei, de *juízes de fora* ou *juízes da graça*, para a aplicação uniforme das leis, e de *vereadores* exercendo as funções de "homens bons", a representação do povo. Todos esses cargos derivavam sua jurisdição do Rei, que muitas vezes lhes encarregava "o conheci-

---

[99] Em Portugal, a *Mesa do Desembargo do Paço* foi estabelecida durante o reinado de D. João II (1481-1495), cabendo-lhe as "matérias de graça que tocassem à justiça" e "a generalidade dos assuntos relativos à administração civil do reino". Até o reinado de D. Sebastião (1544 a 1578), tal tribunal supremo era presidido pelo monarca. Na segunda edição das Ordenações Manuelinas, em 1521, tornou-se autônomo em relação à Casa de Suplicação, recebendo um regimento especial. A competência era variadíssima, incluindo concessão de perdões, cartas de fiança para réus, concessão de recursos de revista, autorização para sub-rogação dos bens dos morgados foreiros ou dotais, levantamento de degredo, provisões restituindo a fama a pessoas condenadas por crime infamante, dispensa de idade mínima para servir nos cargos, autorização de recursos fora do prazo, concessão de autorização para não se executar alguma provisão régia, passagem de cartas de legitimação e perfilhação, nomeadamente para os efeitos da sucessão nos bens da Coroa, gestão da magistratura letrada, confirmação da eleição dos juízes ordinários, conflito de jurisdição entre os demais tribunais da Coroa e censura prévia das obras literárias. Cf. HESPANHA, António Manuel. *História das instituições*: épocas medieval e moderna. Coimbra: Almedina, 1982, p. 361-364; e HESPANHA, António Manuel. *As vésperas do Leviathan*: instituições e poder político, Portugal (século XVII). Coimbra: Almedina, 1994, p. 250.

[100] A *Casa de Suplicação* era o tribunal supremo de Portugal, encarregado do julgamento em última instância dos pleitos judiciais. Exercia jurisdição, em segunda instância, sobre as províncias de Estremadura, Alentejo, Algarve, comarcas de Castelo Branco e Ultramar. Em última instância, a Casa de Suplicação encarregava-se de receber os agravos e apelações da Casa do Cível do Porto e, naquilo que excedia sua alçada, das ilhas atlânticas e do ultramar, além dos juízos privativos e comissões cíveis e criminais. Cf. HESPANHA, *As vésperas do Leviathan*: instituições e poder político..., p. 228/299.

[101] Almotacé era o funcionário de confiança dos concelhos na Idade Média, responsável pela fiscalização de pesos e medidas e da taxação dos preços dos alimentos; sendo encarregado também da regulação da distribuição dos mesmos em tempos de maior escassez. No Brasil, no período colonial, os almotacés exerciam duplamente as funções administrativas e judiciárias, não sendo possível, na prática, a distinção de uma e outra função. Cabia-lhes o julgamento das infrações de *postura*, isto é, de casos administrativos.

mento de causas, que lhes não competia na fórma de seus regimentos, ou por serem fora do território de sua jurisdicção".[102] Exerciam funções administrativas e funções judiciais, por ser princípio de direito corrente que "todo magistrado, ainda que seu emprego não fosse propriamente judicial, como os Védores da fazenda, os Provedores, os Monteiros móres, os Capellães móres e outros, eram os competentes para julgar do contencioso nos objetos de sua repartição," aduz Coelho da Rocha.[103] Em síntese, a estrutura judicial assim se apresentava: a) magistrados singulares (juiz ordinário, juiz de fora, juiz de órfãos, juiz de vintena, almotacel, juiz de sesmarias e juiz dos judeus); b) tribunais de 2º grau (Desembargo do Paço, Conselho da Fazenda, Mesa da Consciência e Ordem; c) tribunais superiores (Casa de Suplicação).

O *Livro 2* das *Afonsinas* trata da jurisdição eclesiástica, e o *Livro 3*, das regras de processo. No particular, algumas regras e princípios são fixados, e, a partir daí, farão parte do conjunto de preceitos processuais aplicáveis a todos os tipos de processos. Assim, fixa-se o preceito do *impedimento* dos juízes quando o feito versar sobre o caso de um parente seu e um minucioso corpo de regras sobre *citação*, inclusive com a diferenciação de *status*. Os *documentos públicos* têm valor de prova absoluta (herança do processo ordinário canônico), e há punição para quem apresenta documentos falsos (o que se provava por meio de uma *exceção*). Quanto às *apelações*, eram julgadas pelos tribunais somente as que envolviam valores expressivos; nas causas de menor valor não se podia apelar. De outra parte, aparecem inúmeras regras sobre *revelia*, *execução* e *inquirição* de testemunhas (que, de acordo com a tradição do *ius commune*, tinham que *ser "pessoas de boa fama"*). São fixadas regras que punem o devedor que esconde bens em execução (fraude a credores), conforme o Livro 3, Título CII.[104] Tais disposições iriam variar no tempo e aqui são trazidas apenas a título ilustrativo, para demonstrar a dificuldade de tratamento de documentos ambíguos, contraditórios e confusos como foram as ordenações portuguesas.

No que diz respeito aos ritos (procedimentos) dos juízos civis (que incluíam os juízos administrativos), destaca-se: a) na apresentação da ação, dever-se-ia indicar a causa e os fundamentos da demanda, que, aceita, impunha a citação do réu, que deveria comparecer pessoalmente,

---

[102] COELHO DA ROCHA, *Ensaio sobre a história do governo...*, p. 119.
[103] COELHO DA ROCHA, *Ensaio sobre a história do governo...*, p.119-120.
[104] Consultei, no particular: DOMINGUES, José. *As ordenações afonsina*. Três séculos de Direito Medieval (1211-1512). Sintra: Zéfiro Edições, 2008. Texto completo em pdf, disponível em: .

após a expedição do libelo; b) a defesa deveria consistir na contestação da lide, dedução de exceções, com a possibilidade de reconvenção; c) produção de provas por quaisquer meios lícitos, inclusive testemunhas, com possibilidade de contradição. Os testemunhos eram abertos e publicados para oposição de embargos, se fosse o caso, e, d) apresentação de razões finais e, por fim, proferimento da sentença, que não podia ser *extra*, infra ou *ultra petita*.[105] Nas *Ordenações Manuelinas*, tais princípios são mantidos, e as inovações neste particular só aparecem nas *Ordenações Filipinas*, tais como a possibilidade de menor depor em juízo, a necessidade de haver três votos uniformes para provimento de recurso contra decisão agravada no *Desembargo do Paço*, e a instituição de quatro espécies de procedimento: ordinário, sumário, sumaríssimo ou verbal e especial.[106]

Quanto aos ocupantes dos cargos judiciários e administrativos, imperioso é ressaltar que, no Antigo Regime Português, ainda que existisse a disputa entre os juízes letrados, que ocupavam cargos nos tribunais reais, e os juízes leigos, eleitos, todos consideravam os cargos como algo de seu – patrimônio pessoal do ocupante. *Governo, guerra, justiça* e *fazenda* são os poderes do Estado nessa época. Os cargos da carreira da Justiça eram comuns em todo o império português: os tribunais do Porto, da Bahia ou de Goa recebiam desembargadores que vinham de todas as partes. Em comum, tinham a formação letrada. O *patrimonialismo*, que entende o cargo como uma distinção ou um favor (ou graça) do Rei, que pode ser, inclusive, transmitido por via de herança, a distância entre a vedação legal de venda do cargo e a sua prática constante, que justificava a remoção de oficiais pelo poder régio sem indenização e os arrendamentos de tais cargos, serão a marca distintiva da burocracia que se consolidava em Portugal. Não havendo um *Regimento Geral* para os cargos administrativos e judiciários, a cada nomeação (Provimento) a Coroa deveria produzir (dar) um regimento.[107] Tais modelos administrativos se transplantaram, em maior ou menor grau, para todos os territórios ocupados por portugueses, principalmente para o Brasil. Os ofícios ou cargos viravam "propriedade" das famílias importantes, tendo se conservado o costume de renunciar

---

[105] MOREIRA DE PAULA, Jônatas Luiz. *História do direito processual brasileiro. Das Origens Lusas à Escola Crítica de Processo.* 1. ed. São Paulo: Editora Manole, 202, p. 150-151.
[106] MOREIRA DE PAULA, *História do direito processual brasileiro...*, p. 176-177.
[107] Ver: LOPES, José Reinaldo Lima. *O direito na história. Lições introdutórias.* 1. ed. São Paulo: 2000, p. 238-241.

ao cargo em favor de outrem, nomeado sucessor. Com o passar do tempo, desembargadores, juízes, ouvidores, escrivães, meirinhos, cobradores de impostos, vedores, almoxarifes, administradores, todos letrados, viriam a ter uma posição sólida, que acabaria por arrebatar do rei as funções administrativas: era a burocracia patrimonial. Conforme Bueno, tal funcionalismo articulou fórmulas legais e informais, "para se transformar em um grupo autoperpetuador, na medida em que os cargos eram passados de pai para filho, ou então parentes e amigos próximos".[108]

1.2.2 A justiça dos donatários e dos governadores-gerais no Brasil

Os primeiros processos documentados ocorridos em terras brasileiras foram de navegadores castelhanos, e não de escribas portugueses.[109] Aduz Almícar D'Avila de Mello que o processo que se fez contra Martin Méndez, Miguel de Rodas e Francisco de Rojas, em 1527, na Ilha de Santa Catarina (expedição de João Caboto), e que resultou em seus desterros, fez-se em franca violação ao antigo princípio constitucional do *due process of law*, já incorporado nas tradições medievais desde a Carta Magna, pois aos acusados não foram concedidos o contraditório e a ampla defesa. Da mesma forma, há julgamento de um homicídio à revelia na Ilha de Santa Catarina e outro, de caráter mais administrativo, no qual o governador castelhano da Ilha, Alvar Núnez Cabeza de Vaca, emite um Alvará contendo ordem de restrição destinada a manter um homem afastado da amante.

Passados os 30 anos do "Brasil Caramuru",[110] com a expedição de Martim Afonso de Sousa, acompanhada de cartas de doação e forais

---

[108] BUENO, Eduardo. *A coroa, a cruz e a espada*. Lei, ordem e corrupção no Brasil Colônia. Rio de Janeiro: Objetiva, 2006, p. 34.
[109] MELLO, *Primórdios da justiça no Brasil...*, p. 610.
[110] O período que vai de 1500 a 1531 é chamado, pela historiografia brasileira, de *Caramuru*. As viagens os espanhóis Pinzon e Diogo de Lepe e, em 1504, dos franceses, são pouco conhecidas. Estes últimos disputaram com os portugueses o domínio da costa, chegando a invadir e "fundar" o Rio de Janeiro, em 1555, sobre o comando de Villegaignon. São as décadas menos documentadas e conhecidas da História do Brasil. O certo é que, quando os europeus começaram a desembarcar com mais frequência no território, já viviam aqui homens brancos entre os nativos Tupis que tinham sobrevivido a naufrágios, ou tinham sido degredados ou "largados" nas expedições, para contato com os habitantes da terra. Muitos deles já tinham papel preponderante nas tribos, pois, casados com as filhas dos principais chefes índios, conheciam os costumes e as trilhas indígenas e já intermediavam

concedidos aos fidalgos que o acompanharam, teve início a organização judiciária lusitana no território americano (1534). O regime das donatárias não era novo, uma vez que havia sido experimentado nos Açores, no Atlântico, e São Tomé, na África.[111] Foi uma solução engenhosa, havendo o rei D. João III e seus conselheiros transferido para iniciativa privada a responsabilidade pela ocupação.[112] Mais colônia de povoamento do que de comércio, aqui formou-se um povo com identidade fixada nos municípios, unificado pela língua e pela religião comuns (50 vizinhos ou 30 homens bastavam para fundar uma povoação). A necessidade de ocupação e povoamento dos territórios d'além mar, principalmente do Brasil (que viria a ser o mais importante do Império), fez com que a legislação e os costumes portugueses fossem modificados, além de ter levado os monarcas a produzirem uma legislação específica e a se valerem da mestiçagem e do *uti possidetis*[113] para expandir seus domínios. Na Carta de doação a Martim Afonso de Sousa, lê-se, por exemplo, que a sucessão na Capitania poderá ser feita "sem embargo da Lei Mental",[114] quer dizer, embora as capitanias fossem inalienáveis, indivisíveis e transmissíveis por sucessão, admitia-se, na falta de filhos varões, que as filhas mulheres herdassem, e, não as havendo, "sucediam os filhos bastardos, não sendo porém de danado coito, com

---

negócios entre as nações americanas e os europeus. Os nomes mais conhecidos são o mitológico Caramuru, responsável indireto pela fundação de Salvador, e João Ramalho, em São Paulo. Eduardo Bueno relaciona, ainda, o Bacharel de Cananéia, Aleixo Garcia (1524), João Lopes de Carvalho, piloto português desterrado no Rio em 1511, entre outros. Cf. BUENO, Eduardo. *Náufragos, traficantes e degredados*. As primeiras expedições ao Brasil,1500-1531. Rio de Janeiro: Objetiva, 1998, p. 8.

[111] "Atento aos fatos que tinha, e nada mais do que eles, d. João precisava de um segundo plano. E este nasceria dum já longo exercício em pequena escala que Portugal conduzia nas ilhas da Madeira, no Atlântico, e de São Tomé, na África: a produção de açúcar", informa Pedro Doria. In: DORIA, Pedro. *1565*. Enquanto o Brasil nascia. A aventura de portugueses, franceses, índios e negros da fundação do País. Rio de Janeiro: Nova Fronteira, 2012, p. 31.

[112] O processo de organização das Capitanias Hereditárias se encontra relatado por Waldemar Ferreira, em *As capitanias coloniais de juro e herdade*, cit. Ver também: BUENO, Eduardo. *Capitães do Brasil*. A saga dos primeiros colonizadores. Rio de Janeiro: Objetiva, 1999.

[113] Na disputa pelo território na América, monarcas portugueses incentivaram os seus súditos a aventurar-se no *hinterland* (sertão), pelo *Peabiru* (caminho indígena para o interior do continente), e, assim, avançar sobre terras pertecentes à Espanha, nos termos do Tratado de Tordesilhas. Pela tese do *uti possidetis*, o domínio – posse de direito – deriva da posse de fato. Ver trabalho monográfico produzido por DEGRAZIA, Carlos Biavaschi. *Análise jurídica e histórica do instituto do "uti possidetis"*. Trabalho de Conclusão de Curso (Graduação em Ciências Jurídicas e Sociais). Pontifícia Universidade Católica do Estado do Rio Grande do Sul, 2007, além de GARCIA, *Fronteira iluminada*. História do povoamento, conquistas e limites do Rio Grande do Sul a partir do Tratado de Tordesilhas, citado.

[114] FERREIRA, *As capitanias coloniais de juro e herdade*..., p. 64.

primazia dos homens sobre as mulheres".[115] Modificada também a *Lei Mental*, porque no regime das donatárias, na falta de filhos bastardos, os ascendentes poderiam herdar (com preferência de homens), e, não havendo ninguém nessa classe, sucediam os transversais mais próximos em parentesco. O detalhe é que todos esses sucessores deviam conservar o apelido de família.

O regime municipalista[116] que Portugal pretendeu instaurar na colônia pela política de fundação de povoados e vilas estava em antagonismo com a política econômica e povoadora de distribuição de sesmarias.[117] Onde se formava o município, seus poderes se identificavam com as Câmaras Municipais (semelhantes aos Conselhos), com funções administrativas, políticas e judiciais. Tais órgãos eram as únicas instituições de natureza pública nesse período. As primeiras eleições foram para Câmaras municipais de São Vicente (1532), Olinda (1537), Santos (1545), Salvador (1549), Santo André (1553) e São Paulo (1560). Os vereadores escolhiam o presidente e demais membros, e os juízes de fora eram nomeados pelo poder central (1 Presidente, 2 Almotacéis, 1 Escrivão, 1 Juiz de Fora, 2 Juízes comuns eleitos pelos vereadores).

Primeiro regime de governo, organizado pelas Cartas Régias de 20 de novembro de 1530,[118] instituiu-se um sistema hierárquico de

---

[115] TRIPOLI, César. *História do direito brasileiro*. Vol. I. (Época colonial). São Paulo: Revista dos Tribunais, 1936. Na tradição jus-historiográfica portuguesa, chama-se Lei Mental a lei que estabelece o modo de sucessão das terras e dos bens da Coroa, em virtude de haver o rei D. João I pensado e executado tais determinações sem a prévia promulgação e publicação.

[116] De acordo com Raymundo Faoro, os primeiros municípios fundados já com nome de vilas foram São Vicente (1532) e Piratininga (1560) – Santos e São Paulo, respectivamente – precederam o efetivo povoamento, quer dizer, ali o Estado como entidade jurídica veio primeiro. FAORO, *Os donos do poder...*, p. 171.

[117] Lei de D. Fernando de Borgonha, de 1375. Concessão de natureza jurídico-administrativa, a sesmaria foi a principal forma da propriedade da terra em todo o país. Antigo costume, prescrevia que as terras aráveis fossem divididas de acordo com o número de muncípes e sorteadas entre eles para serem cultivadas e desfrutadas por aqueles aos quais tocassem: a área dividida era chamada "sexmo", daí a denominação da prática. O fundamento da concessão da sesmaria era o cultivo, podendo o quinhão reverter para a comunidade, caso a terra fosse abandonada ou utilizada para outro fim. Foi um dos principais modos de ocupação e povoamento do território português e, mais tarde, do território brasileiro. Para isso, ver FAORO, *cit.*, p. 38 e 51, especificamente sobre a lei das sesmarias de D. Fernando. Ver GONÇALVES, Albenir Itaboraí Querubini. *O regramento jurídico das sesmarias*. São Paulo: Leud, 2014. 160 p.; VARELA, Laura Beck. Das propriedades à propriedade: construção de um direito. In: MARTINS-COSTA, Judith H. (org.) *A reconstrução do direito privado*. São Paulo: Editora Revista dos Tribunais, 2002, p. 730 a 762; CIRNE LIMA, Ruy. *Pequena história territorial do Brasil* – Sesmarias e terras devolutas. 2. ed. Porto Alegre: Livraria Sulina, 1954; MELO FREIRE, Pascoal José. História do direito civil português. *Boletim do Ministério da Justiça*, nº 173, Fevereiro, 1968 p. 30.

[118] "As Cartas de Foral, consequência e complementos das Cartas de Doação, estabeleciam a legitimidade da posse e os direitos e privilégios dos donatários". Cf. MARTINS JÚNIOR,

senhores, sendo que ao rei estavam reservadas as regalias majestáticas (direitos de alfândegas, monopólios de drogas e especiarias, o quinto dos metais e pedras preciosas, o dízimo de todos os produtos destinados ao cultivo divino); e aos donatários e colonos, isenções e privilégios, e, aos primeiros, garantiam-se todos os atributos da soberania, com exceção da cunhagem de moeda. Em face da prática sucessória do morgadio, que privava os filhos segundos de alguma nobreza da herança da terra, gerando uma "multidão de despossuídos, carentes de recursos mínimos à sobrevivência", a Coroa Portuguesa pôde contar com milhares de pessoas para povoar as novas terras conquistadas.[119]

No que diz respeito à organização da Justiça pelos donatários, os regimentos previam que esses, para conhecer apelações e agravos de toda a capitania, nomeassem os *Ouvidores*: que conhecessem matéria penal; que presidissem as eleições de juízes e oficiais dos Conselhos das vilas, apurando as listas dos "homens bons", e que provessem os tabeliães do público e do judicial. O Capitão e Governador, a seu turno, só poderiam ser julgados pelo Rei, na Corte. Algumas capitanias acabaram sendo revertidas à Coroa (oito por compra, como a Bahia, em 1540; uma por confisco, Porto Seguro, e outra, por abandono, Pernambuco) e, a partir disso, os Ouvidores passaram a ser nomeados diretamente pelo Rei. As únicas capitanias exitosas foram a de São Vicente e a de Pernambuco, retomada pela família de D. Duarte Coelho.[120] Ainda que tal sistema tenha deixado de ser *governo* com a criação do *Governo Geral*, durante todo o período reinol serviu para a divisão territorial do país em circunscrições administrativas, de modo que no início do século XIX, a Administração estava composta de *Capitanias Gerais* (Grão-Pará, Maranhão, Pernambuco, Bahia de Todos os Santos, Minas Gerais, Goiás, Mato Grosso, Rio de Janeiro e São Paulo) e *Capitanias subalternas* (São José do Rio Negro, Piauí, Ceará, Rio Grande do Norte, Paraíba, Espírito Santo, Santa Catarina e Rio Grande de São Pedro, que englobava o "Continente", parte do território permanentemente disputado com a Coroa Castelhana).

José Isidoro. *História do direito nacional*, p. 7. Disponível em: http://helciomadeira.sites.uol.com.br.

[119] Cf. HAMEISTER, Martha Daisson; GIL, Tiago Luís. Fazer-se elite no extremo-Sul do Estado do Brasil: uma obra em três movimentos. Continente do Rio Grande de São Pedro (século XVIII). In: FRAGOSO, João Luís Ribeiro; CARVALHO DE ALMEIDA, Carla Maria; SAMPAIO, Antonio Carlos Jucá. (Org.). *Conquistadores & negociantes*. História das elites no antigo regime nos trópicos. América Lusa, séculos XVI a XVIII. Rio de Janeiro: Civilização Brasileira, 2007, p. 273 e ss.

[120] Cf. NEQUETE, *O poder judiciário no Brasil*. Crônica dos tempos coloniais..., p. 5-9.

A partir de 1540, em curso uma espécie processo de centralização do domínio real, a Coroa Portuguesa estabelece uma série de mecanismos para aumentar o controle, o domínio e a coerção de seus súditos. Iniciam os recenseamentos populacionais, o alistamento militar obrigatório, a criação de um sistema judicial mais poderoso e complexo e formas de tributação e de arrecadação mais eficientes. Organiza-se o Governo Geral no Brasil, talvez em razão das dificuldades de ocupação da terra selvagem, derivadas da "oposição permanente do indígena, disposto a defender seu chão palmo a palmo", da corrupção dos agentes reinóis e da ameaça francesa.[121] No Regimento de Tomé de Sousa, de 7 de janeiro de 1549, restou fixado que o mesmo poderia nomear oficiais da Fazenda e da Justiça (mesmo degredados), prática que foi sendo reafirmada em regimentos e Alvarás posteriores. *Provedores parciais* tinham extensas atribuições, seja como fiscais e arrecadadores das rendas e direitos da *Real Fazenda*, seja como juízes da *Alfândega*, e como juízes daquilo que hoje chamamos *processo administrativo-fiscal*. Tais funcionários também tinham competência para fazer a inquirição e devassa da conduta dos demais oficiais fazendários (processo administrativo disciplinar). O quadro burocrático judiciário viria a se ampliar com o Regimento de 24 de fevereiro de 1588, que instituiria a *Provedoria-Mor dos Defuntos e Ausentes*, órgão administrativo por definição. D. Francisco de Sousa, indo à Capitania de São Paulo, que estivera "abandonada" desde 1533 e fora governada por uma mulher, D. Ana Pimentel, cria o *Juizado de Orfãos*. Finalmente, criado o *Conselho das Índias* em 1604, nele assentaram-se todos os provimentos de bispados, ofícios de justiça, fazenda e guerra que dissessem respeito aos domínios d'além mar (com exceção da Madeira e dos Açores), bem como despachos, provisões, cartas de nomeação etc. – estrutura-se um Estado, com uma burocracia letrada e itinerante.[122]

A Administração Pública colonial se articulava numa ordem descendente: rei – governador geral (também chamado vice-rei) – donatários (capitães) e autoridades municipais (locais), e em 1643 a política portuguesa relativa ao Brasil passa a ser coordenada e centralizada no *Conselho Ultramarino*, que absorve competências administrativas do Conselho da Fazenda e do Conselho da Índia. As matérias de Justiça, entretanto, continuavam na esfera de competência dos Tribunais reais e jurisdições locais. A jurisdição é instalada no Brasil com o *Regimento*

---

[121] NEQUETE, *O poder judiciário no Brasil. Crônica dos tempos coloniais...*, p. 10
[122] NEQUETE, *O poder judiciário no Brasil. Crônica dos tempos coloniais...*, p. 45-55.

da Relação do Estado do Brasil, de 07 de março de 1609. No texto, ficam explicitadas as competências dos Governadores, dos Desembargadores dos Agravos e Apelações, dos Ouvidores e demais funcionários. Instalou-se um juízo de *Feitos da Coroa e Fazenda*, que deve conhecer dos feitos por ação nova (pedido de alguém) ou por petição de agravo (recurso) em Salvador e nas jurisdições da Capitania. Nas demais partes do Brasil, "conhecerá por apelação e instrumento de agravo, ou cartas testemunháveis, de todos os ditos feitos".[123]

Essa chamada "Relação da Bahia" não obteve muito sucesso, pois "não eram poucas as queixas que então se endereçavam ao Reino, reclamando uma Justiça mais pronta e fácil", informa Nequete.[124] Em 1618, por exemplo, um cristão-novo escrevia que a Relação "causava mais dano, do que proveito, ao Estado e a seus moradores".[125] Com a guerra holandesa, a Relação foi suprimida em abril de 1626 (mediante Alvará), tendo sido restaurada em 1652, apenas dois anos antes da capitulação final daqueles, no *Campo do Taborda*, em 1654. O tribunal contaria com oito Desembargadores, dois Ouvidores-gerais, um Juiz dos Feitos da Coroa, Fazenda e Fisco, um Procurador dos referidos feitos e um Provedor dos Defuntos, Ausentes e Resíduos, e foi instalado em março de 1653. Até 1775, essa jurisdição não abrangia a capitanias do Maranhão, dependente da Casa de Suplicação de Lisboa.

1.2.3 Mudanças estruturais no curso do século XVII e a organização da burocracia para a exploração das Minas

Os eventos do século XVII no Brasil não são muito bem conhecidos: esse é um capítulo da história que a historiografia brasileira e portuguesa parece que preferiu "varrer para debaixo do tapete", mas que, segundo Guaracy, foi o período "no qual tanto portugueses, quanto espanhóis influíram decisivamente para um gigantesco avanço da civilização ocidental, que se deu a verdadeira criação do Brasil, como

---

[123] Texto integral do *Regimento da Relação do Estado do Brasil de 1609* in: LOPES, José Reinaldo Lima; QUEIROZ, Rafael Mafei Rabelo; ACCA, Thiago dos Santos. *Curso de história do direito*. São Paulo: Método, 2006, p.127-140; Texto integral *do Regimento da Relação do Brasil, de 12 de setembro de 1652*, e texto integral *do Regimento da Relação do Rio de Janeiro, Alvará de 13 de outubro de 1751*, in: NEQUETE, *O poder judiciário no Brasil. Crônica dos tempos coloniais...*, p. 132-140 e 279-293, respectivamente.

[124] NEQUETE, *O poder judiciário no Brasil. Crônica dos tempos coloniais...*, p 99.

[125] NEQUETE, *O poder judiciário no Brasil. Crônica dos tempos coloniais...*, p. 105.

território, identidade e sociedade, principais elementos de uma nação, unida pelo conflito".[126] Com efeito, no período assinalado o Brasil foi muito mais rico e complexo do que contam os tradicionais livros de História. Houve a dominação dos *Áustrias* (União Ibérica), a riqueza do ciclo do açúcar, a invasão holandesa, o longo e sangrento processo de caça aos índios para escravizá-los e a guerra contra os Jesuítas pela "posse" dos nativos das Missões. No particular, Thales Guaracy destaca que "pouco se ensina nas escolas também a respeito do confronto entre espanhóis e portugueses que migraram para as vilas de colonização espanhola, onde foram perseguidos, expropriados e levados à fogueira como judeus, pela Inquisição. Espanhóis também sofreram preconceito e pressão após a Restauração da Coroa portuguesa".[127]

No curso dos *Seiscentos*, também a costa atlântica ao sul de Cananeia (São Paulo), as reduções jesuíticas do Planalto Meridional e a margem setentrional do Prata foram sendo abandonadas pelos espanhóis,[128] que concentraram seus esforços no altiplano andino e na entrada do Rio da Prata (Buenos Aires e Assunção). A Coroa Lusitana, agora restaurada, voltou a insistir na ideia de que o Prata estava em sua jurisdição, pelo Tratado de Tordesilhas. Despovoada a atual Região Sul do Brasil pela ferocidade dos "mamelucos maloqueiros" (os bandeirantes brasileiros)[129] e com o vertiginoso alastramento do gado bravio (chimarrão), cavalar ou *vacum*, pelos campos meridionais, os súditos luso-brasileiros da Coroa Portuguesa fundaram Colônia do Sacramento, em 1680, e iniciaram a sistemática exploração das riquezas que o lugar proporcionava. A disputa por tais recursos entre luso--brasileiros e castelhanos iria durar séculos, só terminando na sangrenta *Guerra Guaranítica* (1754-56), embora as questões de fronteira tenham se pacificado somente no século XX. Dessa mistura e convivência entre europeus (brancos), índios e negros, nasceria o povo brasileiro.[130]

---

[126] GUARACY, Thales. *A criação do Brasil 1600-1700:* como uma geração de desbravadores desafiou coroas, religiões e fronteiras, dando ao país 5 dos seus 8,5 milhões de m2 e ilimitadas ambições de grandeza. São Paulo: Planeta, 2018, p. 3.
[127] GUARACY, *A criação do Brasil 1600-1700...*, p. 12.
[128] Cf. GARCIA, *Fronteira iluminada*. História do povoamento..., p. 45-46; 51-60; 69-73.
[129] A epopéia migratória dos paulistas só foi possível porque ou eles eram mamelucos, e estavam guiados por eles, que conhecim as velhas pistas e ribeiras para pirogas utilizadas pelos índios.
[130] Darcy Ribeiro explica que os indígenas foram, primeiramente, chamados "brasis" pelos europeus, e, vivendo no litoral, eram, basicamente da etnia tupi. Do plano físico ao espiritual, define-se aí de fato, e desde os primeiros tempos coloniais, a personalidade do Brasil como sociedade mestiça e sincrética dos trópicos, distinta das matrizes que lhe deram origem. Por isso, afirma o antropólogo, "o Brasil é a realização derradeira e penosa

No particular, assevera Alencastro, "o grupo dominante branco fornecia quase sempre o genitor e mais raramente o marido; a comunidade negra dominada cede sempre e mãe e mais raramente a esposa".[131] Daí, São Paulo e Rio de Janeiro foram cidades mais de índios do que de brancos: todo o litoral brasileiro era terra de tupis. Guaranis estavam estabelecidos na bacia do Rio Paraguai. "Portugueses de Rio e São Paulo se dissolveram em filhos mestiços", diz Doria,[132] escravizaram e mataram os tupis no mesmo processo em que se tornavam eles mesmos, tupis: a sua língua corrente não era o português, mas o tupi. Por isso, "a fronteira entre as Américas portuguesa e espanhola, não é Tordesilhas, linha aleatória que um papa inventou. A fronteira é aquela que já separava tupis de guaranis. O português feito tupi que era o brasileiro do Sul, simplesmente manteve seu território. Os hermanos ocupam terras guaranis".[133]

Na época da fundação de Colônia (1680), a Coroa vivia sob intensa pressão: os cofres haviam sangrado na guerra com a Espanha, a dívida com a Holanda, contraída no Tratado de Haia, não fora paga não "só porque o ouro da Espanha deixara de entrar em Portugal, mas também pelo fato de que, como consequência do contínuo esfacelamento do império lusitano, as remessas do metal precioso africano tinham minguado".[134] Além disso, declinava a economia açucareira em face da competição com os holandeses, fabricado nas Antilhas (restando a Portugal ganhar com o pouco que restava de pau-brasil), e o mundo estava em crise financeira e política. A crise financeira advinha do escasseamento da remessa de metais preciosos da América Espanhola (principal combustível da economia de então), com a "redução de lucros, inflação, desvalorização de moedas, recessão, falta de trabalho e aumento da pobreza. Viciado em metal, o mundo sofria".[135]

---

dessas gentes tupis, chegadas à costa atlântica um ou dois séculos antes dos portugueses, e que, desfeitas e transfiguradas, vieram a dar no que somos: uns latinos tardios de alémmar, amorenados na fusão com brancos e com pretos, deculturados das tradições de suas matrizes ancestrais, mas carregando sobrevivências deles que ajudam a nos contrastar tanto com os lusitanos" (p. 130). In: RIBEIRO, Darcy. *O povo brasileiro*: a formação e o sentido do Brasil. 1. ed. São Paulo: Companhia das Letras, 1995, p. 130 e 131.

[131] ALENCASTRO, Luiz Felipe. *O trato dos viventes*. Formação do Brasil no Atlântico Sul. São Paulo: Companhia das Letras, 2000, p. 346.

[132] DORIA, *1565. Enquanto o Brasil nascia*, p. 39.

[133] DORIA, *1565. Enquanto o Brasil nascia*, p. 39.

[134] FIGUEIREDO, Lucas. *Boa ventura!* A corrida do ouro no Brasil (1697-1810). A cobiça que forjou um país, sustentou Portugal e inflamou o mundo. Rio de Janeiro/São Paulo: Editora Record, 2011, p. 85.

[135] FIGUEIREDO, *Boa ventura!* A corrida do ouro no Brasil (1697-1810)..., p. 36

Já a crise política se deu mais fortemente na Inglaterra, com a guerra civil na qual o rei, Carlos I, foi decapitado e ocorrera o período da *Commonwealth*, sob liderança de Cromwell, a Revolução Puritana.[136] Após 18 anos de guerras religiosas e políticas, em 1660 a monarquia foi restaurada, e consolidou-se o processo revolucionário, em 1688, com o *"Acordo da Revolução"*, a partir do qual restaram asseguradas a supremacia da lei e do Parlamento sobre a Coroa, a independência dos juízes, a reunião anual do Parlamento, a supremacia financeira dos comuns, a posição da Igreja da Inglaterra, a tolerância religiosa para os dissidentes e a liberdade política. Em suma, foi a primeira experiência do processo histórico que, mais tarde, viria a se chamar de "Constitucionalismo", consequência direta do estabelecimento do *Bill of Rights* de 1689, pelo qual foram limitadas as prerrogativas reais, instaurando-se, assim, definitivamente, o regime parlamentar inglês, por força do qual o Gabinete, nomeado pelo rei, era a expressão da maioria da Câmara dos Comuns.[137]

Em 16 de junho de 1695, a sorte do império português, cuja pobreza estava chocando o mundo, mudou para sempre: o paulista Bartolomeu Bueno de Siqueira informa ao Rei que as buscas pelo *Sabarabuçu* (o Eldorado) haviam terminado, pois "a existência do ouro já havido sido manifestada em cerca de 20 ribeiros".[138] O território que havia sido, por 200 anos, uma grande fazenda, abrigava, finalmente, "aproximadamente mil toneladas de ouro de fácil extração, um volume do metal precioso que até então o mundo não tinha visto".

A primeira *Corrida do Ouro*[139] moderna, espetacular acontecimento histórico do Brasil, foi uma significativa mudança estrutural em vários âmbitos; primeiro, em razão do rápido povoamento da região aurífera e mineira em geral. Portugal, por exemplo, ficou praticamente despovoado, e de todos os cantos do território do império afluíam pessoas para explorar aquelas imensas riquezas;[140] em segundo lugar,

---

[136] Sobre o *Instrument of Government de 1653*, no qual aparecem distinguidos os poderes legislativos e executivos, ver: BASSI, Franco. Il principio della separazione dei potere (evoluzione problematica). *Rivista Trimestrale di Diritto Pubblico*. Ano XV, n. 1. Milão: Giuffrè, 1965, p. 23.

[137] Sobre a Revolução Inglesa, ver: TREVELYAN, George McCaulay. *A Revolução Inglesa*. Brasília: Editora da Universidade de Brasília, 1982.

[138] FIGUEIREDO, *Boa ventura!* A corrida do ouro no Brasil (1697-1810)..., p. 120.

[139] De 1697 a 1810.

[140] Figueiredo informa que em meados do século XVIII, Minas Gerais, com apenas cinquenta anos de ocupação pelos brancos, superava a Bahia, São Paulo e Rio de Janeiro, povoadas há mais de duzentos anos. A população livre de Minas foi constituída de baianos, paulistas,

o Brasil assume um papel geopolítico de relevância, tornando-se mais importante que a metrópole. O Brasil sustentava a Coroa e o que restara da nobreza e do império.[141] O Rio de Janeiro se tornou a principal *praça*, o centro nervoso econômico. Mais impressionante foi o desenvolvimento urbano e sociocultural da região: de todas as partes do mundo vieram bens que o ouro podia comprar, e, no caso, pôde comprar cidades esplêndidas, construídas do nada, em um fenômeno que só encontrou similar no século XX, com a criação da cidade de *Dubai*, no Oriente Médio. O conjunto arquitetônico colonial, praticamente intacto, é único no mundo, o que lhe valeu o reconhecimento como patrimônio histórico da Humanidade pela UNESCO. Uma riqueza sem preço.

O mesmo ouro que mudou o Brasil contribuiu enormemente para uma das maiores tragédias da história da humanidade, a escravidão negra: "dos 3,3 milhões de escravos trazidos da África entre meados de 1500 (início do tráfico) e 1888 (data da abolição), 600 mil (18%) trabalharam nas minas", diz Figueiredo, de modo que as minas no Brasil consumiram 10% de todos os escravos exportados no século XVIII.[142] Mas, porque a história não é linear, esse mesmo ouro consolidou uma economia interna independente de Portugal, criando-se uma conexão de comércio de mulas, charque, que, desde Sorocaba, gerou uma robusta rede de comércios e serviços. A incorporação do gado no Nordeste (trazido do Cabo Verde) e a grandeza das boiadas do Prata garantem a exploração das Minas, que acabaram por ligar-se aos territórios do Norte e Nordeste, já que ali confluem as três principais bacias fluviais da América do Sul (Uruguai, São Francisco e Amazonas). Em razão da riqueza das minas, instaura-se no país uma divisão regional do trabalho e engendra-se um "mercado" que faz tudo virar uma coisa só. Daí que a história do mercado, marcado pela pilhagem e pelo comércio, é longa, "mas a história da nação brasileira, fundada na violência e no consentimento, é curta".[143]

---

fluminenses, pernambucanos e africanos, de modo que era alto o nível de mobilidade social: com efeito, carpinteiros, ferreiros, tecelões, ourives, boticários, tropeiros, taberneiros, até escravos (sobretudo escravas), encontraram o seu lugar na sociedade ali formada. FIGUEIREDO, *Boa ventura!* A corrida do ouro no Brasil (1697-1810)..., p. 236.

[141] Martin Page esclarece que um dos resultados da fabulosa fortuna dos Bragança foi o fato de os reis não convocarem Cortes, uma vez que era tradição e prática que essas fossem convocadas para aumentar impostos. "Ora, tendo mais dinheiro do que aquele que sabia onde gastar, a família Bragança não convocou as Cortes durante 120 anos". Ver: PAGE, *A primeira aldeia global...*, p. 215.

[142] FIGUEIREDO, *Boa ventura!* A corrida do ouro no Brasil (1697-1810)..., p. 251.

[143] ALENCASTRO, Luiz Felipe. *O trato dos viventes...*, p. 355.

Outra mudança estrutural relevante para a história que estamos a contar é o deslocamento do eixo econômico e administrativo da Colônia para o Centro-Sul, iniciado em 1709, com o desmembramento, da *Repartição do Sul*, com sede na *Capitania do Rio de Janeiro*, da *Capitania da Coroa de São Paulo e Minas do Ouro*.[144] O Rio de Janeiro, além de substituir Salvador como capital da Colônia, tornou-se o porto mais importante da América Portuguesa. Alargamento de fronteiras, expansão da pecuária, o Brasil triplicou de tamanho: nos anos da corrida do ouro, a população não indígena passou de 300 mil para 3,4 milhões de pessoas, de modo que a massa humana do Brasil já era 20% maior que a de Portugal. O Estado português instalou uma Administração direta nas minas, transformando aquele sertão num pedaço de Portugal (a *Capitania de Minas Gerais*, primeira divisão administrativa do País, fora criada em 02 de dezembro de 1720, fortalecendo o aparato burocrático para gerenciar tamanha riqueza). A Coroa, por intermédio do Governador e Capitão-Geral do Rio de Janeiro, já criara uma estrutura mínima de controle e fiscalização das Minas, com *Provedores*, *Superintendentes*, *Escrivães* e *Tesoureiros* responsáveis pela arrecadação; nomeou, além disso, *Guarda-Mores* para a repartição das terras a serem distribuídas aos mineradores, seguindo-se "o estabelecimento de casas de registros nos caminhos do Rio de Janeiro, São Paulo, Bahia e Pernambuco, afora a proibição de que pessoa alguma saísse de Minas com ouro, sem comprovante (guia) de haver pago o tributo (o *quinto*)".[145]

Iniciada a exploração de diamantes e outras pedras preciosas[146] a partir de 1730, na Comarca do Serro Frio, a Corte concede carta-régia ao Governador para regular tais assuntos. O mandatário baixa o *Regimento dos Diamantes*, pelo qual o Ouvidor-Geral da *Vila do Príncipe* é nomeado Superintendente de todas as terras diamantinas da Comarca. A nomeação, extensiva aos sucessores, anulou todas as cartas anteriormente concedidas pelo *Guarda-Mor* para a mineração do ouro e autorizou o Superintendente a repartir novamente córregos e rios com diamantes. Muitos trocaram a mineração do ouro pela do diamante, e a Corte de Lisboa, temerosa de ser enganada, por meio do Decreto Real de 26 de

---

[144] Em 1710 se constitui a Capitania de São Paulo; Minas, em 1720, com a criação da Capitania do Rio Grande do Sul. Mais tarde, Goiás, Mato Grosso foram sendo desmembrados da mesma forma da Capitania de São Paulo.

[145] NEQUETE, Lenine. *O poder judiciário no Brasil*: crônica dos tempo coloniais. Vol 2..., p. 5.

[146] O "Topázio Imperial", que se apresenta em três colorações distintas (do alaranjado ao cereja), é uma das gemas mais valiosas do mundo, porque existe em uma *única* mina, localizada em Ouro Preto, Brasil.

março de 1731, ordena ao Ouvidor da localidade o despejo, das lavras diamantinas, de toda pessoa, de qualquer condição que fosse, sob pena de degredo para Angola, e o confisco dos bens de raiz para a Real Fazenda. Além disso, diz Nequete, deveria o Ouvidor impedir todas as lavras, "à exceção do Ribeirão do Inferno e do Jequitinhonha, as quais seriam divididas em lotes para serem postas em praça e arrematadas (...)".[147] *Como* foram feitos esses despejos, isto é, *com quais ritos administrativos*, as fontes disponíveis à pesquisa, nesse momento, não indicam claramente. Observe-se, no particular, que o sistema de justiça colonial não contava com infraestrutura adequada e cartórios organizados. Os atos eram praticados nas câmaras ou "em locais particulares, como as casas dos juízes e dos escrivães. A guarda de documentos, o cartório em sentido estrito e arquivístico, era feita em prédios particulares", diz Lima Lopes.[148] No texto de Nequete, por exemplo, há a menção ao caso do *Bando de 1º de março de 1743*, do Governador Plácido de Almeida Moutoso, que determinava o despejo de todas as pessoas sem emprego ou ofício, sob pena de prisão e remessa como praça em outra colônia, estendendo-se as sanções àqueles que mantivessem, ajudassem ou consentissem em suas casas, roças, sítios e fazendas, alguém naquela situação, sem que fosse indicado nenhum *rito – procedimento* – que tenha sido seguido.[149] Supõe-se que os atos administrativos tenham sido praticados com arbitrariedade e discricionariedade, mas isso é somente uma inferência. Para conhecer procedimentos é preciso organizar pesquisa detalhada dos eventos, na busca de um procedimento previamente estabelecido, seja por ato normativo escrito, seja por costume administrativo, porque isso ainda não foi feito pela jushistoriografia nacional.

A exploração dos recursos minerais passa a ser feita por contratação em hasta pública, especialmente após a criação da *Companhia dos Diamantes*, em 1739, e os Contratadores (o mais famoso e poderoso foi João Fernandes, amante da lendária *Chica da Silva*) dispunham de enormes poderes e atribuições administrativas, todos por delegação real. Em 1771, terminado o último contrato, a Real Fazenda organizou a *Real Extração* e o *Regimento Diamantino*, contando, a partir daí, com uma *Junta Administrativa* à qual competia nomear três caixas-administradores no Tijuco, que, com o Intendente, gerenciavam todo

---

[147] NEQUETE, Lenine. *O poder judiciário no Brasil*: crônica dos tempo coloniais. Vol 2..., p. 9
[148] LOPES, José Reinaldo Lima. *História da justiça e do processo no Brasil do século XIX*. Curitiba: Juruá, 2017, p. 15.
[149] NEQUETE, Lenine. *O poder judiciário no Brasil*: crônica dos tempo coloniais. Vol 2, p. 16-17.

o sistema. A manutenção das licenças, casas, roças, lavras, ofício ou negócio dependeu de procedimentos administrativos de execução do Regimento, assentados em livro especial. Mais uma vez, os detalhes de tais processos nos são desconhecidos: só o que sabemos é que todos os residentes do Serro Frio tinham o prazo de quinze dias após a publicação do Regimento para se apresentarem ao Intendente.[150] Em síntese, a corrida mineira mudou, definitivamente, o ambiente institucional e social da América Portuguesa, e daí veio a necessidade de criação de um tribunal que atendesse com mais eficiência às necessidades da administração da Justiça. Mas isso só veio a ocorrer na Administração Pombalina (1750-1777).

1.2.4 Racionalização da justiça no período Pombalino

No momento em que os monarcas da Europa Ocidental conseguem se sobrepor ao poder religioso, a fundamentação da legitimidade do exercício do poder torna-se basicamente "secular", isto é, torna-se uma questão de homens entre homens, não mais envolvendo diretamente qualquer concepção teológica. O último passo da secularização dá-se por causa da *Guerra dos 30 Anos*, pois a quase aniquilação mútua dos países europeus em face de conflitos religiosos trouxe consigo a noção de liberdade religiosa e de que as questões religiosas não poderiam determinar a vida público-estatal, ou seja, deveriam ser uma questão de escolha individual (privada ou de foro íntimo) de cada pessoa. Ocorre com isso a "privatização" da questão religiosa e se inicia o fim da ligação entre Estado e religião nos países ocidentais. O Estado moderno (nacional), que unifica uma determinada nação em face da sua submissão a um mesmo (e único) governo dentro de um determinado território, surge como expressão político-jurídica da vitória das monarquias nacionais contra todo e qualquer poder de origem ou base religiosa (em especial, o poder da Igreja Católica) e contra o poder regional e/ou local dos senhores feudais (que impunham nos seus domínios feudais os "usos e costumes locais"). Esse processo não ocorre ao mesmo tempo em todos os países.

No recém surgido Estado nacional, a monarquia concentra em si o poder estatal, e o concentra de modo *absoluto*, é dizer: ela legitima esse exercício com base em uma interpretação muito especial

---

[150] NEQUETE, Lenine. *O poder judiciário no Brasil:* crônica dos tempo coloniais. Vol 2, p. 27.

do *Corpus Iuris Civilis*, segundo a qual o príncipe é *legibus solutus*, levando esse texto a uma interpretação muito radical (inexistente no original romano): tudo aquilo que o príncipe estatui é lei. E, seguindo adiante, só o que o príncipe estatui tem força de lei. Na prática significaria afirmar "todo poder emana do rei, e em seu nome é exercido". As antigas ordens de classe não desaparecem de todo, elas são mantidas representadas nos estamentos ou "estados" que compõem a *Assembleia Geral* ou *Estados Gerais da Nação* (embrião dos modernos Parlamentos ou Congressos Nacionais): o *primeiro estado*, com representantes da nobreza; o *segundo estado*, com representantes do clero, e o *terceiro estado*, com representantes do povo em geral (comerciantes, artesãos, servos etc). Tal Assembleia Geral se torna, na prática, um órgão de caráter consultivo ou de aconselhamento pelo monarca, convocada somente quando o mesmo pretendia criar ou aumentar tributos, como já relatado.

A legitimação do poder absoluto, no novo estado de coisas, dá-se basicamente por duas vias ou teorias, que tentam legitimar por qual razão todo poder estatal emana do rei e em seu nome é exercido, a *Teoria do Direito Divino dos Reis*, base das antigas monarquias germânicas e cristãs, e a *Teoria do Contrato Social*. Pela primeira, introduz-se uma secularização apenas parcial do poder, pois, em princípio, elas somente afastam as instituições religiosas (a Igreja, o Papa etc) de uma "intermediação" do poder entre Deus e o soberano, mas é mantida uma origem divina para o poder estatal: o monarca é soberano por obra direta da graça de Deus, que entrega ao monarca um poder incontestável e absoluto. E foi teoria utilizada por Dom Pedro I no preâmbulo da *Constituição Imperial de 1824*: "Dom Pedro Primeiro, por Graça de Deus e unânime aclamação dos povos, Imperador Constitucional e Defensor Perpétuo do Brasil (...)".

Pelas *teorias contratualistas*, os indivíduos, quando saem de um estado de natureza para ingressar em um estado de sociedade, resolvem fazer um pacto entre si para criar essa sociedade (política) que regerá a sua vida em sociedade: o Estado. Na medida em que tais teses operaram de modo radical a "secularização do poder" e justificaram tanto a monarquia absoluta quanto os Estados liberais, elas foram fundamentais e inaugurais para um novo tipo de pensamento jurídico, que iria ter impacto profundo em Portugal. As teses contratualistas foram afirmadas no contexto do *Humanismo Jurídico* e, por isso, vale inventariar, ainda que sumariamente, o processo histórico da crítica humanista e da consolidação das teorias do *Contrato Social*.

1.2.4.1 O humanismo jurídico

O Renascimento, no século XVI,[151] é literalmente um renascimento dos ideais greco-romanos. Nessa época, o *Corpus Iuris Civilis* era apenas uma parte dos textos jurídicos estudados nas Universidades, pois se dava mais importância à *Glosa* de Acúrsio e aos *Comentários* de Bártolo. E, do ponto de vista prático, pouco ou nada mais representava o *Corpus* em face do empreendimento dos *Comentários* da escola de Bartolo.

Ao lado disso, os estudos históricos descobriram que o texto manuscrito, usado desde o surgimento da *Escola de Direito* em Bolonha (e, depois, nas demais Universidades europeias) não era uma cópia totalmente fiel do "verdadeiro" *Corpus Iuris Civilis* de Justiniano, pois a cópia manuscrita usada pelos juristas medievais (*Vulgata* ou *Littera Bononiensis*) continha uma série de alterações no texto.

A verdadeira cópia encontrava-se em Florença – a *Florentina* ou cópia *F* –, e então *Lorenzo di Medici* permitiu que fosse feita uma cópia dessa versão pelo jurista Poliziano. Isso serviu para colocar em xeque tanto a obra dos glosadores quanto a dos pós-glosadores (comentadores). Assim, no espírito de retorno aos ideais greco-romanos, a tarefa básica dos filósofos e juristas renascentistas (os *Humanistas*) foi livrar o *Corpus* de todas as glosas e de todos os comentários medievais e refazer uma interpretação diretamente a partir do texto original – uma verdadeira volta às origens.

A crítica humanista era acima de tudo dirigida contra Bartolo: não se trata de usar as normas do *Corpus Iuris Civilis* para a solução de problemas atuais, mas sim de investigar qual o verdadeiro e original sentido de cada norma, a fim de se saber como ela era aplicada ao tempo em que estava efetivamente em vigor na antiga Roma. Tratava-se, portanto, de transformar o estudo do direito romano em um estudo de *História do Direito* (e não em "fonte" do Direito, como faziam os bartolistas). Ao mesmo tempo isso significava negar sua possibilidade de uso pelos tribunais, na solução de casos práticos, pois este, constituindo somente "História do Direito", encontra-se revogado e não pode ser tido como vigente – mesmo que de modo supletivo aos usos e costumes.

Em oposição ao *mos italicus* de Bartolo, o método de volta ao significado original do texto do *Corpus* dos humanistas, com caráter

---

[151] Para essas considerações, além da literatura que está sendo citada, ver: CALASSO, Francesco. *Gli ordinamenti giuridici del rinascimento medievale*. Seconda Edizione. Milano: Giuffrè,1951.

meramente histórico e sem preocupações de aplicação prática desse direito perante os tribunais, ficou conhecido como *mos gallicus* (método gaulês, ou método francês), uma vez que os humanistas tinham seu movimento mais forte nas Universidades francesas. Esse método histórico de volta às origens permitiu ainda que os humanistas pudessem novamente descobrir as várias camadas e recortar o texto do *Corpus* (tal como ele havia efetivamente sido construído pela comissão de juristas nomeada por Justiniano) e com isso indicar em qual época cada recorte havia sido escrito, por exemplo: se mais ao tempo da *Lei das 12 Tábuas*, se mais ao tempo do final da República romana, se no período clássico dos grandes juristas (100 d.C. a 300 d.C.) ou se já no período da decadência do Império romano. Ou ainda se era meramente uma interpolação da própria comissão de juristas. É também com os humanistas que se dá a primeira reconstrução sistemática da Lei das 12 Tábuas, feita por Dionísio Godofredo, publicada em Heidelberg em 1616.

Existe aqui um paralelo direto do *Humanismo* com a *Reforma Protestante* nos países do norte europeu (Lutero na Alemanha, Jan Huys em Praga, Calvino nos Países Baixos etc). A Reforma pretendia livrar o texto da Bíblia das interpretações da Igreja Católica, cabendo a cada um ler diretamente a Bíblia e dela retirar a sua interpretação pessoal. Hoje, diríamos: cada ser humano está *online* com Deus; os humanistas da Renascença pretendiam, do mesmo modo, livrar o texto do *Corpus* das interpretações dos juristas medievais e, não por acaso, a maior parte dos juristas humanistas era de protestantes (em especial *huguenotes*, os protestantes franceses). Tal empreendimento humanista foi obra de vários juristas em diferentes países, tais como o francês Guillaume Budé (pseudônimo em latim: *Budaeus*), o alemão Ulrich Zasius (Universidade de Freiburg), o italiano Andréa Alciato, que lecionou na Universidade de Bourges, na França, e, os mais famosos, os franceses Jacques de Cujas (1522/1590, pseudônimo em latim: *Cujacius*) e Hugues Doneau (1527/1591, pseudônimo em latim: *Hugo Donellus*).

A obra literalmente arqueológica que foi realizada pelos humanistas sobre o Direito romano permitiu também concluir que ele era basicamente produto do conflito entre as classes sociais então existentes na antiga Roma. Coube então ao humanismo renascentista concluir pela primeira vez que o Direito é sempre um produto da história real e concreta do ser humano, e que ele reflete os interesses e lutas sociais de um determinado tempo e lugar. E ficou claro com isso que um antigo texto legal de mais de 1000 anos não poderia ser usado como fonte para solucionar os conflitos europeus em pleno século XVI.

De 1600 a 1800, a doutrina do jusracionalismo[152] – feição moderna do jusnaturalismo –, preparada pelo Humanismo e pelo Renascimento, pretendeu estender os métodos das novas ciências da natureza à ética social. Tais métodos (matemáticos) transformaram o homem, enquanto ser social, em objeto de observação e de conhecimento libertos de pressupostos teológicos. Com o fito de conhecer as leis da natureza, a segunda geração de jusracionalistas (Hobbes, Spinoza e Puffendorf) formula a hipótese do *Contrato Social* para descrever o momento de criação da comunidade política e o da constituição do respectivo governo, contrapondo-se, assim, às hipóteses formuladas pelo jusnaturalismo clássico para pensar e/ou descrever a comunidade política.

1.2.4.2 O jusracionalismo e a tese do *Contrato Social*

Apresentando uma inovação em relação à tradição jurídica anterior, o jusnaturalismo moderno empreendeu, além da sistematização geral do direito privado, a sistematização do direito público, pois, ainda que o direito romano tivesse construído algumas soluções para os problemas capitais do direito público, como a noção de *lex de imperio*, pode-se afirmar que este nasceu, de fato, de conflitos de poder desconhecidos na Antiguidade, como o conflito entre poder espiritual e poder temporal. Por outro lado, mesmo que os juristas medievais tenham se aproveitado grandemente das principais categorias de direito privado (equiparação entre *imperium* e *dominium*, permitindo identificar o poder do soberano com o poder dos proprietários, ou recurso à teoria do *pactum* ou dos diversos *pacta*, para explicar as relações entre soberano e súditos), foi a Escola do Direito Natural que teve o mérito de racionalizar o direito público, em uma sistemática geral do direito que compreendeu "ao mesmo tempo e com igual dignidade tanto o direito privado quanto o direito público".[153]

---

[152] "De facto, a redução a relações que podem ser expressas em números constitui a condição de formulação de leis válidas em geral, uma vez que só a medida permite a comparação de acontecimentos que se repetem inalteradamente (...). A experimentação sobre esta natureza visa a averiguação de leis naturais de tipo particular, a partir das quais se possam deduzir leis mais gerais, e finalmente, axiomas. É através desse progredir em direção a formulações cada vez mais gerais que formam os sistemas fechados da época – a imagem fisicalista da natureza de Newton (*Philosofia naturalis principia mathematica*, 1687), a *Ethica more geometrico demonstrata* de Espinosa e, com uma importância não menor, os sistemas jusracionalistas", assegura WIEACKER, Franz. *História do direito privado moderno*. Lisboa: Fundação Calouste Gulbenkian, 1993, p. 286/287. Ver, também, MARTINS-COSTA, Judith. *A boa-fé no direito privado*. São Paulo: Editora Revista dos Tribunais, 1999, Capítulo 2, *passim*.

[153] Cf. BOBBIO, Norberto. *Estado, governo e sociedade:* para uma teoria geral da política. 4. ed., São Paulo: Paz e Terra,1992, p. 35.

Embora a hipótese de um "estado de natureza", anterior ao "estado civil", decorrente da comum participação dos homens no *logos* divino, da qual resulta sua igualdade essencial, seja anterior a Spinoza[154] (foi formulada pelos estóicos antigos e está presente na teoria tomista da Lei e na tradição jusnaturalista, em geral), antes dele, todavia, a fundação do Estado não havia sido atribuída a um hipotético pacto ou contrato, e sim à Natureza ao elaborar as bases metodológicas de um sistema jusracionalista autônomo e combater "a dependência metodológica da ética social profana em relação à teologia moral",[155] a segunda geração de jusracionalistas construiu a hipótese do "contrato social" como fundamento último da sociedade humana, iniciando uma tradição teórica que passa por Locke, Rousseau, Kant e, no séc. XX, chega em John Rawls.

Na esteira de um combate da filosofia moderna contra o direito natural concebido por Aristóteles, Scott, antes de Spinoza, relevando o papel da razão para conhecer as verdades mais sublimes, acentuou o indivíduo, o singular, frente ao universal, antecipando a modernidade.[156] Para ele, o fundamento do princípio da individuação e a explicação de porque é conhecido o indivíduo não devem ser buscadas em um princípio geral ou em algo extrínseco ao indivíduo, senão nele mesmo (objeto individual e singular). Já em Occam, o antigo direito natural imutável foi reduzido a nada, tendo ele insistido sobre a origem humana e, portanto, arbitrária, convencional, do *dominium* e da soberania, a origem arbitrária do direito (obra das vontades humana e divina) e a origem arbitrária das sociedades.[157] Por conseguinte, ao antigo direito natural objetivo – uma ordem fixa e imutável estabelecida pela razão universal, em que cada instituição social tem uma estrutura fixa – foi contraposto um direito natural novo cujo conteúdo é negativo: a ausência de vínculos e de regras sociais, de deveres e de comandos, é dizer,

---

[154] Nos textos consultados, o nome de Spinoza é "aportuguesado" para ESPINOSA. Preferiu-se, neste relato, usar-se a grafia original.
[155] Cf WIEACKER, *História do direito privado moderno...*, p. 304.
[156] Cf. VILLEY, Michel. *Leçons d'histoire de la philosophie du droit*.(Les origines de la notion de droit subjectif). Paris: Dalloz, 1957, p. 279. Gassendi, na *Ethicae* (1658), composta contra a ética aristotélica, o *ius* que o homem possui por natureza comporta a faculdade de sentir, de se mover, etc, enquanto é animal; enquanto ser especial – homem – esse direito comporta a faculdade do raciocínio, de se exprimir, de celebrar contratos, sem que se leve em linha de conta os deveres, os limites que a natureza impõe à liberdade.
[157] Cf. PANIÁGUA, Jose Maria Rodriguez. *Historia del pensamiento juridico*. Vol. I. Madrid: Universidad Complutense, 1988, p. 89 a 104.

o direito de liberdade do indivíduo, cuja origem é puramente humana, convencional. A natureza fez os homens indivíduos, separados e livres, e tais liberdades são dados jurídicos primários que a lei e a convenção modelam em "direitos subjetivos". Daí, a noção primordial do direito é aquele que é dado por natureza aos homens, que as leis civis limitam: é a liberdade, o poder individual. A partir dessa teorização dos "direitos subjetivos" surgiu a teoria do contrato social fruto do pensamento, na tentativa de compatibilizar a situação constitucional com postulados supra-positivos.

Spinoza revolucionou o pensamento filosófico ocidental ao defender a separação entre a Igreja e o Estado, política e religião, filosofia e revelação[158] e afirmar a verdade como imanente ao próprio conhecimento, independentemente de qualquer garantia externa: "o que constitui a forma do conhecimento verdadeiro há de procurar-se no próprio conhecimento e deduzir-se da natureza do intelecto".[159] Assim, asseverando que o conhecimento é conhecimento de causas, que a causa da essência do homem é Deus, uma vez que este é uma modificação de Seus atributos infinitos (pensamento e extensão), Spinoza teoriza sobre as ações e paixões humanas (afecções da natureza humana) e acaba por afirmar o Estado como o resultado do choque entre as paixões dos homens e não de sua atuação racional.[160] A origem e o fundamento dos valores morais é, então, a "Natureza", que possui um valor positivo, transcendente ao significado puramente descritivo.[161] Entendendo por direito natural o próprio poder da Natureza e contrapondo o estado natural – em que cada um é senhor e juiz de si próprio – ao estado civil – em que todos unem suas forças –, Spinoza concebe o Estado como um contrato, baseado no consenso/vontade, cujo fim é viver bem e cultivar a alma – usufruir, em comum, o maior

---

[158] Cf. CHAUÏ, Marilena. *Espinosa* – vida e obra. São Paulo: Abril Cultural, 1979, Coleção "Os Pensadores", pág. XI.

[159] SPINOZA, Baruch. *Tratado da correção do intelecto*. São Paulo: Abril Cultural, 1979, Coleção "Os Pensadores", p. 61.

[160] "Pois que, enfim, todos os homens bárbaros ou cultivados estabelecem em toda parte costumes e se dão um estatuto civil, não é dos ensinamentos da Razão, mas da natureza dos homens, isto é, da sua condição que se deve deduzir as causas e os fundamentos naturais dos poderes públicos", in: SPINOZA, Baruch. *Tratado político*, Coleção "Os Pensadores". São Paulo: Abril Cultural, 1979, p. 309.

[161] Cf. Norberto Bobbio, para Spinoza "tudo o que é natural é bom, pelo fato de ser natural". VER: BOBBIO, Norberto. *Locke e o direito natural*. Brasília: UnB, 1997, p. 64

número de direitos.[162] Mais adiante,[163] Spinoza diz que no estado civil o indivíduo abdica de seu próprio direito e transfere-o para aquele a quem dá o poder. Seguindo, em parte, a tradição aristotélica, o filósofo também assevera que a justiça e a injustiça só se podem conceber no Estado – justiça política – pois que, na Natureza, tudo é de todos e "cada um tem direito na medida em que possui poder".[164] No Estado, é a lei comum quem decide o que pertence a cada um e, assim, "é chamado justo o que tem uma vontade constante de atribuir a cada um o que é seu, e (...) injusto o que se esforça por tornar seu o que pertence aos outros".[165] Antes de tratar, separadamente, de cada um dos gêneros de poder público, Spinoza considera, de conjunto, o problema da soberania ou de quem detém o poder supremo da cidade, relacionando o exercício do poder soberano a certas atividades: estabelecer as leis, "interpretá--las em cada caso particular e decidir se uma determinada qualidade é contrária ou conforme ao direito"[166] e dirigir a coisa pública – atingir fins perseguidos pelo Estado, lançando mão dos meios necessários. O poder soberano, desta forma, reúne três atividades ou funções: legislar, julgar e administrar,[167] e o Estado Ideal é aquele em que tais funções asseguram os fins últimos do estado civil: a paz e a segurança.

Da obra da segunda geração de jusracionalistas, a de Hobbes foi a mais influente e impactante no pensamento político posterior ao pensar a questão do Estado e do poder estatal em termos radicalmente distintos de seus antecessores e contemporâneos, assinalando "o início do jusnaturalismo político e do tratamento racional do problema do Estado".[168] Hobbes, em *Elementa philosophica de cive*,[169] obra escrita em latim e publicada na França, em 1642, parte do conceito de Estado de

---

[162] SPINOZA, *Tratado político*..., p. 313, verbis: "(...) o direito natural, no que respeita propriamente ao gênero humano, dificilmente se pode conceber, a não ser quando os homens têm direitos comuns, terras que podem habitar e cultivar em comum, quando podem vigiar a manutenção de seu poder, proteger-se, combater qualquer violência e viver segundo uma vontade comum. (...) Efetivamente, quanto maior for o número dos que, reunindo-se, tenham formado um corpo, tantos mais direitos usufruirão, também, em comum".

[163] SPINOZA, *Tratado político*..., p. 315.
[164] SPINOZA, *Tratado político*..., p. 314.
[165] SPINOZA, *Tratado político*..., p. 314.
[166] SPINOZA, *Tratado político*..., p. 319.
[167] SPINOZA, *Tratado político*..., p. 320.
[168] BOBBIO, Norberto. *Hobbes e o jusnaturalismo*. Ensaios escolhidos. São Paulo: C. H. Cardim Editora, s/d, p. 1 a 20.
[169] *Do cidadão*. São Paulo: Martins Fontes, 1998.

Natureza afirmando, contra a tradição jusnaturalista clássica,[170] que a origem da sociedade civil é o medo recíproco e não a boa-vontade.[171] Nesta obra, Hobbes defende o poder absoluto do rei como a única forma de garantir a paz. Para ele, o Estado – *Leviatã* – é um homem artificial, em que a soberania é a alma; os magistrados e demais funcionários executivos, juntas artificiais; a recompensa e o castigo, os nervos; a riqueza e a prosperidade, a força; a segurança do povo, seu objetivo; a justiça e as leis, uma razão e uma vontade artificiais; a concórdia é a saúde, e a guerra civil, a morte.[172]

A causa do medo que os homens têm uns dos outros é a igualdade natural – desejo recíproco de fazer o mal – e, considerando que o primeiro e mais fundamental direito natural é o de preservação, e que, na natureza, todos têm direito a todas as coisas, só quando for estabelecida a desigualdade, pelo pacto social, o homem pode obter segurança e paz. Se as leis da natureza não bastam para preservar a paz e obrigar o cumprimento dos contratos, esta transferência de direitos de todos os homens a um só pode fazê-lo, na medida em que este a quem se transferiu todos os direitos concentra um enorme poder, conformador da vontade dos particulares à unidade e à concórdia, pelo "terror que suscita".[173] A união feita dessa forma é uma sociedade civil, uma cidade ou uma pessoa civil[174] e, em toda a cidade, detém o comando-em-chefe, o domínio, o poder supremo, isto é, a soberania, aquele ou aqueles a quem se transferiram todos os direitos. Cidadão, pessoa civil subordinada ou súdito é aquele que abriu mão de seu direito de resistência em favor daquele (ou daqueles) que detém o mando de última instância.

Para Hobbes, então, ao contrário de seus antecessores, o soberano tem o monopólio da força ou da coerção física e não só o monopólio do direito, mediante o poder legislativo e as marcas do poder supremo,

---

[170] "A maior parte daqueles que escreveram alguma coisa a propósito das repúblicas ou supõe, ou nos pede ou requer que acreditemos que o homem é um criatura que nasce apta para a sociedade. Os gregos chamam-no *zoon politikon*; e sobre este alicerce eles erigem a doutrina da sociedade civil como se, para preservar a paz e o governo da humanidade, nada mais fosse necessário do que os homens concordarem em firmar certas convenções e condições em comum, que eles próprios chamariam, então, leis". HOBBES, *Do cidadão*..., p. 25-26.
[171] HOBBES, *Do cidadão*..., p. 28.
[172] Cf. a Introdução do *Leviatã*. Coleção "Os Pensadores". São Paulo: Abril Cultural, 1979, p. 5
[173] HOBBES, *Leviatã*..., p. 96.
[174] HOBBES, *Do cidadão*..., p. 97, *verbis*: "Uma cidade (...) é uma pessoa cuja vontade, pelo pacto de muitos homens, há de ser recebida como sendo a vontade de todos eles; de modo que ela possa utilizar de todo poder e as faculdades de cada pessoa particular, para a preservação da paz e defesa comum".

que são as seguintes: fazer e revogar as leis, determinar a guerra e a paz, conhecer e julgar todas as controvérsias e nomear todos os magistrados, ministros e conselheiros,[175] e não conhecendo limites, sendo absoluto, está sempre concentrado. Sendo assim, ele acaba por sustentar que independentemente do tipo de governo – democracia, aristocracia ou monarquia – o "gládio da justiça" e o "gládio da guerra" pertencem a quem possui o mando supremo, seja um homem ou um conselho, e não considera a hipótese de divisão do poder soberano para diferentes titulares, pois o exercício de funções não é mais do que delegação do soberano da cidade. Por conseguinte, Hobbes não desce a detalhes de como essas atividades podem ser organizadas nos diferentes tipos de Estado.

Hobbes inverte a perspectiva de seus predecessores quando trata da função da lei natural: em vez de justificar os limites do poder soberano, a lei natural, na verdade, o isenta de quaisquer limites, na medida em que, para os súditos, a única lei natural sobrevivente no estado civil é a que impõe a obrigação de obedecer ao soberano. Se "as leis da cidade não obrigam o governante",[176] se as ordens do governantes são leis, após o pacto, nem mesmo o direito à vida está protegido no estado civil. O que o soberano ordena são as leis civis, e dado que os indivíduos estão obrigados a obedecer às leis civis, só existe, de fato, um direito, imposto por quem detém a autoridade suprema: o direito positivo. Por essa razão, Bobbio[177] considera Hobbes o primeiro positivista ou o último jusnaturalista, pois a obra hobbesiana é uma passagem ou um limite entre as duas principais teorias das fontes do direito: em Hobbes, a doutrina do jusnaturalismo é adotada para reforçar o poder civil, e não para limitá-lo, como farão Locke e a maioria dos filósofos políticos que o seguiram.

John Locke,[178] o primeiro filósofo político moderno a advertir sobre a utilidade de uma separação do poder soberano de acordo com as diversas funções estatais independentemente da forma de governo, construiu sua teoria política seguindo os passos de Hobbes, com a

---

[175] HOBBES, Do cidadão...., p. 115.
[176] HOBBES, Do cidadão...., p. 110.
[177] BOBBIO, Locke e o direito natural..., p. 1 a 20. Ver, também, BOBBIO, Ensaios escolhidos..., p. 41 a 44, e BOBBIO, Norberto; BOVERO, Michelangelo. Sociedade e Estado na filosofia política moderna. São Paulo: Editora Brasiliense, 1996, p. 34 a 39.
[178] LOCKE, John. Segundo tratado sobre o governo (Ensaio relativo à verdadeira origem, extensão e objetivo do governo civil). São Paulo: Abril Cultural, Coleção "Os Pensadores", 1979.

descrição do estado de natureza e fazendo desse conceito um elemento essencial de seu sistema de pensamento.[179] Embora em suas obras de juventude tenha sustentado a posição hobbesiana segundo a qual, na passagem do estado de natureza para o estado civil, o indivíduo renuncia ao poder de disposição sobre as coisas indiferentes[180] e o atribui ao soberano, sem qualquer limite, isto é, sem a sobrevivência de seus direitos naturais, a sua obra da maturidade – os dois *Tratados sobre o governo civil* – está centrada na ideia de que o bom governo é o governo limitado por leis naturais.

Considerando ser o poder político "o direito de fazer leis com pena de morte", de regular e preservar a propriedade empregando a força da comunidade "na execução de tais leis",[181] bem como o de defender a comunidade de ameaças exteriores, Locke afirma que, no estado de natureza, todos têm o poder executivo da lei da natureza e são juízes em causa própria, e não havendo a garantia de respeito às leis naturais, este é um estado de guerra "intermitente" ou "parcial".[182] A contraposição a Hobbes é clara: o inconveniente de um estado de guerra – estado de natureza – não é a falta de lei ou de um soberano absoluto, e sim de um "juiz imparcial".[183] Partindo do pressuposto de que o estado de natureza não é só uma premissa hipotética, mas uma situação histórica real,[184] Locke conclui que os homens se reúnem no estado civil para instituir um juiz imparcial, isto é, uma instituição capaz de proporcionar a reparação dos danos e a punição dos culpados, preservando, dessa forma, seus direitos naturais – liberdade, igualdade e propriedade – e tornando possível sua convivência natural. O estado

---

[179] Cf. BOBBIO, *Locke e o direito natural*, passim.
[180] O dois *Tratados sobre o magistrado civil* são estas obras, cf. BOBBIO, *Locke e o Direito natural...*, p. 93 a 108. As coisas indiferentes são aquelas nem ordenadas nem proibidas: é a esfera do lícito em sentido estrito, das ações possíveis, ou a "liberdade natural," como afirmou Hobbes: liberdade, no sentido jurídico é faculdade de fazer tudo o que não é ordenado ou proibido pelas leis naturais. As leis naturais – derivadas de Deus ou da razão – obrigam todos os homens a fazer ou deixar de fazer algo, mas existe uma esfera de ações que não são nem ordenadas nem proibidas. O problema será, então, saber-se qual o limite da renúncia dos indivíduos a seu poder natural ou qual a extensão do poder estatal na esfera das coisas indiferentes. Nos nos *Tratados sobre o governo*, o problema central é a garantia da liberdade e propriedade – os primeiros direitos naturais – frente ao poder despótico. Ver: HOBBES, *Do cidadão...*, p. 218; BOBBIO, *Locke e o direito natural...*, p. 94; LOCKE, *Segundo tratado sobre o governo...*, p. 88
[181] LOCKE, *Segundo tratado sobre o governo...*,,, p. 34.
[182] A expressão é de Bobbio, *Locke e o direito natural...*, p. 182.
[183] LOCKE, *Segundo tratado sobre o governo...*, p. 41.
[184] LOCKE, *Segundo tratado sobre o governo...*, p. 39.

civil não é criado, então, "por qualquer pacto", e sim por aquele em que os homens concordam, mutuamente e em conjunto, "formar uma comunidade, fundando um corpo político".[185] Ao contrário de Hobbes, que considerava a instituição do estado civil o instrumento por excelência de conservação da vida e, por isso mesmo, essa era o único direito remanescente dos indivíduos, independente da vontade do soberano, Locke concebeu a existência de outros direitos, anteriores e superiores ao Estado, afirmando ser o objetivo principal da união dos homens em comunidade política a preservação desses direitos, principalmente o de propriedade.[186]

Por tudo isso, o poder absoluto ou arbitrário, sem leis fixas, não se pode harmonizar com os fins da sociedade e do governo pelo qual os homens abandonam o estado de natureza. Destarte, se para Hobbes só existiam os direitos assegurados pelo soberano – os direitos constituídos –, para Locke o estado civil tão somente reconhecia – declarava – direitos preexistentes. O contrato social, ao ser celebrado por homens igualmente livres (e não entre governantes e governados), não criaria, então, nenhum direito novo, já que era tão somente um acordo entre sujeitos reunidos para empregar sua força coletiva na execução das leis naturais, renunciando a executá-las de mão própria. O objetivo primeiro do pacto social seria a preservação da vida, da liberdade e da propriedade, assim como reprimir as violações desses direitos naturais.

Locke afirma a necessidade de se distinguir o processo de criação da comunidade, pelo contrato social, do subsequente processo através do qual a comunidade confia o poder político – poder de fazer e executar as leis – a um governo.[187] A consequência dessas afirmações é a noção segundo a qual quem tem o poder supremo de qualquer

---

[185] LOCKE, *Segundo tratado sobre o governo...*, p. 39.
[186] Propriedade é um conceito central na teoria política de Locke. Segundo ele, Deus deu aos homens a terra e tudo o que ela contém – em comum – a fim de que estes a utilizassem para maior proveito da vida e da própria conveniência: "O trabalho de seu corpo e a obra de suas mãos, pode-se dizer, são propriamente dele. (...) retirando-o do estado comum em que a natureza o colocou, anexou-lhe por esse trabalho algo que o exclui do direito comum de outros homens". Locke se opôs à teoria jurídica tradicional da ocupação como título de aquisição originária da propriedade (posse de *res nullius*) sustentando o fundamento da propriedade na especificação, ainda que não de forma explícita. A outra razão para fazer do trabalho o fundamento da propriedade seria uma mentalidade economicista de Locke, segundo a qual é o trabalho que dá valor às coisas, sugerindo o princípio do valor-trabalho, central para o pensamento econômico e político dos séculos seguintes. Ver: LOCKE, *Segundo tratado sobre o governo...*, p. 34, 45, 87, 67, 94 e 124. Ver também BOBBIO: *Locke e o direito natural...*, p. 193-194; YOLTON, John W. *Dicionário Locke*. Rio de Janeiro: Jorge Zahar Editor, 1996, p. 207-212.
[187] LOCKE, *Segundo tratado sobre o governo...*, p. 83.

comunidade está obrigado a governar mediante leis estabelecidas e conhecidas do povo, por juízes indiferentes e corretos, com o dever de dirimir os conflitos conforme essas leis e empregar a força da comunidade somente na execução de tais leis. O governo é, então, o exercício dos poderes legislativo, judiciário, executivo e da prerrogativa. Tais construções foram especialmente relevantes para a modernização do Estado Português feita na época Iluminista.[188]

1.2.4.3 A modernização do Estado

No curso do século XVII, o ouro brasileiro irrigou a economia da Europa, impulsionando o desenvolvimento do Norte (Inglaterra principalmente). Portugal esbanjou, gastando com tanta prodigalidade, que o funeral de D. João V, em 1742, teve que ser pago com contribuições dos súditos, dos "grandes" do Reino.[189] Portugal, nessa época, tornara-se dependente da Inglaterra, enredando-se em seu sistema mercantilista e se tornando atrasado em relação aos estados capitalistas europeus do Norte. A consciência desse atraso perante as economias mais avançadas levou à radical reação pombalina, cuja finalidade era estruturar um moderno "Império Luso-Brasileiro".[190]

O Humanismo português tem seu expoente no Marquês do Pombal (Sebastião José de Carvalho e Melo), Primeiro-Ministro do Reino que, no final do século XVIII, realizou uma série de reformas econômicas (racionalização e reestruturação do comércio e das corporações comerciais), sociais (abolição da escravatura nas colônias portuguesas da Ásia) e religiosas (tentativa de proibição dos Tribunais de Inquisição da Igreja – parcialmente bem-sucedida – e abolição da distinção entre cristãos novos e velhos) que tentam implantar em Portugal aquilo que já ocorria há mais tempo no restante da Europa: o jusnaturalismo de caráter racional combinado com absolutismo monárquico, isto é, o "despotismo esclarecido". Evento natural marcante foi o *Terremoto de Lisboa,* de 1756, porque significou para Pombal a oportunidade de implementar as transformações que entendia necessárias. As modificações

---

[188] Ver: MARQUES, Mário Reis. O liberalismo e a codificação do direito civil em Portugal. *Boletim da Faculdade de Direito de Coimbra.* Suplemento XXIX. Coimbra: 1986.

[189] FIGUEIREDO, *Boa ventura!* A corrida do ouro no Brasil (1697-1810)..., p. 229.

[190] Ver: MOTA, Carlos Guilherme (coord.). *Os juristas na formação do Estado-Nação brasileiro.* Vol. I – Século XVI a 1850. Coleção Juristas Brasileiros. São Paulo: Quartier Latin, 2006, p. 13.

econômicas vieram com a criação da *Companhia Geral da Agricultura da Vinhas do Alto Douro* (1756), e as da burocracia, com a reforma administrativa então empreendida. A reforma jurídica compreendeu a edição da *Lei da Boa Razão*, em 1789, a *Reforma dos Estatutos da Universidade de Coimbra* (do estudo jurídico) e o *Decreto de 18 de outubro de 1753*, nomeando "o Desembargador Inácio Barbosa Machado, Cronista de Ultramar, para fazer uma Coleção de todas as Leis, Regimentos, Resoluções, expedidos para a administração da Justiça nos Domínios ultramarinos".[191] A justiça criminal foi fortalecida, impuseram-se leis de interesse do Estado para proteger a nova política econômica do Governo, como aquelas restritivas sobre a produção de vinhos da região do *Alto Douro*,[192] tendo havido a punição, por crime de lesa majestade, de magistrados que resistiam à aplicação de tais leis.

A *Lei da Boa Razão*, na prática, suprimiu os costumes como fonte do Direito, os quais somente seriam permitidos se "conformes à boa razão" (o que deu origem ao apelido da lei), bem no espírito jusracionalista de época. Além disso, deu primazia ou supremacia das fontes à lei do monarca ao proibir o costume *contra legem*. E também o direito romano somente poderia ser usado como fonte supletiva da lei, desde que não contrário "à boa razão" (isso determinou a sobrevivência do *ius commune*, do recurso à Bartolo e à doutrina na argumentação dos tribunais).[193] Em 1772, são promulgados os *Estatutos da Universidade (Estatutos Pombalinos)*, que promovem uma ampla reforma pedagógica no ensino do Direito na *Universidade de Coimbra*, tentando adaptá-los ao espírito do humanismo e derrogar os métodos bartolistas. Cria-se, por exemplo, uma disciplina de *Direito Natural* e outra de *Direito Internacional*. E no ensino do antigo direito romano (e também do direito canônico), o método bartolista foi substituído pelo da Escola Humanista de *Cujacius – mos gallicus*.

Por outro lado, no que diz respeito às reformas políticas, o *Tratado de Madri*, de 1750, delimitou melhor as fronteiras entre Espanha e Portugal, principalmente na América Meridional. Se, no passado,

---

[191] NEQUETE, *O poder judiciário no Brasil*: crônica dos tempo coloniais. Vol 2..., p. 30.
[192] MOREIRA DE PAULA, *História do direito processual brasileiro*..., p. 190-191.
[193] Por "bartolismo'"se pode entender uma lógica de argumentação utilizada ou como "argumento de autoridade" ou como um "reforço de argumentação".Ver: MARTINS-COSTA, *A boa-fé no direito privado*, p. 241 e ss; MELO FREIRE, Pascoal José de. História do direito civil português. *Boletim do Ministério da Justiça*, nº 173, nº 174 e nº 175, fevereiro, março e abril de 1968, p. 45 e ss; BRAGA DA CRUZ, Guilherme. *O direito subsidiário na história do direito português*. Coimbra: Universidade de Coimbra, 1975, *passim*.

castelhanos e jesuítas atuaram para deter o expansionismo português, naquela quadra dos *Setecentos* "a preocupação com os jesuítas tornou-se o ponto comum de concórdia entre Portugal e Espanha, pois os inacianos haviam entrado fundo no continente, instalando-se entre territórios de portugueses e espanhóis, sobretudo ao longo dos principais sistemas fluviais", assevera Mota.[194] Para os monarcas ibéricos, os jesuítas e guaranis estavam formando um verdadeiro "Estado".

O processo de expulsão dos jesuítas foi feito com leis e juízos de exceção (para o caso), iniciando em 1757, com a expulsão dos confessores do Rei, e terminado em 1767, com a expulsão da ordem religiosa do País. A Guerra Guaranítica, de grandes proporções, na qual índios e jesuítas lutaram contra portugueses e castelhanos pela posse dos *Sete Povos das Missões*, havia ocorrido entre 1754-1756, com a devastação da região e o despovoamento. Findado o processo de expulsão, uma Carta Régia, de 1760, autoriza a Coroa a arrendar todos os bens sequestrados e desapropriados da Companhia para pessoas previamente selecionadas, os "contemplados". Outra *Carta Real*, de 1761, determina a incorporação de novas propriedades ao erário, e algumas foram leiloadas. Cordeiro[195] assevera que os "mais de 6 mil escravos da Companhia deviam ser vendidos e as fazendas e engenhos, arrendados. Latifúndios deveriam ser loteados primeiro, para que os blocos de terras menores e mais fáceis de gerir fossem administráveis por uma maior quantidade de colonos". Diante da magnitude da riqueza e do poder dos jesuítas, pode-se entender porque as autoridades portuguesas e espanholas os acusaram de crime institucional.

O processo de expulsão foi bem documentado, e a acusação principal feita aos jesuítas foi o cometimento de *monarcomaquia*, crime político institucional, que tem como elemento constitutivo a ruptura com o Estado ou com o Governo. Segundo Dusso, restou "comprovado" que os jesuítas haviam praticado delitos, que não eram acontecimentos isolados, "mas uma série de eventos concatenados por um fim"; que haviam atentado contra a monarquia pregando o regicídio e o tiranicídio, insubordinando-se ao monarca e suas instituições e influenciando por demais as pessoas que exercem funções públicas.[196]

---

[194] MOTA, *Os juristas na formação do Estado-Nação brasileiro...*, p. 55.
[195] CORDEIRO, Tiago. *A grande aventura dos jesuítas no Brasil*. São Paulo: Planeta, 2016, p. 169.
[196] Ver: DUSSO, Marcos Aurélio. *Do mecanismo de proteção jurídico-institucional utilizado nos modelos de estado absoluto e despótico iluminista*: da monarcomaquia e sua utilização nos processos de expulsão dos jesuítas, em Portugal e na França. Tese (Doutorado). Programa de Pós-graduação em Direito. Faculdade de Direito, Universidade Federal do Rio Grande do Sul, 2018, p. 68 e 93.

Decreto Real instituiu o júri para a causa, realizado entre dezembro de 1758 e janeiro de 1759, e que contou com a presença das autoridades do Reino. O autor da ação foi o Desembargador da *Casa de Suplicação* e *Procurador da Coroa*, José de Seabra e Silva, e outro fez a defesa da ordem. Terminado o processo, o autor da ação faz uma petição de recurso, manifestando-se no sentido de que o Rei deveria julgar segundo sua consciência. Em 28 de agosto de 1767, o Monarca edita a lei de expulsão, que estabeleceu, entre outras coisas, a proibição de qualquer pessoa receber carta de doação de Jesuítas, com a devolução daquelas recebidas antes do processo; o sigilo dos nomes dos jesuítas apresentados às autoridades e a proibição de ofensas aos Jesuítas. Todos os jesuítas foram declarados inimigos de toda a potência temporal, da suprema autoridade divina, da tranquilidade e vida dos príncipes e do sossego dos reinos e estados,[197] não puderam mais ensinar, pregar ou confessar, usar suas roupas próprias, ter contato com autoridades e nem retornar, isolada ou conjuntamente, ou mesmo peticionar em tribunais.[198] Todavia, mesmo tendo deixado tudo o que construíram nas colônias (colégios, bibliotecas, fazendas, aldeias) mantiveram seu estatuto, até pelo menos a extinção da *Companhia* pelo Papa, em 1773.[199]

Na organização do Estado e da Jurisdição, no que diz respeito "ao bem comum da Colônia",[200] a Reforma Pombalina criou o *Tribunal da Relação do Rio de Janeiro*, em 16 de fevereiro de 1751, atendendo, primeiro, "à sistemática reafirmação da autoridade régia que se definia a partir de um setor da alta burocracia", sendo a criação de uma jurisdição sobre as regiões central e sul do País um ato político centralizador, na medida em que retirava dos governadores e vice-reis poderes jurisdicionais; segundo, os sucessivos embargos e recursos dilatórios paralisavam a produção das minas e reduziam a arrecadação, de modo que era necessário um tribunal recursal próximo para receber apelações e agravos das decisões dos agentes das minas (guardas-mores e Ouvidores). Com o novo tribunal, diz Wehling, aperfeiçoaria-se a administração judiciária evitando-se "as chicanas de advogados e as sentenças e decisões contraditórias e mal elaboradas – fossem quais

---

[197] Cf. DUSSO, *Do mecanismo de proteção jurídico-institucional*..., p. 93.
[198] Cf. DUSSO, *Do mecanismo de proteção jurídico-institucional*..., p. 94
[199] CORDEIRO, *A grande aventura dos jesuítas no Brasil*..., p. 155.
[200] A expressão é de Lenine Nequete, usada frequentemente nos dois volumes de que trata da Jurisdição no Brasil.

fossem os seus motivos, do despreparo funcional à venalidade".[201] Com isso, esperava-se aumentar a arrecadação.

A Coroa preocupava-se com a excessiva autonomia dos ouvidores, determinando que os governadores, trienalmente, procedessem ao "juízo de residência" daqueles e outros funcionários. O modelo da Relação, como o da Bahia, era o *Tribunal da Relação do Porto* (o ápice da carreira funcional dos Desembargadores), ainda que as causas originadas no Brasil fossem julgadas, em grau de recurso, pelo *Conselho Ultramarino*. Quanto à estrutura, a direção da *Relação* cabia ao governador-geral, havendo um Chanceler letrado e desembargadores "que exerciam funções de ouvidor cível, ouvidor criminal, agravistas (cinco), juiz da *Coroa e Fazenda* e procurador da *Coroa e Fazenda*, este último com atribuições de ministério público (...)".[202] O Tribunal funcionava em três níveis: o de *direção* (supervisão), que cabia à presidência; *a atividade judicial* (finalidade última), exercida em primeira instância e em grau recursal, ora individual, ora colegial e, por último, a *atividade administrativa* de apoio, exercida por escrivães, distribuidores, guarda-mores e meirinhos. Os desembargadores eram magistrados profissionais, letrados que haviam feito o *cursus honorum* da administração judiciária (juiz de fora, ouvidor, desembargador). Os cargos administrativos eram arrematados (vendidos) por certo tempo, em troca de um pagamento ao governo, "recebendo o arrematante as rendas pelo seu exercício". O perfil básico era: ser homem, cristão velho, com ausência de qualquer traço de sangue judeu, mouro ou cigano (como se isso fosse possível em Portugal), ter ascendência nobre na burocracia ou no grande mercado (excluídos artesãos, camponeses e pequenos comerciantes), ser bacharel em leis ou cânones, ou, ainda, ser funcionário de carreira.

A Relação e seus desembargadores tinham muitas competências administrativas, além das judiciárias. Frequentemente, os desembargadores das relações foram convocados pelos vice-reis e governadores para atividades extrajudiciais, talvez em razão do clima de insegurança que vigorava na Colônia. Dentre essas atribuições administrativas estavam as funções de assessoramento, conselho e informações para a tomada de decisões dos governantes, de polícia, como a repressão ao contrabando ou administração de bens, e de nomeação de verea-

---

[201] WEHLING, Arno *et al*. *Direito e justiça no Brasil Colonial:* o tribunal da relação do Rio de Janeiro (1751-1808)..., p. 124.

[202] WEHLING, Arno *et al*. *Direito e justiça no Brasil Colonial:* o tribunal da relação do Rio de Janeiro (1751-1808)..., p. 331.

dores à Câmara Municipal. Funcionou a *Relação do Rio de Janeiro* como instrumento da política real, cabendo-lhe, inclusive, coibir excessos da justiça eclesiástica, atribuição que cabia ao juiz dos *Feitos da Coroa e da Fazenda*, responsável pela delimitação das jurisdições civil e eclesiástica, com base nas leis e nos regimentos dos tribunais. No contexto de repressão ao jesuitismo, a *Relação* funcionou com um tribunal de exceção, antecipando, em uma década, à *Lei da Boa Razão*, pois, no ano de 1759, carta régia concedia poder de jurisdição e alçada "para fazeres prender e sentenciar (...) verbalmente, de plano, sem figura de juízo, e somente guardados os termos de direito natural e divino (...)".[203] Repressão e controle de comportamento das autoridades também era da competência administrativa da Relação, assim como pareceres. Wehling destaca, dentre os pareceres, um sobre a solicitação da Câmara de Cabo Frio pedindo mais um escrivão; outro sobre a má remuneração do juiz da Alfândega, e um terceiro sobre conflito entre senhores de engenho e oficiais da Câmara do Rio de Janeiro com dizimeiros, a propósito de arrecadação de tributos.[204] A delimitação de limites entre capitanias também foi da responsabilidade do tribunal, bem como a mediação de conflitos interinstitucionais, como os choques entre arrematadores de tributos e contribuintes (função de mediação política). Enfim, os membros da Relação exerciam atividades administrativas de administração interna (como até hoje fazem os juízes judiciais) e atividades administrativas externas, ocupando cargos na Administração Geral, ou administrando os indígenas em suas jurisdições. E podiam fazer tudo ao mesmo tempo. Bem contra esse estado de coisas, os colonos norte-americanos e a burguesia europeia incendiaram o mundo com as Revoluções Liberais no final da centúria. É preciso, assim, avaliar os termos da ruptura ocorrida, porque é nela que o nosso objeto – o procedimento administrativo e o direito administrativo – encontra o seu "parto".

---

[203] Cf. WEHLING, Arno et al. *Direito e justiça no Brasil Colonial:* o tribunal da relação do Rio de Janeiro (1751-1808)..., p. 362

[204] WEHLING, Arno et al. *Direito e justiça no Brasil Colonial:* o tribunal da relação do Rio de Janeiro (1751-1808)..., p. 363.

CAPÍTULO 2

REVOLUÇÃO LIBERAL, ESTADO DE DIREITO E JURISDIÇÃO ADMINISTRATIVA: FIXAÇÃO DAS BASES CONCEITUAIS E IDEOLÓGICAS DO PROCESSO (PROCEDIMENTO) ADMINISTRATIVO

O objetivo maior das revoluções do séc. XVIII foi a constituição da liberdade, traduzindo a compreensão de que a tarefa de fundar um novo corpo político estava ligada à de fazer leis, dando vida a uma nova autoridade e impondo-a aos homens. Penetrando pela pregação e propaganda, a Revolução Francesa foi uma revolução política que tomou o aspecto de uma revolução religiosa, considerando o ser humano de modo abstrato, fora de todas as sociedades particulares, independentemente do país e do tempo.[205] Segundo Tocqueville, a tendência da Revolução foi a de tornar ainda maiores o poder e os direitos da autoridade pública, realizando de maneira repentina, sem transições, o que, a longo prazo, "se realizaria por si mesmo".[206]

Das cinzas da Revolução nasceria a Jurisdição Administrativa, que se organizaria na maioria dos estados europeus e americanos. Consequências diretas são também a formulação de dois modelos constitucionais – o republicano e o monárquico –, a adoção, com inúmeras variações, da teoria da separação dos poderes, afirmada no art. 16 da Declaração dos Direitos do Homem e do Cidadão de 1789, e a construção do Estado de Direito Liberal.

---

[205] Cf. CLAVERO, Bartolomè. Codificación y Constitución: Paradigmas de un Binomio. *Quaderni Fiorentini, XVIII*. Florença: 1992, p. 4/83 e MARTINS-COSTA, *A boa-fé no direito privado...*, p. 172 *et seq.*

[206] TOCQUEVILLE, Alexis. *O antigo regime e a revolução*. Coleção "Os Pensadores". São Paulo: Abril Cultural, 1979, p. 327.

De modo geral e num esforço de síntese, pode-se afirmar que a Revolução Francesa foi o resultado do processo de monopolização do poder coativo, característica do Estado Moderno. Foi ela, e não a Norte--Americana, que "ateou fogo ao mundo" ao substituir o absolutismo real pelo absoluto da revolução, estabelecendo de uma vez e para sempre que o soberano absoluto – acima das leis – é a nação[207] e que a lei é a expressão de sua "vontade". Por essa razão, pode-se afirmar que foi grande a influência de Rousseau no curso da Revolução Francesa, e embora ele se tenha contraposto a Montesquieu quanto à possibilidade de divisão de poderes, ou da soberania,[208] chega a admiti-la para afirmar que, no corpo político, distinguem-se a força e a vontade, "esta sob nome de *poder legislativo* e aquela, de *poder executivo*".[209]

2.1 Os novos ventos da Revolução Francesa

No âmbito da Europa Continental, difundido o constitucionalismo francês, consolidaram-se dois modelos constitucionais básicos: o liberal-republicano, que influenciou a Constituição de Cadiz (Espanha), de 1812, a de Portugal, de 1822,[210] e as dos países do Prata (Argentina e Uruguai), de 1810 a 1814, e o despotismo esclarecido da Restauração. Na América espanhola, ainda agregou-se a influência da experiência revolucionária norte-americana,[211] que só no final do século XIX iria repercurtir no Brasil. O Congresso (*Acta Federal*) de Viena, de 1815,

---

[207] Conforme Hannah Arendt, Sieyès não fez outra coisa senão pôr a nação no lugar do rei soberano, ao teorizar sobre a distinção entre poder constituinte e poder constituído, resolvendo o problema da legitimidade do novo poder e o da legalidade das novas leis. De resto, "tanto o poder como a lei estavam ancorados na nação, ou melhor, na vontade da nação, enquanto ela própria se mantinha fora e acima de todos os governos e de todas as leis". Ver: ARENDT, Hannah. *Da revolução*. São Paulo: Ed. Ática, 1990, p. 124-125/130.

[208] *Verbis*: "A soberania é indivisível pela mesma razão por que é inalienável, pois a vontade ou é geral ou não o é". In: ROUSSEAU, Jean J. *Do contrato social*. São Paulo: Abril Cultural, 1979, p. 44.

[209] ROUSSEAU, *Do contrato social*, cit., p. 73.

[210] Cf. MIRANDA, Jorge. *Manual de direito constitucional*. Tomo I. Coimbra: Coimbra Editora, 1990, p. 244. Também, TABORDA, Maren; FILIPIN, Vinicius. Revolução Francesa e Restauração: notas sobre os modelos constitucionais adotados nos países do Prata e no Brasil no início do século XIX. *Revista Brasileira de História do Direito*. V. 3, p. 82-101, 2018.

[211] Cf. GONZALES, Ariosto. *Las primeras formulas constitucionales en los países del Plata* (1810-1814). Montevideo: Barreiro Y Ramos S.A Editores, 1962, p. 27; Sobre a Revolução Norte-Americana, além de Arendt, ver: TABORDA, Maren. A tese de Montesquieu e a práxis dos pais fundadores da República Norte-Americana. *Revista da Faculdade de Direito da FMP*. Nº 08 (2013). Porto Alegre: Fundação Escola Superior do Ministério Público do Rio Grande do Sul, p. 75 *et seq.*

consolidou os princípios da restauração monárquica, ressuscitando as ideias medievais de pacto fechado entre Príncipe e Estamentos – uma Carta. O "despotismo esclarecido" do Antigo Regime (Constituição como autolimitação do Poder pelo próprio monarca em favor de seus súditos, e não como um documento baseado no princípio da soberania popular e do Poder Constituinte da Nação) visava, assim, contrapor-se ao liberalismo da época, distanciando-se assim do constitucionalismo liberal inglês, francês e norte-americano do final do século XVIII. Em Portugal, enquanto a Constituição de 1822 não teve participação constitutiva do Rei, a de 1826 resulta do exercício do poder real que se autolimita, afirmando-se o modelo monárquico. Da mesma forma, a primeira Constituição Brasileira, de 1824, outorgada por D. Pedro I, e o *Estatuto Albertino* da Itália, de 1848. Das revoluções liberais, portanto, surgem os dois principais modelos constitucionais que foram difundidos no constitucionalismo brasileiro e nos países do sul americano, em um processo de intercâmbio cultural como são as recepções.[212]

2.1.1 Organização do poder no período revolucionário

Na França, toda a experiência foi articulada em torno da noção de lei; o Estado, sujeito apenas à lei que ele próprio estabeleceu, é liberado do direito costumeiro; do mesmo modo, o indivíduo, agora livre dos vínculos estamentais, está submetido apenas à lei.[213] Amplamente acolhida pela Revolução a teoria da separação dos poderes, por ela, no entanto, o Poder Legislativo não foi mais diretamente atribuído ao Poder Executivo (ao príncipe), mas a um colegiado que representa a nação inteira. A consequência é que o governante fica subordinado à lei. Pela representatividade, o Poder Legislativo é a expressão da nação inteira, sendo exercido por todo o povo indiretamente, através de seus representantes, para o seu próprio bem, e não mais para o bem de uma estrita oligarquia. A teoria da representatividade marca a passagem da concepção estritamente liberal para a democrática, quando foi associada à ideia de vontade geral formulada por Rousseau, em que pese este ser contrário à ideia de representação. Segundo isso, o Executivo é somente o "ministro" do Legislativo, a ponto de o governo só existir por causa

---

[212] Cf. HATTENHAUER, Hans. *Los fundamentos histórico-ideologicos del Derecho Alemán*. Entre la Jerarquia y la Democracia. Madrid: Editorial Revista de Derecho Privado, 2. ed. 1981, p. 80.

[213] Cf. FIORAVANTI, Maurizio. *Los derechos fundamentales*. 4. ed. Madrid: Trotta, 2003, p. 59.

do soberano (o povo).²¹⁴ Foi com Rousseau, assim, que se afirmou o componente democrático da ideia de lei então formulada, no seguinte sentido: a lei, expressão máxima da soberania, há que ser geral por ser a vontade do povo e pela impessoalidade do seu enunciado.²¹⁵

Fundado o prestígio da lei na vontade geral – fundamento e metáfora da soberania popular – e na sua generalidade, isto é, aplicabilidade a todos, consequência do princípio da igualdade, a lei acaba por impor-se aos outros poderes do Estado, Executivo e Judiciário, que lhe serão subalternos.²¹⁶ Daí a Constituição de 1791 ter consolidado uma estrita separação de poderes entre as autoridades estatais, de forma a não subsistir nenhum ponto de contato, principalmente entre as autoridades executivas e legislativas.²¹⁷

Afirmou-se, portanto, o princípio de que a nomeação dos agentes do Poder Executivo (Ministros) não depende de modo algum das assembleias legislativas,²¹⁸ e a sua atuação se dá sob a direção e autoridade do rei.²¹⁹ Relativamente às atribuições dos órgãos, ficou igualmente estabelecido: a) o Poder Executivo não pode fazer leis;²²⁰ b) a sanção real é meramente suspensiva;²²¹ c) os tribunais não podem imiscuir-se no exercício do Poder Legislativo ou suspender a execução de leis nem intrometer-se nas funções administrativas ou citar perante eles os administradores por motivo de suas funções. Esse sistema rígido, impensável para Montesquieu, que havia reconhecido a subsistência de ações recíprocas entre os três poderes do Estado, importou uma organização compartimentada e estanque de cada poder, independente

---

[214] ROUSSEAU, *Do contrato social...*, p. 108, *verbis*: "A soberania não pode ser representada pela mesma razão por que não pode ser alienada, consiste essencialmente na vontade geral e a vontade absolutamente não se representa".

[215] *Verbis*: "(...) o objeto das leis é sempre geral, por isso entendo que a Lei considera os súditos como corpo e as ações como abstratas, e jamais um homem como indivíduo ou uma ação particular. (...) a Lei poderá muito bem estatuir que haverá privilégios, mas não poderá concedê-los nominalmente a ninguém: (...) pode estabelecer um governo real e uma sucessão hereditária, mas não pode eleger um rei ou nomear uma família real. Em suma, qualquer função relativa a um objeto individual, não pertence, de modo algum, ao poder legislativo".

[216] Cf. ROUSSEAU, *Do contrato social...*, p. 54-55; MARTINS-COSTA, *A boa-fé...*, p. 185.

[217] Cf. MALBERG, Carré de. *Contribution à la Théorie générale de l'État*. Paris: Sirey, 1922, p. 36; BASSI, Franco. Il principio della separazione dei potere (evoluzione problematica). *Rivista Trimestrale di Diritto Pubblico*. Ano XV, n. 1. Milão: Giuffrè, 1965, p. 59.

[218] Secção IV, art. 1º, da Constituição de 1791. Texto integral in: MIRANDA, Jorge. *Textos históricos de direito constitucional*. Lisboa: Casa da Moeda, 1990.

[219] Título III, art. 4º, 1791.

[220] Cap. IV, Secção I, art. 6º, 1791.

[221] Cap. III, Secção III, art. 2º, 1791

e isolado dos demais, já que cada um deles foi considerado um elemento fracionado da soberania, incorporado em um órgão que exercita a função correspondente.[222] Enfim, a Constituição de 1791 afirmou solenemente o princípio da clara separação do Poder Executivo com respeito ao Legislativo e ao Judiciário, e não aquele recíproco de separação entre três poderes – Executivo, Legislativo e Judiciário.

Pela Constituição do ano I (1793), através da qual foi instituído o primeiro governo republicano francês, o Poder Executivo – a administração – restou afeto a um Conselho Executivo que, escolhido pelo Corpo Legislativo (art. 63 e 67), dele ficou dependente (art. 75), significando um afastamento do princípio de estrita separação consagrado em 1791. O abandono do princípio se explica pela desconfiança que então reinava a respeito da autoridade executiva, pelo acolhimento integral da teoria da "boa democracia" dos jacobinos (Marat, Saint-Just e Robespierre) inspirada em Montesquieu, segundo a qual as "sociedades populares" eram os "arsenais da opinião pública", dirigidas pela Convenção, mas não eram autoridades constituídas. Tal rede foi menosprezada durante o período federalista. Todavia, "revelou um desenvolvimento espetacular acontecido entre o outono e sobretudo inverno de 1793 e a primavera de 1794 (...)", que elevou a 5.500 o número de municipalidades dotadas de uma sociedade popular.[223]

Grande foi a influência de Rousseau na Constituição jacobina, vez que nela foi proclamada a unidade e a indivisibilidade da soberania do povo francês[224] e não aparece expresso, em nenhum momento, o princípio da separação de poderes. Ao contrário, o que veio afirmado foi consistir a garantia social na ação de todos, "destinada a assegurar a cada um o gozo e conservação de seus direitos", bem como não poder existir tal garantia "se os limites das funções públicas não forem determinados

---

[222] Cf. BASSI, *Rivista Trimestrale di Diritto Pubblico...*, p. 63
[223] Cf. VOVELLE, Michel. *Jacobinos e jacobinismo*. Bauru: EDUSC, 2000, p. 56-57. Segundo os jacobinos, a democracia que Montesquieu apresenta como "boa" é a do "Estado Popular", isto é, aquela em que a principal virtude é o "amor à igualdade", praticada pelos "homens de bem" – os homens medianos – que dão preferência ao "interesse público". Essa igualdade, de acordo com os jacobinos, deve ser "real" (econômica) e pode ser estabelecida pelas leis. Por isso, os temas essenciais de sua doutrina em relação ao problema da igualdade serão a redução das diferenças econômicas, a taxação sobre as riquezas dos mais ricos e o repúdio às grandes fortunas. Cf. MALBERG, *Contribution à la théorie...*, p. 42 e BÉNOIT, Francis-Paul. Montesquieu inspirateur des Jacobins/La théorie de la "bonne démocratie". *Revue du Droit Public et la Science Politique en France et a l'Étranger*. Paris: Librairie Générale du Droit et de Jurisprudence,1995, *passim*.
[224] Arts. 1º e 2º do Ato Constitucional e art. 25º da Declaração dos direitos do homem e Do cidadão.

claramente pela lei e se não for assegurada a responsabilidade de todos os funcionários" (arts. 23º e 24º da Declaração). De acordo com Bassi, na Constituição de 1793 a fórmula da separação dos poderes se resolveu no princípio da pluralidade e da autonomia dos órgãos fundamentais do Estado e na "atribuição quase exclusiva das diversas funções aos diversos órgãos, em razão de sua natureza intrínseca e segundo o princípio da materialidade".[225] Nessas condições, a base da estrutura organizativa do Estado teve a tendência de deslocar-se do poder, como complexo orgânico, à função, entendida como atividade típica. A função legislativa como expressão da vontade geral veio a caracterizar-se pela generalidade de seus preceitos, contrapondo-se à função executiva, explicada através das decisões particulares.[226]

2.1.2 A Restauração monárquica francesa e a *Acta Federal de Viena* (1815)

Na Restauração, por meio da Constituição Senatorial de 6 de abril de 1814, da Carta Constitucional de 4 de junho de 1814 e Carta Constitucional de 1830, os princípios revolucionários foram conciliados com o princípio monárquico, ganhando novos conteúdos. Nelas, o princípio da separação dos poderes evoluiu em uma outra direção, qual seja, a de conciliação do princípio monárquico com os princípios fundamentais de liberdade civil e política elaborados pela Revolução[227] de vez que ao rei restou assegurado o exercício do Poder Executivo (art. 4º),[228] a participação no Poder Legislativo,[229] o direito de conceder graça (art. 17º), o direito de escolher os juízes da Corte de Cassação, da Corte de Apelação e o primeiro presidente dos tribunais de primeira instância e do Ministério Público perante as cortes e tribunais

---

[225] BASSI, *Rivista Trimestrale di Diritto Pubblico*, cit., p. 67.
[226] A Carta de 5 do frutidor do ano III (1796) foi, segundo a opinião mais aceita, aquela em que foi mais rigorosamente aplicada a fórmula enunciada no "Espírito das Leis", uma vez que, além de reafirmar o dogma da soberania popular (art. 22 da Declaração dos direitos e deveres do homem e Do cidadão), substitui, não casualmente, a expressão "separação de poderes" por "divisão de poderes" e, ainda, acentua a fratura entre Legislativo e Executivo ao estabelecer que o Legislativo não pode exercer, nem por delegação, os poderes Executivo e Judiciário (art. 46).
[227] BASSI, *Rivista Trimestrale di Diritto Pubblico*, cit., p.71
[228] Art. 4º da Constituição de 6 de abril de 1814: "...le pouvoir exécutif appartient au Roi". Texto integral da Constituição de 06 de abril de 1814. Disponível em: http://www.conseil-constitutionnel.fr/. Acesso em: 15 abr. 2017.
[229] Art.5º "Le Roi, le Sénat et le Corps législatif, concourent à la formation des lois... La sanction du Roi est nécessaire pour le complément de la loi".

(art. 19). A Carta de 4 de junho do mesmo ano tornou mais precisas tais atribuições ao afirmar que o poder executivo pertence exclusivamente ao rei (art. 13º);[230] que o poder legislativo se exerce coletivamente pelo Rei, Câmara Alta (*Chambre des pairs*), Câmara dos Deputados dos Departamentos (art. 15º), mas ao Rei cabe a iniciativa de propor a lei (art. 16º), de sancionar e promulgar as leis (art. 22º); por fim, que toda a justiça emana do rei, é administrada em seu nome pelos juízes por ele nomeados e instituídos (art. 57º). Pelo art. 14º, o rei é o chefe supremo do Estado: ele faz regulamentos e ordenanças necessários para a execução das leis e a segurança do Estado.

Dessa forma, os constituintes da Restauração acabaram por delinear um novo tipo de Estado – a "monarquia constitucional" – em que, depois de se terem separado organicamente os poderes estatais, o exercício da função legislativa foi fracionado entre dois órgãos portadores de interesses políticos geralmente contrastantes (Rei e Parlamento), revitalizando, com isso, o instituto monárquico. O signo essencial das Constituições do período de restauração foi, então, a participação do rei em todos os poderes, ainda que em grau diverso; a coordenação entre os Poderes Legislativo, Executivo e Judiciário se realizou, por conseguinte, na pessoa do rei, chefe supremo do Estado.[231]

No particular, aceitou-se a designação medieval de *Chartes* para tais constituições, em razão das contradições internas da monarquia francesa, já que os pactos estamentais haviam sido contrários à unidade política, una e indivísivel, da França.[232] As Cartas descansavam no poder constituinte do rei, contraposto ao poder constituinte do povo, e com a Revolução de julho de 1830 restou decidida, na França, a questão política se era o rei o ou povo o sujeito do poder constituinte. Estabelecida firmemente a doutrina democrática, os representantes do estado liberal chegaram a uma fórmula complexa e esquisita, a de uma "soberania da constituição".[233]

Em síntese, pode-se afirmar o caráter anti-histórico e a naturalidade do recurso à razão como única fonte de valores,[234] para além da

---

[230] Art. 13 da Constituição de 04 de junho de 1814: "... au Roi seul appartient la puissance exécutive".

[231] Cf. BASSI, *Rivista Trimestrale di Diritto Pubblico*, cit., p. 75.

[232] Cf. SCHMITT, Carl. *Teoría de la Constitucion*. Madrid: Editorial Revista de Derecho Privado, s/d., p. 60.

[233] Cf. SCHMITT, *Teoría de la Constitucion...*, p. 61.

[234] TOQUEVILLE, expressamente: "Convém substituir por regras simples e elementares extraídas da razão (...) os costumes complicados e tradicionais que regem a sociedade". In: *O antigo regime e a revolução*, cit., p. 143.

idealização do povo, presente nas teses de Rousseau[235] e Sieyès e da ausência de limites jurídicos para a nação, pois, nos termos do artigo 28 da Declaração de Direitos de 1793, "um povo sempre tem o direito de revisar, reformar e mudar sua Constituição".[236] Nos principados alemães, a teoria e prática contrarevolucionária serviu-se das ideias medievais para subtrair-se das consequências democráticas nos pactos e convênios que se seguiram à *Confederação Germânica de 1815*.[237] Às Constituições do período anterior (da época da invasão napoleônica), consideradas meros instrumentos da política, foi contraposto um modelo que pretendeu restabelecer o que "ainda podia salvar-se do Sacro Imperio romano-germânico".[238] Todavia, o antigo império não podia ser reestabelecido esquematicamente, porque muito de seus atributos e funções havia desaparecido para sempre, como, por exemplo, o seu caráter sacro.

Assim, no artigo 13 da *Acta Federal* de 1815 restou estabelecido que os estados da confederação haveriam de adotar constituições estamentais. No particular, a tal constituição se contrapunha ao pensamento moderno da presentação da unidade nacional do Estado, "sendo utilizada como conceito oposto a uma representação nacional eletiva, representante de todo o *povo*".[239] Por isso, tais constituições são denominadas pactos ou convênios. A Constituição da Saxônia-Weimar-Eisenach, de março de 1816, é concebida como um pacto entre o príncipe e os súditos. Desse modo, o princípio hierárquico permaneceu nas constituições da Confederação como uma herança do antigo Império, que sofreu uma secularização. Estava baseado na vontade dos estados federados e contratantes e sancionado com a coerção da Confederação. Segundo Hattehauer, "agora, se tratava da salvação dos soberanos".[240]

A Confederação também não era "romana", definindo-se como associação jurídico-internacional, constituída mediante a conclusão de um tratado entre os príncipes da soberania alemã e as cidades livres. Carecia, pois, de tradições e representava um novo começo na história da Alemanha. A conservação da "ideia de Roma" se deu porque em

---

[235] CS, II, VI, p. 56: "O povo, por si, quer sempre o bem".
[236] SIEYÈS, Emanuel Joseph. *A constituinte burguesa*. (O que é o terceiro estado?). Rio de Janeiro: Liber Juris, 1986, p. 120. Ver, também, ROUSSEAU, *Do contrato social...*, p. 56: "No estado civil, todos os direitos são fixados pela lei".
[237] SCHMITT, *Teoria de la Constitucion...*, p. 59.
[238] HATTENHAUER, *Los fundamentos histórico-ideologicos...*, p. 110.
[239] SCHMITT, *Teoria de la Constitucion...*, p. 59.
[240] HATTENHAUER, *Los fundamentos histórico-ideologicos...*, p. 111.

muitos estados federados, ainda estava vigente o direito romano (*ius commune*), que haveria de perdurar até o século XX. O que o modelo procurou salvaguardar foi a paz "até embaixo" contra tendências revolucionárias e contra todas as tentativas do povo de derrubar a situação assim ordenada. Todavia, o povo ainda não estava organizado: o círculo dos politicamente maduros era reduzido.[241]

Segundo Carl Schmitt, a contradição interna nas intenções da restauração monárquica consiste em que os príncipes não podiam pensar em renunciar à unidade política do Estado em favor das representações de interesses estamentais. Não podiam reconhecer nos estamentos representantes de "todo o povo politicamernte unificado", porque então deveriam reconhecer sua soberania (unidade política com capacidade de obrar) e renunciar, com isso, ao princípio monárquico.[242] Ambos os conceitos, um pacto constitucional feito com os estamentos e o princípio monárquico, resultavam inconciliáveis. A consequência mais evidente do princípio monárquico é a de que o rei, por virtude de sua plenitude de poder (soberania), emitia uma Constituição, isto é, "adotava uma decisão política fundamental em que a constituição consistia, por ato unilateral" do sujeito do Poder constituinte, não em um pacto, mas numa "lei emitida pelo rei".[243] Não sendo pactuadas com a representação popular, tais Constituições, bem chamadas "Cartas", foram outorgadas e mesmo ali onde foram pactuadas, não cedeu, de modo algum, o princípio monárquico, pois jamais foi reconhecido o princípio democrático do poder constituinte do povo.

A partir da revolução de 1848 e o estabelecimento da Monarquia constitucional na Alemanha foi afirmado o dualismo do governo monárquico e da representação popular, em que ambos atuam como representantes da unidade política. Tal dualismo é insustentável, pois se uma constituição é outorgada, repousa no poder constituinte do príncipe. Se isso é impedido por razões políticas e se se pactua a constituição entre príncipe e representantes, então "há um compromisso dilatório enquanto que o príncipe não renuncie expressamente a seu Poder constituinte e reconheça em seu lugar o fundamento democrático, o Poder constiuinte do povo".[244] Tal modelo subsistiu até novembro de 1918. Revolução e Restauração, em síntese, configuraram, a partir

---

[241] HATTENHAUER, *Los fundamentos histórico-ideologicos*..., p. 112-113.
[242] SCHMITT, *Teoría de la Constitucion*..., p. 59.
[243] SCHMITT, *Teoría de la Constitucion*..., p. 60.
[244] SCHMITT, *Teoría de la Constitucion*..., p. 62.

da experiência, dois modelos constitucionais "liberais", isto é, que afirmaram o Estado burguês de Direito: o modelo republicano (que na América do Sul foi mesclado com aquele surgido da Revolução Norte-Americana) e o modelo da monarquia esclarecida (constitucional), adotado no Brasil, na primeira Constituição (1824).

2.2 Organização da jurisdição administrativa na França

A legislação revolucionária francesa como um todo – art. 7º do decreto de 22 de setembro de 1789, art. 13º da lei 16-24 de agosto de 1790, art. 3º da Constituição de 5 de setembro de 1791, decreto 16 do "Frutidor", ano III da Revolução –,[245] em nome do princípio da separação de poderes, "proibiu os tribunais comuns de se imiscuírem no domínio da Administração, considerando que a resolução dos litígios administrativos (diferentemente dos litígios inter-privados) não deveria estar submetida a controlo jurisdicional".[246] Com isso, estabeleceu-se inicialmente, na França, uma confusão entre as funções de administrar e as de julgar, tendo os julgamentos dos litígios administrativos sido remetidos para órgãos da Administração ativa.[247]

Acentua Debbasch[248] que a justiça administrativa na França deita suas raízes na fusão da larga experiência do Antigo Regime com as concepções revolucionárias e que a grande desconfiança dos revolucionários em relação aos juízes conduziu a uma interpretação particular da regra de separação de poderes. Daí porque autores como Tocqueville, Velley, Pereira da Silva, Enterría e o próprio Debbasch, dentre os mais significativos, assegurem ter o contencioso administrativo francês nascido como uma reação dos revolucionários à atuação dos tribunais – Parlamentos – na fase final do Antigo Regime. Com efeito, foi dos

---

[245] Cf. PEREIRA DA SILVA, Vasco Manuel Pascoal Dias. *Em busca do acto administrativo perdido*. Coimbra: Almedina, 1996, p. 12.
[246] PEREIRA DA SILVA, *Em busca do acto administrativo perdido...*, p. 12.
[247] DEBBASCH, Charles e RICCI, Jean-Claude. *Contentieux administratif*. 5. ed. Paris: Dalloz, 1990, p. 5. Diz o texto da Lei de 16-24 de agosto de 1790: "Título III, 13 – As funções judiciárias são distintas e permanecerão sempre separadas das funções administrativas: os juízes não poderão, sob pena de prevaricação, perturbar, de qualquer modo, as operações dos corpos administrativos, nem citar diante de si os administradores por motivo de suas funções. Art. 10 – Os tribunais não poderão tomar qualquer parte direta ou indiretamente do exercício do poder legislativo, nem impedir ou retardar a execução dos decretos do Corpo Legislativo sancionados pela lei, sob pena de prevaricação" (Tradução nossa). Disponível em: http://www.conseil-constitutionnel.fr/.
[248] DEBBASCH *Contentieux administratif...*, p. 4.

Parlamentos que partiu a ideia de convocação dos Estados Gerais, em 1789, que iria conduzir à Revolução. Esses vinham, há muito tempo, lutando contra a concentração do poder real, controlando e limitando a atuação do rei através de vetos – *d'enregistrement* (registro das disposições reais como requisito de sua aplicação) – e censuras – *remontrances* (uma espécie de veto devolutivo de tais disposições antes do registro) –, de amplitude muito diversas.[249]

A decisão dos revolucionários, então, respondia à ideia de que a divisão de poderes deveria articular-se de forma a evitar o risco de uma prevalência da nobreza (representada nos Parlamentos) e, via de consequência, os abusos do poder judicial. A centralização administrativa – única instituição "que se pode acomodar ao Estado social que a revolução criou" – foi o sinal e o começo da Revolução, diz Tocqueville,[250] porque a tornou possível ao subtrair do Poder Judiciário seus antigos poderes, tais como participar indiretamente do Poder Legislativo, detendo o direito de estabelecer regulamentos administrativos que tinham vigência no âmbito de sua jurisdição. Nesse empreendimento de centralização administrativa, o Poder Judiciário constituía um "estorvo", e o Governo acabou por apreender toda a substância desse poder. Não excluiu da esfera administrativa os Parlamentos, mas expandiu-se gradualmente até ocupá-la completamente.[251]

2.2.1 O conselho de Estado

Após a conquista do poder, a fim de que os tribunais não pusessem em causa a nova ordem estabelecida nem atrapalhassem a atuação da Administração, agora "em boas mãos", os revolucionários franceses justificaram a proibição de controle judicial com base no princípio da separação de poderes.[252] Essa singular interpretação da divisão dos

---

[249] Cf. PEREIRA DA SILVA, *Em busca do acto administrativo perdido...*, p. 22; ENTERRIA, Eduardo Garcia. *Revolucion francesa y administracion contemporanea*. 4. ed. Madrid: Civitas, 1994, p. 43.
[250] TOCQUEVILLE, *O antigo regime e a revolução*, p. 335.
[251] Ver, sobre a centralização administrativa monárquica na França, Paul Ourliac asseverando que o governo do rei se imiscuía em todos os assuntos, fossem de interesse regional ou local, através das chefias dos grandes serviços públicos e dos Conselhos do rei (os Conselhos de governo – Conselho supremo e Conselho de despachos –, o Conselho real de finanças e o Conselho de Estado). Em princípio, toda jurisdição procedia do rei, princípio este que possibilitou a apelação à jurisdição real contra qualquer jurisdição senhorial. Ver: OURLIAC, Paul. *Historia del derecho*. Puebla: Editorial Jose M. Cajica Jr. Tomo II, p. 207 e ss.
[252] Cf. PEREIRA DA SILVA, *Em busca do acto administrativo perdido...*, p. 23 e 26.

poderes como separação tornou possível a emergência de um poder administrativo poderoso e autônomo que sequer o Antigo Regime havia conhecido. O Executivo, beneficiário direto dessa interpretação, tornou-se absolutamente isento em relação ao Judiciário, ao contrário do que postulara Montesquieu, que tinha concebido a independência judicial. A ideia de separação também foi postulada na relação Executivo/ Legislativo de modo a fundamentar o poder regulamentar do primeiro, que, inicialmente justificado como execução de leis, levou à afirmação de um poder regulamentar geral, em tudo contrário ao princípio de divisão de poderes inerente ao constitucionalismo anglo-saxão que, por exemplo, em nome do mesmo princípio, impõe justamente o monopólio normativo do Legislativo.[253]

Esse sistema de estrita separação foi definitivamente consagrado pela Constituição Napoleônica do ano VIII (1799) através da criação do Conselho de Estado (art. 52),[254] órgão fiscalizador da Administração, à imagem do antigo Conselho do Rei, com competência consultiva em três domínios (legislativo, executivo e contencioso), unindo "princípios liberais ao nível da organização do poder político, e princípios autoritários, ao nível da Administração Pública e das instituições que a controlam".[255]

O antigo Conselho do Rei tinha sido a instituição monárquica destinada a centralizar a ação política e administrativa do governo. Corpo administrativo dotado de um poder singular, no qual se reuniam, de modo geral, todos os poderes, era, à época de sua criação: a) Corte Suprema de Justiça, com poder de anular as sentenças dos tribunais comuns; b) Tribunal Administrativo Superior, pois a ele competia, em última instância, conhecer e julgar as matérias das jurisdições especiais, bem como, ainda, c) Conselho de Governo que, de acordo com a vontade do rei, possuía poder legislativo, discutindo e propondo a maior parte das leis, estabelecendo e distribuindo os impostos, acumulando também as funções de Conselho Superior de Administração, esse órgão estabelecia as regras gerais que deveriam orientar os agentes do Governo.

Daí, a fim de impedir que os juízes controlassem, ainda que indiretamente, a Administração (eram ligados ideologicamente ao Antigo

---

[253] Cf. ENTERRIA *Revolucion Francesa y administracion contemporanea...*, p. 48 e ss.
[254] Art. 52: "Sob a direção dos cônsules, funciona um Conselho de Estado encarregado de redigir os projetos de leis e os regulamentos de administração pública e de resolver as dificuldades que surjam em matérias administrativas". Texto cf. MIRANDA, Jorge. *Textos históricos de direito constitucional.* Lisboa: Casa da Moeda, 1990, p. 99.
[255] Cf. PEREIRA DA SILVA, *Em busca do acto administrativo perdido...*, p. 21.

Regime e se tinham oposto à centralização administrativa operada pelo Rei, que lhes tinha retirado o poder administrativo) e estabelecessem um "governo de juízes", os revolucionários não só mantiveram o antigo Conselho do Rei, com novas funções, como aproveitaram a estrutura centralizada e hierarquizada da Administração, o que, afinal, determinou a sobrevivência e consolidação da Revolução.

2.2.2 Fundamentos constitucionais da atuação do Conselho de Estado

O Conselho Constitucional Francês, em decisão datada de 23 de janeiro de 1987,[256] consagrou a opinião, geralmente admitida pelos administrativistas franceses,[257] de que a lei de 16-24 de agosto de 1790, ao prever a absoluta abstenção dos tribunais judiciais de intervirem na atividade administrativa, era o fundamento textual da Justiça Administrativa e uma interpretação "à francesa" da teoria da separação dos poderes.

Velley[258] discute essa posição dizendo que não podem ser aceitas as proposições de que a dualidade de jurisdição corresponde ao princípio da separação das autoridades administrativas e judiciárias e de que a lei de 1790 é o fundamento textual da Justiça Administrativa, porque os homens da Revolução estavam longe de considerar o tratamento específico ou reservado ao contencioso administrativo como a consequência inelutável da proclamação do princípio da separação das autoridades administrativas e judiciárias, já que a referida lei jamais teve por objetivo retirar ao juízo de direito comum o conhecimento das questões administrativas: o que estava previsto era uma limitação dos poderes dos juízes, de modo a evitar interferências não políticas na condução dos negócios públicos, ou seja, *estava em questão proibir os juízes de legiferar e administrar, não de julgar.*

Assegura ainda Velley que essa teoria foi construída no séc. XIX para legitimar e dar contornos legais à existência da Jurisdição Administrativa, em face da crítica da oposição parlamentar e da opinião

---

[256] Decisão nº 86-224 DC du 23 janvier 1987. Cf. VELLEY, Sèrge. La constitutionnalisation d'un mythe: Justice Administrative et séparation des Pouvoirs. *Revue du Droit Public et la Science Politique en France et a l'étranger*. RDPSP. Paris: Librairie Générale du Droit et de Jurisprudence,1989, p. 767.

[257] Cf. HAURION, Maurice *Précis elementarie de droit administratif*. Paris: Dalloz, 2002, p. 275/276 e JOURNÉ, Maurice. *Droit administratif*. Paris: Sirey, 1925, p. 84/85 e 203/204.

[258] VELLEY, *Revue du droit public et la science politique...,* p. 770 e ss.

liberal da época, no sentido de que, na origem, essa Jurisdição era uma Justiça extraordinária. Há que se reconhecer, todavia, que essa "contra-verdade histórica" (uma concepção "francesa" da separação dos poderes) tem uma função de incontestável utilidade: "ela justifica constitucionalmente a existência de uma justiça administrativa, sempre sublinhando a permanência de um fenômeno que transcendeu à ruptura provocada pela Revolução".[259]

Béchillon,[260] na mesma linha, sustenta ser o princípio da separação das autoridades administrativas e judiciárias, na verdade, uma regra de divisão de trabalho dos juízes, e, portanto, uma regra prática dos meios de gestão da Justiça. Se é certo que, em um primeiro momento, o Conselho de Estado – órgão central da Justiça Administrativa – era a própria encarnação da independência e supremacia do Poder Executivo, submetido apenas à razão da lei emanada do Poder Legislativo, hoje em dia parece-se cada vez mais com um tribunal independente.[261]

Dado o legicentrismo do constitucionalismo francês e de sua tradição política, é o Conselho de Estado, submergido das ruínas do Antigo Regime, afirmado pela organização da Jurisdição Administrativa no séc. XIX, o órgão que conhece, em última instância, os litígios entre os cidadãos e o Estado. Na medida em que, na França, o controle de constitucionalidade dos atos normativos (sobretudo leis e diplomas a ela assemelhados) é feito por um órgão político e não há um controle jurisdicional de constitucionalidade, ou uma justiça constitucional autônoma, é na Jurisdição Administrativa que, em grande medida, desenvolvem-se os princípios e regras que delimitam a atuação estatal

---

[259] VELLEY, *Revue du droit public et la science politique...*, p. 778.
[260] BÉCHILLON, Denys de. Sur L'Identification de la Chose Jugée dans La Jurisprudence du Conseil d'État. *Revue du Droit Public et la Science Politique en France et a l'étranger*. RDPSP. Paris: Librairie Générale du Droit et de Jurisprudence, 1994, p. 1793 a 1824.
[261] Cf. RIVERO Jean. *Direito administrativo*. Coimbra: Almedina, 1981, p. 159-162 e 212-233. Sobre o Conselho de Estado Francês, ver: AUTIN, Jean Louis. Le Contrôle des Autorités Administratives Indépendantes par le Conseil d'État est-il pertinent? *Revue du Droit Public et la Science Politique en France et a l'étranger*. RDPSP. Paris: Librairie Générale du Droit et de Jurisprudence, 1991, p. 1533/1566; BACLET-HAINQUE, Rosy. Le Conseil d'État el L'Extradition en Matière Politique. *Revue du Droit Public et la Science Politique en France et a l'étranger* Paris: Librairie Générale du Droit et de Jurisprudence, 1991, p. 197-248; ROUVILLOIS, Frédéric. Le Raisonnement Finaliste du Juge Administratif. *Revue du Droit Public et la Science Politique en France et a l'étranger* Paris: Librairie Générale du Droit et de Jurisprudence, 1990, p. 1817-1857; HARDY, Jacques. Le Statut Doctrinal de la Jurisprudence en Droit administratif Français. *Revue du Droit Public et la Science Politique en France et a l'étranger* Paris: Librairie Générale du Droit et de Jurisprudence,1990, p. 455 et seq; sítio da rede do Conselho de Estado: http://www.conseil-etat.fr/, principalmente *Analyse de la jurisprudence* – Conseil D'État. Droit économique, 1997.

e protegem os direitos fundamentais dos cidadãos. Advém daí que o Conselho de Estado, na França, é o artesão do Estado de Direito, e mesmo com a criação do Conselho Constitucional pela Constituição da *V República*, de 4 de outubro de 1958, continua a ser o único órgão autorizado a julgar os litígios entre o Estado e os cidadãos, quer dizer, o órgão em que se processa o *contencioso* dos direitos fundamentais. Isso é assim porque a competência do Conselho Constitucional é restrita a um *contencioso normativo* (abstrato, facultativo para as leis ordinárias e compromissos internacionais e obrigatório para as leis orgânicas e regulamentos das assembleias parlamentares), *ao contencioso eleitoral e em matéria de referendos* (julga a regularidade de eleições, os regimes de elegibilidade e de incompatibilidades parlamentares), além de uma competência *consultiva* (responde quando é consultado pelo Chefe de Estado sobre a aplicação da Constituição e sobre os textos relativos à organização do escrutínio para a eleição do Presidente da República e o referendo). Foi o Conselho de Estado, no exercício de sua competência constitucional, que desenvolveu a doutrina dos *Princípios Gerais de Direito* e, juntamente com o Conselho Constitucional, a teoria da aplicabilidade dos *Princípios Fundamentais reconhecidos pelas leis da República*, a partir de construções lógicas muito próprias em que se adota, basicamente, o raciocínio finalístico. A adoção de um sistema formal de controle de constitucionalidade não alterou esse estado de coisas, uma vez que o Conselho Constitucional faz um controle prévio dos atos normativos, e nunca um controle *a posteriori*.

O labor da jurisprudência do Conselho de Estado durante os séculos XIX e XX acabou por criar uma disciplina científica, o direito administrativo e as suas matrizes conceituais. Com efeito, são os conceitos que tornam possível a descrição, classificação e a previsão dos objetos cognoscíveis[262] e, tendo um significado genérico resultante do labor intelectual de abstração das notas e características individuais, sua função primeira e fundamental é a mesma da linguagem, ou seja, a comunicação. Os conceitos de direito são abstrações subministradas por regras jurídicas positivas que se propõem a ordenar a pluralidade das regras, submetendo-as a pontos de vista que as unifiquem.[263] São os conceitos jurídicos, então, enunciados relacionadores de normas, pontos em que se aglutinam efeitos de direito e, por isso mesmo, são

---

[262] ABBAGNANO, Nicola. *Dicionário de filosofia*. São Paulo: ed. Mestre Jou, 1970, p. 151.
[263] Cf. JELLINECK, Georg. *Teoria general de estado*. Buenos Aires: Editorial Albatros, 1970, p. 120.

classificações, sistematizações, permitindo que se conheçam a *natureza* (essência/substância e significação) e a *função* (operação) dessas relações normativas. Assim, se a ordem jurídica imputa certas consequências a determinados pressupostos, o trabalho do jurista consistirá em conhecer o direito aplicável às diversas situações, a partir de um processo lógico que organiza tal conhecimento supondo a identificação das situações aparentadas entre si e o regime a que se submetem. Um conceito jurídico (ou a referida aglutinação de efeitos de direito) pode ser dado, previamente, pela lei ou ser construído pela via jurisprudencial, mas não necessariamente.

A tendência moderna dos ordenamentos jurídicos é a de assegurar a unidade da ordem jurídica[264] pela articulação de sentido de um conjunto de princípios estruturais – categorias e instituições jurídicas fundamentais – e, no Direito Administrativo, são certas noções verticais (poder público, serviço público e pessoa pública) e horizontais (ato administrativo, contrato, domínio público) que asseguram a coesão do ordenamento.[265] A doutrina publicista continental do séc. XIX, buscando um critério de caracterização da Função Administrativa na ordem estatal, ora sob o ponto de vista da prática de atos (comparando os atos administrativos com os legislativos e jurisdicionais segundo seu valor formal e material), ora sob o ponto de vista de uma atividade específica (o serviço público), acabou por construir noções ou conceitos nucleares ou "matrizes conceituais clássicas"[266] que, apesar de se estarem transformando, ainda são essenciais na elaboração científica do direito público, principalmente o direito administrativo.

Na França, a noção de serviço público foi o centro das preocupações dos constitucionalistas, que partindo de uma visão institucionalista do direito afirmaram ser tal noção "coração do direito administrativo" e, via de consequência, de todo o direito público e mesmo da constituição. A jurisprudência do Conselho de Estado também foi decisiva nesta construção.[267] A noção de serviço público é tida pelos autores franceses como

---

[264] Sobre o problema de um ordenamento jurídico ser a sua unidade, ver também BOBBIO, Norberto. *Teoria do ordenamento jurídico*. 5. ed., Brasília: UnB, 1994; HART, L.A. *O conceito de direito*. Lisboa: Fundação Calouste Gulbenkian, 1990.

[265] MARCOU, Gérard. Intégration juridique et logiques nationales. MARCOU, Gérard et alli. *Les Mutations Du Droit de L'Administration en Europe. Pluralisme et convergences*, Paris: Editions L'Harmattan, 1995, p. 15.

[266] Cf. MEDAUAR, Odete. *O direito administrativo em evolução*. São Paulo: Revista dos Tribunais, 1992, p. 173.

[267] LONG, WEIL, BRAIBANT, DEVOLVÈ e GENEVOIS. *Les grands arrêts de la jurisprudence administrative*. 13. édition. Paris: Dalloz, 2001, p. 5; 47; 73; 86; MORAND-DEVILLER,

a mais importante tentativa de síntese do direito público que apareceu na França, e segundo Duguit é a noção que se acha logicamente posta na base do regime administrativo, porque o Estado não é só um poder de comando, mas uma *cooperação de serviços públicos*.[268] Em meados do séc. XX, Jèze viu na noção de serviço público o "a pedra angular do direito administrativo",[269] sustentando serem as velhas teorias de soberania e poder público nada mais do que "manifestações de misticismo" e demonstrando a ligação estreita entre aquela noção e o regime especial da Administração. Haurion, de sua parte, afirma que são duas as noções fundamentais do direito administrativo – poder público e serviço público – e, claramente, prefere a primeira ao afirmar que o elemento essencial do regime administrativo é o "poder administrativo", que se contrapõe aos direitos dos particulares – poderes privados.[270]

A síntese da jurisprudência foi bem mais difícil e pode ser assim resumida: existe serviço público quando um empreendimento funciona sob a autoridade da Administração, utiliza procedimentos de poder público e responde a uma necessidade de interesse geral. Há "serviço público" quando prestado por pessoa pública, sob regime de direito público, isto é, atividade desenvolvida segundo os princípios da continuidade, da regularidade e da igualdade dos usuários perante o "serviço", que visa a satisfazer o "interesse público".[271] Através das decisões *Blanco* (1873),[272] *Terrier* (1903),[273] *Feutry* (1908)[274] e *Thérond* (1910)[275] a expressão "serviço público" foi consagrada para afirmar a competência de o juiz administrativo estabelecer as regras da responsabilidade pública, dando origem a uma verdadeira "escola"

Jacqueline. *Cours de Droit administratif*. Paris:Montechrestien, 1991, p. 378; CORAIL, Jean-Louis. *La Crise de la Notion Juridique de Service Public en Droit administratif Français*. Paris: Librairie Générale du Droit et de Jurisprudence, 1954, p. 5 - 12.

[268] CORAIL, *La crise de la notion juridique de service public...*, p. 6

[269] CORAIL, *La crise de la notion juridique de service public...*, p.7; MORAND-DEVILLER, *Cours de droit administratif...*, p. 378

[270] HAURIOU, Maurice. *Précis de droit administratif et de droit public*. 12. ed. Paris: Dalloz, 2002, p. 57 *et seq.*

[271] Cf. JOURDAN, *Revue du droit public...*, p. 117.

[272] Texto in: LONG, WEIL, BRAIBANT, DEVOLVÈ e GENEVOIS. *Les grands arrêts de la jurisprudence administrative*. 13. édition. Paris: Dalloz, 2001, p. 5.

[273] Texto in: LONG, WEIL, BRAIBANT, DEVOLVÈ e GENEVOIS. *Les grands arrêts de la jurisprudence administrative, cit.*, p. 47.

[274] Texto in: LONG, WEIL, BRAIBANT, DEVOLVÈ e GENEVOIS. *Les grands arrêts de la jurisprudence administrative, cit.*, p. 73.

[275] Texto in: LONG, WEIL, BRAIBANT, DEVOLVÈ e GENEVOIS. *Les grands arrêts de la jurisprudence administrative, cit.*, p. 86.

que considera ser o conjunto do direito administrativo construído a partir dessa noção: a Escola de Bordeaux.[276] A partir daí abandonou-se definitivamente o critério do "estado devedor", ainda que se mantivesse, como nota distintiva do direito administrativo, a conhecida regra *la compétence suit le fond* (regra de fundo de direito comum, competência da Justiça Comum; regra de direito especial – direito administrativo –, competência da Justiça Administrativa). No acórdão *Anguet* (1911) restou fixado que a Administração deve reparar dano causado por seu agente.[277] Assim, na França a grande contribuição da jurisprudência do Conselho de Estado quanto ao contencioso da responsabilidade do Estado foi a ideia de que o poder público está submetido a regras especiais e depende da competência administrativa, o que a jurisprudência posterior confirmou em parte (foi reconhecida, após 1920, a existência de serviços públicos industriais e comerciais subtraídos aos princípios dos acórdãos mencionados).

A experiência francesa viria a servir de modelo para quase todos os países da Europa Continental, que acabaram adotando a Jurisdição Administrativa contenciosa, com órgão de cúpula similar ao Conselho de Estado. Quando do advento do Direito Administrativo e da formação do primeiro estado independente brasileiro, tal modelo foi explícita e conscientemente adotado, como se verá no Capítulo 3. Por ora, é preciso tratar da experiência revolucionária norte-americana, porque foi nela que se estruturou a primeira república federativa moderna.

2.3 A revolução norte-americana e a República Federal

Porque a doutrina política subjacente a todas as constituições modernas foi a formulada por Montesquieu,[278] em *Do espírito das leis*,

---

[276] Cf MORAND-DEVILLER, *Cours de droit administratif...*, p. 378; CORAIL, *La crise de la notion juridique de service public...*, p. 5 a 12.

[277] O caso trata de demanda formulada perante o Conselho de Estado, contra o Ministro de Correios e Telégrafos, em razão da brutalidade exercida por agentes públicos contra o Sr. Anguet. O CE considerou que a causa direta e material da indenização foram as faltas pessoais dos agentes, consideradas faltas do serviço. Acórdão in: LONG, WEIL, BRAIBANT, DEVOLVÈ e GENEVOIS. *Les grands arrêts de la jurisprudence administrative*, cit., p. 141-144.

[278] Ver especificamente sobre Montesquieu e a doutrina da separação dos poderes: EISENMANN, Charles et alli. *Cahiers de philosophie politique* (A la mémoire de Charles Einsenmann). Bruxelles: Éditions OUSIA s.c., 1985, 240p; BACOT, Guillaume. L'esprit des lois la séparation des pouvoirs et Charles Eisenmann. *Revue du Droit Public et Science Politique* nº 3, Paris: LGDJ, 1992, p. 671-656; BÉNOIT, Francis-Paul. Montesquieu inspirateur des Jacobins/La théorie de la "bonne démocratie". *Revue du Droit Public et Science Politique* nº 1, Paris: LGDJ,1995, p. 5-24.

mais precisamente no Capítulo VI do Livro XI – *Da Constituição da Inglaterra*[279] –, e porque foi enorme sua influência no pensamento e prática dos "Pais Fundadores" da República Federal da América do Norte, é preciso ressaltar os aspectos de sua teoria que tiveram maior incidência em uma concepção de "Estado Federal" e de "controle formal de constitucionalidade" que se irradiou por todo o continente americano, moldando, inclusive, o Estado Federal Brasileiro, porque isso nos ajuda a compreender como organizaram-se a jurisdição e o controle jurisdicional da Administração no país.

2.3.1 A tese de Montesquieu e os fundamentos da revolução norte-americana

A constituição em União Federal dos novos estados da América do Norte foi a consequência de um esforço deliberado do povo para fundar um novo corpo político, ou para constituir a liberdade política: o propósito das constituições estaduais que precederam a Constituição da União "foi criar novos centros de poder, após a Declaração de Independência ter abolido a autoridade e o poder da coroa e do Parlamento"[280] e o principal problema dos fundadores, estabelecer uma união a partir de treze repúblicas soberanas. Precisamente porque Montesquieu havia sustentado que poder e liberdade relacionavam-se um com o outro, bem como que havia um tipo de constituição que "possui todas as vantagens internas do governo republicano e a força externa da monarquia"[281] – a república federativa –, sua obra exerceu poderosa influência no curso da Revolução Americana e seu nome foi invocado em praticamente todos os debates sobre a Constituição.[282]

---

[279] Publicado pelo editor suíço J. Barrillot, em 1748, com o extenso título: *Do espírito das leis ou das relações que as leis devem ter com a constituição de cada governo, costumes, clima, religião, comércio, etc*. Daqui por diante, serão utilizados a tradução brasileira, com o seguinte título: *Do espírito das leis*. São Paulo: Abril Cultural, 1979, Coleção "Os Pensadores", e o original do Capítulo VI do Livro XI, como editado por KRIEGEL, Blandine. *Textes de philosophie politique classique*. Coleção *Que sais-je*? Paris: Presse Universitaires de France, 1993, p. 90-101.

[280] ARENDT, *Da revolução*..., p. 122.

[281] MONTESQUIEU, *EL*, 2ª Parte, IX, I, p. 127. No capítulo em questão, Montesquieu refere várias repúblicas confederadas ao longo da história, inclusive a república federativa da Alemanha, que, mais tarde, seria, ao lado da república federativa dos Estados Unidos da América, um dos principais modelos de forma federal de Estado.

[282] Assevera Hannah Arendt que "Montesquieu confirmou aquilo que os fundadores, com base na experiência das colônias, sabiam que estava certo, isto é, que a liberdade era "um poder natural de fazer ou não fazer tudo o que temos em mente", e quando lemos, nos

Foi Montesquieu quem propôs, em forma de princípio geral, a teoria da separação orgânica dos poderes (e por isso se tornou conhecido) como uma das condições fundamentais da devida organização dos poderes em todo o "estado bem ordenado", *ex parte populi*.[283] Não se limitando a discernir os poderes do Estado por meio de uma distribuição abstrata das funções, mas principalmente, tratando da coordenação dos poderes entre si, Montesquieu, seguindo a tradição dos filósofos políticos ocidentais, desde Platão e Aristóteles, de pensar a "Constituição Ideal", ou o "Estado Ideal", isto é, aquele tipo de governo "moderado", que combina os princípios das três formas de governo, concebeu a organização material das funções, que, rigorosamente distinguidas, podem assegurar a independência de cada poder, a fim de que este receba dessa separação os benefícios da moderação, segurança e liberdade. O signo essencial da teoria e o que caracteriza mais especialmente seu alcance é justamente o fato de Montesquieu decompor e seccionar o poder do Estado em três poderes principais, suscetíveis de serem atribuídos separadamente a classes de titulares que constituem, por si mesmo, no Estado, três autoridades primordiais e independentes.

Contudo, o tema principal da obra de Montesquieu foi, segundo Arendt[284] e Althusser,[285] a "constituição da liberdade política", porque este, ao interpretar (corretamente ou não) a estrutura da Constituição Inglesa, idealizou-a como forma de Estado que, resolvendo o antigo problema político do uso e abuso do poder, combinava o poder com a liberdade. Assim, diferenciando a liberdade filosófica ("exercício da vontade")[286] da liberdade política ("poder fazer o que se deve

---

primeiros documentos dos tempos coloniais, que "os representantes assim escolhidos terão o *poder e a liberdade* de decidir" podemos ainda sentir o quanto era natural para essas pessoas usar as duas palavras quase como sinônimos". Por outro lado, a maior inovação revolucionária foi, segundo a autora, "a descoberta de Madison do princípio federativo de instituição de grandes repúblicas", fundamentada na experiência de combinação de poderes, mais do que em qualquer teoria. Ver: ARENDT, *Da revolução...*, p. 120 e p. 135.

[283] O problema do Estado passou a ser pensado *ex parte populi* justamente em consequência de uma nova visão de mundo que pôs o homem – a pessoa humana – em sua dignidade e valor intrínseco, no centro da ordem jurídica, ou seja, como ponto de partida para a construção de uma nova doutrina da moral e do Direito, que, em última instância, foi o fundamento filosófico das revoluções liberais.

[284] ARENDT, *Da revolução...*, p. 120.

[285] ALTHUSSER, Louis. *Montesquieu, la política y la historia*. Madrid: Editorial Ciencia Nueva, S.L., 1968, p. 82.

[286] MONTESQUIEU, *EL, XII, II. verbis*: "A liberdade filosófica consiste no execício de sua vontade, ou pelo menos (se é preciso falar em todos os sistemas), na opinião que se tem do exercício da vontade. A liberdade política consiste na segurança, ou pelo menos, na opinião que se tem da segurança".

querer"),²⁸⁷ Montesquieu acaba por asseverar que a liberdade política se encontra unicamente nos governos moderados, quando, nestes últimos, não se abusa do poder. Isso só possível se, "pela disposição das coisas, o poder freie o poder", ²⁸⁸ ou seja, desde que existam, no Estado, mecanismos que garantam a contenção do poder e, ao mesmo tempo, sua permanência.

Além da garantia contra o monopólio do poder por uma parte do governo, o princípio oferece "um mecanismo, incrustado no próprio cerne do governo, através do qual novo poder é constantemente gerado, sem que, no entanto, venha a crescer demasiadamente e se expandir, em detrimento de outros centros ou fontes de poder", como afirma Arendt.²⁸⁹ É nessa passagem, então, que reside o cerne da descoberta de Montesquieu em relação à natureza do poder, isto é, que o poder pode ser destruído pela violência, como nas tiranias, ou diminuído em sua potência, quando é apenas controlado pelas leis (monarquia e democracia).

O aspecto mais importante da formulação originária do princípio da separação dos poderes reside em Montesquieu haver dado conta da realidade sociológica com o fim de elaborar um sistema de organização da atividade estatal que assegurasse, ao mesmo tempo, uma forma de governo livre e a liberdade fundamental dos cidadãos. Para essas finalidades, o sistema de separação de funções pugnado por Montesquieu se funda em um conceito "material" das funções estatais, uma vez que, para ele, só a diferenciação e repartição das mesmas entre distintos órgãos, de acordo com a natureza intrínseca de cada uma delas, é capaz de assegurar um governo livre, qualquer que seja a sua forma.

Por tais razões, a teoria de Montesquieu constitui tema fundamental do juspublicismo, por ter individuado dois momentos lógicos distintos e sucessivos no tratamento do poder estatal: a) em primeiro lugar, o reconhecimento da oportunidade de proceder a um fracionamento da autoridade estatal, atendo-se ao problema especificamente político; b) e em segundo, o reconhecimento da consequente necessidade de estabelecer um critério que sirva de base para esse fracionamento, pondo em relevo o caráter instrumental – jurídico – de dita separação.

---

[287] MONTESQUIEU, *EL, XI, III*. Daqui por diante será usado o texto original, como já referido em nota anterior (editado por KRIEGEL).

[288] MONTESQUIEU, *EL, XI, III*: "Pour qu'on ne puisse abuser du pouvoir, il; faut que, par la disposition des choses, le pouvoir arrête de pouvoir", p. 91.

[289] ARENDT, *Da revolução...*, p. 121.

Tal teoria tem sido examinada por diversos autores, sob a denominação de "divisão de poderes", "separação do poder" ou "distinção de funções". Acompanhando Bassi,[290] preferiu-se, neste estudo, utilizar a expressão separação dos poderes por motivos históricos, isto é, por ser esta a expressão consagrada pela doutrina francesa que foi veiculada em textos positivos.[291]

Em síntese, idealizado como instrumento para garantir a liberdade civil e política dos cidadãos contra o absolutismo monárquico, passando a ser utilizado, na época seguinte, como um meio de defesa do poder real residual, até servir, atualmente, como um cânone organizatório para salvaguardar o cidadão e os grupos intermediários (partidos políticos), o princípio da separação dos poderes evoluiu de função de tutela de determinado valor político para critério jurídico de organização do poder. Se tal princípio é um meio para realizar determinados fins extrajurídicos, resulta evidente a sua relatividade e variação estrutural, que se deve harmonizar com as diversas situações históricas. Neste caráter instrumental, próprio de qualquer instituto jurídico, "está seu limite, mas ao mesmo tempo, o seu valor mais alto".[292]

Irredutível, pois, em teoria política, a obra de Montesquieu, porque a questão política que ele pretendeu resolver foi pôr o legislador em condições tais que pudesse se conduzir por sua razão, e não por suas paixões, de modo a estabelecer leis razoáveis. De outra parte, quanto à separação de poderes, esta não é, para Montesquieu, o objeto de "moderação", mas tão só o complemento necessário para garantir a liberdade política, uma vez que "governo moderado" é aquele em que existem "leis fundamentais", independentemente de sua forma (monarquia ou república). Os governos moderados, então, são a condição de uma liberdade moderada, que se estabelece graças às leis fundamentais e à repartição de poderes que os caracterizam. É para favorecer essa liberdade política que o poder legislativo deve ser exercido pelos representantes do povo, divididos em duas câmaras que reproduzem a estrutura social. Pela mesma razão, o poder judiciário deve ser confiado aos jurados, e o poder executivo, àquele que tenha

---

[290] BASSI, Rivista Trimestrale di Diritto Pubblico...., p. 113.
[291] BARACHO, José Alfredo de Oliveira. Aspectos da teoria geral do processo constitucional: teoria da separação de poderes e funções do Estado. Revista de Informação Legislativa. Brasília: Senado Federal. Subsecretaria de Edições Técnicas, ano 19, nº 76, 1982, p. 108, acentua: "a expressão separação de poderes não foi empregada uma vez sequer por Montesquieu, nem entendeu que os órgãos investidos das três funções do Estado seria representantes do soberano, investidos de uma parte da soberania, absolutamente".
[292] BASSI, Rivista Trimestrale di Diritto Pubblico..., p. 110.

uma responsabilidade única.[293] Daí resultam os seguintes princípios, adotados por todas as Constituições e Declarações de Direitos da era moderna:[294] a) a separação dos poderes é o complemento necessário para garantir a liberdade política; b) impossibilidade de um mesmo órgão acumular duas funções. Só a divisão de competências e a especialização de funções não são suficientes para realizar a limitação dos poderes estatais: essa limitação é assegurada pelo fato de que nenhuma das três classes de titulares dos poderes possa adquirir superioridade sobre as demais.

2.3.2 Federação, República e *judicial review of legislation*

No *Federalista*, os fundadores do novo Estado discorrem sobre os fundamentos de suas opções práticas explicitando a natureza e o princípio do governo e os fundamentos do controle formal de constitucionalidade. Madison, examinando a forma geral do governo proposto na Constituição, isto é, considerados o princípio sobre o qual foi estabelecido, a origem, finalidade e extensão de seu poder e a autoridade pela qual podem ser feitas mudanças na sua organização, sustenta ser o governo, por seu princípio, *republicano* e *federativo*, já que esta é a combinação "mais feliz de todas as que se podem imaginar: os interesses gerais são confiados à legislatura nacional, e os particulares e locais aos legisladores dos Estados".[295]

Então, o governo é *republicano* porque "é aquele em todos os poderes procedem direta ou indiretamente do povo e cujos administradores não gozam senão de poder temporário, a arbítrio do povo ou

---

[293] Cf. BACOT, *Revue du Droit Public et Science Politique...*, p. 651.
[294] As Declarações de Direitos e Constituições, desde o séc. XVIII até agora, quando definem os poderes estatais e os "governos", variam bastante em relação aos titulares das funções, isto é, do ponto de vista formal, mas não tanto quanto ao conteúdo das funções (do ponto de vista material). Para uma comparação, ver: Declaração de Direitos de Virgínia, 1776, Secção V; Constituição dos Estados Unidos da América, de 1787, Artigo I, Secção I, Artigo II, Secção I, Artigo III, Secção I; Declaração dos Direitos do Homem e Do cidadão, França, 1789, artigo 16º ("Qualquer sociedade em que não esteja assegurada a garantia dos direitos, nem estabelecida a separação dos poderes não tem Constituição"); Constituição Francesa de 1791, Título III, artigos 1º, 2º, 3º, 4º e 5º; Constituição Francesa do Ano I (1793), Acto Constitucional, Da República, artigos 1º, 2º e 3º; Constituição do Ano VIII (1799), Título II, Título III, Título IV e Título V; Constituição Espanhola de 1812, Capítulo III, artigos 14º, 15º, 16º, e 17º; Primeira Constituição Portuguesa, de 1822, arts. 29º e 30º; Constituição do Império do Brasil, de 1824, artigos 9º e 10º e art. 10º da Constituição Da República Federativa dos Estados Unidos do Brasil (1891).
[295] HAMILTON, Alexander, MADISON, James, JAY, John. *O federalista*. Coleção "Os Pensadores". São Paulo: Abril Cultural, 1979, p. 98.

enquanto bem se portarem",[296] sendo a prova de seu caráter republicano a absoluta proibição de títulos de nobreza e a temporariedade dos mandatos dos governantes.[297] Nessa passagem, assim como nas anteriores, o pressuposto de Madison é o de que a forma republicana de governo difere, em essência, da forma democrática, porque a república como por ele concebida é o único remédio contra as "desgraças da facção". Isso porque os federalistas aceitavam a ideia hobbesiana de que a vida social era uma luta constante e se propuseram a elaborar um quadro institucional que a contivesse dentro de certos limites. A composição de interesses conflitantes só poderia ser feita pela força de um governo federal e pelos mecanismos de representação, já que a maioria era a facção mais perigosa a ser evitada, uma vez que seria capaz de ganhar ascendência sobre as demais facções. Dessa forma, estando os fundadores cientes de que o princípio da maioria é inerente ao próprio processo de tomada de decisão e, por isso, está presente mesmo no despotismo, bem como que, após a decisão ter sido tomada, a maioria pode liquidar politicamente a minoria oponente, procuraram expedientes para impedir que o artifício técnico da decisão da maioria degenerasse em "despotismo eletivo" do governo da maioria.

O governo é também *federativo*, porque é resultado do "assentimento e ratificação do povo americano, enunciados pelos deputados para este fim", e não da vontade da maioria do povo ou da maioria dos Estados. Se cada Estado, adotando a Constituição, foi considerado um corpo soberano, independente dos demais, "somente ligado por um contrato próprio e voluntário", a Constituição é federativa e não nacional. "A diferença entre o governo federativo e nacional consiste em no primeiro a *influência do poder* limita-se somente aos corpos confederados na sua existência política, e no segundo estende-se a cada cidadão na sua existência individual", anota Madison.[298]

Ao final do capítulo ora em comento, Madison acaba por afirmar: a) em relação ao seu princípio, o governo é republicano e federativo; b) na origem de seus poderes, é federativo e nacional, porque os poderes

---

[296] MADISON, *O federalista*, p. 118. Ver, também, ARENDT, *Da revolução*, p. 131.

[297] Para Madison, é da essência da república que "a maioria da sociedade tenha parte em tal governo", e que é bastante, "para que tal governo exista, que os administradores do poder sejam designados direta ou indiretamente pelo povo". A seguir, ele afirma que, embora existam diferenças no modo de nomeação, em cada Estado da União, "em todas as constituições são os empregos conferidos por tempo determinado", à exceção dos membros do corpo judiciário. MADISON, *O federalista*, p. 118.

[298] MADISON, *O federalista*, p. 120 e ss.

da Câmara dos Representantes é derivado do povo americano, nela representado na mesma proporção que nas legislaturas de cada Estado particular (nacional), mas o Senado recebe seus poderes dos Estados considerados corpos políticos iguais, independentemente do número de representados (federativo); c) na operação desses poderes, o governo é nacional, já que nas suas relações com o povo e nos seus procedimentos ordinários, influencia diretamente cada cidadão individual; d) quanto à extensão dos poderes, o governo é federativo, uma vez que a autoridade sobre os indivíduos e o poder sobre pessoas e bens se distribui entre a legislatura geral e as legislaturas municipais, de modo que a jurisdição do governo fique restrita a um certo número de objetos determinados e, nos demais pontos, permanece inviolável a soberania dos Estados; e) finalmente, quanto à maneira de introduzir reformas, o governo não é inteiramente federativo, nem inteiramente nacional, já que, em alguns casos, exige-se mais do que a maioria para reformas, calculando-se a proporção pelo número de Estados, e, em outros, o concurso inteiro dos Estados.

Neste particular, Hamilton defende a unidade do Poder Executivo utilizando-se, amplamente, dos exemplos da República Romana, corroborando as asserções de Arendt,[299] no sentido de que os homens das revoluções do séc. XVIII se voltaram para a Antiguidade romana em busca de inspiração e orientação, não por romantismo ou por apego à tradição, mas porque descobriram nos antigos uma dimensão não legada pela tradição, que poderia servir de modelo e precedente para suas próprias experiências, qual seja, que a autoridade e a estabilidade de qualquer corpo político residia no seu início, no seu ato de fundação.

Já os membros do Poder Judiciário, além de serem dotados de conhecimentos particulares e indispensáveis, devem ter cargos vitalícios, não dependendo "daqueles a quem deverem a nomeação",[300] de modo que, afirmada sua independência, não sofrerão intimidação, sujeição ou influência dos poderes rivais. A inamovibilidade e a vitaliciedade dos juízes são elementos indispensáveis da organização do Poder Judiciário, bem como da "cidadela da Justiça e segurança pública".[301]

---

[299] ARENDT, Da revolução, p. 156 e ss. "(...) foi a autoridade contida no próprio ato de fundação, e não na crença de um Legislador Imortal, nem as promessas de recompensa e as ameaças de punição num 'futuro estado', e nem mesmo o duvidoso caráter axiomático das verdades enumeradas no preâmbulo da Declaração de Independência, que assegurou estabilidade à nova república".

[300] HAMILTON ou MADISON, O federalista, p. 131.

[301] HAMILTON ou MADISON, O federalista, p. 162.

Essas garantias, efetivamente previstas no artigo III, Secção I, da Constituição dos Estados Unidos da América,[302] partem da concepção de que o judiciário, pela natureza de suas funções, "é o menos temível", porque não dispõe da "bolsa" ou da "espada": "sem *força* e sem *vontade*, apenas lhe compete o juízo".[303] Assim, se o Poder Judiciário é o mais fraco dos três, se não pode, por isso mesmo, atacar nenhum dos demais "com boa esperança de resultado", é preciso que lhe sejam dados todos os meios possíveis de defender-se dos outros dois.

Das inovações trazidas pela Revolução Americana, talvez a mais importante tenha sido o estabelecimento de uma instituição concreta destinada ao exercício da *autoridade* (que não se assenta nas leis, e sim na tradição): o ramo judiciário do governo. No modelo romano copiado pelos pais fundadores, o poder estava no povo, e a autoridade (*auctoritas*), em uma instituição política – o Senado. Os fundadores, entretanto, ao mudarem a localização da autoridade, compreenderam que a sua majestade nacional se manifestava através das cortes de justiça e que esta tornava o Judiciário inadequado para o poder da mesma forma que, em sentido inverso, o poder legislativo tornava o Senado (americano) impróprio para o exercício da autoridade. Assim, foi precisamente a falta de poder e a permanência no cargo que transformou a Suprema Corte americana na verdadeira sede da autoridade, exercida através de uma contínua formulação da Constituição. A partir daí a Suprema Corte tornou-se, de fato, "uma espécie de assembléia constitucional em sessão permanente"[304] instituindo o controle judicial formal[305] de

---

[302] *Verbis:* "O Poder Judicial dos Estados Unidos incumbirá a um supremo tribunal e diversos tribunais inferiores a instituir oportunamente pelo Congresso. Os juízes, quer do Supremo, quer dos tribunais inferiores, conservar-se-ão nos seus cargos de acordo com o seu mérito (*during good behaviour*) e perceberão regularmente subsídios pelos seus serviços, o qual não poderá ser diminuídos enquanto se mantiverem em exercício".

[303] HAMILTON ou MADISON, *O federalista*, p. 162.

[304] Woodrom WILSON, como citado por CORWIN, Edward, in: *The "Higher Law" background of American Constitutional Law*, Harvard Law Review, v. 42, 1928, p. 3, apud ARENDT, *Da revolução*, p. 161.

[305] No sentido formal, a jurisdição constitucional se define a partir do órgão que a exerce; no sentido material, a jurisdição constitucional é compreendida a partir do procedimento. Daí, não é absoluto afirmar que a raiz da jurisdição constitucional é a experiência norte-americana, uma vez que na Alemanha já havia a prática do direito ao exame judicial. No entanto, o desenvolvimento e a consequente consolidação do direito ao exame judicial vinculado à teoria do contratualismo e à existência de uma constituição escrita se deu a partir da decisão *Marbury v. Madison*. Ver HECK, Luís Afonso. *O tribunal constitucional federal e o desenvolvimento dos princípios constitucionais*. Contributo para uma compreensão da jurisdição constitucional alemã. Porto Alegre: Sérgio Antonio Fabris Editor, 1995, p. 23-24 e 30.

constitucionalidade, "a única contribuição da América à ciência do governo".[306] Com base nessa premissa, Grant[307] sustentou a tese de que o controle jurisdicional da constitucionalidade das leis – *judicial review of legislation* – foi, efetivamente, uma contribuição da América à Ciência Política, uma vez que "a confiança nos tribunais para fazer cumprir a Constituição como norma superior às leis estabelecidas na legislatura nacional operou-se graças ao seu surgimento ali, realizado no séc. XVIII, para difundir-se posteriormente em outros Estados". O *judicial review of legislation* pode ser entendido como a judicialização da Constituição escrita no contexto institucional em que o juiz é o protagonista da experiência jurídica, até porque os juízes estaduais são eleitos e o júri está presente na grande maioria dos casos (sistema de *common law*). Como precedentes doutrinários, podem ser apontadas as teses de *Coke* – "o *common law* regula e controla os atos do Parlamento, e quando um ato do Parlamento for contrário ao direito e à razão comum (...) o *common law* o controlará e o julgará nulo e sem eficácia; de *James Otis* – Se o legislador supremo se equivoca será levado aos tribunais do rei pelo Executivo supremo. Isto é governo. Isto é constituição",[308] e evidentemente as teses expostas no *Federalista*, segundo as quais as limitações impostas ao poder político pela constituição "só podem manter-se na prática por meio dos tribunais de justiça, cujo dever será declarar nulos todos os atos contrários ao sentido evidente da Constituição. Sem isto, todas as garantias relativas a direitos ou privilégios serão letra morta".[309] Com isso, o Judiciário norte-americano alcançou um grande poder político, uma vez que "armado do direito de declarar a inconstitucionalidade das leis, o magistrado americano penetra incessantemente nos problemas políticos", de modo que não existe "questão política nos EUA que cedo ou tarde não se resolva como questão judiciária".[310]

O constitucionalismo norte-americano, com seu caráter individualista, teve como centro da experiência constitucional a preservação dos direitos individuais, no sentido liberal do termo. Na medida

---

[306] ARENDT, *Da revolução*, p. 160.
[307] GRANT, James. A. C. *El Control Jurisdicional de la Constitucionalidad de la Leyes. Una Contribución de las Américas a la Ciencia Política*. México: Facultad de Derecho de la UNAM, 1963, *apud* BARACHO, *Revista de Informação Legislativa*, p. 99.
[308] MacILLWAIN, Charles. *Constitucionalismo antiguo y moderno*. Madri: Centro de estudios constitucionales, 1991, p. 26.
[309] HAMILTON, *O federalista*, LXXVIII.
[310] GARGARELLA, Roberto. *La justicia frente ao gobierno*. Barcelona: Ariel, 1996, p. 207.

em que ausente a herança feudal e a ideologia revolucionária, o que mais impressionou o observador Tocqueville[311] foi a "a igualdade de condições" socioeconômicas, que acabou por se constituir em grande vantagem, pois ali houve uma colonização de classe média e grande mobilidade social (favorecida principalmente pela conquista do Oeste).

Na dimensão política da experiência constitucional americana, foram constituídas as bases da *democracia liberal*, que é uma democracia limitada. Embora afirme o poder do povo, evita a "tirania das maiorias" pela divisão dos poderes e a imposição de limites jurídicos pela corporação dos juristas. Daí o sistema político resultante possui como elementos, a experiência da fundação, o governo do povo e a divisão dos poderes (*checks and balances*). Retomada a experiência romana da fundação (é princípio, no duplo sentido de origem e preceito, que marca a identidade de um povo), a experiência constituinte não pode ser reinstaurada, e a tradição dá continuidade do princípio presente na fundação. Segundo isso, a autoridade repousa sobre a tradição construída a partir da fundação e legitima e limita o poder.

Em síntese, o federalismo surgido da experiência política norte-americana foi um expediente político constituído de dois elementos fun_damentais: a) repartição de competências entre o governo nacional e os governos locais por via de uma constituição rígida; e b) influência direta e indireta dos Estados-membros nas decisões da União. Os republicanos brasileiros, no final do século XIX, adotaram tais formas de estado e de governo. Contudo, no Brasil o modelo de federação não correspondeu a uma autêntica e efetiva autonomia das entidades federativas, pois, embora tenha constado em diversas constituições esta forma de Estado, de fato, muitas vezes, sonegou-se a autonomia dos Estados e Municípios (tema do capítulo 5, adiante).

Relatadas as principais experiências revolucionárias do final do século XVIII, para continuar contando a evolução do processo administrativo e do direito administrativo no Brasil é preciso discorrer sobre a teoria e a "história" do Estado de Direito, porque um dos resultados dos eventos históricos foi controle judicial da Administração por juízes independentes que decidam dentro de um procedimento de forma judicial (justiça administrativa).

---

[311] TOCQUEVILLE, Alexis de. *A democracia na América*. São Paulo: Edusp, 1987, p. 42, *verbis*: "Os fundadores da Nova Inglaterra eram ao mesmo tempo, ardorosos sectários e inovadores exaltados. Cercados dentro dos limites mais estreitos de certas crenças religiosas, eram livres de todo preconceito político. (...) Assim, no mundo moral, tudo está classificado, coordenado, previsto, decidido antecipadamente. No mundo político tudo é agitado, contestado, incerto".

ESTADO DE DIREITO E MODELOS DE CONTROLE JURISDICIONAL DA ADMINISTRAÇÃO

Do ponto de vista da Teoria Geral do Estado, a teoria do *Rechtsstaat* formulada pelos teóricos alemães, em um regime monárquico, guarda semelhanças com as ideias de Estado Constitucional de tipo francês e com o *rule of law* britânico, na perspectivação teórico-formal. No Estado Constitucional de tipo francês, a tônica foi colocada em mecanismos políticos como controle parlamentar. No princípio do *rule of law* existe um só direito no país e uma única ordem de tribunais para aplicá-lo. A Administração está submetida ao Direito (*law*) tanto quanto os particulares, e o controle é, assim, judicial. A teoria do *Rechtsstaat*, todavia, ante a impossibilidade de moldar constitucionalmente o Estado em função da garantia dos direitos fundamentais (a burguesia alemã do séc. XIX não conseguiu impor, politicamente, as soluções liberais), perspectiva o Estado de Direito em torno de sua dimensão teórico-formal (princípio da legalidade da Administração e justiça administrativa) e o reduz a "Estado de legalidade", compatível até mesmo com formas autoritárias de governo.[312]

---

[312] NOVAIS, Jorge Reis. Contributo para uma Teoria do Estado de Direito. Do Estado de Direito liberal ao Estado social e democrático de Direito. *Separata do volume XXIX do Suplemento ao Boletim da Faculdade de Direito da Universidade de Coimbra.* Coimbra, 1987, p.13. Na concepção estritamente formal, há coincidência entre Estado e Direito (qualquer Estado é Estado de Direito). Nesse sentido, Kelsen argumenta que todo Estado é de "Direito" na medida em que é uma ordem jurídica relativamente centralizada e que, "para ser um Estado, a ordem jurídica necessita ter o caráter de uma organização no sentido estrito da palavra, quer dizer, tem que instituir órgãos funcionando segundo o princípio da divisão do trabalho para a criação e aplicação das normas que o formam". Weber, em uma perspectiva sociológica e de acordo com sua tipologia de dominação – que se tornou clássica – destaca que até mesmo a dominação patrimonial ou feudal pode estar reduzida e limitada por determinados meios: privilégios estamentais e, em seu grau máximo, pela divisão estamental de poderes, que conhece exclusivamente sob a forma de concorrência de direitos subjetivos (privilégios ou prerrogativas feudais). Ver: KELSEN, Hans. *Teoria*

Por isso é que Schmitt[313] assevera ser o Estado de Direito tão somente uma "parte" de toda Constituição moderna, cujo conceito se fixou sob o ponto de vista da liberdade burguesa, não significando finalidade e conteúdo do Estado, senão só o caráter de sua realização. Segundo ele, a expressão é equivocada, já que assim pode ser caracterizado "todo Estado que respeite sem condições o Direito objetivo vigente e os direitos subjetivos que existam". Daí que o velho Império alemão, ao tempo de sua dissolução, também fosse um ideal "Estado de Direito" ou uma "união jurídica e de domínio"[314] – uma materialização da ideia medieval de Direito, que tinha por função assegurar a salvação do Ocidente. O Império era, pois, uma instituição missional, sacralizado por tal finalidade, e uma instituição jurídica cuja função prática mais importante era a administração da justiça por tribunais que eram considerados o refúgio para todos os que se sentissem violados pelas autoridades em seu território. Esses tribunais, sem tomar em consideração privilégios, "admitiam todas as demandas fundadas na denegação de justiça da autoridade territorial".[315]

3.1 A teoria do "Estado de Direito"

O Estado de Direito Moderno – o "Estado burguês de Direito", segundo Schmitt – recebe sua precisa significação quando, para além dos princípios gerais da liberdade burguesa e da defesa do Direito, estabelecem-se critérios orgânicos que passam a ser característicos do "verdadeiro" Estado de Direito, tais como: a) exigência de "lei" para interferências na esfera individual (princípio da legalidade da Administração); b) que a atividade total do Estado esteja compreendida, sem resíduo, na soma de competências rigorosamente circunscritas (divisão e distinção dos poderes); c) controle judicial da Administração por juízes independentes que decidam dentro de um procedimento de forma judicial (justiça administrativa).[316] Dessa forma, o ideal pleno do

---

pura do direito. 4. ed. Coimbra: Arménio Amado, 1979, 383-380; WEBER, Economia y sociedad..., p. 172 e 821.

[313] SCHMITT, Carl. Teoría de la constitución. Madrid: Alianza Editorial, s/d, p. 189.
[314] HATTENHAUER, Los fundamentos histórico-ideologicos..., p. 31.
[315] HATTENHAUER, Los fundamentos histórico-ideológicos..., p. 33. Sobre os limites às prerrogativas dos príncipes, no Primeiro Império Alemão – os iura quaesita –, ver, também, MAYER, Otto. Le droit administratif allemand. Paris: V. Giard & E. Brière, 1903, p. 32 a 42. Tradução francesa feita pelo autor.
[316] Também para Weber, no Estado moderno existe precisamente a tendência de aproximar entre si, do ponto de vista formal, a aplicação do direito e a "administração" (no sentido

"Estado burguês de Direito" culmina com uma conformação judicial geral de toda a vida do Estado, embora, em atenção ao caráter político de certas questões litigiosas, esteja previsto um procedimento especial ou uma instância especial (tratamento de delitos políticos como traição, acusação contra ministros e chefes de Estado, litígios constitucionais autênticos, decisão de dúvidas e divergências de opinião sobre a constitucionalidade das leis e regulamentos por tribunal especial bem como tratamento especial dos atos de governo ou atos políticos específicos no terreno da Administração da Justiça).

A formulação inicial da teoria do *Rechtsstaat* ocorreu no âmbito da "revolução burguesa" alemã de 1848, em que o "cidadão se achava contra o Estado"[317] lutando pela emancipação de seu "direito civil". A realização dessa exigência se traduziu primeiramente na Constituição de Frankfurt, de 1849, que, unificando o império, postulou a necessidade de um âmbito jurídico unitário prevendo a promulgação de Códigos Gerais de direito civil, direito mercantil e cambiário, direito penal e procedimento judicial.[318]

Para proteger os cidadãos contra o Império foi criado um tribunal próprio, entendido como organização da cidadania e como "uma instituição para garantir a liberdade civil". A proteção jurídica da liberdade deveria ser, afinal, "proteção constitucional" e, da mesma forma, a Constituição deveria ser garantida por um juiz.[319] Daí ter sido proclamada a cessação da atividade administrativa contenciosa pelos

---

de governo), primeiro, porque no âmbito da atividade judicial, impõe-se ao juiz a obrigação de resolver as controvérsias atendendo a princípios materiais (moralidade, equidade, conveniência etc.); em segundo, porque a organização do Estado apenas concede ao particular que, em princípio, só é objeto da administração, determinados recursos para proteger seus interesses frente à mesma. Tais meios são, ao menos formalmente, idênticos aos de aplicação do direito e, por isso, há aí a jurisdição administrativa. WEBER, *Economia y sociedad*..., p. 501.

[317] Cf. HATTENHAUER, *Los fundamentos histórico-ideologicos*, p. 140.

[318] Cf. HATTENHAUER, *Los fundamentos histórico-ideologicos*, p. 145.

[319] Na Alemanha do século XIX, a independência dos tribunais foi reconhecida, isto é, em que a justiça civil e a criminal obtiveram uma situação particular diferente da Administração e se tornaram, na organização estatal, centro de um poder próprio e independente. Isso aconteceu a partir da nova noção de lei como ordem geral que se endereça aos súditos e que é publicada, de modo que, quando o príncipe editava uma regra de direito civil sob a forma de lei, a mesma restava inviolável, e sua aplicação só dependia de um juiz, que era forçado a aplicá-la. Ao príncipe não se reconhecia mais sequer o poder de dispensá-la. Quanto às leis de polícia, submetiam-se a um regime diferente: ao ordenarem casos individuais, vinculavam os funcionários, e não o príncipe, e assim as "leis da justiça" obrigavam o governo, e as leis de polícia, não. As leis da justiça eram "direito", as de polícia, não. O resultado é que, nesse período, existia um direito civil, um direito penal e um direito de procedimento, mas nenhum "direito público", porque para a Administração, em relação aos súditos, não havia dever. Ver: MAYER. *Le droit administratif allemand*, p. 47-49.

órgãos da Administração direta e prevista a competência dos tribunais ordinários para todas as controvérsias, fossem elas de direito privado e ou de direito público.[320] O que se protegia era as posições do indivíduo contra o Estado – *status* negativo – agora sob nome de "catálogo de direitos fundamentais", isto é, especificação jurídica dos postulados filosóficos do Iluminismo.[321] Na Prússia, a partir da Constituição de 1850, consolida-se outro postulado liberal, o da independência judicial, de modo que os juízes servissem de mediadores entre forças oponentes e estivessem obrigados apenas por lei.[322]

Nesse contexto, um juiz do Estado de Hesse, Wilhelm Pfeiffer, em 1851, publica um tratado intitulado *"A autonomia e independência da judicatura. Uma séria advertência"*, arrolando uma série de requisitos que podiam assegurar a independência judicial, dentre os quais o da necessária "separação entre assuntos judiciais, por uma parte, e assuntos de Governo e Administração, por outra",[323] e o da proibição de "transferência de funções judiciais às autoridades administrativas". Em 1864, Otto Bähr publica um estudo denominado *"Rechtsstaat"* (termo que procedia de Mohl e que já havia sido utilizado por Stahl), em que, tratando do problema de como se deve realizar a tutela jurídica do cidadão no âmbito do Direito Público,[324] afirma a necessidade de separar-se a Justiça da Administração e de reconhecer-se, no âmbito do Direito Público, "uma jurisdição autônoma e independente como imperativo de justiça".[325]

A partir daí, em vários Estados alemães foram criadas instâncias jurisdicionais administrativas,[326] segundo duas diferentes orientações doutrinárias: a primeira, defendida por Otto Bähr, de cunho mais subjetivístico, pela qual a tutela jurisdicional só poderia ser invocada na presença de direitos subjetivos, isto é, a atividade jurisdicional era tão somente a tutela da esfera jurídica individual;[327] a segunda orientação,

---

[320] Cf. MASUCCI, Alfonso. La legge tedesca sul processo amministrativo. In: *Quaderni di Diritto processuale amministrativo*. Milão: Giuffrè, 1991, p. 4.
[321] Cf. HATTENHAUER, *Los fundamentos histórico-ideologicos*, p. 147.
[322] Cf. HATTENHAUER, *Los fundamentos histórico-ideologicos*, p. 151.
[323] HATTENHAUER, *Los fundamentos histórico-ideologicos*, p. 157.
[324] Cf. HATTENHAUER, *Los fundamentos histórico-ideologicos*, p. 158-159.
[325] HATTENHAUER, *Los fundamentos histórico-ideologicos*, p. 159.
[326] Em Baden (1863), Prússia (1872/1873), Hesse (1875), Würtemberg (1876), Baviera (1879) etc., Cf. MAURER, Harmut. *Droit administratif allemand*. Paris Librairie Génerale du Droit et de Jurisprudence, 1994, p. 26.
[327] Segundo Masucci, só em tal caso havia ação (*Klage*). Do contrário, ante um interesse, a via era um recurso (*Beschwerde*) aos órgãos da administração ativa. In: MASUCCI, *Quaderni di Diritto processuale amministrativo*, p. 4.

defendida por Rudolf von Gneist, configurava a justiça administrativa como controle objetivo da atividade administrativa, de modo "a eliminar o exercício parcial e iníquo do poder administrativo"[328] e de forma que a jurisdição administrativa fosse a colaboração contenciosa do cidadão com a administração. Essa orientação objetivística foi a que prevaleceu de forma geral na Alemanha (com exceção dos Estados do sul), após 1871, respondendo ao problema da proteção do indivíduo frente à Administração e à ideia, presente na cultura germânica, contrária à sobreposição da Administração – núcleo fundamental do Estado – aos tribunais ordinários. A orientação objetivística também traduzia adequadamente a concepção político-jurídica que considerava ser finalidade do Estado a defesa do ordenamento jurídico, sendo este último um meio de organização dos interesses coletivos dos cidadãos. Onde prevaleceu a concepção subjetivística da tutela jurisdicional administrativa, a competência do juiz estava limitada à verificação da legitimidade formal do procedimento; nos Estados em que prevaleceu a concepção objetivística, ao contrário, a competência dos juízes não só verificava a legitimidade, mas também o mérito administrativo. A evolução da jurisdição administrativa tedesca iria oscilar entre esses dois polos, até sua definitiva consagração pela Lei Fundamental de Bonn e a unificação do processo administrativo, ocorrida em 21 de janeiro de 1960.[329]

Assim, a expressão *Rechsstaat* fez fortuna no âmbito da ciência política para designar um tipo de Estado qualificado por seus fins morais, contraposto ao Estado patriarcal, despótico etc.:[330] Estado de Direito é aquele que visa a realização e a manutenção do direito e da ordem legal. Já a noção jurídica de Estado de Direito, consolidada no II Império Alemão (1871), está ligada não a teorias filosóficas, mas a uma teoria jurídica que "se refere exclusivamente ao método segundo o qual procedem os órgãos do Estado"[331] e, por isso, na base da conversão do problema de limitação do poder político em problema jurídico está a teoria da personalização jurídica do Estado.

A personalização jurídica do Estado foi decisiva na construção do *Rechtsstaat*, uma vez que o converteu em sujeito de direito, capaz

---

[328] MASUCCI, *Quaderni di Diritto processuale amministrativo*, p. 5.
[329] Cf. MASUCCI, *Quaderni di diritto processuale amministrativo*, p. 10/11, e FROMONT, Michel. *La répartition des compétences entre les tribunaux civils et adminstratifs en droit allemand*. Paris: Librairie Générale du Droit et de Jurisprudence, 1960, p. 13.
[330] Cf. STASSINOPOULOS, *Traité des actes administratifs*, p. 18.
[331] STASSINOPOULOS, *Traité des actes administratifs*, p. 18.

de estabelecer relações com os demais sujeitos – os súditos –, fazendo com que tais relações pudessem ser efetivamente disciplinadas pelo Direito.[332]

3.2 Os elementos da teoria jurídica do Estado de Direito

Através da transplantação da noção pandectística de pessoa jurídica, os juspublicistas alemães do séc. XIX fizeram do princípio da personalidade do Estado o ponto de partida e o fundamento de toda a construção jurídica do direito público, da mesma forma que a figura do homem, "sujeito de direito", estava posta no centro da construção dogmática do direito privado.[333]

3.2.1 O Estado como "pessoa jurídica"

Com a utilização, pela Escola Histórica, dos conceitos de "organismo" e "desenvolvimento" – metáforas biológicas muito em voga na ciência do séc. XIX –[334] Otto Gierke,[335] refletindo sobre a natureza

---

[332] Tratei desse assunto em: TABORDA, Maren G. Ensaio sobre a construção da tese do Estado como Pessoa Jurídica. *Direito & Justiça*. Revista da Faculdade de Direito da PUCRS. Porto Alegre, v. 32, n.1, p. 51-76, junho 2006.

[333] O tratamento unificado de situações reconduzíveis à imputação de interesses gerais iniciou no período medieval, com os esquemas de *collegia, corpora* e *universitates*, bastando pensar na teoria das *communia civitatis* e do direito estatutário, na relevância do direito público nas corporações medievais e na doutrina canonística dos *collegia necessaria et naturalia*. Ver ORESTANO, Riccardo. *Il "Problema delle persone giuridiche" in Diritto Romano*. Turim: Giappichelli, 1968, p.26 *et seq.*; CATALANO, Pierangelo. *Diritto e Persone. Studi Su Origine E Attualità Del Sistema Romano*. Turim: Giappichelli, 1990, Capítulo V, p. 163-188.

[334] Cf. Hubert Rottleuthner, uma metáfora é uma transferência, particularmente, de conceitos. Na história da ciência, a biologia, depois de Darwin, tornou-se a disciplina paradigma, ou dirigente, e seus conceitos, modelos e perspectivas tais como "desenvolvimento", "luta", "vida" e "organismo", foram transferidos para outras disciplinas. Sustenta Rottleuthner que a concepção de organismo, consistente na consideração da pessoa jurídica em sua estrutura interna e de sua relação com outros sujeitos de direito, teve como consequências práticas específicas a construção sistemática da ordem jurídica e dos conceitos jurídicos individuais, bem como a decisão sobre questões individuais tais como a constituição, a participação e a fundação enquanto ato coletivo, e não como um contrato, a incorporação/ desincorporação, organização e órgão (representação), competências, procedimentos, capacidade legal e responsabilidade da pessoa jurídica. A introdução da metáfora de organismo, ao permitir descrever problemas ou fenômenos jurídicos específicos (estrutura interna das pessoas jurídicas e relações de trabalho coletivo), não foi, contudo, suficiente para a solução construtiva desses problemas, como, por exemplo, o da extensão da responsabilidade de uma pessoa jurídica. In: Les métaphores biologiques dans la pensée juridique *Archives du philosophie du droit*. T. 31. Paris: Sirey, 1986, p. 216 e 227.

[335] Conquanto as comparações entre o Estado, a sociedade, a Igreja ou outras coletividades e os indivíduos – seus corpos, atributos físicos e psíquicos – seja "tão velha quanto o

do Estado, acabou por ver nele uma unidade composta, cuja vida específica não corresponde à vida de qualquer de suas partes. Daí, a pessoa individual em suas relações com o Estado deve ser pensada não como um todo completo em si, mas como parte de um todo.[336] Essa concepção não foi, contudo, absolutamente nova, pois Albert van Krieken, em 1873, já havia reconhecido o Estado como pessoa jurídica, na esteira dos ensinamentos de Gerber, que postulara a personalidade jurídica do Estado cujos direitos emanavam de seu "poder de querer", isto é, "poder de dominar", que se chama "poder público", atuante através de seus órgãos.[337]

Com a especificação de problemas jurídicos práticos, o conceito de organismo ganhou contornos mais definidos, para apreender a essência, na realidade, das comunidades humanas, das associações (o Estado, a Igreja, a corporação, etc.), e o Estado pôde ser afirmado como "a mais alta e compreensiva forma de Comunidade, não perceptível para os sentidos, porém real para o espírito, que nos revela uma existência comum humana sobre a existência individual. Este elemento comum é a unidade permanente, viva, da unidade que quer e obra e na qual se encerra todo um povo".[338]

Até a difusão da noção de órgão como um conceito da teoria geral do direito, isto é, como elemento estrutural da pessoa jurídica, a meditação da juspublicística – focalizada no Estado – dava-se em torno da "subjetividade do serviço", através da distinção, presente na doutrina germânica (Laband e Mohl), entre serviço (*Amt*) e titular do serviço (*Amsträger*),[339] e os modelos sobre os quais aquela trabalhava eram o inglês, que concebia o Estado como um agregado, ordenado em

---

mundo", os termos "orgânico" / "inorgânico" como hoje são entendidos só foram estabelecidos no fim do séc. XVIII, e Otto Gierke foi o primeiro a utilizar a metáfora do "organismo" de um modo rigoroso. Cf. ROTTLEUTHNER, *Archives du philosophie du droit*, p. 218.

[336] ROTTLEUTHNER, *Archives du philosophie du droit*, p. 224.

[337] Pode-se dizer, então, que foram as ideias fundamentais de Gerber (Estado-pessoa moral, Estado-poder público e o conceito de órgão) que influenciaram toda a geração que elaboraria, definitivamente, a teoria do Estado como pessoa jurídica. Gierke, um ano depois do aparecimento da obra de Krieken, rejeitou, inicialmente, o conceito científico de organismo para concebê-lo como "uma concepção geral do ser natural". Para ele, organismo é um conceito transdisciplinar, ligado a um domínio particular da realidade: o do "ser natural vivente", mas não é, apesar disso, somente um produto natural, pois as formações sociais também são organismos no sentido espiritual. Cf. ROTTLEUTHNER, *Archives du philosophie du droit*, p. 218, e LOS RIOS, Fernando. Prólogo à obra de JELLINECK, *Teoria general de estado*, p. X/XI

[338] LOS RIOS, *Teoria general de estado*, p. XIX.

[339] Cf. GIANNINI, Massimo Severo. *Enciclopedia del diritto*, vol.XXXI. Milão: Giuffrè, 1981. Verbete "Organi (Teoria Generale)".

função de "pessoas jurídicas" como a Coroa, o Tesouro, o Almirantado etc., e o continental, segundo o qual o Estado era composto do príncipe com seus serviços e da pessoa jurídica privilegiada que constituía o Fisco.[340]

No modelo continental do Estado, este é uma "pessoa ideal", cujos representantes eram o príncipe em pessoa e os funcionários de todos os tipos, de modo que, tendo como tarefa a perseguição dos fins do Estado, tinham à disposição todos os meios para realizar tais fins, sem conhecer quaisquer limites por parte dos súditos. Os antigos *iura quesitae* se transformaram em barreiras formais, porque, de fato, não havia nenhuma barreira. Quando o direito civil e as jurisdições civis passaram a se ocupar da relação entre o Estado e os súditos, surgiu a questão de submeter o Estado ao direito civil, e do conflito entre duas ideias opostas – a de "Estado onipotente", que havia derrubado as barreiras dos *iura quesitae*, e a ideia do direito, isto é, de que as relações entre o Estado e os súditos deviam dar-se sob a forma do direito e suas regras – surgiu a doutrina do Fisco, que acabou por cindir a personalidade jurídica do Estado. À medida que o Estado se foi tornando cada vez mais onipotente, e os direitos particulares dos príncipes foram desaparecendo, o Fisco, pessoa moral proprietária dos bens destinados à realização dos fins estatais, passou para primeiro plano, distinguindo-se, a partir disso, os bens do Fisco dos bens privados do príncipe. Então, ao lado do Estado propriamente dito (o príncipe e as autoridades que exercem poderes públicos), foi reconhecida esta outra pessoa, responsável pela administração dos bens do Estado através de funcionários, que a defendiam perante os tribunais, como parte em um processo. O Estado aparece, assim, como duas pessoas jurídicas distintas, ou seja, ora considerado como uma sociedade de interesses pecuniários ou pessoa moral de direito civil, ora como associação política, pessoa moral de direito público, com direitos de superioridade em relação aos particulares.

Com a doutrina do Fisco, então, foi possível atribuir efeitos civis imediatamente aos atos do poder público, de modo que "todas as vezes que o Estado, pela sua potestade pública, impõe a um indivíduo um sacrifício especial, o Fisco, em virtude de uma regra geral de direito civil, se torna seu devedor de uma justa indenização, para cujo pagamento pode ser citado diante de um tribunal civil".[341] Daí que, não podendo o

---

[340] Cf. GIANNINI, *Enciclopedia del diritto*, p. 39
[341] MAYER. *Le droit administratif allemand*, p. 44.

Estado (no primeiro sentido) restar submetido aos tribunais e ao direito civil, esse realizou, segundo Otto Mayer, "plenamente e sem restrições a ideia que, no regime de polícia triunfou".[342]

Reagindo contra o Estado de Polícia, a ciência jurídica oitocentista, principalmente alemã, tratou de incorporar o valor político fundamental da burguesia ascendente, qual seja, o de controlar o exercício do poder do governo e salvaguardar os direitos fundamentais, configurando o Estado como entidade jurídica unitária cuja situação jurídica – poderes, direitos, obrigações – estivesse rigidamente determinada por normas ditadas pelo Parlamento – órgão da representação do povo.[343] Na figura da "pessoa jurídica", objeto de uma ininterrupta reelaboração, os publicistas puderam encontrar um instrumento para essa reação, e a "pessoa moral" do Estado apareceu armada de uma vontade juridicamente superior à vontade de todas as demais pessoas, físicas ou jurídicas. Laband, tentando resolver o problema da natureza jurídica do novo Império, postula que os soberanos são "órgãos do povo" e que o Estado é mais do que a soma de todos os cidadãos: é uma pessoa jurídica real com capacidade jurídica própria que se manifesta no poder soberano. Como anota Hattenhauer, "nesta definição do novo Império não figurava nem o Parlamento nem o cidadão em particular como titular de um poder jurídico relevante".[344]

Porque a "pessoa jurídica" (em sua última leitura) se apresentava como um sujeito que não tinha capacidade de agir por si mesmo (essa capacidade era reconduzida aos seus legais representantes), os publicistas, ao advogarem a tese da personificação do Estado, viram-se diante dos seguintes problemas: se o chefe do Estado era seu "representante" nas relações internacionais, mas não nas relações internas; se os ministros, prefeitos, procuradores da fazenda podiam adotar procedimentos administrativos e concluir contratos; se os juízes e parlamentares eram "representantes" do Estado, a tutela das partes, do cidadão, ante atos ilegítimos dos representantes do Estado, não ficava diminuída? No fim das contas, o Estado e seus funcionários não restariam irresponsáveis? De modo a responder a essas questões e ainda as relativas à pluralidade de representantes, aos possíveis conflitos entre os mesmos, à diminuição da tutela dos cidadãos e ante a clara impossibilidade de configurar como representantes serviços não internos, modificou-se o tipo de imputação,

---

[342] MAYER. *Le droit administratif allemand*, p. 58.
[343] GIANINNI, *Enciclopedia del diritto*, p. 39.
[344] Cf. HATTENHAUER, *Los fundamentos histórico-ideologicos...*, p. 246, 248.

eliminando a intermediação do representante e configurando o serviço mesmo como ente, instrumento de imputação imediata e direta do Estado, isto é, como órgão. É por isso que o conceito de órgão se tornou o elemento estrutural da teoria da pessoa jurídica,[345] pois órgãos atuam por elas,[346] e a "pessoa jurídica" nada mais é do que uma relação de direito ou "um vínculo jurídico". Segundo Giannini, o conceito de órgão foi, por isso mesmo, uma "conquista civil",[347] pois tornou possível aperfeiçoar a tutela da liberdade e dos direitos do cidadão no confronto com o poder público e localizar apropriadamente as várias instâncias existentes em um corpo social, dando presença jurídica definida aos interesses públicos e coletivos heterogêneos.

O conceito de órgão, então, fruto do constitucionalismo do séc. XIX e do organicismo alemão, passa a ser a ideia de "multiplicação de centros de poder e manifestação, no interior do Estado, de diferentes interesses e posições políticas"[348] ou o princípio vital de integração de vontades e de manifestação do fenômeno estatal. A tese da personalidade jurídica do Estado, que lhe é conexa, serviu à institucionalização e centralização do poder ao substituir a vontade do monarca pela do Estado, de modo que este pudesse submeter-se ao Direito, e favorecer a centralização e hierarquização da organização administrativa, concebida à maneira de um "homem em ponto grande".

Quando o Estado passa a ser uma "pessoa jurídica" e, por isso, sujeito de relações jurídicas (como credor ou devedor), torna-se responsável juridicamente por suas ações ou omissões e, ao mesmo tempo, titular de direitos frente aos administrados. A alteração

---

[345] Pontes de Miranda assevera que à pessoa, sendo uma criação do direito, imputa-se capacidade de obrar. No caso das pessoas jurídicas, é o órgão ou os órgãos (em caso de distribuição de funções) que praticam seus atos, "porque os órgãos são parte dela, como o braço, a bôca, o ouvido, são órgãos da pessoa física". Assim, "o orgão não representa; presenta, pois é órgão", e inexiste pessoa jurídica sem órgão, "inclusive sem órgão para a vida externa. Exatamente porque o órgão não representa, a pessoa jurídica é capaz de obrar". PONTES DE MIRANDA, Francisco Cavalcanti. *Tratado de direito privado*. Tomo I. Rio de Janeiro: Editora Borsoi, 1954, 2. ed., p. 282, 286, 287. Ruy Cirne Lima, à sua vez, sobre a noção de pessoa jurídica: "A pessoa jurídica é uma relação de direito, estabelecida entre duas ou mais pessoas, para a unificação e, não raro, para a perpetuação em unidade, quanto a bens comuns e atos determinados, das virtualidades jurídicas, ínsitas na capacidade de agir de cada uma. (...) A essa relação de direito, a êsse vínculo jurídico, dá-se a denominação de pessoa jurídica. A pessoa jurídica é, destarte, como um pré-efeito, do resultado que lhe é proposto". CIRNE LIMA, Ruy. *Princípios de direito administrativo*. 6. ed. São Paulo: RT, 1987, p. 63-64.

[346] Cf. PONTES DE MIRANDA, *Tratado de direito privado*, p. 280.

[347] GIANINNI, *Enciclopedia del diritto*, p. 41.

[348] Cf. MIRANDA, Jorge. *Funções, órgãos e actos do Estado*, p. 40.

básica – relativamente à anterior teoria do Fisco – está no regime jurídico que rege tais relações: antes, direito privado, agora, um específico regime de direito público. Daí ser a nota característica do Estado Moderno o reconhecimento dos súditos como sujeitos de direito capazes de reclamar uma tutela efetiva.[349]

O primeiro elemento fundamental da noção jurídica de "Estado de Direito" é, por conseguinte, a separação de poderes ou a separação orgânica das funções, de modo que cada função reste confiada a um órgão particular. Sendo três as funções, três grupos distintos de órgãos são formados: órgãos legislativos, órgãos administrativos e órgãos jurisdicionais, e da repartição de tarefas entre esses três grupos de órgãos decorre a noção de "competência funcional" ou "competência de direção".[350] A partir daí, delineou-se um "conceito jurídico-organizatório do Estado"[351] que, hoje, deixou de ser adequado porque não explica as relações interorgânicas dos vários órgãos constitucionais e não oferece soluções satisfatórias para os conflitos orgânicos. Tais relações e litígios põem em causa a ideia da unidade da pessoa jurídica do Estado e sua operacionalidade como centro de imputações de todos os atos referentes aos órgãos estatais. Por isso, o conceito jurídico-constitucional de Estado, na atualidade, perspectiva-se como "ordenação de várias funções constitucionalmente atribuídas a vários órgãos constitucionais",[352] de modo a aparecer "repartida" ou "separada" a atividade do Estado, e não o seu poder: a resultante dessa divisão passa a ser uma diferenciação de funções, e não a existência de vários poderes. [353]

3.2.2 A noção de "competência funcional"

Se o Estado é, tecnicamente falando, "o conjunto de tôdas as relações entre os podêres públicos e os indivíduos, ou daqueles entre

---

[349] Cf. NOVAIS, Jorge Reis. Contributo para uma Teoria do Estado de Direito. Do Estado de Direito liberal ao Estado social e democrático de Direito. Suplemento ao *Boletim da Faculdade de Direito da Universidade de Coimbra*. Separata do volume XXIX. Coimbra, 1987, p. 79.
[350] STASSINOPOULOS, *Traité des actes administratifs*, p. 18.
[351] CANOTILHO, José Joaquim Gomes. *Direito constitucional*. Coimbra: Almedina, 1993, p. 682.
[352] CANOTILHO, *Direito constitucional*, p. 682.
[353] Criticando tal construção, Kelsen afirma que, ao pressupor-se o Direito como uma ordem essencialmente diferente do Estado, "oposta à sua originária natureza, o poder, e, por isso mesmo, recta ou justa em qualquer sentido", está-se a dizer que o Direito é uma ordem neutra. Ver: KELSEN, *Teoria pura do direito*, p. 384 e ss.

si",[354] "distribuição" de competências é a repartição de poderes feita pelo Direito Internacional aos Estados; "devolução de competência", a distribuição feita internamente, isto é "ato estatal que devolve a corpos interiores ao Estado o que o Estado recebeu do direito das gentes",[355] e "separação de competências", a separação dos poderes públicos, de modo que o que se chama internamente de "competência" é a fixação dos campos em que se podem mover as entidades contempladas, ou seja, os limites de sua atividade legislativa, judiciária ou executiva. Dessa forma, recebendo o Estado a competência distribuída, exerce-a por si ou a devolve a entidades inferiores, e são as Constituições, via de regra, ao traçarem as linhas mestras da vida do Estado, que fixam as regras fundamentais de competência e, por isso, elas, necessariamente, contêm regras jurídicas de devolução de competências entre os poderes centrais e locais, e "regras jurídicas de diferenciação das competências (poderes legislativo, judiciário e executivo)".[356]

Essa diferenciação das competências, feita pela distribuição das funções ("edição do direito",[357] jurisdição e administração no sentido estrito) entre vários órgãos (poderes) – competência funcional – é fruto da teoria da distinção entre lei formal e material, formulada por Laband, que se tornou clássica no direito público. Por lei no sentido material Laband entende o "ato jurídico que estabelece uma regra de direito",[358] que se distingue do direito costumeiro porque sua validade repousa sobre um ato jurídico, uma manifestação de vontade, e não sobre a convicção da força juridicamente obrigatória de um uso existente. Distingue-se, ademais, dos atos individuais (que também são manifestações de vontade e disposições obrigatórias) por seu conteúdo, que é sempre geral, e não disposição de direitos e deveres individuais. Já o sentido formal de lei, que advém do regime constitucional e é aplicação lógica do princípio da separação de poderes, implica a exclusão de todas as ordenanças que o monarca tem o poder de publicar

---

[354] PONTES DE MIRANDA, Francisco Cavalcanti. *Comentários à Constituição de 1967*. Com a Emenda nº 1, de 1969. Tomo I. São Paulo: Editora RT, 1970, p. 54.
[355] Cf. PONTES DE MIRANDA, *Comentários à Constituição de 1967*, p. 81.
[356] Cf. PONTES DE MIRANDA *Comentários à Constituição de 1967*, p. 276.
[357] Pontes de Miranda assevera ser tal expressão "mais larga do que 'legislação', 'poder legislativo'" e aconselha a "empregarem-se os têrmos 'jurislativo', 'jurisferar', 'jurisferante', para se abranger mais do que 'legislativo', 'legislar', 'legiferante'". PONTES DE MIRANDA, *Comentários à Constituição de 1967*, p. 275.
[358] LABAND, Paul. *Le droit public de l'empire allemand*. 1. ed. Paris: V. Giard & E. Brière, 1901, p. 260.

sem o assentimento da representação nacional, ainda que contenham regras de direito ou princípios de direito.[359]

A noção formal compreende como "lei" somente os atos emanados da vontade do Estado em colaboração com a representação nacional, designando mais a forma sob a qual essa vontade se manifesta que seu conteúdo (sentido material). Daí que toda lei em sentido material não é necessariamente também lei em sentido formal: o primeiro sentido se refere ao fundo, ao conteúdo da manifestação volitiva do Estado, e o segundo, à forma desta declaração. Então, "uma lei pública em sentido formal é um ato emanado da vontade do Estado, cumprido e afirmado sob uma certa forma solene".[360]

Esse foi o pensamento subjacente à crítica de Laband à teoria da separação dos poderes, dizendo que a mesma não é – do ponto de vista jurídico – nem logicamente aceitável, nem praticamente realizável, pois, além de "destruir a unidade do Estado",[361] não dá conta do fato de que o poder soberano "não se afirma pela determinação do conteúdo da lei", mas pelo direito de sanção do Estado, de sorte que os atos de vontade emanados deste são "acordos concluídos entre duas partes contratantes" – o soberano (monarca) e o Parlamento.[362] A doutrina da separação dos poderes, então, não parte do ponto de vista do conteúdo ou da composição dos atos do Estado, mas da diferença de situação dos órgãos encarregados dos negócios do Estado, tal como estabelecido pela Constituição. Segundo esse ponto de vista, jurisdição é sinônimo de esfera de competência dos tribunais, e administração, da esfera de competência do chefe do Estado.

Consagrada a tese da personificação do Estado, identificados seus poderes com os órgãos que exercem as funções estatais (Poder Legislativo, Poder Executivo, Poder Judiciário), o conceito de órgão torna-se essencial, sobretudo porque, além de propiciar "um instrumento de mediação entre a colectividade e a vontade ou poder que a unifica", explica o fenômeno da transformação da vontade individual em vontade funcional,[363] indica que o poder político permanece íntegro apesar

---

[359] LABAND, *Le droit public de l'empire allemand*, p. 343.
[360] LABAND, *Le droit public de l'empire allemand*, p. 346, *verbis*: "Une loi publique au sens formel, c'est un acte émanant de la volonté de l'État, accompli et affirmé sous une certaine forme solennelle".
[361] LABAND, *Le droit public de l'empire allemand*, p. 268.
[362] LABAND, *Le droit public de l'empire allemand*, p. 269.
[363] Jorge Miranda, *verbis*: "No Estado (como, em geral, nas pessoas colectivas, verifica-se, por um lado, a definição normativa de centros de formação da vontade colectiva e, por outro

da mudança dos indivíduos nele investidos, "ajuda a compreender, no plano da dogmática jurídica, o fenômeno da divisão do poder político, através de diversos órgãos com competência própria" e, finalmente, permite resolver problemas de responsabilidade. A competência própria de cada órgão nada mais é, então, que uma determinação de suas tarefas, que cria a obrigação para o órgão de agir unicamente nos limites de suas funções.

3.2.3 Legalidade administrativa

Personificado o Estado, a Administração Pública adquire uma estrutura unificada e hierarquizada, em que a competência dos diversos órgãos se encontra escalonada e encadeada à semelhança de uma pirâmide. Os órgãos administrativos, em razão de sua competência funcional, estão obrigados a aplicar a lei, não podendo agir contra *legem* nem *praeter legem*, mas sempre *secundum legem*, isto é, conforme a lei e nos quadros determinados por sua esfera de aplicação.[364] Esse fenômeno, chamado de "submissão da Administração à lei, é, do ponto de vista prático, o traço mais manifesto da noção jurídica de Estado de Direito".[365] Essa submissão da Administração se realiza através do "princípio da legalidade da Administração" ou da "Legalidade Administrativa", constituindo a regra fundamental ao exercício da função administrativa.

No Estado liberal de Direito, a atuação da Administração era vista como uma realidade potencialmente agressiva aos direitos subjetivos dos particulares e, por isso, surgiu concepção de que a mesma deve estar totalmente submetida ao regime das leis instituídas pelo Parlamento. Pelo Princípio da Legalidade, que pressupõe a clara distinção entre a lei e sua execução concreta ou particular, a ideia de generalidade da lei – fonte de uma tripla virtualidade no plano do aperfeiçoamento das relações sociais: certeza e previsibilidade, racionalidade e justiça nas limitações indispensáveis na esfera da liberdade e propriedade de cada

---

lado, a atribuição a certas pessoas físicas da função de os preencherem em concreto, de agirem como se fossem o Estado a agir. E então, a vontade que estas pessoas singulares formem – uma vontade psicológica, como qualquer outra – é tida como vontade da pessoa colectiva e qualquer acto que pratiquem, automaticamente enquanto tal, a ele atribuído. Nisto consiste o fenómeno da imputação". Ver: MIRANDA, Jorge, *Funções, órgãos e actos do Estado*, p. 47.

[364] Cf. STASSINOPOULOS, *Traité des actes administratifs*, p. 19.
[365] STASSINOPOULOS, *Traité des actes administratifs*, p. 19.

um – garantindo o governo das leis e não dos homens, chega-se à noção do caráter soberano da função legislativa, traduzindo-se na subordinação do Executivo e na vinculação do poder judicial aos comandos da lei.[366] No plano das relações entre o Parlamento e o Executivo é que se centraram os esforços do Estado de Direito Liberal no sentido de excluir o arbítrio e garantir a proteção dos direitos individuais,[367] de modo que o Princípio da Legalidade se deixa traduzir como uma relação entre o Executivo e o Legislativo. Em uma primeira fase, então, a vinculação legal da Administração se traduzia na obrigatoriedade de não violar a lei, de atuar dentro de seus limites, já que ela possuía preferência face às restantes atividades do Estado (*Vorrang des Gesetzes*). Dentro dos limites da lei, a Administração se movia numa esfera considerada juridicamente irrelevante, de modo que não se podia falar em condutas *contra legem*. A atividade administrativa foi, assim, decomposta numa área de administração contenciosa (violação proibida e sancionável) e de administração pura (respeitando as barreiras da lei, a Administração atuava livremente).[368] Não bastava que os atos da Administração não violassem a lei e os direitos subjetivos que ela consagrava, mas se exigia que, em certos domínios – liberdade e propriedade – só pudessem ser regulados por lei ou com base em uma lei. Assim, o princípio da "reserva de lei" (*Vorbehalt des Gesetzes*) surge como um princípio geral de defesa da liberdade e propriedade, vinculando toda a atividade da Administração que se desenvolvesse nessa área (regulamentos ou atos administrativos) a encontrar um fundamento específico num ato legislativo emanado do Parlamento.[369]

Face às características específicas da monarquia constitucional alemã dos *Oitocentos*, o âmbito da reserva de lei era limitado em duas

---

[366] Cf. SÉRVULO CORREIA, José Manuel. *Legalidade e autonomia contratual nos contratos administrativos*. Coimbra: Almedina, 1987, p. 24.

[367] Cf. NOVAIS, *Boletim da Faculdade de Direito da Universidade de Coimbra*. Separata do volume XXIX, p. 91.

[368] Cf.NOVAIS, *Boletim da Faculdade de Direito da Universidade de Coimbra*. Separata do volume XXIX, p. 94.

[369] Cf. NOVAIS, *Boletim da Faculdade de Direito da Universidade de Coimbra*. Separata do volume XXIX, p. 95. Charles Eisenmann assevera que, embora o Princípio da Legalidade, hoje, tenha concepções mais largas (a Administração deve submeter-se ao Direito, de conjunto), a concepção restritiva, que se funda na noção constitucional de lei, é a originária dos juristas e publicistas do séc. XIX, sobretudo franceses e germânicos. Segundo isso, "o princípio da legalidade tem por objeto exclusivamente as relações entre todos os atos administrativos e as leis, a relação entre o corpo inteiro da Administração e o Parlamento-legislador". EISENMANN, Charles. O direito administrativo e o princípio da legalidade. *Revista de Direito Administrativo*. Vol 56. 1959, p. 47 *et seq*, Disponível em: http://bibliotecadigital.fgv.br/ojs/index.php/rda/issue/view/1222.

direções: dizia respeito apenas às intervenções ablativas do Estado no plano das liberdades e da propriedade (*Eingriffsvorbehalt*) e dele estavam subtraídas as chamadas relações especiais de poder (*besondere Gewaltverhältnis*), vistas estas últimas como um espaço de atuação interna do Estado não sujeito à ordenação pelas leis. O princípio da reserva de lei evoluiria para o chamado princípio da reserva total de lei, segundo o qual toda atividade administrativa, independentemente da natureza que revestisse ou da área em que se verificasse, pressupunha a existência de um fundamento legal.

Segundo uma noção restritiva (mínima), o princípio da legalidade "é uma relação de não-contrariedade, de não-incompatibilidade, ou positivamente, de compatibilidade", afirma Einsenmann,[370] e isso significa apenas que a Administração está submetida à lei, devendo proceder de forma compatível com o sistema de normas legislativas. Sendo assim, pela primazia da lei as autoridades administrativas têm a tarefa de executar as leis.[371] Já de acordo com uma noção mais larga, a relação de legalidade é uma relação de conformidade que tem duas direções: a) formal, em que a emissão do ato se desenvolve em conformidade com o esquema processual fixado em lei; b) material ou substancial, em que o conteúdo do ato é modelado pela norma. O princípio de conformidade, então, "postula a existência da regulamentação-modêlo como condição necessária para cada ato",[372] de modo que a ausência de regulamentação impede a prática do ato. Então, pelo princípio da compatibilidade, a Administração pode fazer tudo o que não seja, de uma forma ou de outra, proibido pela lei; o princípio da conformidade não permitirá que a Administração faça o que não lhe for permitido, de uma forma ou de outra, por essa mesma lei. Contrariedade é o desacordo com o disposto numa norma – plano da emissão ou do conteúdo –, e conformidade, a ideia de similitude ou reprodução – norma como modelo do ato administrativo. A conformidade lógica ou racional é o que importa para a definição da legalidade. As relações de compatibilidade ou conformidade se suscitam quanto ao modo de produção dos atos, e não só quanto ao fundo, sendo, então, requisitos de competência e forma.

Advém daí que as relações entre a lei e o desempenho da função administrativa se caracterizam pela polivalência, pois a legalidade

---

[370] EISENMANN, *O direito administrativo e o princípio da legalidade*, p. 54.
[371] Ver MAURER, Harmut. *Elementos de direito administrativo alemão*. Porto Alegre: Sérgio Fabris Editor, 2000, p. 45.
[372] EISENMANN, *O direito administrativo e o princípio da legalidade*, p. 56.

administrativa pode tanto significar precedência da lei, preferência da lei, compatibilidade ou não-contradição (*Vorrang des Gesetzes*), quanto ser a exigência de que a prática de um ato pela Administração corresponda à sua previsão em lei vigente (princípio da reserva legal ou de conformidade – *Vorbehalt des Gesetzes*). A vinculação da Administração à legalidade, por conseguinte, manifesta-se em dois vetores: a) sua competência funda-se juridicamente, em textos legais emanados do Parlamento, e não só nas instruções e comandos do príncipe; b) os direitos dos particulares surgem como limite externo à atividade da Administração, e essa atividade está submetida ao controle judicial.[373] Pela primazia da lei, então, a Administração está vinculada às leis existentes; pela reserva de lei, a atuação da Administração deve ter um fundamento e uma autorização legal.[374]

3.2.4 Controle jurisdicional da atividade da Administração

O outro elemento essencial da noção jurídica de Estado de Direito é o de que os limites da atividade administrativa e o campo de ação dos administrados devem ser determinados por lei, de modo específico. Uma delegação legislativa muito larga, e que não define concretamente seu objeto, abole os limites da atividade da administração, violando o princípio de separação dos poderes e, via de consequência, o da legalidade administrativa.[375]

Para que a separação orgânica de poderes, a legalidade administrativa e os limites da ação da administração sejam eficazes, é indispensável um controle jurisdicional, diverso do controle parlamentar e hierárquico, porque estes últimos não são totalmente eficazes para garantir os direitos subjetivos dos particulares. Subdividido o Poder Executivo em "Justiça" e "Administração", a Justiça deve aplicar a lei através de seus julgamentos, decisões de autoridade para os casos individuais, e a Administração, igualmente vinculada pela lei, regula seus negócios e determina o que se deve fazer realmente, sob a forma de "jurisdição administrativa".[376] Assim, a ideia de "ato administrativo",

---

[373] Cf. MAURER, *Elementos de direito administrativo alemão*, p. 47, e SÉRVULO CORREIA, *Legalidade e autonomia contratual nos contratos administrativos*, p. 18
[374] Cf. MAURER, *Elementos de direito administrativo alemão*, p. 45.
[375] Cf. STASSINOPOULOS, *Traité des actes administratifs*, p. 20.
[376] Cf. MAYER, *Le droit administratif allemand*, p. 71.

produto da separação dos poderes, representa, para a Administração, a correspondência necessária ao julgamento dos tribunais. Ele é necessário, segundo Otto Mayer, a fim de que a organização da Administração tenha um valor igual ao da Justiça, do ponto de vista do direito.[377]

De acordo com isso, a Administração deve revestir seus atos de formas e procedimentos análogos aos das decisões dos tribunais, principalmente quando as pretensões da Administração encontram a oposição dos administrados ou os atinge, diretamente, em seus direitos subjetivos. Em síntese, "o ato administrativo completa a grande ideia do *Rechtsstaat*, do Estado submetido ao regime do direito pela adaptação da Administração às formas da justiça".[378]

O Princípio da Legalidade, entendido não só como proteção dos direitos subjetivos dos particulares, mas igualmente dirigido à proteção da legalidade objetiva, assumiu nova amplitude quando a legitimidade do recorrente contra ilegalidades da Administração passou a se basear tanto na ofensa de direitos como de interesses legítimos, abrindo caminho à sindicabilidade judicial da regularidade formal dos atos da Administração, da sua correspondência com o fim previsto pelo Legislador. Do processo de integral submissão da Administração à lei, desenvolvido em torno e com base no Princípio da Legalidade, resulta que toda a atividade administrativa, e não só as atividades privadas da Administração, como no Estado de Polícia, fica subordinada à lei. De outra parte, a atividade administrativa, com base na sua submissão à lei, assume caráter jurídico e, com base na sujeição da Administração ao controle dos tribunais, os particulares adquirem garantias que lhes asseguram o cumprimento da lei pela Administração.[379]

O controle jurisdicional da Administração deve ser exercido por tribunais especiais – tribunais administrativos – cuja criação foi consequência da ideia de Estado de Direito: o *Rechtsstaat* engendrou a Justiça Administrativa, embora, do ponto de vista histórico, essa jurisdição especial não se tenha formado por causas idênticas. Na França, foi um meio de defesa da Administração contra os Parlamentos; na Alemanha, um modo de livrar os tribunais judiciários da intervenção da Administração direta.[380] Por essa razão, em uma primeira fase, a noção de ato administrativo, que surgiu na França no âmbito do

---

[377] MAYER, *Le droit administratif allemand*, p. 72.
[378] MAYER, *Le droit administratif allemand*, p. 80.
[379] Cf. PEREIRA DA SILVA, *Em busca do acto administrativo perdido*, p. 45.
[380] STASSINOPOULOS, *Traité des actes administratifs*, p. 22.

contencioso administrativo, como "expressão prática do princípio da separação entre Administração e Justiça"[381] ou como manifestação da "concepção francesa" da teoria da separação de poderes, serviu para delimitar as ações da Administração que restavam subtraídas da fiscalização pelos tribunais judiciais. Em um momento posterior, quando se verifica a plena jurisdicionalização do contencioso administrativo, a noção passa a ser utilizada para definir as atuações da Administração sujeitas ao controle dos tribunais administrativos. Assim, o conceito de ato administrativo que emerge do contencioso vai apresentar, no Estado liberal, dupla função: de um lado, é visto como privilégio da Administração, manifestação do poder administrativo no caso concreto, "acto unilateral cujos efeitos são susceptíveis de ser impostos aos particulares pela via coactiva"; de outro lado, constitui instrumento de garantia dos particulares.[382]

Quanto aos sistemas de controle jurisdicional, a experiência histórica dos países europeus do séc. XIX levou a formas distintas de controle judicial (técnicas), conforme o teor da concepção que lhe serve de base. A primeira, de inspiração francesa, que, a propósito do contencioso administrativo, exportou a jurisdição administrativa com as garantias que ela oferece ao particular: é o sistema de jurisdição administrativa especial. A segunda, de influência inglesa (sistema anglo-saxão), submete a Administração ao controle do juiz ordinário: é o sistema de jurisdição una.[383] A terceira forma adota o princípio da unidade do juiz e proscreve a jurisdição administrativa, mas, uma vez que os sistemas jurídicos de direito privado nos quais se insere

---

[381] Cf. PEREIRA DA SILVA, *Em busca do acto administrativo perdido*, p. 43.
[382] Cf. PEREIRA DA SILVA, *Em busca do acto administrativo perdido*, p. 45/46.
[383] Cf. Miguel Seabra Fagundes, é na evolução do direito inglês que se pode acompanhar o ciclo do controle jurisdicional ordinário sobre a Administração, a partir de 1701, com o *Act of settlement*, no qual foi vedada a demissão livre dos funcionários da Justiça e assegurada sua independência. De fato, uma vez assegurada a independência dos juízes, começa a existir, na prática, um controle da Administração por um órgão autônomo, que se individualiza na estrutura política dos Estados. In: SEABRA FAGUNDES, Miguel. *O contrôle dos atos administrativos pelo poder judiciário*. 4. ed. Rio de Janeiro: Forense, 1967, p. 119/120. Todavia, como afirma Rivero, desde 1920 vem-se afirmando na Inglaterra a "jurisdição administrativa", com o nascimento de órgãos administrativos investidos de atribuições jurisdicionais, isto é, órgãos administrativos que não procedem conforme a *Common Law*, e sim conforme um grupo de regras derrogatórias do direito comum. Esse movimento foi acompanhado pela doutrina, que tomou consciência da especificidade do direito da Administração e passou a produzir obras consagradas ao *Administrative Law*, de que são exemplo as obras de Robson, *Justice and administrative law*, de 1928, e de Lawson, *Droit administratif anglais*, de 1950. RIVERO, *Curso de Direito administrativo comparado*, p. 87-88.

tal técnica são da família romano-germânica (codificado), é tida como "mista": é a técnica belga, da Constituição de 1831, que acabou por influenciar um grande número de países continentais e sul-americanos, inclusive o Brasil.[384]

Na base do sistema do juiz único estão as máximas do liberalismo e do princípio do *rule of law*: unidade do direito, unidade do juiz, "o Estado não somente é submetido *a um* direito, como *ao* direito, *ao direito comum*, o qual rege o conjunto da cidade".[385] Contraposto aos sistemas inglês e belga está o sistema francês, que se manifesta pela criação da jurisdição administrativa que, contudo, tomou, no tempo, feições diferentes: primeiro, autoritário, depois, liberal. Após a queda do império napoleônico, o sistema francês do contencioso administrativo foi unanimemente rejeitado; expandiu-se, contudo, quando o Conselho de Estado mudou de fisionomia e se estruturou como órgão integrante da monarquia parlamentar (de 1830 a 1879); após 1918, irradiou-se novamente o sistema, porque a "jurisdição administrativa provou que era liberal".[386]

Assegura Rivero que, se por natureza o contencioso administrativo requer o ato jurisdicional e é da competência do Poder Judiciário, pelo objeto, ele se situa no campo administrativo, porque "o ato jurisdicional leva, com efeito, a paralisar ou confirmar o ato da Administração, correndo o risco de impor-lhe a modificação de seu comportamento",[387] de modo que, em última instância, atribuí-lo ao Executivo ou ao Judiciário é mera questão técnica, explicável por motivos históricos ou políticos. A verdadeira opção se dá, via de consequência, no plano da independência do juiz frente à Administração: se a autoridade chamada a julgar a Administração é verdadeiramente independente, a opção pró ou contra a jurisdição administrativa é puramente formal. A finalidade da separação dos poderes é assegurar ao cidadão um juiz que não se confunda com a Administração, e isso pode ser alcançado independentemente de pertencer o juiz a esta ou àquela hierarquia ou da "natureza das modalidades práticas que lhe garantam a independência".[388] A opção decisiva parece ser aquela que diz respeito à submissão do Estado ao direito comum ou a direito especial e aos limites de sindicabilidade dos

---

[384] Cf. RIVERO, *Curso de Direito administrativo comparado*, p. 103, e SEABRA FAGUNDES, *O contrôle dos atos administrativos pelo poder judiciário*, p. 121 a 126.
[385] RIVERO, *Curso de Direito administrativo comparado*, p. 116.
[386] RIVERO, *Curso de Direito administrativo comparado*, p. 106.
[387] RIVERO, *Curso de Direito administrativo comparado*, p. 130.
[388] RIVERO, *Curso de Direito administrativo comparado*, p. 131.

atos dos órgãos supremos do Estado, isto é, à existência necessária de uma "zona de liberdade de atuação", subtraída ao direito comum e que corresponde, no direito anglo-saxão, às prerrogativas da Coroa, e, no direito continental, ao poder discricionário reconhecido ao Executivo. O essencial é, por conseguinte, estender os domínios do direito tanto "quanto o permitam as necessidades inerentes ao exercício do poder", e, por isso, desenvolvem-se a jurisdição e os recursos facultados aos particulares.[389]

O controle jurisdicional da Administração é essencial quando surgem situações contenciosas entre o Estado e os particulares, que só podem ser resolvidas pelos tribunais, tomando o conflito, então, "a forma de pleitos judiciais, estabelecendo-se o debate em torno da situação jurídica, de modo que seja possível esclarecer, definir e precisar com quem se acha a razão".[390] O controle jurisdicional, assim, exerce-se por uma intervenção do Judiciário na realização do direito, e sua finalidade essencial é "proteção do indivíduo em face da Administração Pública".[391] No Brasil, isso passou a ser feito a partir da primeira Constituição, a do Império Brasileiro, de 1824, que, recebendo a influência francesa, consagrou um sistema de contencioso administrativo por jurisdição especial, exercida através do Conselho de Estado, cujo estatuto é de 1842. Já a primeira Constituição Republicana, de 1891, adotou explicitamente não só o modelo norte-americano de Estado – o Estado Federal – como também introduziu o sistema de jurisdição única, de feição inglesa, para o controle jurisdicional da Administração Pública.

As Constituições dos países latino-americanos e do Brasil do século XIX seguiram os modelos da França, da Confederação Alemã e dos Estados Unidos da América. Entretanto, em razão dos condicionamentos históricos, quando foram adotados para enfrentar realidade diversa, geraram interpretações, jurisprudência e práticas administrativas distintas.[392] O processo de formação institucional dos povos ibéricos da América foi lento e contraditório. Foram três séculos de normas jurídicas feitas para vassalos e não para cidadãos, de ordem monárquica, direito indiano[393] não elaborado pelos povos e poucas

---

[389] Cf. RIVERO, *Curso de Direito administrativo comparado*, p.132.
[390] SEABRA FAGUNDES, *O contrôle dos atos administrativos pelo poder judiciário*, p. 111.
[391] SEABRA FAGUNDES, *O contrôle dos atos administrativos pelo poder judiciário*, p. 113.
[392] Cf. GONZALES, *Las primeras formulas constitucionales en los países del Plata (1810-1814)...*, p. 9.
[393] O "Direito Indiano" estava integrado por Cédulas Reais, Provisões, Cartas Reais, Instruções, Ordenações, isto é, normas jurídicas criadas para fazer frente às situações

vezes incorporado a sua dinâmica social pela assimilação paulatina e sem transtornos. Não servia de valor formativo para enfrentar as novas realidades políticas.[394] Por isso, os políticos e pensadores da epopeia emancipadora aplicaram modelos estrangeiros, copiados de textos constitucionais de outros países e ainda ali prematuros e insuficientes. "Legislaram de costas para a realidade", relata Gonzales.[395]

Nas primeiras décadas do século XIX, Inglaterra e Espanha tinham interesse em manter, o quanto possível, o Prata sob domínio espanhol, de modo a impedir o crescimento de Portugal no mundo. Todavia, Dom João VI não pensava assim: além da Inglaterra, o monarca português teve que lidar com a Buenos Aires independente do Governo espanhol após os acontecimentos de maio de 1810 (*Junta Provisional Gubernativa de la Capital del Río de la Plata*) e de setembro de 1811 (*Triunvirato*), 396 "mas fiel à Coroa espanhola até 1816, quando passa a fazer parte das totalmente independentes, mas muito instáveis Províncias Unidas do Rio da Prata, tentando sempre manter sob seu mando o território do antigo Vice-Reino da Prata".[397] Na região, assim, confrotaram-se as ideias conservadoras do Congresso de Viena, das quais D. João VI era porta-voz e um dos monarcas mais importantes, principalmente após a união com a Áustria, advinda do casamento de D. Pedro com D. Leopoldina, e as ideias republicanas e jacobinas, defendidas com ardor por Artigas, que havia declarado a independência da Banda Oriental "em relação à Espanha e à monarquia espanhola, mas não em relação à Buenos Aires".[398]

O Império Brasileiro, corpo político constituído dois anos após a ruptura da Independência, consagrou um sistema de contencioso administrativo por jurisdição especial exercida por meio do Conselho de Estado. Na jurisdição contenciosa do órgão de cúpula foi organizado

---

desconhecidas até então, mescladas com tradições indígenas. Dado o casuísmo do direito indiano, o direito castelhano foi frequentemente utilizado em caráter subsidiário. Ver: CAPDEQUÍ, José Maria Ots. *Manual de historia del derecho español en las Indias y del derecho propriamente indiano*. Tomo I. Buenos Aires: Instituto de Historia del Derecho Argentino, 1943, p. 88-89.

[394] Cf. GONZALES, *Las primeras formulas constitucionales en los países del Plata (1810-1814)*..., p. 15.
[395] GONZALES, *Las primeras formulas constitucionales en los países del Plata (1810-1814)*..., p. 22.
[396] Tribunado das Repúblicas. Em setembro de 1811 caiu a Junta portenha, por estar pactuando com a corte luso-brasileira, e foi substituída por um Triunvirato.
[397] GARCIA, *Fronteira iluminada*..., p. 200.
[398] GARCIA, *Fronteira iluminada*..., p. 202.

o procedimento administrativo-fiscal, o que determinou "o registro de nascimento" – a certidão – do processo administrativo no País. É o que se passa a relatar.

CAPÍTULO 4

O CONSELHO DE ESTADO NO IMPÉRIO BRASILEIRO E A ORGANIZAÇÃO DO PROCEDIMENTO ADMINISTRATIVO-FISCAL

Recepcionado o direito francês, foi consagrado na primeira Constituição brasileira um sistema de contencioso administrativo por jurisdição especial, exercida através do *Conselho de Estado*, cujo estatuto é de 1842 (o Poder Judiciário já fora reformado em 1841).[399] O Conselho de Estado brasileiro foi um pouco mal compreendido pelos administrativistas nacionais do século XX, pois, à quase unanimidade, afirmam que o órgão jamais teve feição tipicamente jurisdicional, pois seus pareceres, em respostas a consultas, "somente adquiriam eficácia mediante aprovação imperial".[400] Nessa perspectiva, entendem o

---

[399] Segundo Paulo Macedo Garcia Neto, no debate público de 1841 destacou-se a autonomia dos julgamentos (profissionalização) e o controle da administração (polícia) sobre o judiciário local. Em oposição ao Código Criminal liberal, editou-se a Lei de 3 de dezembro de 1841, reforçando o pensamento conservador. Cada comarca era composta por 1 juiz municipal (futuros juízes), 1 tribunal do júri, 1 promotor público, 1 escrivão e oficiais de justiça. Nos distritos, havia 1 juiz de paz (eleito), 1 escrivão, oficiais de justiça e inspetores de quarteirão. Com a edição da lei, a instrução criminal deixou de ser realizada pelos juízes de paz e passou a ser feita pelos chefes de polícia "escolhidos dentre os desembargadores ou juízes de direito". Essa era a 1ª Instância. Tribunais superiores foram as *Relações* (Corte, Salvador, Recife e São Luís) e o *Supremo Tribunal de Justiça* (artigos 163 e 164 da Constituição), espécie de corte de cassação (que só teve lei orgânica em setembro de 1828), composto de 17 juízes letrados tirados das Relações pelo critério de antiguidade; dentre esses, o Imperador escolhia o presidente para um mandato de 3 anos. Na competência do Supremo Tribunal figuravam os conflitos de competência, inúmeros, em face da existência de várias jurisdições, como a Eclesiástica. Ver: GARCIA NETO, Paulo Macedo. A reforma judiciária de 1871. In: MOTA, Carlos Guilherme; FERREIRA, Gabriela Nunes (org.) *Os juristas na formação do Estado-Nação brasileiro*. 1850-1930, p. 152-153.

[400] Cf. CAIO TÁCITO. Presença norte-americana do Direito administrativo brasileiro. In: *Temas de direito público* (Estudos e pareceres). V 1. Rio de Janeiro: Renovar, 1997, p. 14-15.

Conselho brasileiro como um sistema importado e mal adaptado às condições locais, e que, exatamente porque suas funções eram mais consultivas que jurisdicionais contenciosas, não sobreviveu ao Império, pois "em todos os países em que o Conselho de Estado tem *competência contenciosa*, a influência institucional acarreta influência sobre a essência do direito, porque os Conselhos de Estado têm tendência a inspirar-se na jurisprudência de seu decano e modelo, o Conselho de Estado Francês".[401] Assim, no Brasil Imperial o processo (procedimento) administrativo foi organizado, e restaram fixadas as suas regras mínimas, principalmente no âmbito do processo administrativo fiscal. É preciso contar, então, como se deu a "entrada do personagem em cena", uma vez que a primeira reflexão científica sobre sua problemática se deu nas obras de Visconde do Uruguai e de Antônio Joaquim Ribas, juristas imperiais.

4.1 A Constituição do Império do Brasil e o papel do Conselho de Estado na construção da ordem nacional

4.1.1 A Constituição do Império do Brasil

A primeira Constituição brasileira, outorgada por D. Pedro I, é caracterizada pela adoção do princípio monárquico conciliado com o reconhecimento de princípios liberais (seu último dispositivo, o art. 179, trazia uma declaração tipicamente liberal) e pelo poder moderador. A organização do poder moderador pode ser vinculada com a tese de separação de poderes de John Locke, pois, para o autor inglês, três são os poderes estatais: o de fazer as leis e difundi-las, o de julgar os conflitos da comunidade e de acompanhar a execução das leis que se elaboram e ficam em vigor.[402] Quanto aos poderes constituídos, tem-se o *Legislativo*, que inclui o *Judiciário*, na medida em que legisladores e juízes imparciais têm idêntica função – estabelecer o direito –,[403] o *Executivo*, que aplica a força para assegurar a observância das regras, e a *Prerrogativa*, "discrição de quem dispõe do poder executivo (o rei

---

[401] Cf. RIVERO, *Direito administrativo comparado*, p. 107. Ver: COTRIM NETO, A. B. Do contencioso administrativo e do processo administrativo – no Estado de Direito. *Revista de Informação Legislativa*, nº 95, jul. a set. 1987, p. 141 a 156.
[402] Cf. TABORDA, *Revista da Faculdade de Direito da FMP*, nº 08..., p. 63
[403] BOBBIO, *Locke e o direito natural*, p. 232-233.

ou o povo), ou "o poder de agir de acordo com a discrição a favor do bem público, sem a prescrição da lei e muitas vezes mesmo contra ela".[404] A Prerrogativa é, em seu entendimento, a soberania originária e a faculdade administrativa do rei.[405]

Quanto a isso, aliás, Locke[406] sustenta que, no plano absolutista, não discrepa conceber-se o Imperador no corpo de sua autoridade e poder com a própria substância das prerrogativas limitadas dos monarcas ingleses, sendo "impossível que qualquer pessoa da sociedade venha alguma vez a obter o direito de causar dano ao povo", ainda que fosse possível e razoável, prossegue, que "o povo não deva dedicar-se a fixar limites à prerrogativa de reis ou governantes que não tenham transgredido os limites do bem público". Em sendo a Prerrogativa o poder de fazer o bem público independentemente de regras, o que aduz Locke é, em verdade, a concepção romana no sentido de que a diferença das prerrogativas legítimas do *imperium* dos magistrados em relação ao arbítrio dos juízes e da tirania dos reis era a *utilitas publica*.[407]

A Carta Brasileira de 1824, com efeito, não obstante tenha previsto juridicamente o Poder Monárquico, fê-lo de modo a vestir de constitucionalismo que, de fato, não adveio de uma vontade expressa da nação, mantendo-se na esteira da concepção do direito divino dos reis e não abrindo mão da prerrogativa de Poder Monárquico em favor de D. Pedro. Compreendeu o Imperador que a segurança da Independência sob sua espada não existiria se fosse outorgada uma Constituição com a nomenclatura mesma expressa na Carta Constitucional portuguesa de 1826, que alude aos preceitos do antigo regime, "passível, porém, de assim ser expressa em razão das condições políticas ao depois culminadas na Guerra dos Dois Irmãos, em que assumiu, não sem certo patetismo, o papel de paladino do Constitucionalismo".[408]

Logo, enquanto no Brasil a Carta declarava, em seu artigo 12, que "Todos estes Poderes no Império do Brasil são delegações da Nação", as Três Ordens do Estado português é que afirmaram, a mando do rei,

---

[404] LOCKE, *Segundo tratado sobre o governo*, p. 98.
[405] LOCKE, *Segundo tratado sobre o governo...*, p. 98-100; TABORDA, *Revista da Faculdade de Direito da FMP*, nº 08..., p. 61-62; YOLTON, John W. *Dicionário Locke*. Rio de Janeiro: Jorge Zahar Editor, 1996, p. 198.
[406] LOCKE, *Segundo tratado sobre o governo...*, p. 534.
[407] MEIRA, Sílvio. O "imperium" no direito romano. *Revista de Informação legislativa*. Brasília: Senado Federal, ano 23, nº 90, abr./jun. 1986, p. 109.
[408] MARINS, Carlos Eduardo Garcez; BECAK, Rubens. *O poder moderador na constituição política do império do Brasil*. São Paulo: Universidade de São Paulo, 2016, p. 216-217.

a adoção de uma carta silente quanto aos poderes jurídicos do Reino. Igualmente, enquanto em Portugal adotava-se uma Câmara de Pares, nos termos do artigo 39º, pelo qual "a Câmara dos Pares é composta de Membros vitalícios, e hereditários, nomeados pelo Rei, e sem número fixo", em terras brasileiras afirmava-se a Assembleia Geral de que trata o artigo 14, composta de duas Câmaras: Câmara de Deputados e Câmara de Senadores, ou Senado. Esse, composto por membros vitalícios, organizado por eleição provincial para lista tríplice, sobre a qual o Imperador escolheria o terço do total. Tudo, em verdade, "eram meras fórmulas cosméticas para aplacar possíveis resistências da burguesia liberal e de uma nobreza estrangeirada", eis que no núcleo do Poder Imperial estavam as prerrogativas postas no Poder Moderador.[409]

O Poder Moderador brasileiro, inspirado pelo Poder Neutro, foi proclamado na Constituição de 1824 como "a chave de toda organização Política",[410] sendo delegado privativamente ao Imperador, como Chefe Supremo da Nação, e seu Primeiro Representante, para que incessantemente velasse sobre a manutenção da Independência, equilíbrio e harmonia dos mais Poderes Políticos. A ideia de ser o Poder Moderador a "chave" da organização Política advém, com efeito, das definições de Benjamin Constant quando se referia ao Poder Real. Conforme Célia Galvão Quirino nas notas introdutórias de *Escritos de Política*, de Constant, "a diferença fundamental do poder moderador brasileiro em relação ao poder real de Benjamin Constant estaria sobretudo em sua relação com o poder executivo, pois o nosso poder moderador não era separado do poder executivo". A teoria de Benjamin Constant foi deturpada conscientemente por Dom Pedro I, pois, via uso do Poder Moderador, o Imperador brasileiro concentrava uma ampla gama de competências e poderes que lhe permitia controlar o Legislativo, o Executivo e o Judiciário.[411] Ele podia vetar os projetos de lei por um período que poderia chegar a 12 anos, podia dissolver a Câmara dos Deputados e adiar as indicações de Senadores; exercia pessoalmente a chefia do Poder Executivo e ainda podia transferir ou suspender os juízes. Depois, o art. 99 da Constituição de 1824 dizia expressamente

---

[409] MARINS; BECAK, *O poder moderador...*, p. 217.
[410] Constituição do Império do Brasil, art. 98. Texto in: *Textos históricos de direito constitucional*, organizado por Jorge MIRANDA. Lisboa: Casa da Moeda, 1990, p. 197 a 227e MENDES DE ALMEIDA, Fernando. *Constituições do Brasil*. 5. ed. São Paulo: Saraiva, 1967.
[411] Assim, ver SALDANHA, Nelson. A teoria do poder moderador e as origens do Direito Político Brasileiro, in: *Quaderni Fiorentini*, XVIII, Firenze, 1993, p. 253/265 e BONAVIDES, Paulo e PAES DE ANDRADE, in: *História constitucional do Brasil*, Brasília, 1989, p. 96/97.

que "a Pessoa do Imperador é inviolável e sagrada: ele não está sujeito à responsabilidade alguma". Logo, os atos do Imperador não estavam submetidos a qualquer espécie de controle – nem político e nem jurídico.

A expressão posta na Constituição de 1824 no sentido de que o Poder Moderador seria a "chave" da organização política representa, na lição de Afonso Arinos de Melo Franco, um erro de tradução do termo constantiano *la clef de toute organisation politique*. Para o autor, o Poder Real definido por Benjamin Constant como *la clef* "não quer dizer chave, em português, e sim fecho no sentido de fecho de abóbada". Tal distinção não é bizantina, porquanto na visão de Afonso Arinos a tradução para "fecho" daria muito mais uma ideia de "apoio e coordenação do que de intervenção e imposição, como a ideia da chave que abre qualquer porta". De qualquer sorte, conclui, a discussão entre conservadores e liberais do Império brasileiro se dava exatamente desta diferença, ou seja, "os liberais querendo atribuir ao Poder Moderador uma força de composição, que de fato foi, principalmente quando dissolvia a Câmara de maioria contrária ao gabinete".[412]

A primeira Constituição brasileira marca, assim, a passagem do Antigo Regime para um governo constitucional (liberal) representativo, caracterizado o processo, no plano internacional, "pela independência da América Portuguesa, perante e metrópole europeia; no plano interno, a transição da monarquia absoluta para a monarquia constitucional, escreveu Lynch.[413] Os realistas (defensores da concepção segundo a qual o Imperador era o eixo da representação nacional) faziam uma interpretação ditatorial do poder moderado, enquanto os liberais o viam "como o principal adversário do governo representativo, e não como seu árbitro".[414]

4.1.2 Atuação do Conselho de Estado na política imperial

Após a abdicação de Pedro I, em 1831, iniciou-se uma reforma tendente a eliminar os resíduos absolutistas da Constituição e a

---

[412] FRANCO, Afonso Arinos Mello. "Introdução" à edição fac-simile da Constituição do Império do Brasil e da Carta portuguesa de 1826. In: *O constitucionalismo de D. Pedro no Brasil e em Portugal*. Rio de Janeiro: Arquivo Nacional, 1972, p. 28.

[413] LYNCH, Christian Edward Cyril. Para além da Historiografia Luzia: o debate político-constitucional do Primeiro Reinado e o conceito de Governo Representativo (1826-1831). In: RIBEIRO, Gladys S; NEVES, Edson Alvisi; FERREIRA, Maria de Fátima Cunha Moura. *Diálogos entre direito e história: cidadania e justiça*. Niterói: Editora da Universidade Federal Fluminense, 2009, p. 81.

[414] LYNCH, *Diálogos entre direito e história...*, p. 95.

reforçar os aspectos federativos nela presentes.[415] A Câmara, em 1831, aprovou um projeto de reforma que criava uma monarquia federal e constitucional, mas, não tendo o mesmo sido aceito pelo Senado, em 1834 foi aprovado um Ato Adicional, que representou uma solução de compromisso ao se adotarem elementos federais como as assembleias provinciais, a divisão de rendas e a extinção do Conselho de Estado.

A reação veio em 1837, com a renúncia de Feijó (liberal), com a redução do poder das assembleias e dos juízes de paz e com a criação de uma justiça e uma polícia controladas pelo governo central. Em 1841 foi reestabelecido o *Conselho de Estado*. Por volta de 1850, o Império atingiu seu ponto de equilíbrio com um governo conservador e uma centralização política e administrativa: no plano político, manifestava-se o centralismo no Poder Moderador do imperador, que podia nomear livremente seus ministros, no senado vitalício e na nomeação dos presidentes de província pelo governo central. No plano administrativo, a justiça foi centralizada nas mãos do Ministro da Justiça, assim como a ele cabia nomear todos os comandantes e oficiais da Guarda Nacional. A partir da década de 60, liberais e conservadores envolveram-se em grandes debates sobre o governo representativo e, logo em seguida, por influência das ideias norte-americanas consubstanciadas no *Federalista*, o ataque à centralização administrativa.

A posição tradicional dos liberais, desde 1830, era aquela de que a "liberdade exige a descentralização", e o político mais representativo dessa posição foi Tavares Bastos. Quanto aos conservadores puros, o problema da liberdade não se colocava, pois esta não era um valor que pudesse superar o valor da ordem e da unidade nacional. Para os conservadores liberais, como o Visconde do Uruguai, político e teórico do Partido Conservador, "a liberdade era ameaçada não só pelo Estado como também pelos particulares".

Nessas condições, Uruguai advogou que o Estado também podia ser fator de garantia da liberdade contra o arbítrio. Para ele, o poder distante era menos despótico que o poder próximo e podia ser um elemento de civilização, de garantia de direitos graças a uma justiça independente dos poderes locais e "graças ao arbitramento pacífico das lutas políticas locais". Nas circunstâncias brasileiras, enfim, e em todas as que a ela se assemelhavam, o Estado podia ser um pedagogo da liberdade, e não um assassino da liberdade, como queriam os liberais.

---

[415] CARVALHO, José Murilo. Federalismo e centralização no império brasileiro: história e argumento. In: *Pontos e bordados*. Escritos de história e política. Belo Horizonte: Editora UFMG, 1999, p. 155 e ss.

CAPÍTULO 4
O CONSELHO DE ESTADO NO IMPÉRIO BRASILEIRO E A ORGANIZAÇÃO DO PROCEDIMENTO ADMINISTRATIVO-FISCAL

Em 1862, no calor do debate liberdade e centralização política e administrativa, Uruguai escreveu que, embora não se possam separar as formas e ação administrativas das formas e ação dos poderes políticos, há uma diferença notável entre Governo e Administração: "como governo, o Poder Executivo aplica por si só e diretamente as leis de ordem política",[416] promulga e executa as leis, é o encarregado e "depositário do pensamento político", dirige moralmente a nação e suas relações com as demais nações; "como administrador, o Poder Executivo não aplica, nem lhe é possível aplicar, por si só e diretamente, as leis da ordem administrativa", é poder secundário e subordinado ao poder político. O "governo" deve ser livre, seu poder é mais ou menos discricionário, "sujeito somente às leis (em cuja confecção intervém), à opinião e à representação nacional"[417] e, finalmente, a "administração é (...) a ação vital do poder político e o seu indispensável complemento. O poder político é a cabeça, a administração, o braço".[418] A partir disso, Uruguai acaba por afirmar que uma "vigorosa e bem combinada organização administrativa" pode, com algumas modificações, servir a qualquer governo, e dá o exemplo da França, onde a administração monárquica sobreviveu.[419]

Embora Uruguai admita a posição daqueles que negam a utilidade de uma distinção entre Administração e Governo, afirma que tal diferença, ainda que não expressa em leis, resulta "da natureza das coisas, e do complexo jogo da legislação"[420] e é mais prática do que teórica. Essa posição iria repercutir profundamente na obra dos administrativistas brasileiros da República,[421] tais como Ruy Cirne Lima.

A partir de trabalhos de historiadores e jushistoriadores como José Murilo de Carvalho, Carlos Guilherme da Mota e José Reinaldo de Lima Lopes, as investigações sobre o papel do Conselho de Estado no Império tomaram nova direção. Lopes, por exemplo, comenta ter ficado célebre a expressão de João Camilo de Oliveira Torres, segundo

---

[416] URUGUAI, *Ensaio sobre o direito administrativo*..., p. 90.
[417] URUGUAI. *Ensaio sobre o direito administrativo*..., p. 90.
[418] URUGUAI, *Ensaio sobre o direito administrativo*, p. 91
[419] URUGUAI, *Ensaio sobre o direito administrativo*, p. 92. "Quando uma nação tem instituições administrativas conformes aos bons princípios, úteis, protetoras, arraigadas nos hábitos da população, os novos governos, dada uma mudança política, servem-se delas; apenas modificam uma ou outra base, um ou outro princípio, mas não as destroem, nem podem destruir".
[420] URUGUAI. *Ensaio sobre o direito administrativo*..., p. 94.
[421] Cf. MEDAUAR, Odete. *O direito administrativo em evolução*. São Paulo: Editora Revista dos Tribunais, 1992, p. 64.

a qual o Conselho de Estado foi "o cérebro da monarquia",[422] pois "a ele afluíram todos os assuntos que deviam ser decididos e dele partiam todas as decisões. E nele as decisões se tomavam".[423] A obra de José Honório Rodrigues, que organizou e publicou as Atas do Conselho de Estado (do Pleno e, depois, das Seções) é, hoje, o mais importante material de consulta sobre a atuação do Tribunal e ainda deve ser adequadamente escrutinada e analisada, com a metodologia e os parâmetros jushistoriográficos.[424] De acordo com Lopes, no manual de direito civil de Ribas já se encontra a definição de lei como única fonte de direito, "como convinha a um regime moderno e constitucional",[425] e a ideia de que as resoluções obrigatórias para os agentes da Administração (as decisões administrativas como decretos, instruções e regulamentos) eram tomadas após a oitiva do Conselho de Estado: o Imperador deliberava, mas ouvia o Conselho.

O Conselho de Estado no Brasil teve "três vidas": a primeira, quando foi organizado como *Conselho dos Procuradores das Províncias* (1822-1823); a segunda, quando foi denominado Conselho da Carta (1823-1824), com a finalidade de auxiliar na elaboração da primeira Constituição, tendo sido extinto pela reforma constitucional de 1834. A "terceira vida" (que tem sido mais estudada) iniciou-se em 1841 e durou até 1889, com o advento da República. Esse terceiro Conselho foi o que funcionou efetivamente como instância *consultiva* e *contenciosa* segundo o modelo francês.

De acordo com Lopes, o *Pleno* "era o principal órgão da grande ou da alta política imperial",[426] mas os *Avisos* ministeriais nasciam das consultas das Seções (Justiça e Estrangeiros, Guerra, Fazenda e Império). Assim, no Conselho se exercia, de fato, o Poder Moderador (poder neutro, como já referido), pois a principal característica de sua atuação foi "interferir em todos os outros poderes para resolver potenciais impasses ou conflitos".[427] Neutralidade e imparcialidade são típicas atribuições de juízes, e por isso o Conselho atuava nos casos cotidianos de exercício de Poder Moderador, opinava em casos de conflitos de

---

[422] LOPES, *O oráculo de Delfos*. O conselho de Estado no Brasil-Império..., p. 112.
[423] LOPES, *O oráculo de Delfos*. O conselho de Estado no Brasil-Império..., p. 112.
[424] Muito do que está citado ao longo deste trabalho foi feito a partir de estudos monográficos e pontuais com a metodologia de pesquisa jushistoriográfica.
[425] LOPES, *O oráculo de Delfos*. O conselho de Estado no Brasil-Império..., p. 112.
[426] LOPES, *O oráculo de Delfos*. O conselho de Estado no Brasil-Império..., p. 113.
[427] LOPES, *O oráculo de Delfos*. O conselho de Estado no Brasil-Império..., p. 115.

competência e em questões jurídicas em que resposta dependia da aplicação de regras preexistentes (constitucionais ou legais).[428]

Guandalini, por sua vez, aponta que a organização do Conselho de Estado no Brasil não foi a mera transposição da instituição francesa, ainda que a doutrina administrativista atual tenha a tendência de assim o considerar, "com base no qual o Estado poderia intervir sobre a vida social, regulamentando-a e disciplinando-a em função do interesse geral".[429] Os Conselheiros, nomeados pelo Imperador com base em um critério político e de confiança pessoal, acabaram por assumir também cargos ministeriais, de modo que o Conselho brasileiro não chegou a desempenhar as funções regulatórias e disciplinares que desempenhou na França, "cumprindo muito mais uma função soberana de fundação de um poder superior a todos os outros que assegurasse a unidade e a força do governo central".[430]

Considerando o modo de funcionamento do Conselho em seu segundo período de existência, em que as reuniões eram secretas e as decisões, não publicadas, o Visconde do Uruguai fez uma crítica contundente ao *processo administrativo*, afirmando ser este "muito deficiente e perfunctório", uma vez que a publicidade, "garantia importantíssima", não está desenvolvida e não "têm sido coligidas" as decisões (tradições e arestos) "que podem servir, como na França servem, de regra e guia,

---

[428] Um conflito de jurisdição opôs, em 27 de fevereiro de 1875, o Presidente da Província de São Paulo e um juiz de direito, em ação de embargo de obra nova. No ofício ao juiz, o Presidente da Província invocou lição do Visconde do Uruguai para afirmar que o Judiciário não poderia conhecer dos atos da administração. O juiz responde que a autoridade devia "reconhecer que autoridade judiciária, em máteira contenciosa, é antiquíssima e ampla. A autoridade administrativa contenciosa, onde se acha organizada, data de ontem; e no império, não está legalizada pelo poder competente, exceto em dos ramos da administração pública geral". O Conselho deu provimento às ponderações da autoridade judiciária, em Resolução do Conselheiro Nabuco de Araújo, no qual se afirmou ser falta a premissa do ato do Presidente da Província, "supondo que, em havendo um ato de administração, para logo se dá o contencioso administrativo, assim como o conflito que o torna eficaz; (...) Assim, porém, não é em França, cuja lei se quer introduzir entre nós com a consequente centralização que ela supõe". Ver: NEQUETE, *O poder judiciário no Brasil a partir da independência*. Vol 1, p. 110-112.

[429] GUANDALINI, *Gênese do direito administrativo brasileiro*..., p. 124. O autor refere-se a: TELLES, Antônio Queiroz, *Introdução ao direito administrativo*. São Paulo: RT, 1995; MEIRELLES, Hely Lopes. *Direito administrativo brasileiro*. 33. ed. São Paulo: Malheiros, 2008; GASPARINI, Diógenes. *Direito administrativo*. 3. ed. São Paulo: Saraiva, 1993; CRETELLA JR., José (1966). *Tratado de direito administrativo*. Rio de Janeiro: Forense, 1996; *Manual de direito administrativo*. 5. ed. Rio de Janeiro: Forense, 1989; *Curso de direito administrativo*. 11. ed. Rio de Janeiro: Forense, 1991; FIGUEIREDO, Lúcia Valle. *Curso de direito administrativo*. São Paulo: Malheiros, 2003; BANDEIRA DE MELLO, Celso Antônio *Curso de direito administrativo*. 22. ed. São Paulo: Malheiros, 2007.

[430] GUANDALINI, *Gênese do direito administrativo brasileiro*..., p. 150

pelo que a jurisprudência administrativa contenciosa é entre nós muito arbitrária e obscura".[431] Nessas passagens, o Visconde do Uruguai antecipa em mais de 100 anos o que viria a ser a discussão sobre o direito administrativo nos séculos XX e XXI, ou seja, a estreita conexão funcional entre publicidade como essência da democracia, participação do cidadão na gestão da coisa pública e processo administrativo, sendo este último considerado o modo pelo qual a Administração se comunica com o cidadão.

Na mesma direção, Ribas,[432] com base na doutirna de De Gerando e de Pimenta Bueno,[433] afirma que o direito administrativo é a disciplina que fixa a natureza das funções administrativas, estabelece a hierarquia funcional (burocrática), marca a extensão do domínio administrativo e "dá as regras de processo", que devem ser aplicadas nas relações entre administrados e a administração, isto é, aplicadas às relações contenciosas. Assim, Ribas acaba por afirmar que, dentre os objetos do direito administrativo está o estudo da competência "e fórmulas da administração contenciosa",[434] além dos princípios gerais da atuação administrativa ("noções mais *syntheticas* e *fundamentaes*"), da exposição da organização administrativa e do estudo das funções e serviços da administração ativa (serviços públicos). Também Rego,[435] em sua obra, uma vez descrita a função do direito administrativo e da estrutura da administração do Império, debruça-se sobre o processo administrativo quando apresenta os órgãos de julgamento administrativo e o Conselho de Estado. Nas obras supracitadas, o protagonista desse relato – o procedimento (processo administrativo) – aparece como um elemento central da nova disciplina científica – o Direito Administrativo – e é racionalmente organizado no Conselho de Estado, na atuação contenciosa. Um dos primeiros objetos dessa organização foi o processo administrativo fiscal, e nele restaram

---

[431] URUGUAI, Visconde de. *Ensaio sobre o direito administrativo*..., p.165
[432] RIBAS, *Direito administrativo brasileiro*..., p. 13.
[433] Em 1857, José Antonio Pimenta Bueno, Marquês de São Vicente, publica *o Direito público brasileiro e análise da Constituição do império*, no qual discorre, no título VI, sobre o poder Executivo, com a análise de questões do direito administrativo, conceituando-o como a disciplina que tem por objeto a organização do Estado e das relações que se estabelecem entre administração e cidadãos. Ver: GUANDALINI, *Gênese do direito administrativo brasileiro*..., p. 160 *et seq*.
[434] RIBAS, *Direito administrativo brasileiro*..., p.19
[435] REGO, Vicente Pereira. *Elementos de direito administrativo brasileiro*: para uso das faculdades de direito do império. 2. ed. Recife: Tipografia Comercial de Geraldo Henrique de Mira & C., 1860, p. 80 *et seq*.

fixados, de uma vez para sempre, os princípios do direito processual administrativo na nossa tradição jurídica. Necessário, pois, fazer uma apreciação mais minuciosa da organização do Conselho de Estado na sua competência contenciosa (último período de sua vida) tendo como fio condutor o contencioso administrativo-fiscal.

4.2 A fixação dos primeiros princípios de processo (procedimento) administrativo na jurisprudência do contencioso fiscal

Criado pela Lei nº 234, de 23 de novembro de 1841,[436] como auxiliar do Poder Moderador e órgão máximo da Jurisdição Administrativa no império brasileiro, o Conselho de Estado ficou composto de doze membros ordinários, além dos Ministros de Estado, reunidos em colegiado pleno ou seções. O Presidente do Conselho reunido era o Imperador; nas seções, o ministro a quem pertencessem os objetos das consultas (art. 1º). A nomeação, feita pelo Imperador, era vitalícia, mas os conselheiros poderiam ser dispensados de suas funções por tempo indefinido (art. 2º). Além disso, ao monarca também cabia a designação de até doze outros conselheiros extraordinários que servissem nos impedimentos dos primeiros, tendo assento e voto sempre que fossem chamados, gozando, todos eles, de garantias institucionais, ainda que sua administração, ingresso na carreira e vida funcional estivessem nas mãos do Executivo (Ministro da Justiça e Imperador).[437]

As matérias fiscais já haviam passado para os juízes ordinários, pelo artigo 91 da Lei de 4 de outubro de 1831, mas a função do *Tribunal do Tesouro* (espécie de tribunal de contas) era "fiscalizar e inspecionar quem arrecadasse receitas ou realizasse despesas públicas. Juízes comuns julgariam toda a vez que a Fazenda se apresentasse como proprietária ou contratante", assevera Lopes,[438] mas o Decreto nº 2.343, de 1859, reconheceu às decisões do *Tribunal do Tesouro*, pelo artigo 25, autoridade e força de sentença dos tribunais de justiça. Se o Conselho de Estado era, de fato, o órgão máximo do contencioso administrativo, foi muito discutido: Uruguai,[439] por exemplo, entendia que o contencioso

---

[436] Texto integral da Lei in: http://www2.camara.leg.br/legin/fed/leimp/1824-1899/lei-234-23-novembro-1841-532611-publicacaooriginal-14883-pl.html. Acesso em: 26 nov. 2018.
[437] Ver; NEQUETE, *O poder judiciário no Brasil a partir da independência*, p. 72
[438] LOPES, *O oráculo de Delfos. O conselho de Estado no Brasil-Império...*, p. 122
[439] URUGUAI, *Ensaio sobre o direito administrativo...*, p. 172.

estava restrito aos casos dos negócios da Fazenda, pois eram os únicos casos em que se vislumbrava o desenvolvimento regular do processos tanto na *jurisdição voluntária* (habilitações, administrações de rendas e arrendamentos, direitos a serem arrematados por contratos etc) quanto na *jurisdição contenciosa*, que "dizia respeito à dívida ou à cobrança e arrecadação da renda do Estado", excepcionando-se a dívida passiva, que continuou pertencendo aos tribunais judiciais, "embora fosse privilegiados ou privativos da Fazenda"; já para Rego Barros o Conselho não era um tribunal de justiça administrativa de última instância, pois o recurso era semelhante ao recurso de revista, pelo qual o Supremo cassava ou anulava decisão inferior, e o Conselho de Estado apenas "supervisionava a administração porque possuía esse poder de cassação, pelo qual ouvia queixas sobre excesso de poder".[440] Pereira do Rego e Ribas defenderam, em suas obras, a constitucionalidade do contencioso administrativo e entenderam que a sua autonomia era constitucional. Se a justiça judiciária era sempre delegada pela Constituição, a justiça administrativa às vezes era delegada, como no caso do Tesouro, às vezes era retida.[441]

Justamente porque o preceito do *due process of law* determina que invasões na propriedade privada têm que, necessariamente, ser feitas por meio de um adequado processo jurídico, no Ciclo Pombalino já fora organizado o *Conselho de Fazenda* em Portugal, ao qual foi confiado "toda a jurisdição voluntária e contenciosa, em todos os requerimentos, causas e dependências que vertessem sobre a arrecadação das rendas de todos os direitos e bens da Coroa, de qualquer natureza que fossem".[442] Consequente, então, que a fixação das regras e dos princípios do processo (procedimento) administrativo tenha sido estabelecida no curso da experiência da *Seção da Fazenda* do Conselho de Estado. Quer dizer, os primeiros procedimentos (processos) administrativos organizados no Brasil são o processo administrativo fiscal (contencioso administrativo) e o procedimento fiscal material (lançamento e arrecadação de tributos). Cabe, assim, fazer uma apreciação mais minuciosa da atuação da *Seção da Fazenda do Conselho de Estado*, porque ali foram fixados os princípios de processo administrativo que alcançaram os dias atuais.

---

[440] LOPES, *O oráculo de Delfos. O conselho de Estado no Brasil-Império...*, p. 123
[441] REGO, *Elementos de direito administrativo brasileiro...*, p. 86-87.
[442] URUGUAI, *Ensaio sobre o direito administrativo...*, p. 171.

4.2.1 A seção da Fazenda

Em princípio, o Conselho de Estado, nos termos do Regulamento 124, tinha atribuições bastante numerosas. Uruguai divide as atribuições das Seções em quatro grupos, a saber: a) do Poder Moderador; b) do Poder Executivo político ou governamental; c) do Poder Administrativo Gracioso e e) do Poder Administrativo Contencioso. Segundo tal entendimento, o Poder Executivo administrativo (feita a distinção entre Governo e Administração) não aplica diretamente as leis administrativas, mas por meio de agentes diversos, disseminados pelo território.[443] Tal poder aplica também "o interesse geral a casos especiais, pondo-se em contato com o cidadão individualmente, e vê-se muitas vezes na necessidade de sacrificar o interesse particular deste e mesmo o seu direito ao interesse social".[444] É o caso, por exemplo, da autorização para obra pública, da concessão de minas para exploração, com tais ou quais condições. O poder administrativo pode ser gracioso ou contencioso, de modo que a jurisdição que cabe a cada um pode ser, também, contenciosa ou graciosa. Quando os atos da Administração, fundados no interesse geral, ferem ou podem ferir o interesse particular, a administração é *graciosa*: ou seja, administração graciosa é o exercício da função administrativa em sentido material, como desenvolvido no direito francês. Já quando a Administração fere direitos, a administração é *contenciosa*. Tal tese foi retomada por Seabra Fagundes, no século XX, para definir o que é a jurisdição administrativa em sentido material a partir da República: controle jurisdicional da Administração.

Assim, comparando-se a administração graciosa com a contenciosa, tem-se que a primeira pode ferir interesses, agir *ex officio*, resguardar o interesse geral, estar revestida de uma certa margem de discricionariedade e reformar espontaneamente suas decisões; a segunda, fere direitos, age por provocação – reclamação que produz litígio, decide sobre espécies, suas decisões fazem coisa julgada, aplica a lei, regulamento ou contrato quanto a pontos controversos e, finalmente, não pode reformar, por conta própria, as deliberações tomadas depois de um litígio administrativo em que ficou firmado e liquidado o direito da parte.

Para que exista o contencioso administrativo, diz Uruguai, certas condições são necessárias, como a existência de um particular ato ou

---

[443] URUGUAI, *Ensaio sobre o direito administrativo...*, p. 131.
[444] URUGUAI, *Ensaio sobre o direito administrativo...*, p. 132-133.

fato administrativo, que a questão não seja de direito comum (penal ou civil) ou afeto por lei à outra autoridade, que a colisão seja entre o interesse público e interesse de um particular, bem como que o ato praticado pela Administração não seja discricionário a ponto de não permitir qualquer controvérsia sobre ele.[445] Fundamental, na visão de Uruguai, é a concepção segundo a qual o contencioso administrativo nasce das consequências, resultados e interpretação dos atos administrativos, porque tais atos, segundo a Constituição, não podem ficar dependentes de outro poder que não o Executivo (tese que viria a ser muito debatida na segunda metade do século XX pelos juristas nacionais). Não se pode, pois, atribuir ao Judiciário o conhecimento do contencioso administrativo, porque isso viola a divisão dos poderes, significa intervenção do poder judicial na administração e embaraça a administração.

Para a garantia dos administrados, é preciso que a administração tenha conselhos para o exame, discussão e fiscalização e tribunais administrativos para o julgamento, que o mesmo agente que praticou o ato fique impedido de conhecer da reclamação ou recurso, que as partes sejam ouvidas e, principalmente, que exista "uma forma de processo administrativo que estabeleça as formalidade substanciais, para a defesa e o descobrimento da verdade" e que tal processo seja público, isto é, que todos possam conhecer a discussão e as decisões do contencioso administrativo, assevera Uruguai, ainda que no contencioso do Conselho de Estado não fosse necessária a audiência das seções nem mesmo no caso de recurso das decisões dos Ministros de Estado (bem por isso, Uruguai critica o "nosso processo administrativo").[446] Imperioso considerar que na obra ora comentada estão as bases do processo administrativo no Brasil, paulatinamente desenvolvidas e afirmadas no curso do século XX.

4.2.2 As regras do processo administrativo

Estabelecido por leis e regulamentos, o processo ou instrução contenciosa exige a observância de formalidade, sem as quais o procedimento é considerado nulo, e uma das principais garantias que a jurisdição contenciosa apresenta é a possibilidade de recursos, sendo que

---

[445] URUGUAI, *Ensaio sobre o direito administrativo...*, p. 156-157.
[446] URUGUAI, *Ensaio sobre o direito administrativo...*, p. 163-165.

na jurisdição administrativa graciosa esse recurso é uma reclamação, aplicação geral do direito de petição (art. 179, §3º da Constituição de 1824) e não estava, na época imperial, sujeito a regras bem definidas. Na jurisdição contenciosa, ao contrário, os recursos têm sua forma marcada nas leis e nos regulamentos, isto é, têm organização especial, ainda que sejam menos rigorosas que as regras do processo e recursos judiciais. Simplificação de formas e celeridade são as marcas do processo administrativo contencioso, de modo que só o desatendimento de formas entendidas como substanciais levariam à nulidade do procedimento.

No que concerne às decisões em contencioso do Conselho de Estado, tinham a força da coisa julgada, após a resolução da questão em definitivo pelo Imperador (a matéria era votada entre os Conselheiros presentes à sessão, a consulta era encaminhada ao ministro da pasta e, este, com o monarca, decidia). Pelo Regulamento 124 (art. 37), dez advogados deveriam representar as partes nos casos contenciosos, sendo responsáveis por assinar recurso e quaisquer documentos e alegações. "Os advogados também poderiam acompanhar os atos do processo administrativo, como a inquirição de testemunhas, depoimentos das partes, dentre outros atos necessários para o esclarecimento dos fatos", informa Melo.[447]

Assim, o processo iniciava com um pedido (petição) acompanhado de documentos na Secretaria de Estado respectiva. Tal petição passava por análise preliminar, uma espécie de juízo de admissibilidade que tinha por finalidade verificar se estava em condições de ser atendido (art. 34). Os motivos para a rejeição variavam e poderiam envolver apenas questões formais. Os prazos para a interposição de recursos ou para apresentação de razões ou provas, nos termos do ar. 39, eram de dez (10) dias, se a parte residisse na Corte ou no seu Termo; em casos excepcionais, em razão de distância ou em razão da importância da matéria a ser julgada, tal prazo poderia ser flexibilizado, a juízo discricionário dos julgadores (Conselheiros). No particular, José Correa de Melo dá conta de dois casos da Seção de Fazenda em que os recursos não foram recebidos por "falta de assinatura do Conselho de Estado", ou seja, por violação do Regulamento.[448] Triagem preliminar também verificava se a matéria era da competência da jurisdição administrativa contenciosa ou da jurisdição comum, e, da mesma forma, era feita a

---

[447] MELO, *Modos de governar e administrar...*, p. 70-71.
[448] MELO, *Modos de governar e administrar...*, p. 71. Os casos são as Consultas 848 e 849 da Seção.

definição de competência (se o assunto era da ordem do contencioso ou do gracioso). Instituído o *Juízo dos Feitos da Fazenda Nacional* em primeira instância, por meio da Lei 242, de 29.11.1842, Instruções e regulamentos foram expedidos para facilitar a execução dessa lei, e da *Diretoria Geral do Contencioso* provieram as Instruções de 31 de janeiro e 10 de abril de 1851, para uso dos *Procuradores dos Feitos da Fazenda*, ancestral dos Procuradores da Fazenda Nacional. O contencioso fiscal era administrativo, e ao *Tribunal do Tesouro Nacional*, criado em 1831, cabia a suprema direção e fiscalização da receita e despesa da Nação, inspecionando a arrecadação, distribuição e contabilidade de todas as rendas públicas e decidindo todas as questões administrativas.[449] Órgão tradicional, desempenhava as duas funções – administrativa e judicial – e era responsável pela administração, arrecadação e contabilidade, ao qual estavam subordinadas as tesourarias provinciais e demais unidades de arrecadação. Esse tribunal era órgão colegiado, deliberativo e consultivo ao mesmo tempo. Tal jurisdição tinha duas fases: uma administrativa e uma judicial ou executiva. A fase judicial era herança e continuidade do direito português. Na primeira (administrativa), o "Tribunal do Tesouro funcionava como jurisdição de segunda instância em relação às tesourarias provinciais, e, como única instância, em razão de sua competência de atribuição (competência originária prevista em lei)".[450] Era um órgão de decisão jurisdicional, com competências distintas, referentes à matéria fiscal ou à tomada de contas. Atuava consultivamente nas reclamações dirigidas ao Ministro da Fazenda, em matéria contenciosa, e nos recursos de decisões das autoridades. Dúvidas não existem, portanto, que o contencioso fiscal do Império era organizado e eficiente para os padrões da época. Recursos das decisões do Tribunal do Tesouro eram julgados no Conselho de Estado, na Seção da Fazenda, e, com isso, o Conselho também foi tribunal de última instância do contencioso administrativo fiscal.

Quanto aos recursos, podiam ser ordinários ou especiais. Recurso de revista, de revisão, de anulação, de embargos e de embargos de terceiro eram considerados especiais. O recurso de revista era interposto perante o próprio Tribunal do Tesouro; a revisão ou anulação, só perante

---

[449] Cf. SZKLAROWSKY, Leon Frejda. *À Luz da Constituição, é possível instituir validamente a execução do crédito tributário por autoridade diversa da jurisdicional?* Disponível em: www.jus.com.br. Acesso em: 10 dez. 2016. Texto publicado, reproduzido mediante permissão expressa do site e de seu autor.

[450] *Modos de governar e administrar...*, p. 76.

o Conselho de Estado. Já os recursos de anulação tanto poderiam versar sobre decisões do Tribunal do Tesouro quanto das jurisdições especiais (Tesoureiros, Juízes e Tribunais ou Juntas de Comércio). Nos termos do Decreto nº 2.343/1859, as razões de recurso poderiam versar sobre incompetência da autoridade judicante, violação da lei, vício de forma e excesso de poder. A partir de 1860, passou-se a admitir o recurso de anulação contra as decisões das autoridades provinciais do Tesouro.[451]

Em síntese, no Antigo Regime português, as tarefas do governo e da Administração se deixavam compreender como Jurisdição, pois o regime encontrava o seu fundamento na ideia de que o atributo mais importante da soberania era a Jurisdição. Juntamente com o *iura* do rei (pessoa mista, meio divina, meio humana), está o poder de administrar a justiça tendo como base as leis consuetudinárias do país. Esse é o período, pois, foi o de "gestação" do personagem desse relato – o processo (procedimento) administrativo. Em seu DNA (os seus primeiros princípios) estão os mesmos do processo judicial: *defesa, contraditório* e *busca da verdade dos fatos*. O exercício de poderes arbitrários e excepcionais nas jurisdições especiais é entendido como "odioso". Nas *Afonsinas* agrega-se a *imparcialidade e o duplo grau de jurisdição*. As Revoluções Liberais criam o contencioso administrativo, que acaba sendo jurisdicionado e passa a ser utilizado para definir as atuações da Administração sujeitas ao controle dos tribunais administrativos.

No Brasil Imperial, o processo (procedimento) administrativo foi organizado e restaram fixadas as suas regras mínimas, principalmente no âmbito do processo administrativo fiscal (contencioso administrativo) e do procedimento fiscal material (lançamento e arrecadação de tributos). O procedimento administrativo entra em cena, e a reflexão científica sobre sua problemática se deu nas obras de Visconde do Uruguai e de Antônio Joaquim Ribas, juristas imperiais. *Simplificação de formas* e *celeridade* serão, doravante, as marcas do processo administrativo contencioso, de modo que só o desatendimento de formas entendidas como substanciais levariam à nulidade do procedimento.

A mudança estrutural específica entre o Império e a República está na substituição do poder imperial pelo poder militar (a partir

---

[451] MELO, *Modos de governar e administrar...*, p. 80. No manual de Antônio Herculano de Souza Bandeira, denominado *Contencioso fiscal*, de 1888, a execução fiscal é ligada a um "antiqüíssimo privilégio" com raízes no Direito romano (*Interest Republica, ut debita fiscalia quam citissime exigantur*, Novella. 17, §1).

da Guerra do Paraguai em 1860/1865 e chegando ao ápice com os militares proclamando a República em 1889) e no crescimento de fato dos poderes regionais e locais dos coronéis e caudilhos proprietários de terra (substituição dos Partidos Liberal e Conservador pelos partidos republicanos estaduais). A Constituição que foi promulgada em 1891 organizou uma República Federativa de inspiração norte-americana. Para além da forma de governo – República –, foram adotados uma forma de estado – a Federação – e um sistema de controle jurisdicional da Administração por meio da jurisdição única, o que determinou a necessidade de se reorganizar, de forma global, o Poder Judiciário no País. Adotados tais modelos, o direito administrativo se desenvolveu em novas direções e restaram assentadas, definitivamente, as bases do processo administrativo e do processo administrativo-fiscal. Cabe, assim, narrar tais eventos.

PARTE 2

DO ATO AO PROCESSO: O CAMINHO PERCORRIDO PELA ADMINISTRAÇÃO PÚBLICA BRASILEIRA EM DIREÇÃO À SUA DEMOCRATIZAÇÃO E MORALIZAÇÃO

Segundo cronologia de Edgar Carone, a história da República no Brasil pode ser compreendida com a divisão em 1ª República (de 1889 a 1930), 2ª República (1930-1937), 3ª República (1937-1945) e 4ª República (1945-1964).[452] Hoje, de acordo com essa fixação de ritmos temporais, estaríamos vivendo a 5ª República. Em todos esses períodos, forma de repartir o poder no território foi a federação (forma de Estado). Do ponto de vista técnico (jurídico), o conceito de federalismo não tem conteúdo certo. O que diferencia um Estado Federal de um Unitário é o grau de descentralização de competências por via de Constituição, pois nos Estados Federais os entes são coletividades que gozam de competências exclusivas tanto na ordem constitucional quanto administrativa. O que faz um Estado ser federal não é a existência de um Governo Federal, mas de governos locais. Na medida em que aumentam os poderes chamados federais decresce a significação do elemento federativo – a força e as

---
[452] CARONE, Edgar. *A República Velha* (Evolução política) 2. ed. São Paulo: DIFEL, 1974; *A Segunda República (1930-1937)*. 1. ed. São Paulo: DIFEL, 1973.

características federais estão na razão inversa dos poderes do governo central: onde a competência local é maior, mais acentuada a Federação. O Federalismo, hoje, é princípio *rector*, isto é, tido como forma de governo democrático, justamente pela consideração de que a descentralização é instrumento fundamental do exercício da democracia, porquanto os cidadãos estão mais perto do poder decisório. A Federação, é, nessas condições, um processo em constante aperfeiçoamento, sendo a transplantação, para o plano geográfico, da tripartição dos poderes do plano horizontal. Por essa razão, a Federação só tem realidade do ponto de vista do direito interno. A regra de ouro do pacto federativo é, então, a de que nada será exercido por um poder superior que possa ser cumprido pelo inferior, e nesse sentido o Município prefere ao Estado-membro, e este, à União. Como consequências diretas dos princípios constitucionais, temos as competências legislativa e tributária das unidades territoriais, além de um sistema de repartição de receitas tributárias que garantem, igualmente, a autonomia de tais entidades. Essa configuração é fruto da experiência política norte-americana do séc. XVIII, claramente influenciada pela obra de Montesquieu. Na república brasileira de 1891 a 1988 a fixação das bases e dos preceitos do processo administrativo acompanhou o movimento de racionalização e burocratização do Estado brasileiro, que se intensifica a partir de 1930, ganha corpo na época da ditadura militar (1964-1985) e chega, mais ou menos sistematizado, na Constituição de 1988, para ganhar conformação definitiva na Lei 9.784/99, Lei de Processo Administrativo Federal. O *laboratório* da experiência foi o processo administrativo-fiscal, que já estava consolidado em 1988.

Considerando a complexidade que advém da mescla institucional feita na República (direito público, experiência norte-americana; direito privado, modelo de *civil law*, e direito administrativo cristalizado na longa tradição portuguesa, modernizado ao influxo da experiência francesa), os juristas brasileiros concentraram-se, até os anos 1980, nas noções herdadas do direito francês e italiano, como ato administrativo, serviço público, poder público e a responsabilidade do Estado. Quando se depararam com a questão da democracia, da crise da representatividade, do aprofundamento do ideal democrático e o que significava "democracia procedimental" ou democracia deliberativa, a sua atenção voltou-se para o processo administrativo, que acabou ganhando forma definitiva somente na 5ª República brasileira. Por isso, a seguir tratar-se-á da Administração e Jurisdição no Brasil até 1988 (5), dos desafios da Administração Pública contemporânea, que envolve a conexão funcional entre publicidade, participação política e processo administrativo (6) e, finalmente, das condições de compatibilidade entre ética e política (7), porque é disso, em última instância, que trata o direito administrativo.

CAPÍTULO 5

ADMINISTRAÇÃO E JURISDIÇÃO NA REPÚBLICA DE 1891 A 1988

No Brasil, a história da república é cheia de percalços. As Constituições, via de regra, nascem de rupturas políticas que alteram de modo estrutural a organização e o funcionamento do Estado. Elas traduzem, assim, do ponto de vista jurídico, o nascimento de um novo Estado ou uma radical transformação de princípios básicos de organização e funcionamento de um Estado já existente. No caso do Brasil, as radicais transformações que geraram as diversas Constituições foram a Independência (Constituição Imperial de 1824), a Proclamação da República, em 1889, (Constituição de 1891), a Revolução de 1930 e Contrarrevolução de 1932 (Constituição de 1934), o golpe do "Estado Novo", de Getúlio Vargas (Constituição de 1937), a queda de Vargas e a Redemocratização Pós-Segunda Guerra (Constituição de 1946), a ditadura civil-militar de 1964 (Constituição de 1967 e EC 1969) e a Redemocratização após 1985 (Constituição de 1988).

5.1 Organização da jurisdição na 1ª República

A primeira Constituição republicana é uma constituição liberal, sendo a mais curta de todas as Constituições brasileiras, com noventa artigos, praticamente todos baseados na Constituição dos EUA de 1787, a começar pelo nome do Brasil republicano no seu art. 1º: "A Nação brasileira adota como forma de governo, sob regime representativo, a República Federativa proclamada a 15 de novembro de 1889, e constitui-se, por união perpétua e indissolúvel das suas antigas províncias, em Estados Unidos do Brasil". Aboliu o Conselho de Estado e a vitaliciedade do Senado, dissolveu a Câmara, mas resguardou o

Judiciário: o Decreto nº 25, de 30 de novembro de 1889, mantém a independência e honorabilidade de seus membros, consideradas as "altas funções" exercidas.[453]

O art. 15 da Constituição de 1891 instituiu pela primeira vez o sistema de tripartição dos Poderes, harmônicos e independentes entre si. O Poder Legislativo foi entregue ao Congresso Nacional, divido em duas Casas, a dos representantes do povo, a Câmara dos Deputados, e a Casa dos Representantes dos estados-membros, o Senado (art. 16). O Poder Executivo passou a ser exercido pelo Presidente da República dos Estados Unidos do Brasil, como chefe eletivo da Nação (art. 41). E no âmbito do Poder Judiciário, criou-se, à semelhança da Suprema Corte norte-americana, como órgão de cúpula, o Supremo Tribunal Federal (art. 55 c/c arts. 56 e 59).

No fim do texto, vieram expressos os direitos individuais, também tipicamente inspirados no direito constitucional dos EUA, inclusive com a introdução do *writ* de *habeas corpus* para os casos de detenção ilegal e violação do direito de ir e vir dos indivíduos. O *habeas corpus* é o signo da Revolução Inglesa, juntamente com o *Bill of Rights*, do mesmo ano. Nasceu nos tribunais de *common law*, na Inglaterra medieval. No processo (parecido com o processo formulário romano), a parte deveria recitar corretamente certas "fórmulas de ação" *(forms of action)* perante o Tribunal a fim de poder ganhar o caso. O direito em si a que ela fazia jus ficava em segundo plano – na prática, recitar corretamente a fórmula tornava-se tão ou mais importante do que ter propriamente um direito no caso concreto, e daí a expressão *"Remedie precede rights"*. Para cada fórmula os Tribunais reais emitiam uma ordem ou mandado – *writ* – para que algo fosse feito ou obedecido – fosse por um particular, fosse por uma autoridade pública. Contra prisões ou detenções injustas ou arbitrárias por autoridades públicas, desenvolveu-se o *writ* de *habeas corpus*, o primeiro remédio processual a garantir o direito de ir e vir, a liberdade "do corpo". Foi codificado pelo Parlamento Inglês no *Habeas Copus Act*, de 1679.[454]

No âmbito democrático, a Constituição suprimiu o voto censitário, permitindo o voto aos homens acima de 21 anos, vedando, por outro lado, o voto às mulheres. Mas o voto ainda era aberto, e a cédula de cada

---

[453] NEQUETE, *O poder judiciário no Brasil a partir da independência*, V. 2, p. 17,

[454] DAVID, *Os grandes sistemas de direito contemporâneo*, p. 289-290. Ver: PONTES DE MIRANDA, Francisco Cavacanti. *História e prática do habeas corpus*. Rio de Janeiro: Borsoi, 1961.

partido era identificada com uma cor diferente, o que permitia saber em quem o eleitor havia votado. Além disso, foi uma época de constantes e escandalosas fraudes, onde inclusive os mortos costumavam votar, pois cabia aos próprios Poderes Legislativo e Executivo realizar as eleições e fazer a apuração dos resultados: era quase impossível o partido que estava no poder perder uma eleição.

A Constituição de 1891 é exemplo típico do perigo (e inocuidade) da importação de ideias alienígenas sem base material ou real para implantação das mesmas. Importou toda uma base jurídica liberal-burguesa (comercial e industrial) para um país ainda sem burguesia urbana e de caráter tipicamente rural-feudal (cerca de 80% da população era rural e submetida aos coronéis e caudilhos, refletida na política do "café com leite" de paulistas e mineiros). A despeito das normas constitucionais trazerem esquemas formais de organização do poder, eram os caudilhos e coronéis (mandatários locais) o poder real e efetivo, pois a eleição de governadores, deputados e senadores dependia de suas relações de força. Os governadores se impunham perante o Presidente da República, de modo que deputados e senadores acabavam dependendo da liderança dos governadores.[455] Tal configuração se deve à ambiguidade existente entre o "país real" e o "país ideal", tema presente no debate público sobre o ordenamento jurídico-político da 1ª República.[456]

Juristas eminentes do final do Império e início da 1ª República, como Francisco José de Oliveira Vianna e Rui Barbosa, debateram essa questão da distância entre o país real e o país ideal. Oliveira Vianna se propôs a fazer um estudo sobre o "país real", e neste, segundo ele, as instituições liberais "fecundíssimas em outros climas, servem aqui, não à democracia, à liberdade e ao direito, mas apenas aos nossos instintos irredutíveis de caudilhagem local, aos interesses centrífugos do provincialismo, à dispersão, à incoerência, à dissociação, ao isolamento

---

[455] O coronelismo pode ser entendido como um sistema político que constitui uma complexa rede de relações qua vão "desde o coronel até o Presidente da República, envolvendo compromissos recíprocos", afirma José Murilo de Carvalho. Datado historicamente, "surge na confluência de um fato político com uma conjuntura econômica". O seu conceito foi apresentado por Victor Nunes Leal in: *Coronelismo, enxada e voto*. Rio de Janeiro: Forense, 1948. Ver: CARVALHO, José Murilo. Mandonismo, coronelismo, clientelismo: uma discussão conceitual. In: *Pontos e bordados*. Escritos de história e política, p.131.

[456] Cf. AMBROSINI, Diego Rafael; FERREIRA, Gabriela Nunes. Os juristas e o debate sobre "país legal" e "país real" na República Velha. In: MOTA, Carlos Guilherme; FERREIRA, Gabriela Nunes (org.) *Os juristas na formação do Estado-Nação brasileiro*. 1850-1930. São Paulo: Saraiva, 2010, p. 271 e ss.

dos grandes patriarcas territoriais do período colonial". Já Rui Barbosa, profundo conhecedor das mazelas da formação político-social do País, insistiu na tese de "republicanizar a República" de modo a construir uma esfera pública, instituições políticas e promover os "valores da urbanidade e da transparência nas disputas político-partidárias". De um lado, *os idealistas utópicos*, apóstolos do liberalismo político que afirmavam ser o municipalismo, o federalismo e a democracia as "últimas palavras" do progresso político; de outro, *os idealistas orgânicos*, que pugnaram a necessidade de construir a nação a partir da evolução orgânica da sociedade, com fundamento na experiência, na realidade do povo e do meio.

Apontando a profunda e estrutural discrepância entre o idealismo da Constituição e a realidade brasileira, os "orgânicos" sustentaram, veementemente, que os ideais da Constituição não encontram na realidade brasileira as condições para se efetivarem. O trabalho de Oliveira Vianna procura explicar a realidade brasileira a partir da categoria do "espírito de clã rural". Adota-se, aqui, a sua dicotomia entre "utópicos" e "orgânicos" sem se perder de vista que Vianna não explica organização de um mercado interno no século XVIII para a exploração das minas, o sucesso de São Paulo e de Colônia do Sacramento na constituição de uma "sociedade" relativamente autônoma em relação à Coroa. Quer dizer, o latifúndio escravocrata não explica toda a fundação socioeconômica do País, bastante rica e complexa. Para uma visão mais abrangente, é preciso recorrer à historiografia produzida no último cartel do século XX.[457] Feitas tais considerações introdutórias sobre o tempo histórico, cabe verificar como se organizou o sistema jurisdicional na primeira República – porque ele perdura com os seus problemas e complexidade.

5.1.1 O sistema de jurisdição única

Adotado o modelo federal, introduziu-se o sistema de jurisdição única, de feição inglesa, para o controle jurisdicional da Administração Pública, por meio da lei que organizou a Justiça Federal – Lei 221, de 1894. O Conselho de Estado já fora extinto, e a justiça comum, agora única,

---

[457] Além dos que estão sendo citados no decorrer da exposição, ver: CALDERA, Jorge. *História do Brasil com empreendedores*. São Paulo: Mameluco, 2009; CARVALHO, José Murilo (org.) *Nação e cidadania no Império*: novos horizontes. Rio de Janeiro: Civilização Brasileira, 2007.

absorveu o contencioso administrativo. A Constituição já estabelecera a organização básica da Justiça Federal (art. 24), transformara a Supremo Tribunal de Justiça em Supremo Tribunal Federal, instituindo os princípios da vitaliciedade e irredutibilidade dos vencimentos para os seus membros (art. 57, §1º). No que diz com a competência do Supremo Tribunal Federal, pelo artigo 59, III, fica definido que cabe a ele julgar, em grau de recurso, questões resolvidas pelos juízes e tribunais federais, como a prevista no artigo 60, "a", segundo a qual devem julgar "causas em que alguma das partes fundar a ação, ou a defesa, em disposição da Constituição Federal".[458] Jurisdição Constitucional, portanto, mas não só. Ao prever a admissibilidade do direito de petição aos órgãos públicos para coibir abuso de autoridade e para promover responsabilidade de culpados (art. 72, §9º), a Constituição põe a semente daquilo que, mais tarde, viria a ser chamado de processo administrativo e um de seus fundamentos. O *habeas corpus* e o júri foram elevados à garantia constitucional (art. 72, §§22 e 31). Com o Decreto 848, a competência do STF passa a abranger julgar em grau de recurso as sentenças proferidas por juízes singulares e tribunais dos Estados, contrárias à validade de um tratado ou convenção, à aplicação de uma lei federal, e interpretar preceitos constitucionais ou de lei federal, ou cláusula de tratado ou convenção, quando tais normas fossem postas em questão e a decisão final fosse contrária à validade ou cláusula. O meio processual para tais discussões foi o Recurso Extraordinário (assim denominado até hoje), e, em razão da federação, a Constituição estabeleceu a possibilidade de os Estados-membros legislarem sobre matéria processual civil e criminal, em face de competência legislativa subsidiária.

Pelo Decreto 2.807, de 1898, as repartições fazendárias foram reorganizadas, atribuindo-se novas competências à Diretoria-Geral, que, transformada em Procuradoria-Geral da Fazenda Pública por meio do Decreto 7.751, de 1909, passou a ficar vinculada ao Ministério da Fazenda e chefiada pelo Procurador-Geral da Fazenda Pública, doutor ou bacharel em ciências jurídicas e sociais, com novas e significativas atribuições. A criação de uma Justiça Federal para atuar ao lado das Justiças Estaduais respondeu às necessidades de concretização dos princípios republicanos e federativos, que eram contrários ao modelo

---

[458] Texto da Constituição de 1891 in: MENDES DE ALMEIDA, Fernando. *Constituições do Brasil*. 5. ed. São Paulo: Saraiva, 1967. Doravante, todas as referências às Constituições brasileiras, com exceção à de 1988, foram retiradas dessa obra.

unitário adotado no Império. O Supremo Tribunal de Justiça e o recurso de revista foram extintos pelo Decreto 1.030, de 14 de novembro de 1890, que também introduziu o "juiz pretor" para o Distrito Federal.[459] Pelo sistema de jurisdição única, as autoridades judiciárias conhecem de quaisquer ações, independentemente de essas se terem originado ou não em atos da Administração Pública. Nesse particular, ressalta Seabra Fagundes que "nos países de regime presidencial, como o nosso, ficando o Executivo, praticamente, acima das intervenções do Parlamento, que só de modo indireto e remoto influi na sua ação e a fiscaliza, cresce de importância a interferência jurisdicional, no exame da atividade administrativa".[460] A Lei 221, de 20.11.1894, ao definir os limites entre a legalidade e o mérito dos atos administrativos a propósito do âmbito da ação sumária especial (ação destinada a invalidar atos ou decisões da administração federal, lesivos aos interesses individuais), foi a primeira tentativa clara e inequívoca de garantir o cidadão contra o Estado, abrindo caminho para a adoção explícita do sistema único de controle da Administração, feita pela Constituição de 1946.[461]

A Lei 221/1894[462] estabelece, em seu artigo 13, *caput* e §9º, letras "a" e "b", e §10º, que juízes e tribunais federais processam e julgam as causas que "se fundarem na lesão de direitos individuaes por actos ou decisão das autoridades administrativas da União" (controle dos atos de autoridade, hoje feito via Mandado de Segurança), bem como faz controle de legalidade (§9º), podendo anular no todo ou em parte o ato ou resolução, para assegurar o direito ao autor. Pela alínea "a" do referido parágrafo, ao considerar ilegal o ato ou decisão administrativa em razão da não aplicação ou indevida aplicação do direito vigente, a autoridade judiciária deve se fundamentar em "razões jurídicas abstendo-se de apreciar o merecimento de actos administrativos, sob o ponto de vista de sua conveniência ou oportunidade", princípio que "blindaria" a Administração brasileira até o advento da Constituição de 1988 e toda a sua carga principiológica. No controle de legalidade,

---

[459] MOREIRA DE PAULA, *História do direito processual brasileiro...*, p. 241
[460] SEABRA FAGUNDES. *O contrôle dos atos administrativos pelo poder judiciário*. 4. ed. Rio de Janeiro: Forense, 1967, p. 114.
[461] Cf. CAIO TÁCITO, (nota 262), p. 15 e OLIVEIRA, Carlos Alberto Álvaro. Jurisdição e administração (notas de direito brasileiro e comparado). *Cadernos de Direito Constitucional e Ciência Política*. Nº 5. São Paulo: Revista dos Tribunais, outubro-dezembro de 1993, p.40.
[462] Disponível em: http://www2.camara.leg.br/legin/fed/lei/1824-1899/lei-221-20-novembro-1894-540367-publicacaooriginal-40560-pl.html. Acesso em: 11 jan. 2018.

pela alínea "b" do mesmo parágrafo, as decisões administrativas discricionárias somente poderão ser tidas como ilegais "em razão de incompetência da autoridade respectiva ou do excesso de poder". Finalmente, o §10º do mesmo artigo institui o controle de constitucionalidade e o de legalidade simultaneamente, quando expressa que os juízes e tribunais "apreciarão a validade das leis e regulamentos e deixarão de applicar aos casos occurrentes as leis manifestamente inconstitucionaes e os regulamentos manifestamente incompativeis com as leis ou com a Constituição".

Nas condições supradescritas, resta evidente que a Lei 221/1894 instituiu um controle jurisdicional da Administração como uma espécie de verificação indireta de constitucionalidade. Se os redatores da lei tinham consciência disso, é algo que não temos como saber, porque a lei não está acompanhada de exposição de motivos, que permitiriam essa investigação. Mas, considerando que, do ponto de vista material, isso foi feito na referida lei, vale a pena esclarecer a relação entre o controle de constitucionalidade e o controle de legalidade, porque isso é particular do sistema brasileiro e quase um "ponto cego" na doutrina dos juristas e nas decisões administrativas.

5.1.2 Controle jurisdicional da Administração como verificação indireta de constitucionalidade

O estudo da Jurisdição Administrativa, bem como da Jurisdição Constitucional, é dos mais fascinantes e complexos, porque envolve conceitos e noções que permeiam todo o sistema jurídico, permitindo a mais ampla discussão sobre temas, como "conceito de jurisdição", "teoria das funções estatais", "ação e direito subjetivo", "efeitos das sentenças", "controle jurisdicional da Administração", "garantias dos Direitos Fundamentais", " técnicas de processo" etc. A literatura jurídica do País parte do pressuposto de que há acordo sobre o que se entende por "função jurisdicional" na teoria das funções estatais;[463]

---

[463] Como concretização do poder político, a expressão "função do Estado" desdobra-se em dois sentidos possíveis, relacionados ambos com o sentido originário da expressão "função": função como tarefa ou incumbência em que o elemento finalístico se manifesta diretamente ou como atividade na qual a finalidade se manifesta indiretamente. As chamadas "funções-atividades" do Estado constituem meios para atingir as "funções-finalidades" previamente determinadas, são conhecidas através da análise da obra do Estado, de seus órgãos, agentes e serviços e dependem das normas constitucionais concernentes à organização do poder político, principalmente as normas de fixação e repartição de

que não há jurisdição administrativa no País, e se misturam, na *praxis* judiciária, as técnicas de controle abstrato e as de controle concreto de constitucionalidade, sem falar nas ditas "ações constitucionais", que são estudadas e discutidas sem se fazer qualquer vínculo com o controle jurisdicional da Administração. Nada mais perigoso para a formação dos juristas, pois o "cipoal" teórico ao qual fica delimitado o seu pensar acaba por ter consequências práticas que não podem ser minimizadas. Considere-se, por exemplo, a possibilidade de ações diretas de inconstitucionalidade de leis municipais e estaduais, ou mesmo, a exigência de preliminar formal de repercussão geral nos recursos extraordinários em controle abstrato de tais leis. Essas hipóteses, fruto do hibridismo do sistema de controle de constitucionalidade típico do Brasil,[464] acabam por produzir contradições insanáveis ou aporias no plano teórico e no plano prático, e as respostas dadas pelo STF contribuem, muitas vezes, para aprofundá-las.

À Jurisdição cabe resolver, com força de coisa julgada, controvérsia surgida a propósito da aplicação do Direito, de modo que ela é atribuída a competência de fiscalização de constitucionalidade e de legalidade dos atos de poder. Em sentido amplo, legalidade pode ser traduzida por "conformidade do poder com o Direito a que deve obediência, com o Direito positivo ou decretado pelo Estado".[465] Já em sentido estrito, legalidade é conformidade ou compatibilidade com a lei ordinária. Constitucionalidade é conformidade à Constituição. Assim, negativamente, pode-se falar em ilegalidade e em inconstitucionalidade como violações das normas jurídicas por atos do poder. Pecisamente porque as normas podem não ser cumpridas, os meios institucionais de garantia de observância (fiscalização em sentido estrito) é que acabam por assegurar a efetividade global da Constituição.

Dado que a fiscalização (o controle) de constitucionalidade ou de legalidade pode assumir diversas modalidades (respeitantes ao objeto, aos órgãos, aos interesses no processo e à forma processual), é preciso reconhecer que sempre que a fiscalização seja feita pelo Poder Judiciário (por órgãos jurisdicionais comuns ou especiais), com força de coisa

---

competência dos órgãos estatais. Cf. MIRANDA, Jorge. *Funções, órgãos e actos do Estado* (Apontamento de lições). Lisboa: Faculdade de Direito da Universidade de Lisboa, 1990, p. 4.

[464] Cf. COUTO E SILVA, Almiro. Ação Direta de Inconstitucionalidade de Lei Estadual ou Municipal frente à Constituição Estadual. Repensando o cabimento do Recurso Extraordinário. *Revista da AJURIS*. Ano XXXIV. Nº 107. Setembro de 2007, p. 9 a 17.

[465] Cf. MIRANDA, Jorge. *Teoria do Estado e da Constituição*. Rio de Janeiro: Forense, 2002, p. 481.

julgada e por via de ação, está-se diante da Jurisdição Constitucional e da Jurisdição Administrativa, respectivamente. Assim, mesmo que não exista no Brasil Jurisdição Administrativa em sentido estrito (aos moldes do contencioso francês) e tampouco Tribunal Constitucional, no plano material, a atividade de controle exercida pelo Judiciário sempre está circunscrita ao conceito de "Jurisdição". Daí, mais clara fica a relação entre a Jurisdição Constitucional e a Jurisdição Administrativa, na medida em que a última, ao fazer a verificação da legalidade da execução, acaba por verificar, indiretamente, a conformidade à Constituição.

Por essa razão, pode-se chamar as ditas "ações constitucionais" de *instrumentos de controle jurisdicional da Administração* (com exceção do Mandado de Injunção), uma vez que tais instrumentos precederam, historicamente, ao controle judicial formal de constitucionalidade, bem como ao controle de constitucionalidade feito por Tribunal Constitucional surgido na Europa do século XX, após a Segunda Guerra Mundial. Assim, no plano mateiral, falar em controle judicial de constitucionalidade é o mesmo que falar em Jurisdição Constitucional.[466]

Foi Kelsen[467] quem pôs as bases teóricas para a compreensão adequada da natureza e função da Jurisdição – ou Justiça – Constitucional. Segundo ele, a Jurisdição Constitucional é garantia da Constituição, que põe, ao menos, duas questões: uma teórica, qual seja saber-se a natureza jurídica dessa garantia, e outra prática, isto é, verificar os melhores meios para concretizá-la. Na perspectiva teórica, é possível afirmar ser a Jurisdição Constitucional um elemento do sistema de medidas técnicas que têm por fim garantir e regular o exercício das funções estatais, uma vez que, na estrutura escalonada da ordem jurídica, cada uma das funções são, ao mesmo tempo, atos de *criação* e *aplicação* do Direito, ou etapas da formação da vontade coletiva (ordem internacional – constituição – lei – regulamento – sentença – ato administrativo – execução material). Segundo isso, constituição, leis e decretos são normas gerais; ato administrativo e sentença são normas individuais.

---

[466] Heck esclarece que, no sentido formal, a jurisdição constitucional se define a partir do órgão que a exerce; no sentido material, a jurisdição constitucional "pode ser compreendida a partir do procedimento judiciário (ou arbitral), o qual conduz ao controle de constitucionalidade, objetivando garantir diretamente a observância da Constituição". Reconhece ele, contudo, que o desenvolvimento e a consequente consolidação do direito ao exame judicial vinculado à teoria do contratualismo e à existência de uma constituição escrita, deu-se a partir da decisão *Marbury v. Madison*, da Suprema Corte, em 1803. In: HECK, Luís Afonso. *O tribunal constitucional federal e o desenvolvimento dos princípios constitucionais*, p. 23-24; 30.

[467] KELSEN, Hans. *Jurisdição constitucional*. São Paulo: Martins Fontes, 2003.

Nessas condições, a tarefa da Jurisdição Constitucional é verificar a *conformidade à Constituição*; a da Jurisdição Administrativa, verificar a *legalidade da execução*. Daí ser fundamental a distinção entre Constituição em sentido *formal* – princípio supremo determinante da ordem jurídica e, em sentido *material* – norma que rege a elaboração das leis e das normas gerais de execução (atividade dos órgãos administrativos e jurisdicionais). Em síntese, para Kelsen a garantia específica da Constituição se dá pela Jurisdição Constitucional, e a garantia de legalidade da execução, pela Jurisdição Administrativa, e neste caso a inconstitucionalidade é *indireta*, pois, de acordo com o Princípio formal da Legalidade da execução, só pode haver ato de execução com base em uma lei.[468]

Quando, no entanto, o ato administrativo (concretização do direito individual) é praticado diretamente com base na Constituição, "traz diretamente em si o caráter de constitucionalidade ou inconstitucionalidade", e, neste caso, "a jurisdição constitucional, enquanto *controle de atos administrativos*, significa uma jurisdição administrativa especial, diferenciando-se da jurisdição administrativa geral apenas porque controla externamente a constitucionalidade do ato, e não, sua simples conformidade à lei".[469]

No que diz respeito às modalidades de fiscalização de constitucionalidade, são bastante diversas, como assevera Jorge Miranda:

> a fiscalização jurisdicional pode tanto ser difusa como concentrada; a fiscalização política é (tende a ser) sempre concentrada; a fiscalização administrativa (a existir) é sempre difusa".[470] Segundo isso, a fiscalização concreta garante a constitucionalidade no espaço comunitário cotidiano, e a abstrata, "insere-se no equilíbrio global dos órgãos do Estado e pode ser entendida como expressão qualificada de um *pouvoir d'empêcher*.[471]

Quaisquer que sejam os modos de organizar-se a Jurisdição Constitucional, o certo é que a anulação do ato inconstitucional é o que representa a principal e mais eficaz garantia da Constituição. Contudo, tal resultado encerra um problema técnico, pois anular a lei é estabelecer uma regra geral, e, portanto, o tribunal que anula uma lei funciona

---

[468] KELSEN, Hans. *Jurisdição constitucional*, p. 18.
[469] KELSEN, Hans. *Jurisdição constitucional*, p. 19
[470] MIRANDA, *Teoria do Estado e da Constituição*, p. 498.
[471] MIRANDA, *Teoria do Estado e da Constituição* p. 498.

como um *legislador negativo*. Isso explica o teor da redação original do art. 52, X, da Constituição da República Federativa do Brasil, segundo o qual o Senado, através de resolução, deve suspender a execução de lei declarada inconstitucional pelo STF.

A Jurisdição Constitucional, ao ser uma afirmação do princípio da divisão (separação) de poderes, ou como diz Kelsen, elemento do sistema de medidas técnicas que têm por fim garantir e regular o exercício das funções estatais, acaba por ser um dos supostos do Estado Democrático de Direito, porquanto serve de contrapeso efetivo entre o Poder Executivo "cada vez mais hegemônico" e o Poder Legislativo, cada vez mais "ambíguo em sua estrutura e funcionamento".[472] É, igualmente, o suposto fundamental para a preservação dos direitos fundamentais, principalmente os de liberdade. Isso se deve ao fato de a teoria da separação dos poderes e seu "sistema de freios e contrapesos" ter sido, inicialmente, uma proclamação política que despertou "a atenção para as violações constitucionais e os remédios para a atuação ilegal da autoridade pública", para acabar sendo consagrada constitucionalmente como mecanismo de defesa das liberdades individuais e do abuso de poder.[473] O objetivo fundamental da Jurisdição Constitucional é, então, a defesa jurídica da liberdade, isto é, uma instituição diferenciada e reforçada, capaz de realizar de forma efetiva – concretizar – os direitos fundamentais. Essa diferenciação se dá pela sua estrutura e pelos seus efeitos, radicalmente diferentes dos que se perseguem nos juízos ordinários.[474] As normas e os princípios constitucionais ficam, então, garantidos por um processo especial,[475] e a questão de saber se a jurisdição constitucional é controle político, atividade legislativa ou paralegislativa, uma nova e especial função, ou, ainda, preferentemente função jurisdicional, ainda está em aberto.[476]

---

[472] BARACHO, Aspectos da teoria geral do processo constitucional: teoria da separação de poderes e funções do Estado. *Revista de Informação Legislativa*, p. 101.
[473] BARACHO, Aspectos da teoria geral do processo constitucional: teoria da separação de poderes e funções do Estado. *Revista de Informação Legislativa*, p. 101.
[474] Cf. CAPELLETTI, Mauro. *La jurisdiccion constitucional de la Libertad*. Mexico: Imprenta Universitaria, 1961, p. 5.
[475] Cf. BARACHO, Aspectos da teoria geral do processo constitucional: teoria da separação de poderes e funções do Estado. *Revista de Informação Legislativa*, p. 102.
[476] Neste aspecto, ver tese de livre docência de Cezar Saldanha, segundo a qual o Tribunal Constitucional é um sexto poder, in: SOUZA JÚNIOR, Cezar Saldanha. *O tribunal constitucional como poder. Uma nova teoria da divisão dos poderes*. São Paulo: Memória Jurídica, 2002.

O passo decisivo para que a Justiça Constitucional se configurasse como instituição capaz de tutelar efetivamente os direitos fundamentais em termos modernos foi dado pela legislação alemã – Lei de 12 de março de 1951 – ao instituir o Tribunal Constitucional Federal e introduzir o recurso constitucional direto (*Verfassungbeschwerde*).[477] A partir daí, os publicistas contemporâneos, principalmente os influenciados pela elaboração teórica da jurisprudência daquele tribunal, são unânimes em afirmar a jurisdição constitucional como expressão da ideia de Estado de Direito, que exige um controle jurisdicional independente da atuação das autoridades públicas.[478] A doutrina constitucional alemã e os comentários à Lei Fundamental preservaram a ideia do Tribunal Constitucional como "órgão constitucional dotado da mais alta autoridade" e "Guardião da Constituição".[479] Por isso, Hesse afirma que, no quadro da ordem democrática, a Constituição efetua um refreamento e controle de poder e um certo equilíbrio das forças políticas através do controle judicial de "todos os poderes estatais pela jurisdição constitucional, dotada com ampla competência na Lei Fundamental".[480]

Assim, a Jurisdição Constitucional pela qual o Poder Judiciário está intercalado no equilíbrio dos poderes estatais "dá seu cunho não só à ordem das funções estatais, mas à ordem constitucional total", pois influencia a colaboração dos órgãos estatais, "contribui para a conservação da coexistência de forças políticas diferentes, aproximadamente equilibradas", sendo, simultaneamente, a condição fundamental de eficácia da Constituição.[481]

---

[477] Segundo Kimminich, os processos através dos quais se controla constitucionalidade são: a) controle abstrato, mediante requerimento do Governo Federal a um Governo estadual ou de 1/3 dos membros do parlamento Federal; b) controle concreto, mediante um requerimento de um tribunal que considera a lei inconstitucional e deve aplicá-la a um recurso pendente; c) recurso constitucional, que pode ser impetrado por qualquer pessoa sob a alegação de violação ou ofensa a direito fundamental; d) recurso constitucional dirigido indiretamente contra um ato normativo, que impugna diretamente uma decisão judicial, mas, indiretamente, volta-se contra a norma que lhe empresta sustentação. KIMMINICH, Otto. A jurisdição constitucional e o princípio da divisão de poderes. Brasília: *Revista de Informação Legislativa*. Senado Federal – Subsecretaria de Edições Técnicas. Nº 105, jan./mar 1990, p. 286.

[478] KIMMINICH, A jurisdição constitucional e o princípio da divisão de poderes. Brasília: *Revista de Informação Legislativa*, p. 285-286.

[479] KIMMINICH, A jurisdição constitucional e o princípio da divisão de poderes. Brasília: *Revista de Informação Legislativa*, p 292.

[480] HESSE, Konrad. *Elementos de direito constitucional da República Federal da Alemanha*. Porto Alegre: Sérgio Fabris Editor, 1998, p. 376.

[481] HESSE, *Elementos de direito constitucional da República Federal da Alemanha*, p. 419.

Na perspectiva histórica, constituíram-se pelo menos três sistemas de controle de constitucionalidade ou de jurisdição constitucional: *puros, especiais* ou *mistos*. O controle puramente jurisdicional é o de tipo norte-americano, que se dá através do Poder Judiciário, em todas as suas instâncias, funcionando a Suprema Corte como tribunal constitucional, restringindo-se ao controle concreto de constitucionalidade. Nos sistemas especiais, também chamados de controle político (sistema defendido por Kelsen, adotado na Áustria, Alemanha, Espanha, Portugal, Itália e outros), o controle se dá através de órgão constitucional – Tribunal ou Corte Constitucional – e pode restringir-se à apreciação prévia de atos normativos, leis (caso da França). Já o sistema de controle misto, ou híbrido, atualmente adotado no Brasil, inclui tanto o controle jurisdicional *concreto ou difuso* em todas as instâncias do Poder Judiciário, com decisão, em última instância, do Supremo Tribunal Federal, por meio de *recurso extraordinário* (CF, art. 102, III), como o controle *abstrato* ou *concentrado* (igualmente jurisdicional), através de ações diretas ao STF, como previsto na Constituição da República de 1988.

No Brasil, a convivência entre os dois sistemas clássicos de fiscalização de constitucionalidade tem sido bastante problemática, forçando o STF, os legisladores e juristas a construírem soluções que tendem a harmonizá-los, principalmente em relação ao reconhecimento de que há jurisdição administrativa em sentido material no controle da Administração feita por tribunais judiciais. Como já foi referido, a Lei 221, ao definir os limites entre a legalidade e o mérito dos atos administrativos a propósito do âmbito da ação sumária especial (ação destinada a invalidar atos ou decisões da administração federal, lesivos aos interesses individuais), foi a primeira tentativa clara e inequívoca de garantir o cidadão contra o Estado, abrindo caminho para a adoção explícita do sistema único de controle da Administração, feita pela Constituição de 1946,[482] e constituindo, no plano material, a primeira forma de controle de constitucionalidade indireta. A introdução, no sistema jurídico brasileiro, do instituto da *ação popular* (texto da Constituição de 1946 e sua regulamentação, Lei 4.717/65), o alargamento de seu âmbito de aplicação, aliado ao amplo repertório de meios processuais previstos na Constituição de 1988, outorgaram ao cidadão brasileiro um elenco de instrumentos de controle do Estado,

---

[482] OLIVEIRA, Carlos Alberto Álvaro. Jurisdição e administração (notas de direito brasileiro e comparado). *Cadernos de Direito Constitucional e Ciência Política*. Nº 5. São Paulo: Revista dos Tribunais, outubro-dezembro de 1993, p. 40

que não encontra similar em outros sistemas jurídicos.[483] Isso será apreciado com mais vagar.

5.2 Racionalização e burocratização da administração pública brasileira no século XX

No curso do século XX, a ruptura de 1930 trouxe consigo um projeto de modernização da Administração, que iniciara nos anos de 1920, no Estado do Rio Grande do Sul. Os processos (procedimentos) internos da Administração se tornam mais racionais, e se aprofunda o regramento do processo administrativo fiscal, do processo administrativo disciplinar e dos procedimentos de licitação.

A tensão entre o "país real" e o "país ideal" iria perpassar toda a 1ª República e seria a pedra de toque de tal projeto, estendido ao País com o triunfo de Vargas.[484] Na Constituição do Estado do Rio Grande do Sul, de 1892, por exemplo, as teses do "idealismo utópico" (castilhistas) sobre a centralidade do pensamento federalista foram vitoriosas. Segundo tais teses, dos estados se governaria a República, "por cima das multidões"; a democracia se realizaria por intermédio do federalismo que, então, era uma forma de garantir a soberania para as oligarquias estaduais (e igualdade entre elas). É na federação que o governo geral e a liberdade local encontram "o seu melhor meio de vida", segundo os castilhistas.

5.2.1 Burocracia como racionalização da autoridade

A racionalização da autoridade estava em questão no projeto de Vargas, porque seus governos pretenderam implantar uma burocracia "moderna", na qual o Estado é uma "empresa" com o mesmo sentido de uma fábrica, que descansa em uma organização racional do trabalho e que, no caso específico do Estado, requer uma preparação na luta pelo

---

[483] COUTO E SILVA, Almiro. *Direito administrativo e constitucional:* estudos em homenagem a Geraldo Ataliba. São Paulo: Malheiros, 1997, p. 94.

[484] Cf. MACHADO, Gustavo Castagna. O Federalismo como meio de garantia das condições de execução do projeto castilhista para o Estado do Rio Grande do Sul na República Velha. In: FLORES, Alfredo (org.) *Temas de história do direito:* O Brasil e o Rio Grande do Sul na Construção dos conceitos jurídicos republicanos (1889-1945). Porto Alegre: Instituto Histórico e Geográfico do Rio Grande do Sul, 2014, p. 163 e ss. Ver, também, SCLIAR, Wremyr. Getúlio Vargas e a modernização da administração pública. *Revista Procuradoria-Geral do Município de Porto Alegre,* v. 01, p. 109-120, 2006.

poder.⁴⁸⁵ Organizado o Estado de Direito moderno, foi essencial separar os funcionários profissionais dos "funcionários políticos", de modo que os primeiros, por profissão, "não fazem política" e só administram, sobretudo de modo "imparcial": o funcionário há que exercer seu cargo sem partidarismo, luta ou paixão – *sine ira et studium*. A posição dominante dos funcionários repousa em saber técnico e em um saber relativo ao serviço, além da técnica da Administração como tal.

Burocratização e democracia conheceram, até o final do séc. XX, um progresso paralelo, uma vez que a democracia necessitava de uma Administração confiada a funcionários nomeados, de carreira. A organização burocrática profissional, racional e especializada foi estendida a todas as associações humanas de domínio (da fábrica ao exército) pelo sistema prussiano do II Reich. Com isso, a burocracia moderna se distingue de todos os modelos anteriores (de Roma à China), pela especialização e preparação de profissionais racionais: o orgulho do funcionário está em preservar a imparcialidade, passando por cima de suas próprias opiniões e convicções, e em executar "escrupulosa e inteligentemente" o que a prescrição geral ou a instrução particular exigem. A dificuldade de controlar a Administração se deve à circunstância do funcionalismo converter o saber relativo ao serviço em um "saber secreto", e essa tarefa de controle pertence aos parlamentos (mesmo em sistemas presidencialistas), porque estes, além de fixarem os parâmetros de atuação da Administração (pela reserva legal) e o orçamento, podem, por meio da obrigatoriedade de publicidade, eliminar funcionários superiores incompetentes, e, por meio de acordos, podem fazer com que os partidos assumam compromissos de diversas ordens.

Assim, considerando que a burocracia moderna funciona de acordo com o princípio de áreas de jurisdição fixa e oficiais, ordenadas segundo leis e normas administrativas (as atividades são distribuídas de forma fixa como deveres oficiais, a autoridade de dar as ordens necessárias se distribui de forma estável e tomam-se medidas para a realização regular e contínua desses deveres, como empregar pessoas que tenham as qualificações previstas em um regulamento geral), a razão exige que "a igualdade perante a lei" e as garantias legais contra a arbitrariedade (âmago do princípio democrático) fiquem asseguradas pela objetividade de uma Administração formal e racional, em oposição à discricionariedade pessoal vigente na sociedade estamental.

---

⁴⁸⁵ Para estas considerações, ver: WEBER, *Economia y sociedad.*, p. 1060 a 1102, e *Ensaios de sociologia*. 5. ed. Rio de Janeiro: Zahar Editores, 1982, p. 227 a 282.

A "vontade do povo", manifestada na legislação, fica mais garantida, nos graus médios e inferiores, se existirem "agentes especiais nomeados pelo poder central e responsáveis perante este, ou seja, por uma organização autocrática desta parte da formação da vontade do Estado".[486] Por essa razão, depois do princípio da legalidade introduziu-se o sistema burocrático na organização dos Estados democráticos, de modo que democracia e burocracia parecem se opor só no plano ideológico, pois, na realidade, sob certas condições, a burocracia significa a manutenção da democracia.

Em síntese, o princípio característico da burocracia moderna, diz Weber, é a regularidade abstrata da execução da autoridade, que por sua vez resulta da procura de igualdade perante a lei, no sentido pessoal e funcional. Decorre disso o horror ao "privilégio" e a rejeição ao tratamento dos casos "individualmente". Se a consciência de Vargas e de sua geração ia até esse ponto, é coisa que não sabemos. O que é certo, nesse campo, é que a burocratização e profissionalização da Administração feita sob seus governos permitiu a transição de uma sociedade rural-exportadora para uma sociedade urbana e industrializada, além de ter alterado as elites no poder central: a nova elite ainda representava os interesses rurais, mas incorporava, de cima para baixo, novos setores sociais que acabaram por constituir a classe média e o operariado urbano.

O postulado de organização democrática da Administração esbarra na relativa incompatibilidade entre o princípio da legalidade e o princípio democrático. De fato, considerando a estrutura peculiar da formação da vontade do Estado em diferentes estágios, em que a vontade formada pela legislação (edição de normas gerais) é relativamente livre, e a que se forma pela execução (administração e jurisdição) é vinculada, a democratização da administração (descentralização) pode pôr em perigo a democracia da legislação. Existindo a oposição funcional entre democracia da legislação e democracia da execução, essa democratização da execução, "especialmente da Administração só pode ocorrer às expensas da intensidade intrínseca da função legislativa", assevera Kelsen.[487] Com isso, a democratização da Administração só se poderá dar no campo do poder discricionário abandonado pela lei, e se a tutela dos limites desse poder que possuem os órgão médios e inferiores

---

[486] KELSEN, Hans. *A democracia*. São Paulo: Martins Fontes, 1993, p. 82.
[487] KELSEN, *A democracia*, p. 82

for confiada a órgãos superiores e responsáveis perante o Parlamento, então, estar-se-á diante de um sistema que, de fato, combina elementos democráticos com elementos autocráticos: uma Administração será democrática ou não, na mesma medida em que o seja o governo, de modo que a característica democrática da Administração se dá por via reflexa.[488]

Esmagada a revolta constitucionalista de São Paulo, em 1932, e após tumultuados trabalhados constituintes, em 16 de julho de 1934 foi promulgada a nova Constituição, que, ao menos em tese, pôs fim à censura e devolveu o país à plenitude legal. A Constituição de 1934 entrou para a história como a primeira Constituição de democracia social brasileira, com inspiração direta na Constituição alemã de Weimar de 1919. Hans Kelsen, sendo árbitro internacional em Genebra, deu parecer a respeito da convocação da Assembleia Nacional Constituinte por Getúlio Vargas, em 1933. A dúvida era saber se o governo Vargas poderia convocar uma constituinte por decreto. Kelsen concluiu que não havia como diferenciar o governo de fato de Vargas do de direito e foi favorável ao decreto. Mas fez questão de enfatizar que sua posição era técnica: "Respondo aos quesitos, não do ponto de vista político, mas exclusiva e unicamente do ponto de vista do direito", concluiu.[489]

A Carta promulgada refletia as contradições do momento, pois tentava conciliar o irreconciliável: as aspirações tenentistas com os princípios da democracia liberal. Era uma Constituição compromissória, e por isso contraditória, contendo dispositivos de inspiração liberal, socialistas, católicos e inclusive fascistas, como produto de uma nova era política, e ao mesmo tempo não alterando velhos privilégios. Para além da Constituição, o que garantiu o governo foi a Lei de Segurança Nacional (Lei nº 38, de 4 de abril de 1935), instrumento que serviu para abafar protestos e que foi usado como "arma contra as manifestações operárias e da oposição" e mais tarde, para enfrentar e derrubar certos setores da oligarquia, liderados por São Paulo.[490]

---

[488] Cf. CASSESE, Sabino. Le conditions de participation du citoyen à la vie administrative. In RIVERO, Jean et al. *La participation directe du citoyen à la vie politique et administrative*. Bruxelles: Bruylant Breuxelles, 1986, p. 276.

[489] KELSEN, Hans. A competência da Assembléia Nacional Constituinte. *Revista Política e de Direito Público, legislação social e econômica*, nº 1, 1934, p. 35-43. O texto, na íntegra, foi republicado em 1993. SOLON, Ari Macedo. Um texto de Kelsen sobre o Brasil. *Revista Trimestral de Direito Público*. São Paulo: Malheiros, 1993.

[490] Cf. CARONE, *A Segunda República*, p. 62.

A Constituição ampliou o campo da proteção das liberdades do indivíduo com a criação do *mandado de segurança*, instrumento processual semelhante ao recurso por excesso de poder francês, mas que foi instituído como *writ* inglês. Até hoje, o Mandado de Segurança se constitui na principal ação para anular atos de autoridades públicas que sejam violadores dos direitos da pessoa. Além disso, reconheceu, pela primeira vez, direitos liberais e direitos sociais, mas estes somente aos trabalhadores urbanos (o que manteve o poder dos velhos "coronéis" na zona rural). Nesse contexto, instituiu um Título inteiro para tratar da "Ordem Econômica e Social" (arts. 115 a 143), tendo sido nacionalista e intervencionista. Criou o conceito de empresa nacional; de liberdade econômica vinculada ao interesse social ou coletivo; criou o monopólio para exploração de reservas minerais; a previsão de progressiva nacionalização de bancos de depósito e empresas de seguro; o princípio da função social da propriedade; a regulamentação das profissões etc. Por outro lado, fez ali várias promessas: "A União promoverá, em cooperação com os Estados, a organização de colônias agrícolas, para onde serão encaminhados os habitantes de zonas empobrecidas, que o desejarem, e os sem trabalho" (art. 121, §5º); ou ainda: "Toda empresa industrial ou agrícola, fora dos centros escolares, e onde trabalharem mais de cinqüenta pessoas, perfazendo estas e os seus filhos, pelo menos, dez analfabetos, será obrigada a lhes proporcionar ensino primário gratuito" (art. 139). E, por fim, ainda instituiu um título "Da Família, da Educação e da Cultura" (arts. 144 a 158), com uma ampla gama de disposições, por exemplo, a educação como dever da família e do Estado, criando sistemas públicos de educação; regulando o desenvolvimento da cultura, artes e proteção do patrimônio histórico; a menção à família legal (constituída pelo casamento) e sua proteção, o reconhecimento dos filhos etc.

Além disso, a Constituição trouxe inovações importantes na estrutura judiciária do País, que passou a contar com uma Corte Suprema (novo nome dado ao STF), Justiça Federal, Justiça Militar e Justiça Eleitoral (art. 63). O Ministério Público é organizado tendo como chefe o Procurador-Geral da República (art. 95), e se estabelecem regras mínimas para o funcionamento dos Tribunais de Justiça dos Estados (arts. 104 e 105). Tal Constituição teve curta existência. A rigor, só vigorou enquanto Vargas não pôde sufocar plenamente a oposição a seu próprio governo (no início das oligarquias da República Velha, em 1932, e depois dos fascistas e dos comunistas entre 1934 e 1937). Ao sufocá-los, efetuou o Golpe do Estado Novo.

Com o advento de nova ditadura, o regime autoritário outorgou a Constituição de 1937,[491] e nela foi afirmada uma radical centralização do poder. Esboça a Carta a tendência à integração administrativa dos municípios, uma vez que decreto presidencial de 1939 criou o *Departamento de Municipalidades* – órgão estadual, delegado da interventoria – para reger as prefeituras e conduzir as políticas públicas municipais. A Constituição concentrou todo o poder nas mãos de Vargas e suprimiu de várias formas as liberdades individuais, com instituição da censura prévia a qualquer meio de comunicação, a fim de possibilitar a propaganda do regime.

A Constituição foi outorgada por via de um decreto presidencial e foi redigida por um só jurista: Francisco Campos, ministro da Justiça de Vargas. Carta tipicamente totalitária, concentrou todo o poder nas mãos de Vargas. Suprimiu de várias formas as liberdades individuais, com instituição da censura prévia a qualquer meio de comunicação (art. 122, XV) e mandando que "nenhum jornal pode recusar a inserção de comunicados do Governo, nas dimensões taxadas em lei", a fim de possibilitar a propaganda do regime. Criou um Tribunal de Segurança Nacional para os "crimes que atentarem contra a existência, a segurança e a integridade do Estado, a guarda e o emprego da economia popular serão submetidos a processo e julgamento perante tribunal especial" (art. 122, XV). E, por fim, instituiu de modo permanente o estado de emergência (art. 186), que lhe dava plenos poderes, *verbis*: "Em caso de ameaça externa ou iminência de perturbações internas ou existência de concerto, plano ou conspiração, tendente a perturbar a paz pública ou pôr em perigo a estrutura das instituições, a segurança do Estado ou dos cidadãos". Todo o ato de oposição enquadrava-se nesse dispositivo.

Depois, possibilitou excluir da Administração Pública os membros da oposição: "Dentro do prazo de sessenta dias a contar da data desta Constituição, poderão ser aposentados ou reformados de acordo com a legislação em vigor os funcionários civis e militares cujo afastamento se impuser, a juízo exclusivo do Governo, no interesse do serviço público ou por conveniência do regime" (art. 177). Pelo artigo 178, foram dissolvidos, na data da publicação da Constituição, "a Câmara dos Deputados, o Senado Federal, as Assembleias Legislativas dos estados e as Câmaras municipais". Complementarmente, o art. 180 dispunha que "Enquanto não se reunir o Parlamento Nacional, o Presidente da

---

[491] Apelidada de "polaca", porque inspirada na Constituição polonesa de 1935, lá outorgada pelo ditador Marechal Josef Pilsudski.

República terá o poder de expedir decretos-leis sobre todas as matérias da competência legislativa da União". Até o final da ditadura do Estado Novo, o Presidente Getúlio Vargas editara 8964 decretos-leis. E, por fim, o art. 94 dizia que "É vedado ao Poder Judiciário conhecer de questões exclusivamente políticas" – é dizer: os atos do ditador restavam fora do alcance do Poder Judiciário.

Vargas também se adiantou em relação aos movimentos sindicais populares e realizou a consolidação da legislação social, trabalhista e assistencial prevista (e não realizada) pela Constituição de 1934. O símbolo maior foi a Consolidação das Leis do Trabalho, em 1943. Assim, os direitos sociais dos trabalhadores não foram, no Brasil, fruto de uma conquista das próprias classes trabalhadoras, mas produto da benevolência paternal do ditador, daí resultando inclusive o apelido de Vargas: "O pai dos pobres". Foi contraditoriamente também sob a ditadura de Vargas que se deu o primeiro grande salto de industrialização do país, mediante incentivos e participação do próprio Estado: a siderúrgica de *Volta Redonda* e a construção de usinas hidrelétricas, a ampliação do parque industrial etc., fato que hoje a China revive: ditaduras políticas e crescimento econômico são perfeitamente conciliáveis.

Quanto aos processos administrativos deste período, no sentido de "procedimento" para a prática de ato final, são muito pouco conhecidos pela jushistoriografia nacional, que ainda não organizou essa pesquisa. Pesquisa preliminar feita em Porto Alegre, no âmbito da Procuradoria Geral do Município no ano de 2015[492] formulou hipóteses de trabalho, quais sejam, a de que o órgão acompanhou a progressiva burocratização e profissionalização da Administração Pública no Brasil, e de que a criação da Procuradoria de Porto Alegre foi uma espécie de "laboratório" do projeto de modernização de Vargas (estendido ao País). Tal hipótese, contudo, foi apenas alinhavada, devendo ser minuciosamente verificada e testada.

O que pode ser observado na pesquisa foi, então, a evolução do direito administrativo, a racionalização dos procedimentos, principalmente em matéria fiscal, e a preocupação, progressivamente presente, em fundamentar os atos administrativos racionalmente. O *como* se pedia (os ritos) não estão explicitados. Tal racionalização e formulação de uma

---

[492] TABORDA, Maren Guimarães. Os 90 anos da Procuradoria-Geral do Município de Porto Alegre: breve relato sobre a descoberta e a afirmação do Estado Democrático de Direito em âmbito local. *Revista Procuradoria-Geral do Município de Porto Alegre*, v. Especial. Porto Alegre: CORAG, 2015, p. 12-24, 2015.

teoria nacional do direito administrativo foram sendo aprofundadas no curso da experiência republicana, como segue.

5.2.2 O segundo ciclo de modernização da Administração e a fixação das regras de procedimento administrativo no âmbito fiscal

O fim dos regimes autoritários após a Segunda Guerra determinou a redemocratização do país. Também é no pós-guerra que nos estados europeus continentais foram instaurados os *Estados sociais de Direito*, que hoje são a fonte teórica do Direito Constitucional brasileiro (p. ex. França, Alemanha Ocidental, Itália e, já na década de 1970, Portugal e Espanha). A partir dessa época decresceu também a influência da teoria constitucional norte-americana, voltando-se o Brasil novamente para a Europa.

5.2.2.1 O ambiente institucional até 1988

A Constituição de 1946 teve a mais ampla elaboração democrática, tendo participado na sua confecção desde partidos de linha tradicional (os mais importantes: PSD – partido majoritário, PTB e UDN) até o Partido Comunista (logo depois proibido). Mas teve por anteprojetos as Constituições de 1891 e, principalmente, de 1934, resultando também em uma Constituição de cunho social-democrata e pouco se diferenciando no seu texto das Constituições anteriores. Desde um ponto de vista jurídico, portanto, essa Constituição não apresenta inovações de monta. Digna de nota é a criação da *ação popular*, no art. 141, §38, *verbis*: "Qualquer cidadão será parte legítima para pleitear a anulação ou a declaração de nulidade de atos lesivos do patrimônio da União, dos Estados, dos Municípios, das entidades autárquicas e das sociedades de economia mista".[493] Por outro lado, também prometeu direitos jamais efetivados, tais como: "a justa distribuição da propriedade, com igual oportunidade para todos" (art. 147); "a lei facilitará a

---

[493] A ação popular teve seu regramento infraconstitucional, em 1965, pela Lei 4.717. Ampliou-se o espectro dos sujeitos passivos da lei, para abranger sociedades mútuas de seguro nas quais a União represente os segurando ausentes, serviços sociais autônomos, empresas públicas etc., e de *quaisquer pessoas jurídicas ou entidades subvencionadas pelos cofres públicos* (artigo 1º; grifo nosso). Na Constituição de 1988, o texto foi enxuto e passa a abranger a moralidade administrativa, o meio ambiente, além do patrimônio histórico e cultural.

fixação do homem no campo, estabelecendo planos de colonização e de aproveitamento das terras públicas" (art. 156); "participação obrigatória e direta do trabalhador nos lucros da empresa" (art. 157, IV); "proibição de trabalho a menores de quatorze anos (...) e de trabalho noturno a menores de dezoito anos" (art. 157, IX); "as empresas industriais, comerciais e agrícolas, em que trabalhem mais de cem pessoas, são obrigadas a manter ensino primário gratuito para os seus servidores e os filhos destes" (art. 168, III).

Quanto ao controle jurisdicional da Administração, nos termos da Constituição de 1946, o indivíduo pode controlar os atos administrativos preventivamente, quando procura sustar ato lesivo, em via de execução, e *a posteriori*, quando intenta ação para ressarcir prejuízo decorrente de execução administrativa. Tais procedimentos são propostos perante a Jurisdição Criminal, direta ou indiretamente (o controle direto, no âmbito criminal, tem cabimento quando em jogo a liberdade de locomoção do indivíduo, ameaçado ou preso, por via do recurso de *habeas corpus*; o indireto, quando o administrado, alegando violação criminosa de direito por funcionário, denuncia-o, a fim de que lhe seja imposta uma sanção penal, por abuso de autoridade, por exemplo, nos termos da Lei nº 4.898/65, na qual o Poder Judiciário examina a pretensa ilegalidade do ato administrativo como um meio de julgar a responsabilidade do funcionário) e, perante a Jurisdição Civil, quer através dos remédios processuais comuns, quer através de remédios especiais ou extraordinários.[494]

É durante o regime da Constituição de 1946 que Vargas volta, por eleição direta, à Presidência da República em 1950, e que Juscelino Kubitschek consolida a industrialização nacionalista iniciada por Vargas e faz ainda descobrir o interior do país, com a mudança da capital para Brasília em 1960. Mas desde o governo de Vargas (que acaba com o seu suicídio em 1954), os militares e políticos conservadores programavam um golpe de Estado de direita, a fim de, sob o clima de Guerra Fria entre EUA e URSS, impedir qualquer perigo comunista no Brasil. Em 1956 tentam impedir, sem sucesso, a posse de Kubitschek. Em 1961, com a renúncia de Jânio Quadros, foi instaurado o parlamentarismo por meio da Emenda Constitucional nº 4, de 02.09.1961, a fim de impedir que o Vice-Presidente João Goulart assumisse com os poderes presidenciais (como Primeiro-Ministro, assumiu Tancredo Neves). Jango consegue

---

[494] SEABRA FAGUNDES, *O contrôle dos atos administrativos pelo poder judiciário*, p. 115 e ss.

obter a volta do presidencialismo após ser vitorioso num plebiscito popular (Emenda Constitucional nº 6, de 23.01.1963). Pouco depois de um ano como presidente, João Goulart acabou derrubado pelo golpe militar de 1º de abril de 1964, depois de um comício onde havia prometido realizar a reforma agrária e outras reformas sociais de base. Em nenhum desses momentos de crise a Constituição foi a fonte das soluções institucionais – o caso símbolo foi sua modificação para introduzir o parlamentarismo e impedir a posse de Jango.

A Constituição de 1967, por sua vez, institucionalizou o regime que se instalou no país em 1964. Desde um ponto de vista dos militares golpistas ocorreu a "Revolução de 31 de março de 1964", fortemente apoiada pelo empresariado nacional e pela cúpula da Igreja Católica. A ditadura militar de 64 não revogou imediatamente a Constituição de 1946. Ela permaneceu formalmente em vigor a fim de manter, com isso, a aparência de normalidade institucional. Mas, paralelamente, o regime militar passou a editar "Atos Institucionais", os quais expressamente revogavam dispositivos da Constituição em vigor. A rigor, portanto, a verdadeira e autêntica Constituição da ditadura civil-militar se compunha desses Atos Institucionais (aos quais sobrevinham "Atos Complementares" de sua execução).

O preâmbulo do Ato Institucional nº 1, de 09.04.1964, revela que os seus redatores (Francisco Campos, o Chico Ciência, e Carlos Medeiros da Silva)[495] tinham ótimos conhecimentos da teoria do Poder Constituinte: "A revolução vitoriosa se investe no exercício do Poder Constitucional. Êste se manifesta pela eleição popular ou pela revolução. Esta é a forma mais expressiva e mais radical do Poder Constituinte" Depois (um pouco contraditoriamente), vem dito que "atendendo as exigências de um sistema jurídico e político, [que] assegurasse a autêntica ordem democrática, baseada na liberdade, no respeito da dignidade da pessoa humana, no combate à subversão e às ideologias contrárias às tradições de nosso povo, na luta contra a corrupção", tornava-se necessário aumentar os poderes do Presidente da República "para que este pudesse cumprir a missão de restaurar a ordem econômica e financeira e tomar medidas urgentes destinadas a drenar o bolsão comunista, cuja purulência já se havia infiltrado não só na cúpula do governo, como nas suas dependências administrativas".

---

[495] Para isso, ver GASPARI, Elio. *A ditadura envergonhada*. 1. ed. Companhia das Letras: São Paulo, 2002, p. 123-124.

O art. 10 do Ato Institucional nº 1 e, ainda, o art. 19 do Ato Institucional nº 2, 27.10.1965, permitiram a suspensão dos direitos individuais bem como a suspensão ou a cassação de direitos políticos de qualquer pessoa. O art. 6º do Ato Institucional nº 2 permitiu o aumento do número de vagas de Ministros no Supremo Tribunal Federal, a fim de que fossem empossados ministros de confiança do regime. O art. 14 do mesmo Ato Institucional nº 2 revogou as garantias institucionais dos servidores públicos e dos magistrados, possibilitando que os mesmos fossem aposentados compulsoriamente. O art. 31 também do Ato Institucional nº 2 determinou a dissolução dos partidos políticos até então existentes (criando-se artificialmente a ARENA – Aliança Renovadora Nacional, da situação, e o MDB – Movimento Democrático Brasileiro, de oposição); e, por fim, o art. 32 desse mesmo Ato Institucional nº 2 permitiu a dissolução do Congresso Nacional, das Assembleias Legislativas estaduais e das Câmaras de Vereadores. Por fim, esse mesmo Ato Institucional nº 2 determinou que os "crimes contra a segurança nacional" fossem julgados pela Justiça Militar. Já o Ato Institucional nº 3, de fevereiro de 1966, determinou: "Ficam excluídos de apreciação judicial os atos praticados com fundamento no presente Ato Institucional e nos Atos Complementares dele". Ferido de morte o Estado de Direito.

Em 1967, foi outorgada a Constituição, mais para dar aparência de legitimidade democrática ao regime, vez que na prática ele governava por Atos Institucionais.[496] Já em 1969 houve uma tão extensa e profunda emenda constitucional (a Emenda Constitucional nº 1), que até hoje há uma discussão estéril e inútil na doutrina, perguntando-se se isso acabou por criar uma nova Constituição (a "Constituição de 1969"), ou se efetivamente ela foi apenas uma emenda constitucional. Tampouco o Congresso Nacional foi de pronto pura e simplesmente fechado ou posto em recesso pelos militares. Em vez disso, o Congresso foi instrumentalizado, servindo para aparentar que não havia ditadura – só em momentos de maior crise ele era posto em recesso. As aparências também foram mantidas via criação de um sistema bipartidário artificial, com os partidos ARENA, situacionista, e MDB, de oposição. E depois, com modificações pontuais da legislação eleitoral ao longo do tempo, para permitir que a maioria no Congresso Nacional fosse sempre do partido situacionista – a chamada "legislação casuística".

---

[496] Os Atos Institucionais continuaram a ser editados até 1978. Um, de 1977, inclusive fechou o Congresso Nacional.

Complementando o Ato Institucional nº 2, em março de 1968 o Presidente da República editou um Decreto-lei definindo os "crimes contra crimes contra a Segurança Nacional, a Ordem Política e Social". O conceito de "segurança nacional" resume o que o regime teve como princípio maior a ser preservado durante sua estada no poder, isto é: sua própria segurança no poder, usando para tanto o nome da nação e tipificando como crimes contra a sua segurança ações vagas e abstratas tais como prática de atos de "antagonismo interno", de "guerra psicológica adversa" ou de "guerra revolucionária". Além disso, eram também crimes contra a segurança nacional a greve, a associação sindical e divulgação de notícias com opiniões diversas da oficialmente estabelecida. Outro Decreto-lei, de março de 1969, aumentou as penas contra a segurança nacional e simplificou o processo para sua aplicação. Não por último, um decreto-lei de controle da imprensa (a "Lei de Imprensa") possibilitou que a censura sobre os meios de comunicação impedisse a divulgação de qualquer notícia contrária ao regime.

O mais ditatorial e arbitrário foi o Ato Institucional nº 5, de 13.12.1968 (o AI-5), que a rigor se constituía de uma consolidação dos mais duros e antidemocráticos dispositivos dos outros quatro Atos Institucionais até então outorgados. É basicamente a partir do AI-5 que os opositores ao regime foram perseguidos, cassados, exilados, presos, torturados e mortos – tudo em meio à censura plena, serviços secretos de informação e polícias de caráter político junto às Forças Armadas e Polícias federais e estaduais (SNI: Serviço Nacional de Informações; DOI/CODI: Destacamento de Operações de Informações e Centro de Operações de Defesa Interna; e DOPS – Departamento de Ordem Política e Social), e de esquadrões da morte via de regra formados por membros das polícias. Três dos Ministros do Supremo Tribunal Federal foram aposentados compulsoriamente porque não votavam a favor do regime, fato único na história do Brasil. E ao mesmo tempo reduziu-se o número de membros do Tribunal, a fim de manter-se uma maioria confiável. Por tudo isso o AI-5 é considerado o instrumento mais autoritário da história política do Brasil. No particular, para realizar suas reformas o regime contou com a colaboração de vários juristas, como Hely Lopes Meirelles, que chega a fazer a defesa do "Estado de Segurança Nacional" afirmando que "a conceituação doutrinária de segurança nacional vem basicamente dos estudos da Escola Superior de Guerra, através de seus dirigentes e do seu Corpo Permanente de

Professores. O inegável é que essa doutrina é uma formulação das Forças Armadas (...)".[497]

Em face do aumento de sequestros e ataques de grupos armados, inicialmente de direita, e depois, de esquerda, são publicados os Atos Institucionais nº 13 e 14, de 1969, que instituíram as penas de banimento do país bem como a pena de morte "nos casos de guerra externa psicológica adversa, ou revolucionária ou subversiva". A pena de morte havia sido revogada no Brasil ainda no século XIX, depois de um erro judiciário, quando o réu foi equivocadamente enforcado pela prática de um crime que não cometeu. Por tudo isso os brasileiros tiveram que passar.

Especialmente no início da década de 1970 o Brasil viveu seu segundo "milagre econômico", novamente sob uma ditadura. Mas já a partir da crise mundial do petróleo de 1974, e com a inflação crescente, a economia dá sinais de esgotamento. E no mesmo ano de 1974 a ARENA sofre nas eleições uma grande derrota para o oposicionista PMDB. Tais fatos aprofundam a crise interna no regime militar, e a partir de 1977 ficou claro que uma parte dos militares (a "linha-dura") defendia o endurecimento do regime (nessa época regimes militares mais sanguinários ainda praticamente dominavam a América Latina, como, por exemplo, no Chile de Pinochet, desde 1973; no Uruguai, desde 1974; na Argentina, desde 1976, onde 30.000 argentinos opositores foram mortos). Outra parte dos militares (comandada pelo Presidente Ernesto Geisel) defendia a devolução do poder aos civis, porém por meio de uma "abertura lenta e gradual". A segunda ala conseguiu se sobrepor, e houve efetivamente uma abertura "lenta e gradual", isto é, controlada pelos próprios militares, a fim de impossibilitar qualquer revanche pela oposição, tendo ela durado quase 10 anos.

Assim, começa a haver a tolerância com as primeiras greves de trabalhadores no ABC paulista a partir de 1977. Em 1979, foi promulgada a Lei da Anistia "ampla, geral e irrestrita" tanto para os opositores quanto para quem atuou criminosamente em prol do próprio regime militar (torturadores, esquadrões da morte etc). O movimento pelas eleições diretas para Presidente da República ("Diretas Já"), em 1984, acabou derrotado no Congresso Nacional, que elegeu indiretamente

---

[497] Cf. LOPES, José Reinaldo Lima; QUEIROZ, Rafael Mafei Rabelo; ACCA, Thiago dos Santos. *Curso de história do direito*, que reproduz texto integral de Meirelles: *Poder de polícia e segurança nacional*, p. 709-725. O trecho citado está na página 718.

Tancredo Neves. Com a morte do presidente eleito, assume seu vice de chapa, José Sarney, que antes havia sido líder da ARENA. E finalmente a proposta de uma Assembleia Nacional Constituinte "livre e soberana" foi substituída por uma proposta de emenda constitucional pelo Presidente Sarney, em 1985, que convocou um Congresso Constituinte. Nas eleições de 1986 os deputados federais e senadores foram então eleitos também com poderes para redigir uma nova Constituição – o que resultou na Constituição de 1988 – a "Constituição-cidadã".

Durante o regime militar de 1964, foram editados, para a Administração Pública, diplomas legais que acabaram aprofundando o processo de organização "do serviço" e fixando os preceitos básicos do processo administrativo, principalmente no âmbito do processo e do procedimento administrativo-fiscal. A doutrina publicista, por sua vez, concentrou muito de sua atenção sobre os atos administrativos, responsabilidade do Estado, pessoas administrativas e serviços públicos. Cabe, assim, avaliar tais resultados.

5.2.2.2 Reforma administrativa, código tributário e processo fiscal

Se a Administração Pública brasileira chegou em 1988 contando com uma série de instrumentos racionais e coordenados sistemas de planejamento, mecanismos de controle e de descentralização administrativa, isso se deve ao movimento de reforma de grandes proporções ocorrido a partir de 1964. No período que vai de 1964 a 1988, a estruturação da Administração contou com pilares legislativos, como a Lei 4320/64, que estatuiu as normas gerais de direito financeiro para elaboração e controle de orçamentos em todos os níveis da Federação, o Decreto-Lei 200/67 e o Código Tributário Nacional, de 1966, todos ainda em vigor, porque recepcionados pela Constituição de 1988.

No período anterior à ditadura de 1964, diversas propostas de reforma administrativa foram apresentadas ao Congresso, como a de 1956, que instituiu a *Cosb* (Comissão de Simplificação Burocrática) e a *Cepa* (Comissão de Estudos e Projetos Administrativos). A primeira Lei geral para o Serviço Público datou de 1936 (Lei 284) e estabeleceu normas para a administração de pessoal, com um sistema de classificação de cargos e um órgão central de pessoal; o DASP (Departamento Administrativo de Serviço Público) foi instituído pelo Decreto-Lei 579 dois anos depois (1938).

A Lei 4320/64 foi promulgada sob a égide do regime de 1946, porque é anterior, em dias, ao golpe de 31 de março. É a lei, fundamentalmente, voltada para o orçamento público, e seu foco principal é a arrecadação da receita, a execução da despesa e o confronto entre a previsão e fixação das receitas e despesas incluídas na lei de orçamento. Reafirmando o conceito de exercício financeiro, a lei determina quais demonstrações contábeis são exigidas de todos os órgãos da Administração: orçamentária, financeira, patrimonial e compensação. Contém, ainda, no art. 9º, a definição legal de tributo, que, em 1966, é repetida no Código Tributário Nacional. Da mesma forma, fixa o princípio da legalidade tributária (uma das dimensões mais relevantes do *due process of law*) e o da anterioridade. Fixa procedimentos internos para a realização da despesa e dos controles e conceitos e categorias até hoje utilizados na contabilidade pública: orçamento, dotação, empenho, dívida ativa, classes de receitas etc. A edição da Lei de Responsabilidade Fiscal – Lei Complementar 101/2000 – não alterou muito esse estado de coisas.

Já as mudanças de 1967 foram introduzidas para moralizar a atuação da Administração, voltando-se mais para a sua estrutura interna do que para as suas ações. As reformas privilegiaram estruturas, e não processos. Aduz Salinas, no particular: "os idealizadores da reforma perceberam que não só havia uma profunda necessidade de atualização das leis, como também deveria haver uma mudança de paradigma da técnica legislativa".[498] O mais urgente era eliminar o equívoco de que leis em sentido estrito podiam dispor sobre matérias regulamentares. Quer dizer, as leis deveriam deixar um amplo espaço de atuação discricionária para a Administração. Os princípios fundamentais vieram arrolados no artigo 6º do Decreto Lei 200/67: planejamento, coordenação, descentralização, delegação de competência e controle.

Em 1966, é editado o Código Tributário Nacional, que fixa procedimentos obrigatórios para a Administração, no sentido de iter preparatório para a prática de um ato administrativo e as bases mínimas do contencioso administrativo fiscal, que existiu desde o tempo do Império. Nos termos do CTN, se o contribuinte não concordar com um lançamento, poderá impugná-lo, instituindo, assim, o *contencioso*

---

[498] SALINAS, Natasha Schmitt Caccia. Reforma administrativa de 1967. A conciliação do legal com o real. In: MOTA, Carlos Guilherme; SALINAS, Natasha Schmitt Caccia (Org.) *Os juristas na formação do Estado-Nação brasileiro*. 1930 – dias atuais. São Paulo: Saraiva, 2010, p. 460.

tributário (controvérsia entre o Fisco e o contribuinte acerca da existência, das características ou do montante da obrigação tributária).[499] O contencioso tributário tem certas características, tais como constituir uma contribuição ou uma antecipação ou uma abertura do processo de lançamento, pois se o contribuinte contesta os resultados do lançamento, este fica suspenso até a decisão do processo, constituindo esta última o lançamento definitivo; se pede uma restituição, ocorre revisão do processo que deu origem ao pagamento, e quando o contribuinte alega algum direito seu antes mesmo do Fisco iniciar o procedimento, ocorre uma antecipação do lançamento, que deveria ocorrer mais tarde. Em decorrência, ocorre a segunda característica, qual seja, o contencioso se inicia, sempre, por vontade do contribuinte. Em decorrência do contencioso tributário, instaura-se o *processo tributário*, que disciplina o procedimento de imposição, arrecadação, fiscalização, cobrança, impugnação, decisão e recursos referentes à obrigação tributária.

Assim, quando o Código Tributário Nacional alude ao *contencioso administrativo*, ou ao *procedimento*, está a referir-se ao exercício de *função jurisdicional*, isto é, a processo em sentido estrito (art. 142). Essa compreensão também está na base da regulação contida no Decreto Federal nº 70.235/72, que regula o processo administrativo fiscal federal. Na linguagem do CTN, o lançamento é um procedimento – um rito – para a prática de um ato material, qual seja o de instituir uma obrigação: a relação obrigacional tributária, que é constituída pelo fato gerador e perfectibilizada pelo lançamento, porque é dever jurídico significado pelo art. 113 do CTN. Aqui se impõe uma precisão de conceitos, muitas vezes confundidos, qual seja a distinção entre dever e obrigação: "dever" é uma categoria formal, não se vincula a um determinado direito positivo. "Obrigação" é categoria material, jurídico-positiva, é definida em seus contornos pelo direito positivo. É pacífico o entendimento de que o dever comporta modais deônticos (autorização, proibição e obrigatoriedade) e de que há dever jurídico quando a conduta é prescrita e de observância obrigatória.

Nestas condições, de acordo com o sistema jurídico tributário brasileiro, o lançamento é concreção ou individualização de norma tributária. Quer dizer, para aplicação das normas tributárias, impõe-se verificar se ocorreu determinado fato – o fato jurídico tributário (*tatbestand*, *fattispecie*, fato gerador, suporte fático) e isso é, em parte

---

[499] GOMES DE SOUZA, Rubens. *Compêndio de legislação tributária.* 3. ed. São Paulo: Financeiras, 1954.

"a função concretizadora da norma individual posta pelo ato administrativo de lançamento".[500] Assim, "à verificação da ocorrência do fato jurídico tributário (CTN, art. 113, §1º), segue-se um ato administrativo concreto – o lançamento (CTN, art. 141, *caput*)".[501] À autoridade administrativa compete, privativamente, constituir o crédito tributário pelo lançamento. Dessa forma, a Administração Fazendária deve: a) verificar a ocorrência do fato gerador; b) determinar a matéria tributável; c) calcular o montante do tributo devido; d) identificar o sujeito passivo; e e) propor a aplicação da penalidade cabível, quando for o caso.

A instauração do procedimento tributário, que se convola em processo se houver contestação por parte do contribuinte, dá-se pelo ato formal da autoridade competente, cientificando o sujeito passivo da obrigação tributária, normalmente denominada "Intimação Preliminar" ou "Auto de Infração", no caso de infrações. Nos termos do art. 300 do Decreto 5.815/76, o processo do contencioso administrativo fiscal pode ser interposto para impugnação de Auto de Lançamento, Auto de Infração ou Auto de Infração e Lançamento, e tem por objetivo "a solução de litígios de natureza tributária na esfera administrativa e a tutela dos direitos e interesses legalmente protegidos". Nos termos da lei, a primeira fase, que é a do *procedimento*, inicia com a impugnação da exigência, através de *Processo Administrativo de Reclamação*, que poderá ser interposto em certo prazo (normalmente até 30 [trinta] dias contados da data da notificação do lançamento), nos termos do art. 302 do mesmo regramento.

No que diz respeito à fase de *competência* (julgamento de primeira e segunda instância), via de regra, tanto as leis federais quanto as estaduais e municipais dispõem sobre as autoridades que devem julgar a reclamação, em primeira e segunda instância. O Decreto nº 70.235, de 1972, é o que se chama, no Brasil, de Lei de Processo Administrativo Fiscal, que se aplica subsidiariamente em todo o território, principalmente nos entes da Federação que não possuem regramento próprio, no caso, os municípios menores (todas as capitais do País contam com esse regramento). O artigo 1º do referido diploma dipõe sobre o seu âmbito de aplicação: a determinação (lançamento) e exigência dos créditos tributários da União e consultas sobre a aplicação da legislação tributária

---

[500] Cf. SOUTO MAIOR BORGES, José. *Lançamento tributário*. 2. ed. São Paulo: Malheiros, 1999, p. 82.
[501] SOUTO MAIOR BORGES, *Lançamento tributário*, p. 82

federal. Dispõe também sobre a forma dos atos e termos processuais e sobre os prazos, trazendo, na Seção III, as regras de procedimento. Nos termos do art. 7º, o procedimento fiscal tem início por atos de ofício (lançamento), apreensão de mercadorias, documentos ou livros e início de despacho aduaneiro (art. 7º, I, II e III). O art. 9º determina *como* deve ser lavrado o Auto de Infração, e o 14, que a impugnação da exigência instaura o contencioso (a fase litigiosa do procedimento). Na seção que trata da competência para o julgamento, o Decreto firma uma de primeira instância, dos órgãos ativos da Administração Fiscal; outra, recursal, o Conselho Administrativo de Recursos Fiscais, e a especial, que deve julgar os recursos interpostos pelos Procuradores da Fazenda junto ao CARF e decidir sobre propostas de aplicação de equidade, apresentadas pelo Conselho de Contribuintes.

Porque o sistema de controle da Administração é feito pela Jurisdição, as decisões do CARF sempre podem ser revistas pelo Poder Judiciário. Para as finalidades desse estudo, basta compreender que as bases do que hoje se chama processo administrativo foram desenvolvidas e postas na Administração Fiscal.

Como já referido anteriormente, no regime da Constituição de 1946 aprofundou-se controle jurisdicional da Administração, de modo que a atenção dos juristas recaiu mais sobre os atos administrativos e pessoas administrativas do que propriamente sobre processo (procedimentos administrativos).

No Brasil, então, configurada uma situação contenciosa entre o administrado e a Administração, empregam-se as ações comuns, sempre que não exista ação especial prevista em lei processual: é o caso dos interditos possessórios, quando o esbulho ou turbação for consequência de ato ou fato administrativo. Os meios processuais específicos, em número limitado, destinam-se única e exclusivamente à composição de situações contenciosas entre a Administração e os administrados e podem ser propostos pela Administração ou contra ela. São eles: o mandado de segurança (individual e coletivo), a ação popular, a ação civil pública, o processo judicial de desapropriação, a ação executiva fiscal, a ação de nulidade de patente de invenção e de marca de indústria e o *habeas data*.

Dessa sistemática advém um amplo controle jurisdicional da Administração, extensível mesmo ao mérito dos atos administrativos, já que a Constituição põe como limites à atuação da Administração Pública a obediência aos princípios da legalidade, impessoalidade, moralidade e publicidade (CF, art. 37, *caput*). Além disso, ao administrado estão garantidos o contraditório e a ampla defesa (CF, art. 5º, LV) bem como a motivação das decisões administrativas dos tribunais (CF, art. 93, X), de modo que resta inequívoca a possibilidade de se anularem atos administrativos discricionários, desde que a Administração não ultrapasse "os limites da discricionariedade; neste caso, por o Judiciário invalidar o ato porque a autoridade ultrapassou o espaço livre deixado pela lei e invadiu o campo da legalidade".[502]

A tendência de reforçar-se o controle jurisdicional sobre a Administração ficou claramente delineada na Constituição Federal de 1988, inaugurando um caminho fecundo que Almiro do Couto e Silva denominou "democratização da defesa do interesse público", porque permite aos cidadãos agirem *pro populo*, isto é, postularem em juízo "a invalidação de atos lesivos ao interesse público, com a responsabilização de seus autores".[503] Com o amplo repertório de meios de controle do Poder Público instituídos na Constituição e na legislação infraconstitucional – ações diretas de inconstitucionalidade por ação ou omissão, Lei da Ação Civil Pública e todas as outras formas de controle especificamente administrativo, "a lesão ao interesse, individual, difuso ou coletivo, dá legitimação para provocar a manifestação do Poder Judiciário, num amplo leque de matérias de utilidade pública",[504] de forma que, além de direitos subjetivos – direitos constitucionalmente garantidos – também restam protegidos os interesses legítimos. Assim, no Brasil chegou-se a uma concepção de pleito civil, *lato sensu*, na qual as pretensões de direito público são tratadas da mesma forma que as de direito privado: justiça igual sob lei processual igual, salvo exceções como a Lei das Execuções Fiscais (Lei 6.839/80) e, mais modernamente, a Lei de Processo Administrativo Federal (Lei 9.784/99).

As situações contenciosas entre a Administração e os administrados se configuram porque a Administração submete a vida social a uma ordem jurídica determinada, a uma regulamentação, ou fornece bens e serviços, e, nos dois casos, para realizar suas atividades, pode utilizar--se de meios de direito privado ou de sua qualidade de poder público

---

[502] DI PIETRO, Maria Sylvia. *Direito administrativo*. 2. ed. São Paulo: Atlas, 1991, p. 165.

[503] COUTO E SILVA, *Direito administrativo e constitucional*: estudos em homenagem a Geraldo Ataliba, p. 94. No texto, o autor explica que até a Constituição de 1946, que instituiu a ação popular, a defesa do interesse público se dava de forma indireta, pela defesa de direitos subjetivos lesados ou ameaçados de lesão. Era o sistema que Duguit chamou de "contencioso subjetivo".

[504] COUTO E SILVA, *Direito administrativo e constitucional*: estudos em homenagem a Geraldo Ataliba, p. 95.

(prerrogativas exorbitantes). A atuação da Administração é, então, multiforme, havendo a distinção entre atos jurídicos e atos materiais, entre regulações de caso particular e regulações universal-abstratas, "entre medidas estatais unilaterais e contratos administrativos", ou, ainda, entre atuação submetida ao regime de direito público ou de direito privado.[505]

Quando se utiliza das prerrogativas exorbitantes, a Administração detém um poder de agir unilateralmente no interesse geral: suas decisões se impõem e dispõem de numerosos poderes que são consequência do precedente.[506] Essas decisões são o que se denomina, geralmente, ato administrativo, e daí surge o problema de caracterizar e diferenciar a função administrativa das demais funções estatais, pois sejam quais forem a extensão e a variedade dos poderes (competências) estatais, a teoria jurídica das funções responde a questão de saber quais são os atos por meio dos quais o Estado realiza suas diversas atribuições, e essa caracterização interessa ao cidadão para que possa utilizar-se dos remédios jurisdicionais. Nessas condições, "processo ou procedimento administrativo", até a Constituição de 1988, seria, no mais das vezes, considerado pelos administrativistas como procedimento preparatório para a prática de atos administrativos, sem nenhuma preocupação, principalmente por parte dos agentes públicos, de imprimir um mínimo de "devido processo jurídico".

Se todo ato político tem de tolerar um controle por parte dos cidadãos,[507] a caracterização dos atos administrativos interessa ao uso dos remédios jurisdicionais, de vez que o amparo ao indivíduo em face dos procedimentos estatais se dá através da apreciação destes pelo Poder Judiciário, em um sistema de controle por jurisdição comum ou de jurisdição especial. A doutrina administrativista brasileira, de 1930 em diante, vai fazer dessa discussão o centro de suas indagações, pois, se o conceito de ato administrativo não consta da lei, não foi suficientemente delimitado pelos Tribunais, e a doutrina não é unívoca

---

[505] Cf. MAURER, *Elementos de direito administrativo alemão*, p. 89-90.
[506] Cf. CHAPUS, René. *Droit administratif général*. 7. ed. Tomo I. Paris: Montchrestien, 1993, p. 379.
[507] Controle é a atividade de fiscalização exercida pelos cidadãos em relação aos atos estatais. Quando o ato é ordem geral e abstrata, válida igualmente para todos (lei em sentido material), o controle é normativo e se cingirá a verificar se o ato em questão é adequado – em forma e conteúdo – à Constituição. É o controle de constitucionalidade. De outra parte, quando o ato estatal é ordem determinada, especial, a fiscalização se restringirá aos aspectos de legalidade (conformação do ato com o ordenamento jurídico em geral) e legitimidade (competência para a prática do ato), e o controle é administrativo.

quanto ao seu conceito.[508] A formulação de conceitos gerais por via de jurisprudência é difícil em razão do sistema de controle jurisdicional da Administração adotado no Brasil desde a primeira Constituição republicana, no qual as autoridades judiciárias conhecem de quaisquer ações, independentemente de estas se terem originado ou não em atos da Administração Pública. Assim, não havendo no País justiça administrativa especializada, integrante do Poder Judiciário Geral, como na Alemanha, ou independente, como na França, e existindo também formas de controle interno (art. 74 da Constituição da República Federativa do Brasil), a jurisprudência em matéria administrativa sempre foi difusa e, não raro, ambígua.

Há, então, até hoje, um problema empírico e persistente a resolver: que atos estatais são considerados atos administrativos, para o fim de compor situações contenciosas entre a Administração e os administrados? Ou, dito de outra forma: como saber se os remédios jurisdicionais específicos, previstos no ordenamento jurídico brasileiro, podem ser propostos pela Administração ou contra ela, se não existe um conceito legal de ato administrativo, e a jurisprudência não é uniforme (nem o pode ser) utilizando ora critérios orgânico-formais, ora materiais e funcionais, para a caracterização dos atos administrativos?

5.2.2.3 Discussão sobre o conceito de ato administrativo na literatura jurídica

A doutrina publicista continental do séc. XIX, buscando um critério de caracterização da Função Administrativa na ordem estatal, ora sob o ponto de vista da prática de atos (comparando os atos administrativos com os legislativos e jurisdicionais segundo seu valor formal e material), ora sob o ponto de vista de uma atividade específica (o serviço público), acabou por construir noções ou conceitos nucleares ou "matrizes conceituais clássicas"[509] que, apesar de se estarem transformando, ainda são essenciais na elaboração científica do direito público, principalmente o direito administrativo. Considerando que o conceito de "ato administrativo" é um dos resultados mais significativos deste labor, porque permite ordenar e sistematizar uma enorme gama de conhecimentos sobre a função administrativa, desde seus princípios

---

[508] Cf. BANDEIRA DE MELLO, *Curso de direito administrativo*, p. 228.
[509] Cf. MEDAUAR, Odete, *O direito administrativo em evolução*, p. 173.

gerais até noções mais detalhadas, cabe verificar os traços gerais dessa construção e seus principais modelos, até porque tal conceito é uma formulação que combina vários critérios caracterizadores da Função Administrativa, principalmente o critério orgânico – qualidade do autor do ato – e o critério material – conteúdo intrínseco da atividade.

Dentre as funções sociais da Administração – em consideração a seus fins –, existem dois objetivos principais: o primeiro, que tende a submeter a vida social a uma ordem jurídica determinada, a uma regulamentação. É a função normativa: certos comportamentos são prescritos, proibidos ou autorizados. O segundo objetivo implica uma função de prestação (fornecimento de bens e serviços). Daí que, para realizar suas atividades, a Administração pode utilizar-se de meios de direito privado ou de sua qualidade de poder público (prerrogativas exorbitantes). Quando se utiliza desta última qualidade, a Administração detém um poder de agir unilateralmente no interesse geral: suas decisões se impõem e dispõem de numerosos poderes que são consequência do precedente.[510] Essas decisões são o que se denomina, geralmente, ato administrativo.

A noção de "ato administrativo" surgiu na França, no âmbito do contencioso administrativo, como "expressão prática do princípio da separação entre Administração e Justiça"[511] ou como manifestação da "concepção francesa" da teoria da separação de poderes. Por essa razão, numa primeira fase, a noção de ato administrativo serviu para delimitar as ações da Administração que restavam subtraídas da fiscalização pelos tribunais judiciais. Em um momento posterior, quando se verifica a plena jurisdicionalização do contencioso administrativo, a noção passa a ser utilizada para definir as atuações da Administração sujeitas ao controle dos tribunais administrativos. Por isso, o conceito de ato administrativo que emerge do contencioso vai apresentar, no Estado liberal, dupla função: de um lado, é visto como privilégio da Administração, manifestação do poder administrativo no caso concreto, "acto unilateral cujos efeitos são susceptíveis de ser impostos aos particulares pela via coactiva"; de outro lado, constitui instrumento de garantia dos particulares.[512]

Criação da doutrina publicista do séc. XIX, a noção de ato administrativo surgiu para individualizar um tipo de ação estatal com

---

[510] Cf. CHAPUS, *Droit administratif général*, p. 379.
[511] Cf. PEREIRA DA SILVA, *Em busca do acto administrativo perdido*, p. 43.
[512] Cf. PEREIRA DA SILVA, *Em busca do acto administrativo perdido*, p. 45-46.

características contrapostas às dos atos civis (tido como privados) e às dos atos típicos dos Poderes Legislativo e Judiciário – lei e sentença. Não sendo essa noção unívoca nos ordenamentos jurídicos em geral, e estando relacionada com a própria definição do que seja Função Administrativa, exige que se faça referência a determinados pontos de vista, distinguindo mesmo os diversos sistemas de Direitos da Administração Pública. Neste particular, como assevera Forsthoff,[513] o ato administrativo é um conceito empírico, construído pela ciência e fundado na experiência, não podendo ser inferido de considerações abstratas. Por conseguinte, esse conceito não apriorístico é determinado pelos seus fins, e sendo a expressão concreta do cumprimento da função jurídica-pública da Administração, não é e nem pode ser uma categoria geral de todos os ordenamentos jurídicos de matriz romano-germânica que possa ser generalizada no espaço e no tempo (ao contrário do negócio jurídico privado, da sentença e da lei). Assim, a busca de seu conceito deve levar em conta as particularidades históricas de cada ordenamento positivo e reconhecer a existência de uma lógica própria do ato administrativo em cada um desses ordenamentos, uma vez que a simples existência de um aparato administrativo não comporta, necessariamente, que a ação deste se expresse, juridicamente, em atos administrativos, como, por exemplo, nos tipos de Estados historicamente precedentes ao Estado de Direito (Estado patrimonial e Estado de polícia).[514]

De qualquer modo, no tratamento conceitual do ato administrativo há um certo consenso entre os publicistas dos países de tradição continental em reservar esta expressão para os atos correspondentes ao exercício de funções típicas do Poder Executivo, ou seja, às manifestações estatais que, normalmente, são peculiares a esse conjunto orgânico, compreendendo-se a Administração Pública mesma como um conjunto de atividades que se manifesta por meio de atos jurídicos, produtores de efeitos jurídicos, já que esta, por definição, visa a operações para satisfação de interesses gerais comunitários ou estatais, produzindo consequências de direito. As autoridades públicas, ao proverem a satisfação das necessidades gerais, servem-se de prerrogativas especiais, próprias da potestade pública, para fazer prevalecer o interesse geral.

---

[513] FORSTHOFF, Ernst. *Tratado de derecho administrativo*. Madrid: Instituto de Estudios Politicos, 1958, p. 299/280.
[514] GIANNINI, Massimo Severo. *Enciclopedia del Diritto*.Vol. IV, Giuffrè, 1988, verbete "Atto Amministrativo", p. 157 a 159.

O ato administrativo expressa, por conseguinte, o exercício mesmo da função administrativa na organização estatal, conforme o regime de competência e a produção de efeitos diretos e indiretos na consecução de seus fins, uma vez que administrar é atuar e realizar segundo fins predeterminados, ou atividade de quem não é dono. Produto da função pública administrativa, o ato administrativo cumpre tarefas de direção, organização e governo, com uma face concreta positiva e finalística, diferindo dos atos jurídicos privados em relação a seus pressupostos (elementos constitutivos), interesse público a realizar, processo de formação, mérito (oportunidade e conveniência) e eficácia. Ele é, assim, a concretização da "comunicação entre as pessoas públicas e os administrados",[515] e sua teorização é ponto de partida para toda construção dogmática jurídico-administrativa.

Conquanto atos administrativos tenham sempre existido, só no início do séc. XIX, mais precisamente em 1812, surgiu a expressão "ato administrativo", na quarta edição do *Repertório de Jurisprudência Merlin*, em substituição a outras como "ato do fisco", "atos do rei" ou "atos da coroa", nos seguintes termos: "Ato administrativo é ou um decreto, decisão da autoridade administrativa, ou uma ação, fato do administrador, relacionado com suas funções".[516]

A expressão só apareceu no séc. XIX porque o conceito de ato administrativo, sendo fruto da confluência de três princípios estruturantes do Estado de Direito (separação de poderes, legalidade administrativa e controle, pelos cidadãos, dos atos do poder público, determinante das relações jurídicas entre estes e a Administração) não poderia existir antes daquela dogmática. Isso determina, de resto, que a configuração do ato administrativo dependa de como se organizam os poderes públicos em cada ordenamento estatal e, por isso, não há (nem pode haver) uma noção unívoca de ato administrativo.

Não possuindo uma forma inequívoca (de base legal ou jurisprudencial), a busca do conceito de ato administrativo restringe-se à verificação de como o mesmo foi enformado pela doutrina, isto é, em que pontos há consenso quanto ao seu conteúdo e sua possível forma. Assim, de um modo geral, pode-se dizer que o conceito de ato administrativo está enformado pela doutrina brasileira a partir da definição de

---

[515] CRETELLA JÚNIOR, José. *Do ato administrativo*. São Paulo: José Bushatsky, Editor, 1977, p. 2.
[516] Cf. CRETELLA JÚNIOR, *Do ato administrativo*, p. 4; GIANNINI, Enciclopedia del Dirito,v. atto, p. 159 e MAYER, *Le droit administratif allemand*. p. 72. Otto Mayer esclarece que os grandes repertórios de direito, anteriores à Revolução, não traziam ainda a expressão.

ato jurídico contida no CCB, art. 81, de modo que o ato administrativo vem definido como um ato jurídico informado, matizado, pela finalidade pública. Partindo do conceito de ato jurídico civil, Ruy Cirne Lima assegura ser ato administrativo: "(...) todo o ato de administração pública que seja lícito e tenha por fim imediato adquirir, resguardar, transferir, modificar ou extinguir direitos se denomina ato jurídico (art. 81, Cód. Civ.)".[517] Da mesma forma, Maria Sylvia Zanella Di Pietro, afirmando que: "no direito brasileiro, alguns autores definem o ato administrativo a partir do conceito de ato jurídico".[518] Ainda, Hely Lopes Meirelles, para quem ato administrativo é toda manifestação de vontade unilateral da Administração Pública que, agindo nessa qualidade, tenha por fim imediato resguardar, adquirir, transferir, modificar, extinguir e declarar direitos, e impor obrigações aos administrados e a si mesma.[519] O autor justificou sua posição argumentando que se a Administração Pública "realiza sua função executiva por meio de atos jurídicos que recebem a denominação especial de atos administrativos", o conceito de ato administrativo só é diferente do conceito de ato jurídico porque é informado por uma "finalidade pública". Consideram os juristas, desse modo, que ato jurídico é o gênero de que ato administrativo é uma das espécies. Com efeito, o conceito de ato jurídico pertence à teoria geral do direito, não sendo específico do direito civil".[520]

Relacionando o conceito de ato com a noção de função administrativa, Alcino Salazar,[521] a partir da tese de Seabra Fagundes – atos administrativos são aqueles "através dos quais o Estado determina situações jurídicas individuais e concorre para sua formação" –,[522] asseverou que ato administrativo é aquele que "determina situações jurídicas para os casos individuais, compreendendo tanto os atos subjetivos como os atos-condição, mas excluindo atos materiais". No final de sua famosa monografia, o autor acabou por conceituar ato administrativo como "uma declaração de vontade produzindo um efeito de direito".[523]

---

[517] CIRNE LIMA, *Princípios de direito administrativo*, p. 86.
[518] DI PIETRO, *Direito administrativo*, 1991, p. 146
[519] MEIRELLES, Hely Lopes. *Direito administrativo brasileiro*. 22. ed. São Paulo: Malheiros, 1997, p. 132-133.
[520] DI PIETRO, Maria Sylvia. *Direito administrativo*. São Paulo: Atlas, 1991, p. 146-147
[521] SALAZAR, Alcino. *O conceito de ato administrativo*. Rio de Janeiro: [s.ed.], 1945, p. 66.
[522] SEABRA FAGUNDES, *O contrôle dos atos administrativos pelo poder judiciário*, p. 35.
[523] SALAZAR, *O conceito de ato administrativo*, p. 68.

Caio Tácito,[524] a seu turno, localizou o conceito de ato administrativo e suas consequências jurídicas no núcleo do Direito Administrativo, "o centro por assim dizer do seu sistema planetário", caracterizando a própria função administrativa em face das demais funções estatais (legislativa e jurisdicional), segundo critérios orgânico-formais e/ou materiais. Régis Fernando de Oliveira[525] também fez a observação de que a noção de função administrativa deve integrar o conceito de ato administrativo, de modo que fiquem nele englobados também os atos políticos: "pode-se definir o ato administrativo como declaração unilateral do Estado, ou de quem faça suas vezes, no exercício de função administrativa, que produza efeitos jurídicos individuais e mediatos".

Estas últimas definições seguiram um método, qual seja: definiu-se primeiro o que é Função Administrativa segundo critérios orgânicos, formais e materiais (positivos e residuais) e se excluíram da definição os fatos administrativos, pela consideração material de que ato administrativo é, antes de tudo, ato jurídico – declaração de vontade. O resultado pode ser a definição estrita de Fernando Mendes de Almeida,[526] segundo a qual é ato administrativo a declaração de vontade destinada a produzir efeitos jurídicos, ou a de José Cretella Júnior,[527] bastante larga:

> ato administrativo é a manifestação da vontade do Estado, por seus representantes, no exercício regular de suas funções, ou por qualquer pessoa que detenha, nas mãos, fração de poder reconhecido pelo Estado, que tem por finalidade imediata criar, reconhecer, modificar, resguardar ou extinguir situações jurídicas subjetivas, em matéria administrativa.

Oswaldo Aranha Bandeira de Mello[528] e Celso Antonio Bandeira de Mello,[529] em suas formulações, consideraram ser ato administrativo

---

[524] CAIO TÁCITO. *Direito administrativo*. São Paulo: Saraiva, 1975, p. 55.
[525] OLIVEIRA, Regis Fernandes de. *Ato administrativo*. São Paulo: RT,1980, p. 44.
[526] MENDES DE ALMEIDA, Fernado. *Os atos administrativos na teoria dos atos jurídicos*. São Paulo: Editora Revista dos Tribunais, 1969, p. 16.
[527] CRETELLA JÚNIOR, José. *Do ato administrativo*. 2. ed. São Paulo: José Bushatsky Editor, 1977, p. 19.
[528] BANDEIRA DE MELLO, Oswaldo Aranha. *Princípios gerais de direito administrativo*. 2. ed. Rio de Janeiro: Forense, 1979, p. 464. "(...) há pessoas que fazem as vezes do Estado, enquanto poder público, principalmente na consecução do seu fim de realização de utilidade pública, de modo direto e imediato. Portanto, considera-se, outrossim, o ato administrativo manifestação da vontade individual, concreta e pessoal, em tal caráter, dessas pessoas".
[529] BANDEIRA DE MELLO, *Curso de direito administrativo*, p. 90. "Ato administrativo é a declaração do Estado ou de quem lhe faça as vezes, expedidas em nível inferior à lei – a

aquele praticado pelas autoridades públicas, sob o regime de direito público, de modo que, em sentido amplo, são atos administrativos os atos gerais abstratos, como os regulamentos e as instruções e os atos negociais, como os contratos administrativos.[530] A concepção de que é ato administrativo tanto o ato jurídico unilateral (*stricto sensu*) quanto o ato jurídico bilateral (contrato administrativo) surgiu no âmbito do contencioso administrativo francês, foi adotada no Brasil e é em tudo diferente da concepção alemã, que não inclui o contrato administrativo no conceito de ato administrativo. Na Alemanha, o contrato administrativo é um modo alternativo de atuação da Administração Pública, conforme previsão contida na Lei de Procedimento Administrativo, artigos 54 a 61.

Já os atos administrativos em sentido estrito são atos jurídicos unilaterais expedidos pelo Estado no exercício de Função Administrativa e manifestados no uso das prerrogativas de autoridades típicas de sua posição pública de supremacia. Conceituado pela generalidade da doutrina brasileira em termos sumários, como ato jurídico, isto é, declaração de vontade do Estado, de seus representantes ou de quem quer que exerça função administrativa em sentido material[531] ou formal[532] produzindo efeitos de direitos (aquisição, resguardo, modificação ou extinção de direitos), o ato administrativo típico é sempre manifestação volitiva da Administração, no desempenho de suas funções de poder público, visando produzir algum efeito jurídico, o que o distingue do fato administrativo (realização material da administração). Assim, é ato jurídico que apresenta traços particulares, submete-se a princípios e regras próprios concernentes à sua produção, validade e eficácia. Se tal ato se expressa numa das funções estatais (administrar/executar), nele se estampam prerrogativas e os limites estabelecidos para o exercício da mesma. Não há, por conseguinte, liberdade de querer: a declaração de vontade só serve para cumprir uma finalidade prévia prevista em lei, pois a Administração é atividade ordenada segundo um fim.[533] O fim é estabelecido como um dever, havendo a submissão à regra de direito (só é permitido o que a lei autoriza), e há tipicidade: o ato

---

título de cumpri-la – sob o regime de direito público e sujeito a controle de legitimidade pelo órgão jurisdicional."
[530] Cf. BANDEIRA DE MELLO, *Curso de direito administrativo*, p. 232.
[531] Cf. MENDES DE ALMEIDA. *Os atos administrativos na teoria dos atos jurídicos*, p. 14-15.
[532] Cf. ANDRADE DE OLIVEIRA, Fernando. Administração pública e ato administrativo. *Revista Trimestral de Direito Público*, nº 1, 1993, p. 108.
[533] Cf. CIRNE LIMA, *Princípios de direito administrativo*, p. 19-24.

administrativo só pode buscar uma finalidade que esteja prevista como típica da lei. Por fim, ao direito não é irrelevante o meio utilizado para chegar-se a um resultado valioso e, por isso, o ato administrativo tem um caráter formal, isto é, não prescinde de certos modelos e exigências de exteriorização e da necessidade de expor razões. Se o ato é meio pelo qual se realiza a Função Administrativa, está marcado pelas mesmas sujeições que a caracterizam, de sorte a traduzir, *in concreto*, os mecanismos de proteção e defesa dos administrados que inspiram a sujeição da Função Administrativa à legalidade.

O conceito *stricto sensu* de ato administrativo como manifestação unilateral do Estado não contempla os atos administrativos que dependem, para sua eficácia, da manifestação unilateral de vontade do particular, como a aceitação de nomeação para cargo público, que é o típico "ato formativo gerador".[534] Por isso, Pontes de Miranda[535] e Almiro do Couto e Silva[536] sustentaram ser necessário precisar a qual conceito de ato jurídico se está a referir: ato jurídico *stricto sensu*, cujo conteúdo, forma e efeito são determinados por lei; negócio jurídico, cujo conteúdo, forma e efeitos podem ser determinados pelas partes, para além das previsões legais; atos-fatos ou simplesmente fatos jurídicos. Pontes de Miranda, aliás, chegou a afirmar que "poucos assuntos reclamam mais precisão da doutrina do que êsse". Themístocles Brandão Cavalvanti, em posição divergente, entendeu que essa distinção deve ser evitada, pois o que interessa aos atos administrativos é que esses são manifestações de vontade do Estado, por seus representantes, cuja execução é capaz de produzir consequências jurídicas diretas ou indiretas: os "negócios administrativos" ou "negócios de direito público"

---

[534] Cf. Almiro do Couto e Silva, a existência, no direito administrativo, de atos que colocam os particulares "em posição jurídica de poder criar, modificar ou extinguir relação jurídica de direito administrativo através de manifestação ou declaração unilateral de vontade", faz com que a categoria "direitos formativos" possa ser utilizada para explicar a natureza jurídica destes atos. Por isso, o direito administrativo conhece os direitos formativos geradores (o direito de inscrever-se em concurso público, o de aceitar nomeação, de apresentar propostas em licitações, de requerer licenças, autorizações ou permissões); direitos formativos modificativos (direito de pedir licença para tratamento de saúde, licença-maternidade, direito de prorrogação do prazo de posse) e direitos formativos extintivos (direito de pedir exoneração ou de opção por cargo, em caso de acumulação vedada). COUTO E SILVA, Almiro. Atos jurídicos de direito administrativo praticados por particulares e direitos formativos. *Revista de Direito Administrativo*, nº 95, jan./mar. 1969, p. 20, 23/28.

[535] PONTES DE MIRANDA, *Comentários à Constituição de 1967*. Com a Emenda nº 1, de 1969. Tomo I. São Paulo: Editora RT, 1970, p. 270/271.

[536] COUTO E SILVA, *Atos jurídicos de direito administrativo praticados por particulares e direitos formativos, passim*.

produzem efeitos diretos, e os atos administrativos, consequências indiretas e eventuais.[537]

A distinção entre administrativo *stricto sensu* e ato administrativo *lato sensu* é, às vezes, problemática, como no caso paradigmático da permissão, pois, embora a doutrina juspublicista brasileira a tenha concebido sempre como ato administrativo unilateral, precário e discricionário, a Lei 8.987/95, no art. 16, inciso 18, e art. 40 afirmou ser essa um "contrato de adesão", modificando a sua natureza jurídica. A permissão é contrato de adesão em que existe uma atividade de cooperação vinculada a uma determinada finalidade: prestação de um serviço público, porque a Administração Pública se utiliza, cada vez mais, de formas negociais de relacionamento com os administrados. A finalidade das concessões e das permissões é, então, a prestação de um serviço, e sua função, "viabilizar a prestação adequada dos serviços públicos".[538] Como se vê, a permissão não mais se qualifica como ato administrativo unilateral: se é ato administrativo, é bilateral, é contrato, de modo que não cabe no conceito de ato administrativo *stricto sensu*, como desenvolvido pela doutrina. Enfim, se existe dificuldade em conceituar o ato de administrativo no direito brasileiro, essa diz respeito à caracterização da Função Administrativa que só se deixa descrever a partir de uma combinação de critérios.

Investigação realizada em 2000[539] conduziu à conclusão de que nenhum dos critérios caracterizadores da Função Administrativa pode descrevê-la adequadamente, de modo exclusivo. No tratamento teórico das funções estatais, contudo, aparecem em todas as classificações uma função legislativa, uma função administrativa ou executiva *stricto sensu* e uma função jurisdicional, embora com diferentes relacionamentos, e que dependem, em última instância, da experiência histórica e da situação concreta de cada Estado. Aplicando-se os resultados da teoria jurídica das funções ao Brasil, pode-se afirmar que as funções estatais aparecem, na Constituição Federal de 1988, assim delineadas: a) a *função normativa* ou legislativa *lato sensu* se caracteriza pela sua generalidade e abstração (caracteres fundamentais das normas jurídicas) – arts. 49º, XI e art. 59º – e pode ser constitucional (poder constituinte originário e

---

[537] CAVALCANTI, Themístocles Brandão. *Tratado de direito administrativo*. 3. ed. Vol. I, 1955, p. 204.
[538] Cf. MARTINS-COSTA, Judith. O regime das concessões e permissões municipais. *Anais do XXIV Encontro Nacional de Procuradores Municipais*. Porto Alegre: Assembléia Legislativa, 1998, p. 132.
[539] TABORDA, *A delimitação da função administrativa na ordem estatal*.

derivado), conforme o preâmbulo; legal (Congresso Nacional, Assembleias Legislativas Estaduais e Câmaras Municipais – art. 58º); especial (leis delegadas e medidas provisórias – arts. 59º, IV, 62º, 68º e 84º, XXVI), decretos e resoluções (matérias exclusivas do Congresso – arts. 49º, 51º e 52º); regulamentar (Executivo – art. 49º, V) e regimental (Judiciário – art. 96º, I, "a" e Legislativo – artigos. 51º, III; 52º, XII); b) a *função de Governo*, aparece delimitada nos artigos 49º; 50º; 51º, I, II, V; 52º, I a IV e 84º, I, III a V, VII a XXIV; c) a *função jurisdicional* se caracteriza por processos com lide – art. 5º (*passim*); 93º, IX e processos objetivos (abstratos) – artigos 97º; 102º, I "a" e §2º; 103º; 125º, §2º ; d) a *função administrativa*, pela prática de atos administrativos e contratos administrativos (por qualquer órgão ou Poder), pela jurisdição voluntária, exercida pelo Poder Judiciário e a jurisdição administrativa, por força do art. 5º, XXXIV, da Constituição atual. Isso posto, nos termos da Constituição, a Administração Pública é caracterizada em *sentido orgânico ou subjetivo*, pelas pessoas públicas políticas (União, Estados, Municípios e DF) e pelos órgãos (órgãos do Executivo: art. 84º, II, VI, XXV e § único; órgãos do Legislativo: art. 49º, X, XII, XIV, XVI, XVII; 51º, IV; 52º, V a IX, XIII; órgãos do Judiciário: art. 93º, I a VIII, X; 96º, I, "b" a "f"; 96º, II, "a" a "d"; 98º; 99º, como também pelas pessoas administrativas *lato sensu* isto é, pertencentes à Administração "direta, indireta, fundacional" (art. 37º).

Em *sentido material*, a Função Administrativa se caracteriza: a) pelo poder de polícia ou por ser administração ordenadora, ou seja, pelo conjunto de atividades de controle, restrições ou até benefícios aos direitos fundamentais em nome do interesse público; b) pela prestação de serviços públicos; c) pela intervenção, isto é, regulamentação e fiscalização da atividade econômica privada; d) pelo fomento (incentivos à iniciativa privada, tais como isenções, bancos de desenvolvimento, empréstimos subsidiados etc); e) pela participação na atividade econômica privada ("Estado-empresário" ou "Estado concorrencial" – art. 173º, §§2º e 3º da CF/88). Finalmente, em *sentido formal lato sensu*, a Administração pode ser caracterizada pela existência de um "Regime jurídico-administrativo", isto é, pelos princípios expressos informadores da atividade (art 37º, *caput, fine*); pelos princípios e deveres não expressos (dever de proporcionalidade, princípio da razoabilidade e da economicidade) e pelas regras de implementação dos princípios. Já em senso *stricto*, isto é, do *ponto de vista procedimental*, a Administração se revela através dos procedimentos de desapropriação (artigos 5º, XXIV; 182º, §3º e §4º, III; 184º); do uso de propriedade privada (art. 5º, XXV); da utilização do devido processo administrativo (5º, LV);

da exigência de concurso público e licitação para assegurar o princípio da igualdade (art. 37º, II a V, XXI, §§1º e 2º e art. 175º) e da exigência de decisões fundamentadas (art. 92º, X).

No Brasil, então, pode-se descrever a Função Administrativa como a atividade praticada pelo Estado ou ente por ele delegado (personalidade e capacidade jurídicas), sob ditames jurídicos específicos ("regime jurídico administrativo" ou "direito da Administração" – art. 37º, *caput*, CF) que incluem o dever de transparência e um determinado regime de responsabilidade (art. 37º, §6º, CF), destinada a atingir um fim público (é meio para a consecução do que foi determinado como de interesse público – princípio da impessoalidade ou da indisponibilidade da atividade administrativa), que se aperfeiçoa na apuração do desvio de finalidade e com a participação popular na tomada de decisões.

A realidade da Globalização, ao pôr em xeque a noção de soberania nacional, modifica a estrutura do direito administrativo de cada país – ligado, no essencial, ao Estado nacional – implicando sua mutação interna e externa. A verificação das mutações que são produzidas nos direitos da Administração nos diversos países obriga a relativizar o impacto da integração neste domínio, porque o surgimento de fontes supra estatais de direito administrativo, conquanto constitua uma verdadeira mutação, imputável à evolução do Estado, não esgota o âmbito das transformações, pois se verifica, nos últimos anos, que os direitos administrativos também se transformam de maneira relativamente autônoma, em que a influência do direito supra estatal europeu é assaz limitada.

Verificou-se, assim, na Europa continental, na América Latina e no Brasil a tendência de se reforçarem as bases constitucionais do direito administrativo, com a subordinação desse direito aos direitos fundamentais definidos pela Constituição,[540] de modo que o direito administrativo é visto como "direito constitucional concretizado".[541] Isso é assim porque a própria "noção do direito administrativo pressupõe a prévia organização política do Estado (...) que é a sua matriz constitucional", ou seja, a Constituição é a "fonte e a essência do poder político".[542] A Administração, então, deixa-se definir como "o exercício

---

[540] MARCOU, *Les mutations du droit de l'administration en Europe*, p. 58.
[541] A expressão é, originariamente, de Fritz Werner, mas usada correntemente no Direito alemão, como se vê em MAURER, Harmut. *Droit administrafif allemand*, p. 72.
[542] TÁCITO, Caio. Bases constitucionais do direito administrativo. *Revista de Direito Administrativo*, nº 166, out./dez. 1986, p. 39.

do Poder Executivo sob um regime de poder público", pelas suas prerrogativas e sujeições exorbitantes do direito comum.[543]

As tendências das Constituições modernas são, por conseguinte, deslocar o centro de gravidade da ordem jurídica transformando o Estado, de simples garantidor da liberdade individual, em guardião da segurança social, de modo que se ampliam os serviços públicos e, por efeito reflexo, expande-se o direito administrativo, "instrumento por excelência da intervenção do Estado no domínio econômico e social".[544] Dessa forma, finaliza Caio Tácito,[545] "o direito constitucional e o direito administrativo se imbricam e se completam na prestação efetiva do estado de direito". Advém daí que a noção de ato administrativo, construção dogmática do Estado de Direito Liberal, advinda da combinação de seus princípios estruturantes (separação de poderes, legalidade administrativa e controle jurisdicional da Administração), não explica mais a atuação administrativa e, por isso, a doutrina passa a deslocar o centro de gravidade do direito administrativo para o *processo*, para o procedimento.

Ademais, e principalmente na perspectiva sociológica, no curso do século XX, sociólogos e juristas buscaram estratégias diferentes para explicar ou descrever as sociedades contemporâneas, buscando, muitas vezes, analogias com a organização dos seres vivos, como a teoria da *autopoiese* de Luhmann,[546] ou, fundando-se na *linguagem*, como a *teoria da ação comunicativa*, de Habermas.[547] Segundo isso, a administração é visualizada como "um sistema social de comportamentos organizados", o seu agir consiste no fato de produzir e comunicar decisões que vinculam os destinatários. A Administração Pública (administração do sistema político que dispõe da legitimidade para produzir decisões vinculantes

---

[543] Cf. VEDEL, Georges. *Droit administratif.* Tomo I. Paris: PUF, 1958, p. 23.
[544] TÁCITO, Bases Constitucionais..., p. 41. Assevera ainda o autor que o "papel do Estado, que se exprimia em deveres negativos (dever de não fazer ou não perturbar) e na garantia do livre exercício dos direitos individuais, passa a assumir deveres positivos (obrigações de fazer), a que correspondem pretensões dos administrados".
[545] TÁCITO, Bases Constitucionais..., p. 43.
[546] Ver, para essas considerações, ROTTLEUTHNER, *Archives du philosophie du droit,* p. 216 e 227, e LOS RIOS, Fernando. Prólogo à obra de JELLINECK, Georg. *Teoria general del Estado.* Buenos Aires: Albatros, 1970, p. X/XI. Ver ainda: LUHMANN, Niklas. *Legitimação pelo procedimento.* Brasília: UNB, 1980, *passim,* e *Sistema giuridico e dogmatica giuridica.* Bologna: Il Mulino, 1978, *passim.*
[547] HABERMAS, Jürgen. *Direito e democracia:* entre facticidade e validade. 4. ed. Rio de Janeiro: Tempo Brasileiro, 1997. v. 2; *Mudança estrutural da esfera pública.* Rio de Janeiro: Tempo Brasileiro, 1984.

em confronto a todos os destinatários) se deixa descrever, então, como o sistema social da distribuição de poder legítimo e formalizado. Com isso, a reflexão científica, cultural e política sobre a Administração se volta para as relações entre administrados e Administração, ou para o tema da "democratização da administração", e isso implica novas abordagens e novos focos de interesse para os estudiosos.[548] É preciso, pois, discutir e relatar tal movimento.

---

[548] Cf. MEDAUAR, *O direito administrativo em evolução*, p. 204-205.

CAPÍTULO 6

CONEXÃO FUNCIONAL ENTRE PUBLICIDADE, PARTICIPAÇÃO E PROCESSO ADMINISTRATIVO: OS DESAFIOS DA ADMINISTRAÇÃO PÚBLICA CONTEMPORÂNEA

Com o advento do Estado Social de Direito e do Estado Democrático de Direito, houve uma alteração global das relações entre sociedade e Estado, convertendo-se o Estado em Estado econômico, que provê as condições essenciais de vida ao cidadão através do dirigismo e planificação, com a prestação de bens, serviços e infraestrutura materiais, sem os quais, aliás, o exercício dos Direitos Fundamentais não passa de uma possibilidade teórica, e a liberdade, de uma ficção. Surgiram, então, os direitos fundamentais de 2ª dimensão (sociais),[549] diluíram-se as fronteiras entre a lei e a administração, incrementaram-se as funções não jurídicas da Administração, o Poder Executivo passou a ter uma certa prevalência sobre o Legislativo, culminando com o reconhecimento dos mecanismos de democracia política como o último quadro capaz de permitir o desenvolvimento de um processo de efetiva socialização do Estado.

O Princípio da Legalidade, por sua vez, traduz-se no estabelecimento da reserva total de lei, na redução da discricionariedade da Administração aos limites demarcados pela lei e na sindicabilidade judicial progressiva da observância, pela Administração, dos Princípios

---

[549] Na França, a formulação é um pouco diferente, mas com idêntico conteúdo: direitos fundamentais são tratados todos como *"libertés publiques"*, com diferenças de natureza entre duas categorias de direitos: *pouvoirs de faire* (poderes de agir) – liberdades clássicas – e *pouvoirs d'exiger* (poderes de exigir) ou direitos de crédito.

Gerais de Direito. Por fim, no que tange ao Poder Judiciário, há a tendência a reforçar-se sua independência como forma de refrear o arbítrio legislativo, cresce o seu papel de controle dos governos ao mesmo tempo em que esse papel é revalorizado pela consagração generalizada da justiça constitucional. Assim, passa-se à concepção de que a função administrativa é imbuída da mesma intenção de realização da ideia material de Direito que caracteriza as funções legislativa e judicial, de vez que passa a ser concebida como "a gestão de interesses constitucionalmente cometida às organizações políticas".[550]

Em síntese, o incremento da atividade estatal trouxe para o primeiro plano a administração prestadora (*Leistungsverwaltung*), em detrimento da administração ablativa (*Eingriffsverwaltung*), e, na medida em que a Constituição afirmou o princípio do Estado Social, este recebe o poder-dever de conformação social, dirigido ao legislador e à Administração. Na verdade, trata-se de uma política global de redistribuição de riqueza e de uma inversão da lógica do setor privado. Daí, o poder público tem que construir formas alternativas de captar recursos privados para empreendimentos públicos sem abrir mão de estabelecer as políticas de orientação a tais empreendimentos. Quer dizer, se o Estado não tem recursos para, sozinho, desenvolver as políticas públicas que, em última instância, irão aumentar a riqueza dos privados, é também uma questão de justiça social que estes participem nos encargos, e não só nos benefícios. Essas políticas de aproximação com o setor privado têm sido denominadas de "administração consensual", *soft administration*, ou "administração concertada". O meio escolhido, via de regra, para a gestão dos empreendimentos assim constituídos é o contrato, seja em substituição aos atos administrativos, como ocorre na Alemanha,[551] seja sob a forma de "contrato de plano" ou " contrato programa", como na França.[552]

---

[550] MOREIRA NETO, Diogo Figueiredo. *Mutações do direito administrativo*. Rio de Janeiro: Renovar, 2000, p. 17.

[551] *Koordinationrechtlichte Verträge* (contrato de coordenação), em que as partes estão em pé de igualdade e que substitui, muitas vezes, um ato administrativo ou uma operação vinculada deste gênero. Cf. MAURER, Harmut. *Manuel de Droit administratif Allemand*, p. 368-369.

[552] Contratos entre o Estado e as empresas públicas, na França que traduziram uma nova política do Estado em relação às empresas nacionais. Esta política foi iniciada em 1967 e está consubstanciada no "Relatório Nora". Os contratos concluídos com as empresas públicas definem os objetivos a serem atendidos por elas, e lhes impõem o respeito a certas prescrições destinadas a manter sua gestão na linha da política econômica do governo e a assegurar que certas obrigações do serviço público não sejam inteiramente eclipsadas pelo espírito. da gestão comercial. Em contrapartida, às empresas ficam asseguradas a

No caso da Alemanha, existe a previsão, na Lei de Procedimento Administrativo, artigos 54 a 61, de que a Administração possa contratar com os particulares em igualdade de condições, de forma a substituir a atuação unilateral (prática de atos administrativos).[553] No caso da República Italiana, existe uma lei de finanças públicas para reger essas relações "público-privadas" denominada "Lei de concertação" (*Legge* 23 *dicembre* 1996, nº 662 "*Misure di razionalizzazione della finanza pubblica*").

6.1 O aprofundamento do ideal democrático pela participação política

Havendo, muitas vezes, uma distância entre a vontade do representante e a do representado, pode ser necessária a intervenção direta do cidadão nas decisões públicas, principalmente no que diz respeito ao governo e à Administração: o cidadão comum, na experiência cotidiana, quando se refere às decisões dos representantes, diz: "eles decidiram" e não "nós decidimos". E neste momento a virtude democrática se esvanece, porque o poder administrativo passa a ser percebido como um poder autônomo sem relação alguma, mesmo que indireta, com a vontade a que ele está submetido através da lei. Esse poder administrativo não cessa de alargar seu campo de intervenção, e mesmo que não existam dúvidas de que a fonte desse poder é a soberania popular, o fato é que, nas decisões concretas, essa vinculação deixa de ser percebida, de modo que fica, na psicologia do cidadão, obnubilada a consciência de viver em uma democracia livre. Por isso, ganha relevância o tema da participação política como aprofundamento e efetiva realização do ideal democrático.

---

liberdade de gestão e a responsabilidade sobre a mesma, e não há outro controle que não dos resultados. No caso da França, pelos 'contratos de plano', há a substituição da 'administração por comandos' pela 'administração de resultados', implicando a outorga de autonomia de funcionamento às entidades privadas "com a substituição de controles *a priori* por controles *a posteriori*, controle de resultados". Em contraprestação, a empresa deve cumprir certas metas, estabelecidas pelo poder público. Após a crise do petróleo da década de 70 do séc. XX, os contratos de programa ou de plano foram substituídos pelos "contratos de empresa", em que foram cortadas as vinculações com os planos nacionais, e os prazos de duração tornaram-se mais reduzidos. Cf. CHAPUS, René. *Droit administratif Général*, p. 353 e COUTO E SILVA, Almiro. *Os Indivíduos e o Estado na Realização de Tarefas Públicas*, p. 93. Ver, também, do mesmo autor, sobre o tema: Consulta formulada pelo Prefeito Tarso Genro: Veiculação de Publicidade com Infrigência eventual do art. 37, §1º das CF e Estatuto das Licitações. Possibilidade do slogan "Administração Popular". *Revista da Procuradoria Geral do Município de Porto Alegre*, v.8, nº9, agosto/1996, p. 63-64.

[553] Na Alemanha, o contrato administrativo é um modo alternativo de atuação da Administração Pública.

Conceito relativamente recente, a participação pode ser entendida como "tomar parte nas decisões políticas", e não como o exercício direto do poder (tese da democracia direta). Utilizado pela Sociologia para designar o papel do indivíduo na atividade do grupo, na Ciência Política, como o concurso dos particulares no exercício do poder, o conceito de participação tal como vem sendo utilizado pela ciência jurídica refere-se à posição do cidadão na gestão da coisa pública. Como núcleo comum está a ideia de direito reconhecido aos homens, na condição de membros de uma comunidade política organizada, de tomar parte nos processos de decisão que lhes concernem.[554]

Em matéria administrativa, a participação apresenta uma série de problemas novos, porque a autoridade da Administração, na vida de cada dia, é percebida como totalmente autônoma, principalmente nas grandes coletividades. Em comunidades pequenas, a relação entre a Administração e os cidadãos resta suficientemente aproximada pela representação, de modo que a decisão administrativa conserva o seu valor democrático. A participação organizada é, então, menos necessária e, de toda a maneira, mais fácil. Já nas grandes comunidades, a participação encontra o seu primeiro obstáculo, qual seja, o segredo de que a Administração se reveste e que funda, em parte, a consciência que ela tem de sua própria importância. Para que os interessados possam participar da decisão administrativa (ou de seus atos preparatórios), é essencial que os processos internos – os arquivos – sejam abertos. Essa publicidade é a primeira etapa para a participação. A segunda é o chamamento dos cidadãos para que intervenham na decisão; é a participação nos procedimentos de tomada de decisões. A mais tradicional dessas intervenções é a participação através de um órgão consultivo em que os interessados estão presentes (direta ou indiretamente, por seus representantes). No entanto, é com o diálogo entre a Administração e as pessoas interessadas, o qual implica não somente a possibilidade de elas se defenderem, caso a decisão venha a ameaçar seus interesses, mas, principalmente, a de apresentarem sugestões baseadas em sua experiência e no seu conhecimento, mais adaptadas à realidade, que se expressa cabalmente a ideia de participação na Administração. Exemplos desse diálogo são as audiências públicas preliminares em matéria de desapropriação ou urbanística, bem como todos os procedimentos

---

[554] Cf. SAVIGNANO, Aristide. *Enciclopedia del diritto*. Milano: Giuffrè, 1986 v. 32, p. 1-13, v. "Participazione".

que transpõem o princípio *audiatur et altera pars* do procedimento judicial para o domínio do procedimento administrativo.

Feitas tais considerações, pensando-se a Administração do ponto de vista da sua relação com os cidadãos, isto é, do "comportamento geral da Administração em relação a indivíduos ou grupos da sociedade",[555] pode ser colocada a questão da "participação direta" na vida administrativa.

6.1.1 A tese da democracia procedimental

Nas democracias ocidentais, o fundamento e a legitimidade da ordem democrática repousam na participação política do cidadão na formação da vontade estatal, e esta é, primeiramente, mediada pela representação: o "povo" participa da formação da vontade do Estado através do voto em eleições livres e gerais para o Parlamento. Isso não quer dizer, entretanto, que o povo, fora de eleições e votações, esteja excluído de toda influência sobre a determinação geral política do Estado, uma vez que, pelo direito fundamental da liberdade de opinião, forma-se uma opinião pública que frequentemente se faz valer ante o Parlamento, o governo e a Administração.

Além disso, o povo também participa na formação preliminar da vontade política, ocasião em que as decisões são preparadas por uma discussão pública de diferentes correntes de opinião, através dos interesses dos grupos organizados. Daí a afirmação de que a democracia vive da publicidade do processo político: as eleições e votações somente cumprem sua função quando o cidadão está em condições de formar um juízo sobre as questões a serem decididas, na medida em que a opinião pública pressupõe o conhecimento das questões públicas. Assim, a democracia depende, na formação da vontade política, na legitimação e controle dos governantes, de cidadãos ativos, responsáveis e informados. Advém daí a importância de se discutir o papel da mídia na pré-formação da opinião pública e a democratização dos meios de comunicação de massa.[556]

Decisiva é, pois, a concepção procedimental de democracia como conjunto de regras que tendem a preservar a liberdade dos indivíduos

---

[555] MEDAUAR, Odete. *O direito administrativo em evolução*, p. 205.
[556] Ver: TABORDA, Maren; ZANDONÁ, Thais. A atividade do comunicação social e formação da opinião pública. *Revista de Direito Econômico e Socioambiental*. V 8. Curitiba, 2018, p. 410-445.

na tomada de decisões. Ela pressupõe que o governo do "povo" é o governo da maioria, e por "povo" – sujeito da democracia – entende os destinatários da ordem jurídica ("a totalidade dos indivíduos submetidos à ordem jurídica") que participam da criação do governo diretamente, pela assembleia desses indivíduos, ou indiretamente, por seus representantes.[557] É justamente nessa função de participação na criação da ordem estatal que reside a ideia de democracia. Como nem todo o "povo" possui direitos políticos, só aqueles que são cidadãos conseguem atuar no processo político, ocorrendo a inevitável diferenciação entre o "povo ativo" e o conjunto de indivíduos submetidos à ordem jurídica.[558] Nos termos da tradição da teoria política do Ocidente, isso quer dizer, em primeiro lugar, que os órgãos políticos, principalmente o órgão político máximo (a quem é assinalada a função legislativa) devem ser compostos de membros direta ou indiretamente escolhidos pelo povo, de forma que é na participação – direta ou indireta (pela via da representação) – do povo ativo no poder que residem o fundamento e a legitimidade da ordem democrática.[559]

A democracia deliberativa é o governo de muitos, que tem o caráter deliberativo, racional, porque há a discussão pública entre as várias concepções acerca do que é o bem comum. Habermas, partindo da distinção entre razão instrumental e razão "comunicativa", em que a primeira orienta a ação para o êxito visando a reprodução material da sociedade, e a segunda orienta a ação para o entendimento, que permite a reprodução simbólica da sociedade, utiliza um conceito procedimental de democracia fundado no que ele chama de "política deliberativa" (âmago do processo democrático). Segundo isso, e acompanhando Cohen, a noção de democracia deliberativa "está enraizada no ideal intuitivo de uma associação democrática na qual a justificação dos

---

[557] Cf. BARZOTTO, Luís Fernando. *A democracia na Constituição*. São Leopoldo: Editora Unisinos, 2003, p. 144.
[558] KELSEN, Hans. Essência e valor da democracia e fundamentos da democracia. In: *A democracia*. São Paulo: Martins Fontes, 1993, p. 37.
[559] Desde a concepção clássica, cidadão é "aquele que participa nas funções deliberativa e judicial na comunidade política" (ARISTÓTELES, *Política*: Livro III, 1, 1275b), e tanto na democracia – governo de muitos que tem por finalidade o bem dos pobres – quanto na *politeia* – o regime perfeito – essa participação se restringe aos livres, com a diferença que na *politeia* os que participam são aqueles livres com "um mínimo de propriedade" (classe média). Dado que no plano concreto existem democracias ou oligarquias e que "os abusos dos ricos são um fator mais dissolvente da constituição do que os abusos do povo" (ARISTÓTELES, *Política*: Livro IV, 1297a), a *politeia* de classe média acaba por ser o regime mais seguro, porque está mais perto da democracia do que da oligarquia (ARISTÓTELES, *Política*: Livro V, 1, 1302a).

termos e das condições de associação efetua-se através da argumentação pública e do intercâmbio racional entre cidadãos iguais".[560] Já Barzotto desenvolve essa tese a partir dos pressupostos da filosofia política aristotélica para afirmar que "à democracia cabe canalizar os vários pontos de vista e argumentos para a atividade de deliberação coletiva. O direito é produto da razão prática, que determina o bem objetivo que se coloca como fim para a ação".[561]

Assim, por "democracia procedimental" se pode entender tanto um método de tomada de decisões políticas[562] quanto um "método de criação da ordem social".[563] Nessa concepção, o método é constituído por procedimentos e regras para estabelecer quem está autorizado a tomar decisões políticas – e de que forma –, e a regra de ouro é o *princípio da maioria*. Essa definição minimalista, ou "deflacionária",[564] é sustentada por Bobbio, ao afirmar que a democracia se caracteriza "por um conjunto de regras (primárias e fundamentais) que estabelecem *quem* está autorizado a tomar as decisões coletivas e com quais *procedimentos*",[565] e esta é a primeira condição para que ela exista. A segunda condição diz respeito às modalidades de decisão, que se devem dar segundo *a regra da maioria*: são consideradas decisões coletivas, vinculatórias para todo o grupo social, aquelas aprovadas "ao menos pela maioria daqueles a quem compete tomar a decisão".[566] Finalmente é indispensável uma terceira condição: aqueles que são chamados a decidir ou a eleger os que vão decidir têm que estar em condição de escolher entre várias alternativas, e daí ser indispensável a liberdade de opinião, de expressão das próprias ideias, de associação etc.

A representação tende a reduzir o poder a um menor poder, e o povo acaba realmente exercendo poder "pela capacidade de controlar e mudar os detentores do poder".[567] Assim, a primeira formulação – todo poder ao povo – converte-se gradualmente em outra: todo o poder a

---

[560] HABERMAS, J. *Direito e democracia:* entre facticidade e validade. 4. ed. Flávio Beno Siebenneichler. Rio de Janeiro, 1997, v. 2, p. 28.
[561] BARZOTTO, *A democracia...*, p. 17.
[562] BOBBIO, Noberto. *O futuro da democracia:* uma defesa das regras do jogo. 2. ed. Rio de Janeiro: Paz e Terra, 1986, p. 18.
[563] KELSEN, *A democracia*, p. 191.
[564] Expressão é de Habermas, a respeito da tese de Bobbio. Ver: HABERMAS, *Direito e democracia...*, p. 26, e BOBBIO, *O futuro...*, p. 18.
[565] BOBBIO, *O futuro...*, p. 18.
[566] BOBBIO, *O futuro...*, p. 19
[567] Cf. SARTORI, Giovanni. *A teoria da democracia revisitada 1:* o debate contemporâneo. São Paulo: Ática, 1994, p. 105-106.

ninguém. Consoante a posição de Sartori, a democracia é flexível porque "é, sobretudo, um procedimento para processar quaisquer demandas da sociedade, tudo quanto chegue a ter 'voz', e o ideal democrático, embora não completamente realizável, pode ser otimizado".[568]

Se a democracia é o governo de todos, da maioria, ou do povo, é essencial saber-se o que significa "o povo" em cada Constituição em concreto, isto é, segundo os modos linguísticos de utilização da expressão, como o faz Müller.[569] A teoria do Direito fala de "povo" ao se referir aos "titulares dos direitos eleitorais ativos e passivos", isto é, de "povo ativo", aquele que é, graças à representação, a fonte da legislação. No discurso jurídico, "povo" aparece também como "instância de atribuição de legitimidade", e, neste caso, a referência abrange todos os titulares da nacionalidade – a fonte do poder: o conceito assim inclui os não eleitores, os não votantes, bem como os vencidos pelo voto. Por fim, "o povo" pode ser abordado como o destinatário das normas enquanto população efetiva: "desse povo-destinatário, ao qual se endereçam todas as prestações civilizatórias do Estado Democrático de Direito, fazem parte simplesmente todos, independentemente de sua idade, seu estado mental e do *status* dos 'direitos políticos' (*bürgerliche Ehrenrechte*)".

Pelo princípio da representação[570] resolve-se a equação "governante-governado" através de uma mediação: não sendo possível, na sociedade de massas, uma identidade total entre governantes e governados – o povo não tem como decidir sobre todos os assuntos da vida estatal –, "o domínio de homens sobre outros homens" é feito por meio de "órgãos especiais" de direção e formação da vontade política.[571]

Ainda que as constituições democráticas, via de regra, não façam a opção pela democracia como doutrina abstrata de fundamentação do poder, o conceito que elas veiculam abrange tanto o caráter normativo (o regime deve ser democrático) quanto as condições reais e os procedimentos para a formação da ordem concreta da realidade

---

[568] SARTORI, *A teoria da democracia...*, p. 111.
[569] MÜLLER, Friedrich. Que grau de exclusão social ainda pode ser tolerado por um sistema democrático? *Revista da Procuradoria-Geral do Município de Porto Alegre*, Porto Alegre, edição especial, 2000. Tradução da Conferência proferida no evento "Desafios Contemporâneos da Democracia", de 25 a 26 de agosto de 1999, p. 25.
[570] Montesquieu já afirmara que, nos Estados livres, é o povo que possui o Poder Legislativo, mas, como nos grandes estados é impossível que o povo faça leis diretamente, é conveniente que o faça através de seus representantes. O corpo de representantes, escolhido, não para tomar resoluções, "mas, sim, para fazer leis ou para ver se as que fez são bem executadas" in: *EL*, 1993, p. 94-95.
[571] Cf. HESSE, Konrad. *Derecho constitucional y derecho privado*. Madrid: Civitas, 1995, p. 118.

estatal. Essa ordem concreta não parte de uma "vontade do povo" uniforme e unívoca, mas de uma vontade que é "real" porque nasce da divergência e das diferenças de opinião, de interesse, de aspirações, isto é, de conflitos dentro do povo; em última instância, do "dissenso".[572] Essa "vontade real" vem referida na teoria política como um "consenso" que foi produzido nas eleições, já que na democracia o povo governa através de representantes, de modo que o que sintetiza o processo democrático são as eleições. O poder de eleger é a garantia mecânica da democracia: a garantia substancial é "constituída pelas condições em que o cidadão obtém as informações e é exposto à pressão dos formadores de opinião".

Assim como as eleições devem ser livres, a opinião também deve sê-lo, de modo que um governo de opinião se deixa descrever como um governo de consentimento. Dizer que a democracia é um governo por consenso significa afirmar que este repousa sobre as opiniões expressadas nas eleições e a elas reage. Ainda que exista, no espaço entre uma eleição e outra, a formação de opinião pelos chamados grupos especiais (mídias, grupos de interesses etc.), só as eleições expressam um consenso geral ou uma discordância generalizada em relação ao governo.

6.1.2 A esfera pública, a opinião pública[573] e as mídias sociais

Princípio organizacional dos ordenamentos políticos do Ocidente, o conceito de "esfera pública" que se está a utilizar é aquele sociológico-político tal como formulado por Hannah Arendt e Jurgen Habermas.[574] O uso de "público" e "esfera pública" denuncia uma grande quantidade de significados diferentes e concorrentes. No modelo greco-romano, tal qual nos foi transmitido, a "esfera pública", contrapondo-se à "esfera privada", é o mundo da "ação", da

---

[572] No Constitucionalismo antigo, Aristóteles já afirmava a importância do que chamou "concórdia": "Em uma cidade há concórdia (*homonoia*) quando os cidadãos pensam do mesmo modo sobre o que lhes convém, elegem as mesmas coisas e fazem juntos o que concordaram em comum. Portanto, a concórdia se refere ao prático e dentro deste, aquilo que é importante (...)". (*Ética a Nicômacos*, IX, 1167b).

[573] Para essas considerações, ver: SARTORI, *Teoria da democracia*, p. 124-125, e BOBBIO, N.; MATTEUCCI, N.; PASQUINO, G. *Dicionário de política*. UNb, 1986, p. 843, v. "Opinião Pública".

[574] HABERMAS, J. *Direito e democracia. Entre facticidade e validade...*, p. 92; *Mudança estrutural da esfera pública*. Rio de Janeiro: Tempo Brasileiro, 1984, p. 16; 95. ARENDT, Hannah. *A condição humana*. 10. ed. Rio de Janeiro/São Paulo, 2000, p. 41.

liberdade e da igualdade, da "política". A esfera privada é o mundo da atividade econômica (governo da casa e reprodução das condições materiais de existência), da domesticidade, da necessidade e do labor: "Na conversação dos cidadãos entre si é que as coisas se verbalizam e se configuram; na disputa dos pares entre si, os melhores se destacam e conquistam a sua essência: a imortalidade da fama". Por isso, para Arendt a *polis* era diferente da família "pelo fato de somente conhecer iguais", enquanto a família era o lugar da mais severa desigualdade". "Ser livre", continua a autora, "significava ao mesmo tempo não estar sujeito às necessidades da vida nem ao comando de outro e também comandar". Mantido esse modelo ideológico por séculos, com o surgimento do Estado Moderno tais noções passaram a ter uma efetiva aplicação processual jurídica, principalmente com a constituição da "sociedade civil burguesa", aquela esfera de atuação pública que está separada do Estado e que é considerada "privada" da mesma forma que a "esfera do poder público" se objetiva numa administração e num exército permanentes, correspondendo a uma atividade estatal continuada.

Com a era moderna – que encontrou sua forma política no estado nacional – surge uma esfera "social", que não é totalmente privada nem pública no sentido estrito do termo, uma vez que a atividade econômica precisa orientar-se por um intercâmbio de bens "induzido e controlado publicamente", de modo que a atividade econômica se desloca para a "esfera privada da sociedade que se tornou publicamente relevante". Assim, na primeira acepção moderna, a esfera pública burguesa é "a esfera das pessoas privadas reunidas em um público; elas reivindicam esta esfera pública regulamentada pela autoridade, mas diretamente contra a própria autoridade, a fim de discutir com ela as leis gerais da troca na esfera fundamentalmente privada, mas publicamente relevante, as leis do intercâmbio de mercadorias e do trabalho social". Daí as codificações oitocentistas desenvolverem um sistema de normas que assegura um intercâmbio às pessoas privadas livres das amarras estamentais, garantindo "a instituição da propriedade privada e, como seus pontos de ligação, as liberdades básicas de contrato, empreendimento e herança", assevera Habermas.[575]

A partir das políticas intervencionistas do fim do séc. XIX e início do séc. XX, a base da esfera pública burguesa – separação entre Estado

---

[575] In: *Mudança estrutural da esfera pública*, p. 42.

e Sociedade – começa a ser destruída através da constitucionalização de uma esfera pública politicamente ativa. Surge, então, "uma esfera social repolitizada, que escapa à distinção entre 'público' e 'privado' e que é constituída de relações semi-privadas ou semi-públicas". Intermediária entre o Estado e a Sociedade, a esfera pública politicamente ativa pode ser entendida no plano sociológico como fenômeno social elementar, do mesmo modo que "a ação", o "grupo" ou "a coletividade". Não constituindo um sistema, ou uma instituição, a esfera pública pode ser descrita como uma rede adequada para a comunicação de conteúdos, tomadas de posição e opiniões, de modo que os fluxos comunicacionais são filtrados e sintetizados até se condensarem em opiniões públicas sobre temas específicos. Embora o "mundo da vida" seja um reservatório de interações em que os sistemas de ação e de saber especializados a ele estão vinculados, porque se ligam à funções gerais de reprodução deste mundo (religião, escola, família) ou à "validade do saber comunicado através da linguagem comum (como é o caso das ciência, da moral e da arte)", a esfera pública não se especializa: mesmo quando se relaciona a questões politicamente relevantes, é o sistema político quem acaba por fazer a elaboração especializada. Daí que a esfera pública constitua principalmente uma *estrutura comunicacional* do agir orientado pelo entendimento, a qual tem a ver com o *espaço social gerado* no agir comunicativo, não com as *funções* nem com os *conteúdos* da comunicação cotidiana. Por conseguinte, opinião pública é um conceito político porque é uma opinião sobre o estado da coisa pública – da *res publica* – indicando não só o sujeito da opinião, mas também "a natureza e o domínio das opiniões em questão". Para serem politicamente relevantes, as opiniões devem ser expostas às informações sobre as coisas públicas. Como "opinião", expressa mais juízos de valor do que juízos de fato ou de verdade. Enquanto "pública" pertence ao universo político: é uma *doxa* que forma e fortalece no debate, expressando uma atitude racional e crítica. Fenômeno da época moderna, a opinião pública surge para combater a guarda dos *arcana imperii* e a censura, de modo a obter a máxima publicidade dos atos do Governo.

    O processo constitucional histórico islandês, por exemplo (a Revolução das Panelas e Frigideiras),[576] ao possibilitar a participação

---

[576] Ver: TABORDA, Maren; MATIAS, Flávia Hagen. Democracia procedimental, opinião pública e mídia: o caso da Revolução das Panelas e Frigideiras. In: SILVA, Lucas Gonçalves; FREITAS, Ruben Corrêa (Org.) *Teoria constitucional*. 1. ed. CONPEDI: Florianópolis, 2016, v. p. 166-185.

direta dos cidadãos na composição da nova constituição, tornou o processo de formação da opinião pública amplo e democratizado. Chama-se isso de *Crowdsourcing*[577] *Constitution*, que significa a elaboração de um texto constitucional por meio da utilização do espaço virtual de forma a promover a colaboração e o compartilhamento de ideias entre os seus participantes na busca pelas respostas e pelos resultados esperados. Essa ferramenta tecnológica viabiliza, portanto, a divulgação do conhecimento, o acesso à informação e a contestação de modelos institucionais, contribuindo para o rompimento com determinados paradigmas. Sua utilização na seara do interesse público, como é o caso da Islândia, serve de instrumento virtual de manifestação dos cidadãos para, valendo-se da ideia de colaboração em massa e da participação política, possibilitar a formação de ações estatais dirigidas ao atendimento de suas reais necessidades, além, é claro, de um maior controle da gestão pública, o que se compatibiliza com os conceitos de legitimação democrática. Destaca-se que a realização da primeira constituição colaborativa do mundo só foi possível graças ao fato de a Islândia ser um dos países mais conectados do mundo, com um dos maiores níveis de uso de internet e de mídia social, de acordo com o *World Economic Forum*.[578]

6.2 Processo administrativo e democracia

A consequência do processo histórico de mutação da Administração é que os princípios gerais do direito administrativo são suscetíveis de serem deduzidos de disposições e princípios de direito constitucional, como no caso em que a Corte Administrativa Federal Alemã desenvolveu a teoria da anulação de atos administrativos a partir

---

[577] Ver CONTIPELLI, Ernani. *Crowdsourcing Constitution*: solidariedade e legitimação democrática na pós-modernidade. Revista Eletrônica Direito e Política, Programa de Pós-Graduação *Stricto Sensu* em Ciência Jurídica da UNIVALI, Itajaí, v. 8, n. 3, 3º quadrimestre de 2013, p. 16. Disponível em: www.univali.br/direitoepolitica – ISSN 1980-7791. Acesso em: 16 maio 2016.

[578] De acordo com o *International Telecommunication Union (ITU)*, a Islândia tinha um nível de penetração de internet em torno de 98% em 2014, comparado com 97% em 2013 e 93% em 2009, com uma diferença mínima no uso na região da capital com as demais regiões do país. Esse é o maior nível de usuários de internet de todos os países europeus, comparado com a média comum de 81% de penetração na União Europeia. *Iceland freedom on the net 2015 PDF version*. Disponível em: https://freedomhouse.org/sites/default/files/resources/FOTN%202015_Iceland.pdf. p. 2. Acesso em: 16 maio 2016.

de princípios constitucionais antagônicos – legalidade (*Gesetzmässigkeit*) e proteção à confiança (*Vertrauensschutz*) –, integrantes, os dois, do princípio do "Estado de Direito". Essa corrente de pensamento se reconduz ao consenso obtido no pós-guerra em torno de certos valores centrais para os ordenamentos jurídicos modernos, como os da liberdade e da igualdade (conteúdo material da Justiça e do pluralismo político), que pretendem, em última instância, facilitar e tornar possível o desenvolvimento integral da pessoa e o exercício efetivo e real de sua dignidade. Tais valores constituem e fundam os ordenamentos jurídicos, sob forma de princípios constitucionais, explícitos ou implícitos, e adquiriram, no direito público, "um vigor que nunca tinham possuído, notadamente na configuração da coerência e da consistência do sistema".[579] As outras normas são sempre a eles necessariamente reconduzidas, e são eles que orientam sua interpretação, e o próprio sistema jurídico passa a ser concebido como o resultado da regra de justiça – princípio da igualdade. O ordenamento jurídico é, então, o ordenamento axiológico e teleológico dos princípios gerais do Direito, no sentido de realização desses valores concretizados em diferentes níveis.

No Brasil, coube a Almiro do Couto e Silva dar o giro hermenêutico que significou pensar o princípio da segurança jurídica em termos de "proteção à confiança", muitas vezes confrontada com a legalidade estrita,[580] o que acabou contribuindo para o entendimento que, atualmente, o Supremo Tribunal Federal brasileiro empresta ao preceito.[581] Clássico é o seu estudo de 1988, no particular, sobre a questão, *verbis*:

> Embora do confronto entre o princípio da legalidade da Administração Pública e o da Segurança Jurídica resulte que, fora dos casos de dolo, culpa, etc., o anulamento com eficácia *ex tunc* é sempre inaceitável e o com eficácia *ex nunc* é admitido quando predominante o interesse público no reestabelecimento da ordem jurídica ferida, é absolutamente

---

[579] COUTO E SILVA, *Direito administrativo e constitucional*: estudos em homenagem a Geraldo Ataliba. São Paulo: Malheiros, 1997, p. 97-98. Ver, sobre sistema jurídico, CANARIS, Claus-Wilhelm. *Pensamento sistemático e conceito de sistema na ciência do direito*. Lisboa: Fundação Calouste Gulbenkian, 1989, p. 97.

[580] Cf. MARTINS-COSTA, Judith. Almiro do Couto e Silva e a re-significação do princípio da segurança jurídica na relação entre o Estado e os cidadãos (a segurança como crédito da confiança). In: ÁVILA, Humberto (org.) e alii. *Fundamentos do Estado de Direito*. Estudos em homenagem ao professor Almiro do Couto e Silva. São Paulo: Malheiros, 2005.

[581] BRASIL. STF. Segunda Turma. QO Pet (MC) n. 2900/RS, Rel. Ministro Gilmar Mendes, jul. em 27/05/2003, DJ 01/08/2003, p. 142. Disponível em: www.stf.gov.br/jurisprudencia/ Acesso em: 08 dez. 2003.

defeso o anulamento quando se trate de atos administrativos que concedam prestações em dinheiro, que se exaurem de uma só vez ou que apresentem caráter duraroudo, como os de índole social, subvenções, pensões ou proventos de aposentadoria.[582]

Tal compreensão encontraria sua expressão legislativa no art. 54 da Lei Federal de Processo Administrativo de 1999,[583] que instituiu a regra de decadência para a anulação dos atos administrativos. Traduz tal cláusula que a Administração autoritária, unilateral, já não encontra mais lugar em nosso ordenamento jurídico, pelo menos no plano normativo.

6.2.1 A constitucionalização da Administração Pública

A formulação dos princípios estruturantes do Estado brasileiro – o da República, o da Federação, o do Estado Democrático de Direito e todos os seus subprincípios implícitos e explícitos (segurança jurídica, legalidade, impessoalidade, moralidade, publicidade, igualdade, o do devido processo legal, o da razoabilidade e o da ampla defesa) – aliada ao preceito da proporcionalidade faz com que, modernamente, as bases constitucionais do direito administrativo restem alargadas e tornem a Administração Pública bastante "aberta à fiscalização e ao controle dos particulares".[584]

A constitucionalização dos fundamentos do direito administrativo não se confunde, entretanto, com a sua "constitucionalização" absoluta: o que há é tão somente uma inflexão da lógica democrática sobre a Administração, obrigando a ciência do direito administrativo a se adaptar às novas circunstâncias. Consoante Jacques Chevallier pode-se observar, na França, um processo de "relocalização" do

---

[582] COUTO E SILVA, Almiro. Os princípios da legalidade da administração pública e da segurança jurídica no Estado de Direito Contemporâneo. *Revista da Procuradoria-Geral do Estado*. V. 18, nº 46, p.11. Porto Alegre: Instituto de Informática Jurídica do Estado do Rio Grande do Sul, 1988.

[583] BRASIL. Lei nº 9.784, de 29 de janeiro de 1999. "Art. 54. O direito da Administração de anular os atos administrativos de que decorram efeitos favoráveis para os destinatários, decai em cinco anos, contados da data em que foram praticos, salvo comprovada má-fé. §1º No caso de efeitos patrimoniais contínuos, o prazo de decadência contar-se-á da percepção do primeiro pagamento. §2º Considera-se exercício de anular qualquer medida de autorida administrativa que impora impugnação à validade do ato."

[584] COUTO E SILVA, *Direito administrativo e constitucional:* estudos em homenagem a Geraldo Ataliba, p. 98.

direito administrativo, que, de um saber central, exclusivo, sobre a Administração, e verdadeiro fundador do direito público francês, passa a ser, a partir dos anos de 1960 e da crítica neo-liberal, um saber "mais modesto" e subordinado ao direito constitucional.

O direito administrativo foi "desqualificado" como saber técnico, indispensável e único, sobre a Administração, pela concorrência da "Ciência da Administração" (de cunho sociológico, que se interessa pelo fenômeno do funcionamento da Administração do ponto de vista concreto, com conceitos e métodos extraídos das ciências sociais), com sua crítica gerencial (contradição entre o direito administrativo e o imperativo da eficácia) e pelo alargamento da competência do Conselho Constitucional e do campo de validade do direito constitucional, a partir de uma definição substancial de Constituição, a qual pretendeu a hegemonia sobre todos os ramos do direito. Com isso, iniciou um processo, a partir da década de 1980, de "refundação" do direito administrativo, segundo o qual as novas normas de eficácia foram integradas ao direito e se tornaram uma das condições de regularidade da ação administrativa, e o direito administrativo passa a ser visto como formado por um conjunto de normas que se situam em níveis hierárquicos diversos (constitucional, legislativo, regulamentar etc.), de modo que a constitucionalização de uma regra altera seu valor, não sua natureza, e a jurisprudência do Conselho Constitucional aparece "sob esse ângulo como um elemento do direito administrativo ele mesmo, integrado à esse direito".[585]

Assim, na medida em que a Administração Pública produz, elabora e processualiza uma racionalidade autoconstruída, transforma irregularidades em regularidades, acaba elaborando politicamente os temas que a comunicação social, através da opinião pública, isolou como temas relevantes. Nos últimos anos no Brasil (pelo menos desde a Constituição de 1988), dentre os temas que a opinião pública brasileira isolou como relevantes está a questão da "participação direta" do cidadão na vida administrativa e da sua condição institucional: a publicidade entendida como direito de saber e como dever de motivação das decisões administrativas. No entanto, a transformação do poder de comunicação dos cidadãos em poder administrativo deve ser organizada pelo Direito, e para isso é essencial o *processo administrativo*: a

---

[585] CHEVALLIER, Jacques. Le droit administratif entre science administrative et droit constitutionnel. In: *Le droit administratif en mutation*. CHEVALLIER, Jacques *et al.* Paris, Presse Universitaire de France, 1993, p. 11 a 40.

abertura da sociedade ao modelo procedimental se deve à capacidade daquele de gerar consensos.[586] Que o direito de acesso (direito à informação sobre a atividade dos poderes públicos) esteja estreitamente vinculado aos princípios constitucionais da soberania popular e da democracia é tão evidente, que quando se começou a falar em participação iniciou-se concomitantemente uma ampla reflexão a respeito da necessidade de "transparência" (publicidade) nos Estados ocidentais. Esse movimento, aliás, é considerado uma espécie de revolução copernicana, que trouxe para o primeiro plano os direitos do cidadão e passou a repensar e reorganizar a Administração como estando a seu serviço, no sentido de que esta opera para tornar efetivo os direitos reconhecidos nas Constituições e nas leis de modo geral.

No particular, o princípio do segredo de Estado foi substituído por aquele que lhe é diametralmente oposto, qual seja, o da mais ampla publicidade. Essa é mutação fundamental da Administração

---

[586] Ver: ALPA, Guido. Aspetti e problemi della partecipazione nel diritto urbanistico: appunti per una discussione. *Rivista Trimestrale di Diritto Pubblico*, Milano, n. 1, 1979; DEBBASCH, Charles. *La transparence administrative en Europe*: actes du colloque tenu à Aix en octobre 1989. Paris: Centre National de la Recherche Scientifique, 1990; BELLOMIA, Salvatore. *Il diritto di accesso ai documenti amministrativi e suoi limiti*. Milano: Giuffré, 2000; CAVALLO, Bruno (a cura di). *Procedimento amministrativo i diritto di accesso*: Legge 7 agosto1990, n. 241. Napoli: Edizioni Scientifiche Italiane, 1993; *Código de procedimento administrativo*. 3. ed. Coimbra: Livraria da Universidade – Edições Jurídicas, 1998; FERRAZ JÚNIOR, Tércio Sampaio. Sigilo de dados: o direito à privacidade e os limites da função fiscalizadora do Estado. *Cadernos de Direito Constitucional e Ciência Política*. *Revista dos Tribunais*, São Paulo, p. 77-90, 1992; GIANNINI, Massimo Severo. I Pubblici poteri negli stati pluriclasse. *Rivista Trimestrale di Diritto Pubblico*. Milano, v. 2-3, p. 389-404, 1979; GOMES, José Osvaldo. *Fundamentação do acto administrativo*. 2. ed. Coimbra: Coimbra, 198; GORDILLO, Agustin. Participacion Administrativa. *Revista de Direito Público*, São Paulo, v. 18, n. 74, p. 15-25, abr./jun. 1985; HONNETH, Axel. São Paulo: Editora 34, 2003; LAPERUTTA, Lilla (a cura di). *Procedimento amministrativo e diritto di accesso*: commento organico alla L. 241/1990 come modificata dalle leggi 11 febraio 2005, n. 15 e 14 maggio 2005, n. 80. Napoli: Edizioni Simone, 2005; MARIANI, Marco. *Il diritto di accesso doppo la riforma dell'azione amministrativa*: legge 11 febbraio 2005, n. 15. Torino: Giappichelli, 2005; NIGRO, Mario. Problemi dei nostri tempi: il nodo della partecipazione. *Rivista trimestrale di Diritto e Procedura Civile*, Milano, mar. 1980; SAVIGNANO, Aristide. *Enciclopedia del diritto*. Milano: Giuffrè, 1986, v. "Participazioni"; RIVERO, Jean et al. *La participation directe du citoyen à la vie politique et administrative*. Bruxelles: Bruylant Breuxelles, 1986; SÉRVULO CORREIA, José Manuel. O direito à informação e os direitos de participação dos particulares no procedimento e, em especial, na formação da decisão administrativa. In: AMARAL, Diogo Freitas; LOPEZ RODÓ, Laureano. *Procedimento administrativo*: ponencias del I coloquio hispano-portugués. Santiago de Compostela: Escola Galega de Administración Publica, 1994; SUNFELD, Carlos Ari. Princípio da publicidade administrativa (Direito de certidão, vista e intimação). *Revista de Direito Administrativo*. Nº 199. Rio de Janeiro, jan./mar. 1995; TABORDA, Maren Guimarães. O princípio da transparência e o aprofundamento dos caracteres fundamentais do direito administrativo. *Revista de Direito Administrativo*. Rio de Janeiro: Renovar, n. 230, p. 251-279. Out/dez 2002.

contemporânea, porque o princípio da publicidade impõe deveres de transparência e afirma direitos de participação na gestão da coisa pública.

6.2.2 O princípio da publicidade

Na discussão em torno dos vários sentidos do princípio da publicidade, o mais imediato sentido é o de que este é, primeiramente, um preceito que tende a preservar a *res publica*, isto é, a comunidade política no sentido que Kant lhe dá,[587] porque esta, sendo regida por leis, unida aos conceitos de "democracia" e de "governo não despótico", é o fundamento do Estado de Direito. Sustentando a necessidade de visibilidade do poder ou de seu "exercício público",[588] Kant escreveu:

> O problema do estabelecimento do Estado (...) formula-se assim: Ordenar uma multidão de seres racionais que, para a sua conservação, exigem conjuntamente leis universais, das quais, porém, cada um é inclinado no seu interior a exirmir-se, bem como estabelecer uma constituição de um modo tal que estes, embora opondo-se uns aos outros nas suas disposições privadas, contêm-se, no entanto, reciprocamente, de maneira que o resultado da sua conduta pública é o mesmo que se não tivessem essas disposições más.

Com efeito, é assente na cultura ocidental que todo ato político tem que tolerar um controle por parte do público, por cuja aprovação pode alcançar a legitimidade moral e a legalidade jurídica, então a publicidade dos atos políticos é a condição indispensável para a legitimação moral da política e para a democracia a partir da unidade de interesse entre governantes e governados. Em nossa tradição política,

---

[587] Kant, tanto na *Metafísica dos costumes* quanto na *Paz perpétua*, defende que a constituição civil, em cada Estado "deve ser republicana" e enfatiza a diferença entre *res publica* e democracia. A democracia é uma das formas da soberania (modo de governar o povo), e a república, a forma do regime que se refere ao modo como o Estado faz uso de seu poder). In: KANT, Immanuel. *A paz perpétua e outros opúsculos*. Lisboa: Edições 70, 2004, p. 130-132; *La metafísica de las costumbres*. 3. ed. Madrid: Tecnos, 1999.

[588] KANT, *A paz perpétua...*, p. 147. De acordo com Hanahh Arendt, o que Kant disse é que o homem mau é aquele que abre exceção para si, de modo que, em política, diferentemente da moral, tudo depende da conduta pública. "Por que nenhum soberano jamais ousou declarar que não reconhece absolutamente nenhum direito do povo que a ele se opõe? A razão é que tal declaração pública levantaria todos os súditos contra ele (...)." Ver, para isso: ARENDT, Hannah. *Lições sobre a filosofia política de Kant*. 2. ed. rev. amp. Rio de Janeiro: Relume Dumará, 1993, p. 22.

desde a experiência grega estão articulados os conceitos de democracia, publicidade, igualdade e racionalidade, de modo que não se pode dizer democrático um regime no qual não existam a visibilidade e o controle do poder, em outras palavras, *publicidade*. Este é o primeiro significado que a expressão "publicidade" assume nos ordenamentos jurídicos do Ocidente, qual seja, o de ser uma mediação entre política e a moral que impõe um dever aos poderes públicos: o de agir de forma transparente. Nessa acepção, o princípio da publicidade decorre imediatamente do princípio democrático e do princípio republicano e é denominado *transparência*.[589]

Com isso, pode-se falar em dever de transparência para indicar a exigência de desnudamento da Administração, que não resulta de um texto específico, mas da finalidade de proteger os direitos e garantias fundamentais e tutelar impessoalmente os interesses públicos. O que a transparência determina é que todos os atos políticos sejam praticados à luz do dia, para facilitar o seu controle, nos termos da formulação do artigo 37, *caput*, da Constituição da República.[590] A Administração passa, então, a ter que obter a adesão à regra, e isso se faz com um apelo à inteligência e à razão dos cidadãos.[591] A essa ideia de consentimento se junta o princípio do conhecimento, não se aceitando um governo sem conhecê-lo, e assim, o conhecimento pressupõe a publicidade. Por essa razão, a publicidade recebe o tratamento de "transparência" na doutrina estrangeira.

Mas publicidade não é só isso: a Constituição e a legislação ordinária, além de enunciarem as hipóteses de exceção ao preceito da publicidade como transparência, caso do inciso LX do art. 5º[592] e do

---

[589] Ver TABORDA, Maren. *O princípio da publicidade e a participação na Administração Pública*. Porto Alegre. Tese. Programa de Pós-Graduação em Direito – Universidade Federal do Rio Grande do Sul, 2006 e Publicidade no processo administrativo fiscal: estudo de caso. In: GESTA LEAL, Rogério, GAVIÃO FILHO, Anízio (orgs.) *Bens jurídicos indisponíveis e direitos transindividuais:* percursos em encruzilhadas [recurso eletrônico]. Porto Alegre: FMP, 2015, p. 394-431.

[590] Ver Ministro Celso de Melo, em voto vencido na ADIn 2.461. O novo estatuto político brasileiro – que rejeita o poder que oculta e não tolera o poder que se oculta – consagrou a publicidade dos atos e das atividades estatais como valor constitucionalmente assegurado, disciplinando-o com expressa ressalva para as situações de interesse público, entre os direitos e garantias fundamentais. A Carta Federal (...) enunciou preceitos básicos, cuja compreensão é essencial à caracterização da ordem democrática como um regime do poder visível, ou, na lição expressiva de Bobbio, como "um modelo ideal do governo público em público". Decisão do plenário do MI 284 – DF, encontra-se, na íntegra, na RTJ 128/712/732.

[591] Cf. RIVERO, Jean. Rapport de Synthèse. *La transparence administrative...*, p. 308 e 311.

[592] CRFB, art. 5º, inciso LX, *verbis*: "a lei só poderá restringir a publicidade dos atos processuais quando a defesa da intimidade ou o interesse social o exigirem".

artigo 198 do Código Tributário Nacional,[593] também a entendem como "direito de acesso à informação" e, como tal, se deixa descrever como um direito fundamental do cidadão e um dever da Administração.

Enquanto direito fundamental, publicidade como "direito de acesso à informação" é direito subjetivo público de dupla face, pois, além de ter uma função participativa (constitui a exteriorização do princípio democrático), representa uma concreta modalidade de exercício do direito à informação. Nesta última acepção, publicidade é um "princípio constitucional impositivo" ou preceito definidor dos fins do Estado (impõe ao Estado, e sobretudo ao legislador, a realização de fins e a execução de tarefas) e um "princípio garantia", porque institui, direta e indiretamente, uma garantia aos cidadãos, e tem força determinante, positiva ou negativa.

Na condição de direito fundamental, vincula diretamente os poderes públicos e assegura, direta e indiretamente, um *status jurídico-material* aos cidadãos. No Brasil, a Constituição da República concretizou a publicidade como direito de acesso, nos incisos XXIII[594] e XXXIV[595] do art. 5º, e ainda alcançou aos cidadãos uma ação mandamental que lhes possibilita o conhecimento dos dados sobre si mesmos bem como a modificação de dados incorretos, o *habeas data*, regulamentado pela Lei 9.507/97.[596] Na mesma direção, a Lei 12.527/12, Lei de Acesso à Informação.

Por outro lado, considerando a relevância da função da "propaganda" e da mídia no plano político, o Constituinte brasileiro de 1988 regulou as possibilidades de propaganda do Estado, e por isso publicidade, na Constituição, também aparece como sinônimo de

---

[593] Código Tributário Nacional, art. 198: "Sem prejuízo do disposto na legislação criminal, é vedada a divulgação, para qualquer fim, por parte da Fazenda Pública ou de seus funcionários, de qualquer informação, obtida em razão do ofício, sobre a situação econômica ou financeira dos sujeitos passivos ou de terceiros e sobre a natureza e o estado dos seus negócios ou atividades. Parágrafo único. Excetuam-se do disposto neste artigo, unicamente, os casos previstos no artigo seguinte e os de requisição regular da autoridade judiciária no interesse da justiça."

[594] CF, art. 5º, XXXIII – "todos têm direito a receber dos órgãos públicos informações de seu interesse particular, ou de interesse coletivo ou geral, que serão prestadas no prazo da lei, sob pena de responsabilidade, ressalvadas aquelas cujo sigilo seja imprescindível à segurança da sociedade e do Estado."

[595] CF, art. 5º, XXXIV – "são a todos assegurados, independentemente do pagamento de taxas: (...) b) a obtenção de certidões em repartições públicas, para defesa de direitos e esclarecimento de situações de interesse pessoal."

[596] BRASIL. Lei 9.507, de 12 de novembro de 1997. Regula o acesso a informações e disciplina o rito processual do *habeas data*.

propaganda ou de divulgação não obrigatória dos atos da autoridade pública. A condição para esse tipo de divugação é a de que tais atos tenham caráter educativo, informativo ou de orientação social, ficando expressamente vedada a utilização de imagens que caracterizem promoção social de autoridades ou servidores públicos.[597] A vedação, constitucional, portanto, diz respeito à publicidade "caracterizadora de promoção pessoal de autoridade ou de servidores públicos"[598] e está relacionada à coibição de "práticas tradicionalmente arraigadas na esfera pública", tais como aquelas em que os agentes públicos, por meio da imprensa, fazem promoção pessoal, isto é, atingem os seus interesses privados. Isso quer dizer que aquilo que a Constituição proíbe é a propaganda – paga com dinheiro público – com a intenção de simplesmente divulgar a imagem dos administradores ou sua promoção pessoal, isto é, a propaganda (publicidade) que se faz com desvio de finalidade e em violação ao princípio da impessoalidade.[599] Por fim, publicidade é condição de eficácia e validade dos administrativos, sendo absolutamente assentado em nosso ordenamento jurídico que a mesma é requisito de forma, ligado à validade ou à eficácia do ato administrativo, principalmente quando ele tenha que valer contra terceiros ou *erga omnes*.

Como referido, na teoria das funções estatais só é possível delimitar a função administrativa em confronto com as demais funções, na perspectiva formal e material. Do ponto de vista formal (orgânico), a distinção é relativamente simples, de modo que cada função resta confiada a um órgão particular. No plano material, a distinção é mais complexa, dada a progressiva aproximação entre a função administrativa e a função jurisdicional. Se o ordenamento jurídico é uma estrutura escalonada de normas, a Constituição é o grau superior, suas normas foram criadas pelo Poder Constituinte. A Constituição é, nessa perspectiva, o plano *fundamental* normativo. *Grau primário* é o Legislativo, o plano das normas gerais, criadas pelos órgãos autorizados pela Constituição a elaborar as leis, que têm, na Constituição, seu fundamento de validade, condicionando, por sua

---

[597] COUTO E SILVA, *Revista da Procuradoria-Geral do Município de Porto Alegre*, p. 73.
[598] MARTINS-COSTA, Judith. Publicidade e ação administrativa (Interpretação do art. 37, §1º, da Constituição Federal). *Revista de Direito Público*. Nº 97. São Paulo. Jan.-Mar. 1991, p. 166.
[599] Cf. SHIRMER, Mário Sérgio de Albuquerque e GEBRAN NETO, João Pedro. Publicidade estatal na Constituição Federal de 1988. *Revista de Direito Público*. Nº 97. São Paulo. Jan.-Mar. 1991, p. 201.

vez, as normas da base do ordenamento; finalmente, o *grau secundário* é composto por normas individuais criadas em nível concreto, via processo judicial (decisões judiciais) e via procedimentos administrativos (resoluções administrativas), com fundamento nas normas de nível primário. Assim, Administração e Jurisdição têm idênticas tarefas: criar normas individuais, concretas, com fundamento nas normas do grau primário. Os meios pelos quais se faz esta concreção são diversos, mas a concreção é a mesma.[600] Daí, a sentença realiza a "norma do caso" da mesma forma que também o fazem o "negócio jurídico privado" e o "ato administrativo".

Tal compreensão está subjacente à chamada "primeira geração do processo administrativo", segundo a qual estão estruturadas as várias leis de processo administrativo dos países europeus e latino-americanos, a partir da década de 1970, no âmbito da administração hierárquica e tradicional. É o processo administrativo judicial[601] que tem por finalidade o aperfeiçoamento do ato administrativo. A segunda geração de leis procedimentais no âmbito administrativo estrutura o processo segundo o modelo legislativo e serve à elaboração dos regulamentos: a Administração se limita a executar, e não a formular políticas públicas. A partir do final dos anos de 1990, as leis de processo administrativo nos vários países acabam servindo de instrumento de políticas públicas, e o modelo adotado é dito "administrativo", porque se insere em um modelo de Administração cooperativa ou "em rede", de modo que esta não só executa, como formula políticas públicas. No particular, o que as leis regulam são as novas formas de direção, regulação e governança, com cooperação entre o setor público e o setor privado e entre os próprios órgãos da Administração (cooperação horizontal e vertical).

Em todas essas regulações afirma-se a correlação apertada entre o processo judicial e o processo administrativo, mesmo naqueles países que adotam o modelo de jurisdição única, como o Brasil, pois o fato de o contencioso administrativo ser feito pela Jurisdição não significa

---

[600] Ver, no particular, TABORDA, Maren. *A delimitação da função administrativa na ordem estatal.* Dissertação (Mestrado). Programa de Pós-Graduação em Direito – PPGDir/UFRGS, 2001, p. 165-169, e SOUZA JÚNIOR, Cezar Saldanha. Direito constitucional, direito ordinário e direito judiciário. *Cadernos do Programa de Pós-Graduação em Direito – PPGDir/UFRGS.* Porto Alegre: Universidade Federal do Rio Grande do Sul, n. 3, mar. 2005, p. 07 e ss.

[601] Cf. BARNES, Javier. Tres generaciones de procedimiento administrativo. In: ABERASTURY, Pedro, JOSEF-BLANKE, Hermann (coord.). *Tendencias actuales del procedimento administrativo en latinoamérica y Europa.* 1. ed. Buenos Aires: Eudeba; Konrad Adenauer Stiftung, 2012, p. 119 *et seq.*

que não há jurisdição administrativa em sentido material. Ademais, identifica-se, no âmbito interno da Administração, uma progressiva processualização da atividade, de modo que cada vez mais os atos administrativos são resultados de um processo estruturado em contraditório. Em tal perspectiva, a função do processo administrativo é a proteção do direito material, já que a Administração concretiza e individualiza as decisões deixadas em aberto pela lei. O processo administrativo acaba por ser um modo de realização do Direito Administrativo e tem por conteúdo um direito técnico, regulador e planificador. Daí ser o processo administrativo a condição necessária, mas não suficiente, para a decisão administrativa "correta".[602]

A pesquisa do conteúdo das diversas leis de processo administrativo (independentemente do sistema de jurisdição que adotem) revela que, dentre os pilares do processo administrativo clássico (1ª geração) está o preceito de publicidade entendido como "transparência", que se expressa no direito de acesso aos documentos do processo administrativo e no direito a uma "motivação" ou "fundamentação" adequada da decisão adotada. Daí que a publicidade contribui para a defesa individual e serve de instrumento de controle e supervisão no âmbito da administração prestadora e conformadora de infraestruturas.[603]

Da mesma forma, decorre do princípio da publicidade e, portanto, do princípio democrático, o dever de fundamentação das decisões judiciais, expresso no art. 93, IX da Constituição, e que vincula a todos os juízes em território nacional. O novo CPC, no §1º do art. 489, veio a explicitar aquilo que já está subjacente ao texto constitucional e que é objeto de discussão e formulação doutrinárias. Com efeito, nos termos da nova lei processual não se considera fundamentada qualquer decisão judicial que invoca motivos que se prestariam a qualquer outra decisão, que não enfrenta todos os argumentos capazes de, em tese, infirmar a conclusão ou, ainda, que deixe de seguir jurisprudência dominante sem demonstrar a existência de distinção no caso em julgamento ou a superação do entendimento.

Isso é assim porque publicidade como "direito a procedimento aberto" é a dimensão positiva do princípio (informar materialmente

---

[602] Cf. JOSEF-BLANKE, Hermann. La función del procedimiento administrativo para el cumplimiento del mandato de ejecución, protección y concretización del derecho administrativo. In: ABERASTURY, Pedro, JOSEF-BLANKE, Hermann (coord.). *Tendencias actuales del procedimiento administrativo en latinoamérica y Europa*. 1. ed. Buenos Aires: Eudeba; Konrad Adenauer Stiftung, 2012, p. 26 e ss.

[603] Cf. BARNES, Javier. *Tres generaciones*..., p. 147 e ss.

os atos dos poderes públicos), exigindo que os destinatários de um ato final (com eficácia externa) sejam notificados. Subjacente está a exigência de segurança do direito, proibição do segredo e defesa dos cidadãos perante os atos do poder público. Por conseguinte, a exigência de fundamentação das decisões administrativas é análoga àquela relativa às deciões judiciais. Em sua dimensão negativa, publicidade assegura o mais amplo acesso à atividade dos poderes estatais, ou seja, é a publicidade como direito de saber: direito de conhecer os fundamentos das decisões judiciais, os *dossiers* (arquivos) administrativos e de ter acesso à marcha intelectual da Administração.

Feitas tais considerações, e no marco da teoria estruturante de Müller, para quem a ciência jurídica e a jurisprudência estão obrigadas a "fornecer constantes e concatenadas representações de seus processos decisórios",[604] afirma-se a relação entre o dever de fundamentação dos atos administrativos e o dever de fundamentação das decisões judiciais, já que os cidadãos têm direito de conhecer não só os arquivos, mas o porquê das decisões administrativas e das decisões judiciais, para fins de controle. E isso decorre, em última instância, da publicidade.

Desse modo, a estreita conexão funcional entre *publicidade*, *participação* e *processo administrativo* pode ser entendida como o resultado de uma seleção, que serve de premissa para decisões da Administração e que funciona como estrutura para os processos decisionais, absorvendo inseguranças e reduzindo complexidades. O problema é que o que se seleciona da realidade é apenas uma parte daquilo que é possível, e daí o que ocorre como evento poderia ter sido diferente de como é, como afirma Di Giorgi: "para cada seleção da realidade produzem-se novas possibilidades sobre as quais antes não era possível pensar-se".[605] Cada decisão, por sua vez, ao reduzir a complexidade do ambiente, incrementa a complexidade do sistema, porque a elas podem ser imputadas consequências que outras decisões teriam evitado. É preciso considerar, portanto, o movimento de processualização da Administração, em direção à sua legitimação e moralização,[606] uma

---

[604] MÜLLER, Friedrich. *Metodologia do direito constitucional.* 4. ed. São Paulo: Editora Revista dos Tribunais, 2011, p. 30.

[605] DE GIORGI, Raffaele. A administração pública na sociedade complexa. *Revista da Faculdade de Direito da FMP*, nº 08. Porto Alegre: FMP, 2013, p. 121.

[606] CF. GIACOMUZZI, José Guilherme. *A moralidade administrativa e a boa-fé da administração pública.* São Paulo: Malheiros, 2002, p. 250 e ss. No texto, o autor afirma que "toda a principiologia da LPA vai ao encontro do que se pode chamar de 'moralização' (...) da Administração", e que vai na esteira do entendimento da doutrina italiana que só uma lei

vez que é através da efetiva participação dos cidadãos na Administração que estes podem auxiliar aquela a definir o que é o interesse geral, já que este pertence ao corpo social e nasce da composição entre vários interesses públicos, privados e de grupos em conflito. Por isso é preciso descrever a relação processual administrativa e a natureza do *status* que ela atribui aos cidadãos.

geral sobre procedimento administrativo é capaz de moralizar a Adminsitração e torná-la mais eficiente e imparcial.

CAPÍTULO 7

A RELAÇÃO PROCESSUAL ADMINISTRATIVA, PROCEDIMENTO, ATO

"Processo" é administração em movimento, é a sua "forma", ou a expressão dinâmica da função,[607] e a extensão das formas processuais à função administrativa marcou justamente a passagem de uma concepção subjetivística (manifestação da vontade da Administração) para outra mais objetiva, de modo que, "pelo enfoque da função, entre a norma que atribui o poder e o ato administrativo, coloca-se a função e não a autoridade com sua vontade; o ato administrativo é visto, portanto, como produto da função e não como manifestação pré-constituída de um sujeito privilegiado".[608]

Dado que a função administrativa também se exterioriza na "relação de administração", quando essa se desenvolve segundo um esquema sequencial, em que há contraditório, ela pode ser qualificada como "relação processual administrativa". Se a relação jurídica é um "conceito-quadro" que permite explicar fenômenos que vão além do ato administrativo como os de participação – dos particulares ou outras autoridades públicas – no procedimento, uma vez que este "constitui uma das modalidades de relação jurídica", a noção do que seja "processo administrativo" é assimilada à de relação jurídica na medida em que aquele é um instrumento de regulação dessas relações, "cujos intervenientes são chamados a actuar para a defesa de suas posições jurídicas substantivas".[609]

---

[607] A expressão é de BENVENUTI, Feliciano. *Funzione amministrativa, procedimento, processo*. *Rivista Trimestrale di Diritto Pubblico*, 1952, p. 188 e ss. Para o autor, entre o poder e o ato há um hiato que tem que ser preenchido pela noção dinâmica de função, cuja forma sensível é o procedimento: a função é um momento da concretização do poder em ato.

[608] MEDAUAR, Odete. *A processualidade...*, cit., p. 60.

[609] Cf. PEREIRA DA SILVA, Vasco Manuel Pascoal Dias. *Em busca do acto administrativo perdido*. Coimbra: Almedina, 1996, p. 161.

7.1 O *status activus processualis*

De acordo com Alfredo Becker,[610] a relação de administração é um dos aspectos da chamada "relação constitucional", que nada mais é do que uma atividade contínua relacionada ao bem comum, que se sustenta e se alimenta "da inteligência e vontade do homem", cuja "energia dinâmica" – capacidade de agir (poder ou força natural e racional) dos indivíduos humanos criadores do Estado – gera dois campos de força equilibrados e em sentido contrário: o feixe de deveres centrípetos – a relação tributária – e o feixe de direitos centrífugos – a relação administrativa. O que confere tal equilíbrio é o princípio da igualdade,

> porque cada indivíduo, situado no pólo negativo da relação constitucional do Estado, contribuirá para o feixe de deveres centrípetos (IR), na proporção de sua capacidade de agir para o Bem Comum (capacidade contributiva). De outro lado, cada indivíduo, situado no pólo positivo da relação constitucional, receberá do feito de direitos centrífugos (VIR) na proporção de sua necessidade do Bem Comum (BECKER, 1998).

Com isso, o Estado, na relação jurídica de administração, figura no polo negativo, e os indivíduos, no polo positivo. De acordo com essa construção, há "relação de administração" sempre que presentes o Estado (pessoa jurídica pública política) em um dos polos da relação, independentemente de seu regime jurídico estruturador. As normas que regem essas relações são sempre de ordem pública, e daí surge o regime jurídico-administrativo.

A relação jurídica é, ela mesma, uma categoria geral da teoria do direito, que qualifica uma relação existente entre dois sujeitos e que resulta de uma situação concreta sobre a base de uma regra de direito. Se essas relações jurídicas se dão sob o regime do direito administrativo, então se está em presença de uma relação de direito administrativo. A construção dogmática do "Estado de Direito" e sua teorização nuclear – a personalidade jurídica do Estado – é que permitiu a formulação de que a "relação de administração domina e paralisa" a relação de direito subjetivo e todo o direito administrativo. Assim, a base dessa

---

[610] Ver: BECKER, Alfredo Augusto. *Teoria geral do direito tributário*. 3. ed. São Paulo: Lejus, 1998, p. 156 e ss; RODRIGUES, Itiberê de Oliveira. *Direito administrativo*. Registro em meio eletrônico: *Curso Preparatório ao Concurso de Procurador do Município*. Porto Alegre: ESDM, 1997; CIRNE LIMA, Ruy. *Princípios de direito administrativo*, p. 51 e ss; PEREIRA DA SILVA, *Em busca do acto administrativo perdido*, p. 149 e ss.

teoria é a distinção entre os bens do monarca e o do Fisco (teoria do Fisco ou da dupla personalidade do Estado) e a "teoria dos direitos subjetivos públicos". Para Pereira da Silva, a formulação da teoria da "relação jurídico-administrativa", ao permitir abarcar a integralidade do relacionamento da Administração com os particulares (mesmo quando atua através de uma decisão unilateral), "parece ser o instituto mais adequado para permitir enquadrar todo o universo dessas ligações" e se torna, assim, "capaz de ocupar a posição pertencente ao acto administrativo na dogmática tradicional".

Ruy Cirne Lima, por sua vez, ensina que, em princípio, nada há de diferente entre uma relação jurídica de direito privado e uma relação jurídico-administrativa, pois esta também é a uma "expressão de um poder do sujeito de direito sôbre um objeto do mundo exterior, seja, aquêle uma cousa existente 'per se', seja uma abstenção ou um fato, esperados de outro sujeito". Tal conceito descreve uma relação jurídica de qualquer ramo do direito (público ou privado). Mas: "Limite-se ainda mais a liberdade externa de determinação, reconhecida ao sujeito ativo da relação jurídica, vinculando-o, nessa determinação, a uma finalidade cogente [o "interesse público" previamente determinado pelos atos políticos], e a relação se transformará imediatamente, sem alteração, contudo, de seus elementos essenciais".

A Administração Pública, por conseguinte, não possui uma vontade, uma *voluntas* própria para estabelecer uma relação jurídica de direito administrativo. Tal "vontade" da Administração é sempre "instrumental", previamente dada, determinada, condicionada pela atividade política; cabe a ela meramente constituir relações jurídicas para atingir as "finalidades públicas" ou os "interesses públicos". Este caráter instrumental da relação de administração também existe apenas na relação de administração do direito privado, o que as distingue, então é precisamente o fato de que, na relação de administração pública, a finalidade aparece "defendida e protegida, pela ordem jurídica, contra o próprio agente e contra terceiros".

Para Itiberê Rodrigues,[611] tem-se uma relação jurídica de administração, nos quadros do direito administrativo, quando existentes na relação os seguintes elementos: a) pessoa de direito público ("autoridade pública"; art. 5º, LXIX, CF) ou pessoa estatal ou particular prestadora de serviço público ("agente de pessoa jurídica no exercício

---

[611] RODRIGUES, Itiberê. *Direito administrativo...*

de atribuições do Poder Público"; 5º, LXIX, *fine*) em um dos polos da relação jurídica; b) norma de direito administrativo a reger a relação e a diferenciar a relação administrativa de outras relações de direito público como a relação tributária; e c) qualificação pelo "interesse público", previamente determinado e condicionado pela atividade política.

Nessas condições, os direitos subjetivos dos indivíduos e dos grupos têm uma dimensão procedimental cada vez mais importante na Administração moderna (conformadora de infraestruturas), pois estes têm faculdades de intervenção e oportunidades de influência no processo administrativo. Essa dimensão procedimental dos direitos subjetivos, que fez nascer um verdadeiro *status activus processualis*, acabou por constituir-se em um princípio estruturador da Administração jurídico-constitutiva, adquirindo diferentes configurações segundo a legislação, a jurisprudência e a doutrina administrativa, conforme suas especificidades próprias.

Nos termos da tese de Jellineck, as pretensões jurídicas que resultam do reconhecimento dos súditos como sujeitos de direito capazes de reclamar uma tutela efetiva são o que se designa por "direitos subjetivos públicos", e sob essa expressão compreendem-se quatro relações possíveis entre o Estado e os administrados: *status subjectionis* (*status* passivo, de subordinação ou ausência de personalidade); *status libertatis* (*status* negativo, em que o indivíduo é titular de uma margem de liberdade individual, à margem da intervenção estatal); *status civitatis* (*status* positivo, em que o indivíduo tem direito a prestações); e *status activae civitatis* (situação em que o indivíduo é sujeito do poder político, tendo o direito de participar do poder).

Alexy, ao discutir as críticas à teoria de Jellineck, refere que se formulam objeções quanto ao seu caráter demasiadamente formalista: Hesse, por exemplo, objeta que essa teoria não considera a pessoa em sua realidade vital concreta, e, se as normas de direito fundamental contêm uma outorga e um fundamento concretos, a tese de Jellineck deveria ser substituída por um *status jurídico-constitucional do particular*, "fundamentado e garantido pelos direitos fundamentais da Lei Fundamental", isto é, um "*status* jurídico material" cujo conteúdo não está ilimitadamente disponível nem para o particular nem para os poderes estatais. Haberle, por sua vez, considera que a teoria de Jellineck nega aos direitos fundamentais um aspecto "ativo-civil", porque os diferentes *status* estariam compartimentados no espaço, isolados e rígidos um ao lado do outro.

Alexy, contudo, argumenta ser a teoria de Jellineck um paradigma que não pode ser desprezado, não só porque esta teoria tem uma enorme importância histórica e é um exemplo de uma excelente conceituação e teorização jurídicas, mas principalmente porque contém partes essenciais que se contam entre os conhecimentos seguros no âmbito dos direitos fundamentais, "algo que já significa muito em um campo tão controvertido". Considera, então, válida a teoria de Jellineck no que diz respeito à classificação dos direitos fundamentais e à configuração *status activus processualis*, na medida em que é possível a conciliação daquela teoria às novas realidades constitucionais e ampliando-se o sentido democrático-procedimental na participação no processo, estendendo-os aos direitos a prestações sociais em geral.

Daí que Haberle considere a configuração de um *status activus processualis*, segundo a qual os direitos fundamentais não podem ser vistos em uma perspectiva exclusivamente material, pois implicam uma dimensão procedimental. Habermas considera que essa formulação "sobrecarrega do direito processual, transformando-o no substituto de uma teoria da democracia", embora admita que ela teve o mérito de chamar a atenção "para o nexo interno entre autonomia privada e pública". Com isso, independentemente das críticas, tanto a teoria de Jellineck quanto a "correção" proposta por Haberle podem ser aceitas, porque são bastante explicativas a respeito das relações dos cidadãos com o Estado.[612]

Transferindo o centro da atenção do ato administrativo em sentido estrito para o procedimento, a perspectiva, antes jurisdicional – o procedimento explicava a formação da decisão final da Administração, como um instrumento a serviço do ato –, foi deslocada para o procedimento, visto de uma forma autônoma. Isso é assim porque, se a Administração, cada vez mais, "privatiza a sua actividade, ou a contratualiza, o valor publicístico dessa actividade não pode mais ser encontrado no seu regime substancial, mas deve ser procurado para além dela e dos seus resultados, isto é, na sua organização".[613]

---

[612] Para essas considerações: JELLINECK, *Diritti pubblici subbiettivi*. Milano: Società Editrice Libraria. 1912 p. 96 e ss; HESSE, *Elementos de direito constitucional da República Federal da Alemanha*, p. 230; ALEXY, Robert. *Teoria de los derechos fundamentales*. Madrid: Centro de Estudios Constitucionales, 1997, p. 247 *et seq* e 263-266; HABERMAS, *Direito e democracia*, p. 150, e PEREIRA DA SILVA, *Em busca do acto administrativo perdido*, p. 332.

[613] NIGRO, Mario. Procedimento amministrativo e tutela giurisdizionale contro la pubblica amministrazione: Il probleme di una Legge Generale sul Procedimento Amministrativo. *Rivista di Diritto Processuale*, Milano, n. 2, apr./giug. 1980, p. 274.

Dada a progressiva aproximação entre a Administração e o cidadão, o procedimento deixa de "pertencer" à Administração, para tornar-se uma "espécie de 'condomínio', no qual particulares e autoridades administrativas se tornam 'cúmplices' da realização das tarefas administrativas".[614] Assim, o procedimento acabou por alterar o "tipo burocrático" de administração delineado por Weber, o qual surge hoje profundamente transformado pela participação, implicando uma "verdadeira e própria repartição do poder administrativo entre o titular burocrático formal e a pluralidade dos intervenientes".[615]

Por procedimento não se entende somente uma sequência ordenada de atos em vista de uma medida, mas, sobretudo, um modo e um método de ordenar os múltiplos interesses e objetivos públicos que são relevantes para diferentes centros de poder. Com isso, o centro de gravidade do direito administrativo se desloca do ato administrativo e sua concepção clássica de resultado conclusivo da atividade de preparação e de elaboração da decisão para o caminho – o *iter* – mesmo de formação da decisão. A doutrina administrativista do âmbito do *civil law* percorreu longo caminho para chegar a essa conclusão, como se verá.

7. 2 O "estado da arte": discussão sobre os fenômenos procedimentais

Na Itália, a questão de saber se o ato administrativo devia ser concebido ao modo de uma sentença ou negócio jurídico ficou superada pelo estudo do procedimento administrativo, principalmente pela obra de um grupo mais recente de juristas, "que transferiram o centro de sua atenção do ato em sentido estrito ao procedimento administrativo". De acordo com a corrente doutrinária italiana mais significativa (Cassese e Nigro), a nova perspectiva acerca do procedimento apresenta duas vantagens em relação à tradicional doutrina do ato administrativo como centro de gravidade da atuação administrativa, a saber: a) a uniformização do tratamento dogmático da atividade administrativa, porque o procedimento constitui um fenômeno comum a todos os domínios da Administração e faz a ponte entre a atuação de gestão pública e gestão privada; b) permite compreender a integralidade da ação administrativa e seu relacionamento com os privados, ao longo do tempo. A perspectiva é, então, como afirma

---

[614] PEREIRA DA SILVA, *Em busca do acto administrativo perdido*, p. 304.
[615] NIGRO, *Rivista di Diritto Processuale*, p. 274.

Nigro, de "técnica de diluição do poder e método de coordenação de organizações".

A teoria austríaca e alemã difere um pouco da teoria italiana no sentido de que, para os germânicos, o procedimento é condicionante da decisão final (teoria da decisão). Os italianos integram a decisão no procedimento e, por isso, enxergam, no procedimento, "o novo conceito central da dogmática administrativista", isto é, a nova realidade reconduz tanto "a actuação das autoridades administrativas como dos particulares a esquemas procedimentais, e preconizando a 'objectivização' do Direito Administrativo, dado que todos esses sujeitos se encontram a realizar em conjunto a função administrativa". Já a doutrina germânica considera a "relação jurídica" como o novo conceito central da dogmática administrativista, e, relativamente ao procedimento, "caminha no sentido da radical 'subjectivização' deste, procedendo ao equilíbrio das posições relativas dos particulares e das autoridades administrativas".[616]

Os fenômenos procedimentais no direito administrativo podem, segundo Pereira da Silva, ser agrupados de acordo com três perspectivas: a) a primeira, negativista, não considera a relevância autônoma do procedimento e continua a analisar o direito administrativo do ponto de vista do contencioso: é a visão que impera na França; b) a segunda é uma perspectiva maximalista, segundo a qual "a afirmação da relevância e autonomia dos fenómenos procedimentais vai dar origem ao surgimento de codificações que, dada a amplitude das matérias tratadas, vão muito além da regulação estrita do procedimento administrativo", chegando a incluir disposições de direito material.[617] Este é o entendimento dominante na Áustria, na Alemanha, na Espanha, nos EUA, em Portugal e na América Latina em geral (inclusive no Brasil); c) a terceira posição, que é a do Direito italiano, é uma perspectiva que se pode chamar "minimalista", pois, mesmo que seja realçada a importância dos fenómenos procedimentais (o procedimento é considerado o "núcleo" do direito administrativo), a codificação tem caráter restrito e se limita "a estabelecer princípios gerais ou a regular apenas alguns dos seus momentos considerados mais importantes".[618]

---

[616] Ver: GIANNINI, Massimo Severo. *Enciclopedia del diritto*.Vol. IV. Milão: Giuffrè, 1988, verbete "Atto amministrativo", p. 162, e PEREIRA DA SILVA, *Em busca do acto administrativo perdido*, p. 302 e ss.
[617] Cf. PEREIRA DA SILVA, *Em busca do acto administrativo perdido*, p. 311/312.
[618] PEREIRA DA SILVA, *Em busca do acto administrativo perdido*, p. 312. Odete Medauar relaciona as principais leis de processo administrativo, de 1889 a 1990, quais sejam: a

A lei federal alemã sobre procedimento administrativo (que é um paradigma) não contém somente disposições relativas ao procedimento seguido pela Administração, mas também direito administrativo material, na medida em que estão em relação com o procedimento (*konnexe Materien*).[619] Nessas condições, a lei federal realizou uma codificação parcial do procedimento administrativo não contencioso, ao mesmo tempo em que regulamenta o regime dos atos da Administração e dispõe sobre o direito da organização administrativa.[620] A lei federal é aplicável quando age uma autoridade da Federação ou de um Estado, quando existe uma atividade administrativa qualificada como "atividade de direito público", nos casos em que as normas jurídicas federais não contenham disposições diversas ou contrárias, ou que não se enquadrem nas exceções previstas no §2º e se trate de "procedimento administrativo"[621] e, ainda, em se tratando de uma atividade de autoridade regional, esta não é regulada por uma lei regional de procedimento administrativo.[622]

---

lei espanhola de 1889, a lei austríaca de 1925, a lei norte-americana de 1946, as leis das democracias populares (Tchecoslováquia, de 1955; Ioguslávia, de 1957, Polônia, de 1960 e Hungria, de 1957), a lei espanhola de 1958, a lei argentina de 1972, a lei alemã de 1976, a lei italiana de 1990, a lei portuguesa de 1991 e alguns textos latino-americanos como o Dec. 640/73 do Uruguai, a Lei Geral da Administração Pública da Costa Rica, de 1978, a Lei Orgânica de Procedimentos Administrativo da Venezuela, de 1982, e o Código Contencioso-administrativo da Colômbia (país que adota a dualidade de jurisdição), de 1984. A autora não faz referência à lei brasileira de processo administrativo, porquanto a mesma é posterior à edição do texto ora consultado. In: *A processualidade*, p. 139 e ss.

[619] Cf. MAURER, *Droit administratif...*, cit., p. 89.

[620] Cf. FROMONT, Michel. La Codification du Droit administratif par la Loi du 25 Mai 1976. *Revue du droit public et de la science politique en France e a L'Étranger*. Nº 6. Paris: Librairie Générale du Droit et de Jurisprudence, 1977, p. 1285. Quanto ao âmbito de aplicação, o "código" federal de procedimento administrativo se aplica a título subsidiário – na falta de disposições expressamente contrárias (§1º, alíneas. 1 e 2) –, uma vez que as regras particulares de procedimento contidas nas diversas leis federais continuam em vigor. Assim, a lei federal pode aplicar-se sempre que uma autoridade do Estado Federal, de um *Land*, dos municípios e consórcio de municípios ou uma qualquer pessoa jurídica de direito público exerça atividade administrativa de direito público.

[621] De acordo com o §9º da Lei Federal, o procedimento administrativo é "atividade externa relevante das autoridades e que tem por objeto o exame das condições de edição, de preparação e de emissão de um ato administrativo ou ainda a conclusão de um contrato de direito público; isso compreende a emanação de um ato administrativo ou a conclusão de contratos de direito público". Texto cf. MELONCELLI, *cit*, p. 312/313. Comparar com. FROMONT, *cit.*, p. 1289 e MAURER, *Droit administratif...*, p. 97. Ver, também, MASUCCI, *cit.*, *passim*.

[622] A lei exclui de seu domínio de aplicação as operações administrativas internas e os procedimentos que tendem à edição de um regulamento governamental ou regulamento local, a emissão de qualquer declaração jurídica ou a prática de um ato real, bem como as atividades de administração da Igreja, das associações religiosas e das comunidades ideológicas, conforme §2º, alínea 1. As disposições relativas aos atos da administração são

Franz Mayer[623] chama a atenção para o fato de que até 1960 a dogmática administrativista alemã ("desenvolvida sempre mais na direção de uma radical conceitualização jurídica") não se tenha questionado sobre o que se podia entender, em definitivo, do ponto de vista científico, por "Administração" e por "procedimento administrativo", bem como sobre a ausência desse tema em obras fundamentais de direito público, como as de W. Jellineck e Forsthoff. Ele ressalta, no entanto, que Lorenz Von Stein já tinha advogado a tese de uma codificação geral do direito administrativo, e que as primeiras tentativas legislativas de normatizar em direção a um direito procedimental administrativo unitário não conduziram, contudo, a uma codificação geral do procedimento.[624] Tal codificação é fruto da configuração do direito administrativo contemporâneo, que inclui a tendência a uma atuação administrativa transparente, entre outras não menos relevantes. Nesse sentido, é lícito afirmar-se que a República Federal da Alemanha constitui um exemplo no que diz respeito ao procedimento, pois foi reclamada pelos seus cidadãos, no curso dos anos setenta do séc. XX, a "democratização da sociedade" através da participação.[625]

De qualquer modo, antes da codificação a questão do procedimento administrativo foi discutida e problematizada no âmbito da doutrina alemã, e, segundo Bettermann (fervoroso defensor da codificação do procedimento), ainda que a verdadeira e eficaz proteção jurídica dos cidadãos se dê através dos tribunais, o procedimento se constitui em auxiliar da Administração e em importante instrumento dessa proteção.[626] Por isso, "quanto mais difícil for a decisão, mais formalizado deve ser o seu procedimento", principalmente quando se tratar de atos administrativos desfavoráveis. Assim, "o procedimento administrativo regula a competência, a forma, a publicidade, a execução, a revogação e a modificação de decisões das autoridades administrativas, bem como o seu controlo".[627] Advém daí ser a lei alemã do procedimento a confirmação da tese de Werner (o direito

---

extremamente desenvolvidas e relevantes, porque constituem praticamente a motivação da lei.
[623] MAYER, F. *Rivista Trimestrale di Diritto Pubblico*, p. 1116-1117.
[624] *Gewerbeordnung*, de 21 de junho de 1869 – código comercial; *Reichsversicherungsordnung*, de 19 de julho de 1911 – código de assistência do Reich – e *Reichsabgabernordnung*, de 13 de dezembro de 1919 – código tributário do Reich.
[625] CF. FROMONT, Michel. *La transparence...*; *cit.*, p. 143.
[626] PEREIRA DA SILVA, *Em busca do acto administrativo perdido*, p. 325.
[627] Cf. PEREIRA DA SILVA, *Em busca do acto administrativo perdido*, p. 326.

administrativo é o direito constitucional concretizado), porque a Constituição necessita da concretização operada pelo procedimento administrativo a fim de realizar-se "a partir de baixo", sendo uma espécie de lei fundamental para a Administração e, simultaneamente, uma lei do cidadão, já que este não é um puro objeto do procedimento, mas dele participa de forma ativa.[628]

Essa é a razão pela qual Odete Medauar afirma que a noção de procedimento que emergiu na década de 1940 em diante diz respeito "à garantia formal, para fins de facilitar o controle jurisdicional do ato administrativo, mediante o conhecimento das fases ou conjuntos de atos que levam ao efeito final",[629] asseveravando, ainda, serem duas as vertentes que expressam essa concepção: a austríaca, decorrente da teoria normativista dos atos estatais, e a norte-americana, "que parte da idéia de que a sociedade civil detém capacidade de auto-regular-se, não devendo o Estado nela interferir". Se a intervenção for necessária, aos particulares deve ser dada a oportunidade de se defenderem, e "tal defesa se realiza mediante estrutura essencialmente jurisdicional atribuída ao processo administrativo".[630]

A extensão das formas processuais à atuação da Administração aconteceu em um quadro teórico que procurou explicar o seu novo funcionamento. Em que pese a noção de ato administrativo ainda ocupar um lugar central na formação do direito administrativo de cada país, o fato é que as insuficiências e limitações da doutrina clássica fizeram com que essa noção não pudesse mais ser o centro de gravidade da Administração, pois domínios inteiros estão subtraídos da atividade administrativa autoritária e unilateral, de modo que o ato administrativo foi absorvido por formas de atividade cada vez mais complexas e articuladas. A resposta a esse problema foi dada pela doutrina italiana, como se viu, através da revalorização do procedimento, que supera o clássico dilema de saber se o ato administrativo deveria ser concebido à

---

[628] Cf. PEREIRA DA SILVA, *Em busca do acto administrativo perdido*, p. 330. Por isso, afirma Maurer, a lei de procedimento administrativo persegue diferentes fins, tais como a unificação do direito, a simplificação e a racionalização da administração, e, o mais importante, a lei beneficia o cidadão no curso do procedimento administrativo, porque, doravante, seus direitos estão expressamente fixados e garantidos. Do ponto de vista do direito administrativo geral, a lei também contribui no sentido de suprimir as ambiguidades em relação à aplicação dos princípios gerais de direito administrativo, de resolver controvérsias e, em certos casos, de abrir novas vias de discussão e fundamentação desses princípios. In: *Droit administratif...*, cit., p. 92.

[629] MEDAUAR, *A processualidade...* p. 58.

[630] MEDAUAR, *A processualidade..*, p. 59.

maneira de uma sentença ou negócio jurídico, isto é, uma das "formas de comunicação entre o poder público e os particulares", ao lado da sentença e da lei. A doutrina italiana seguiu, neste passo, o caminho traçado pelo positivismo jurídico da Escola de Viena, cujos expoentes foram Kelsen e Merkl.

Com efeito, a aproximação da função administrativa com a função jurisdicional enquanto funções executivas "lançou os fundamentos teóricos da ideia de alternatividade do procedimento administrativo relativamente ao processo judicial".[631] Odete Medauar prefere denominar "processo" ao procedimento administrativo, explicando que o receio de confusão com o processo jurisdicional deixa de ter razão de ser quando se adota a idéia de "processualidade ampla", isto é, "a processualidade associada ao exercício de qualquer poder estatal".[632] Mesmo nos países em que se adota o sistema de dupla jurisdição, assevera ela, o termo "processo" pode ser utilizado na jurisdição administrativa, e seria "processo jurisdicional administrativo" para deixar-se a locução "processo administrativo" para a esfera da Administração. Em todo o caso, advoga Medauar, a melhor expressão é "processo administrativo", porque ela revela que "o procedimento com participação dos interessados em contraditório, ou seja, o verdadeiro processo" também ocorre na esfera da Administração Pública.[633]

De fato, independentemente da polêmica estabelecida sobre a melhor denominação (processo ou procedimento) nas doutrinas estrangeira e brasileira,[634] pode-se fazer a distinção entre os dois vocábulos em vários planos, como o fazem Benvenuti e Fazzalari.

---

[631] Cf. PEREIRA DA SILVA, *Em busca do acto administrativo perdido*, p. 320. Odete Medauar aponta que, na doutrina estrangeira, é atribuído a Merkl o pioneirismo no tratamento da processualidade no direito administrativo através da obra publicada em 1927. É de 1940 a obra do espanhol Vilar y Romero, e em 1952 Feliciano Benvenuti vincula a processualidade à função, como sua manifestação sensível. Alberto Xavier, em 1976, na esteira de Benvenuti, publica, no Brasil, a obra *Do procedimento administrativo*, em que advoga a noção ampla de processo como expressão de uma vontade funcional. Na doutrina italiana, a obra de Mario Nigro, desde 1953, dedicou-se ao procedimento administrativo, e em suas obras posteriores, principalmente nos anos de 1980, o tema foi acentuado e aprimorado. In: *A processualidade...*; p. 18 et seq.

[632] MEDAUAR, *A processualidade...*, p. 41.

[633] MEDAUAR, *A processualidade...*, p. 41.

[634] Ver MOREIRA, Egon Bockmann. *Processo administrativo*. Princípios constitucionais e a Lei 9.784/1999. 2. ed. rev. aum. São Paulo: Malheiros, 2003, p. 37 e ss; PONDÉ, Lafayette. Considerações sobre o processo administrativo. *Revista de Direito Administrativo*, nº 130, out./dez. 1977, p. 3; FERRAZ, Sérgio. O processo administrativo e a Constituição de 1988. *Revista Trimestral de Direito Público*. Nº 1/93, p. 85, e FERRAZ, Sérgio e DALLARI, Adilson Abreu. *Processo administrativo*. 1. ed. 3. Tiragem. São Paulo: Malheiros, p. 34/35.

Segundo Fazzalari,[635] "procedimento" na teoria geral do Direito apresenta-se como uma determinada sequência de normas, de atos por elas disciplinados e de posições subjetivas que têm em vista um ato final.

7.3 Processo administrativo como garantia e concretização dos Direitos Fundamentais

Dentre as várias formas procedimentais, exsurge o "processo" como sequência disposta de modo tal que, do *iter* de formação do ato, participam, além de seu autor, os destinatários do ato final, ou a quem este se destina para produzir efeitos. Com isso se explica a passagem do "procedimento" concebido somente como atividade preparatória do ato final, para o "processo": difundido o fenômeno da participação do interessado no caminho da formação do ato final, a estrutura "processo", não frequentemente empregada no direito público, passa a ser utilizada para tornar transparente a atuação dos órgãos públicos, evitar lesões injustas e para tornar concreta, e não episódica, a participação do cidadão no governo da coisa pública.

O processo, assim, passa a ser visto como instrumento da vida democrática,[636] e o que o distingue dos "procedimentos" em geral é a existência de um contraditório: "o processo é um procedimento em que participam (são habilitados a participar) aqueles em cuja esfera jurídica o ato final é destinado a produzir efeito: em contraditório e de modo que o autor do ato não possa obliterar a sua atividade".[637] Essa participação do particular não é aquela prevista no procedimento de autorização ou em um órgão consultivo da Administração, e sim aquela que se estrutura em contraditório, isto é, a participação do destinatário do ato final na fase preparatória do mesmo implica que este seja considerado em simétrica paridade com, ao menos, a possibilidade abstrata de elaboração do conteúdo da decisão. Tal exigência se revela sempre que uma função se deva exercer com imparcialidade, porque esta, na dimensão negativa, significa o desinteresse de quem exerce a função e, na dimensão positiva, igual interesse de quem é chamado a ser destinatário de seu exercício.

---

[635] FAZZALARI, Elio. *Enciclopedia del diritto*. Vol. XXXV. Milano: Giuffrè, 1986. Verbete: "Procedimento (teoria generale)", p. 819 *et seq.*

[636] Cf. FAZZALARI, *cit.*, p. 820.

[637] FAZZALARI, *cit.*, p. 827, *verbis*: "il 'processo' è un procedimento in cui partecipano (sono abilitati a partecipare) anche coloro nella cui sfera giuridica l'atto finale è destinato a svolgere effetti: in contraddittorio, e in modo che l'autore dell' atto non possa obliterare le loro attività".

7.3.1 O preceito do contraditório e os fundamentos da Lei de Processo Administrativo brasileira

Modo de manifestação do processo, o contraditório é essencial às fases de constituição e de decisão, não tanto porque, nesta última, a parte intervenha ativamente, mas principalmente porque, a posição da parte e o resultado de sua atividade, o juiz imparcialmente deve ter em conta quando vai "dizer o direito".[638] Que o processo administrativo, nesses termos, seja um "processo de partes" é indubitável, principalmente aqueles tradicionais no âmbito da Administração, como o processo administrativo disciplinar e o processo tributário. Com isso, pode-se entender, como o faz Odete Medauar, na esteira de Benvenuti e Fazzalari, que "procedimento" é gênero do qual "processo" é espécie: procedimento é "representação da passagem do poder em ato", consistindo em atos que antecedem e preparam o ato final. Se houver cooperação de sujeitos, em contraditório, o "procedimento se expressa como processo".[639]

Nessas condições, modernamente o processo tem sido utilizado como instrumento de proteção da cidadania e dos direitos fundamentais, porque no quadro geral (constitucional) das relações entre o cidadão e o Estado ocorreram diversas situações, tais como a "maior tutela dos cidadãos no confronto com a Administração pública",[640] a participação nas decisões administrativas, o desenvolvimento da administração pactuada, a evolução do direito social, "o surgimento de novos métodos de legitimação da Administração"[641] e as "consequências decorrentes da integração comunitária",[642] de forma que a "garantia jurisdicional do cidadão, nas suas relações com a autoridade adminis-

---

[638] BENVENUTI, Feliciano. *Enciclopedia del diritto*. Vol. IX. Milano: Giuffrè, 1961. Verbete: "Contraddittorio (dir. amm.)", p. 739.

[639] MEDAUAR, *A processualidade...*, p. 40. No texto, a autora ainda adverte que "todos os elementos do núcleo comum da processualidade podem ser detectados no processo administrativo", tais como a transformação dos poderes administrativos em atos, a sucessão necessária e encadeada de atos, a distinção para com o ato final ("o estudo do processo administrativo não se confunde com o estudo do ato administrativo") e a existência de um resultado unitário, para o qual convergem "as atuações interligadas dos sujeitos em simetria de poderes, faculdades, deveres e ônus, portanto, em esquema de contraditório". *Idem*, p. 41.

[640] BARACHO, José Alfredo de Oliveira. Teoria geral dos procedimentos de exercício da cidadania perante a administração pública. *Revista de Direito Administrativo*, nº 207, jan/mar. 1997, p. 43.

[641] BARACHO, Teoria geral..., p. 43.

[642] BARACHO, Teoria geral..., p. 43.

trativa, constitui um dos problemas principais do Estado Democrático de Direito".[643] O processo administrativo aberto, participativo, passa a ser um instrumento seguro de prevenção da arbitrariedade. Como afirma Ferraz, "dele não se pode abrir mão, minimamente que seja. Se bem é certo que a função administrativa não se perfaz somente pela via do processo administrativo, inequívoco que essa é via majoritária".[644]

No plano dos direitos fundamentais, partindo-se da consideração de que eles têm um caráter duplo (são direitos subjetivos públicos e elementos fundamentais da ordem objetiva),[645] pode-se afirmar, como o faz o Tribunal Constitucional Alemão, que ao lado dos direitos de proteção e de prestações em sentido estrito (sociais) estão os "direitos de organização e procedimento", que tanto podem ser direitos ao estabelecimento de determinadas normas procedimentais quanto direitos a uma determinada interpretação e concretização das normas procedimentais. Embora essa tese seja discutível,[646] ela pode ser acolhida no âmbito deste trabalho apenas para consignar que, se existem direitos a procedimentos judiciais e administrativos, eles só podem ser direitos a uma proteção jurídica efetiva dos direitos fundamentais, isto é, eles servem para reforçar a efetividade daqueles. O processo administrativo, nesta visão, é instrumento essencial para a realização (concretização) dos direitos fundamentais, mas não só: serve igualmente para restringi-los como também para solucionar conflitos entre direitos fundamentais. A seu turno, a eficácia dos direitos fundamentais no processo administrativo "traduz-se em exigências de conformação, interpretação e aplicação das normas procedimentais e numa eventual relevância em matéria de vícios de procedimento".[647]

Se o sistema constitucional é o centro do sistema político, nele se destacam o direito processual e o direito administrativo, e a noção e extensão da Administração pública "pode desdobrar-se em administração estatal, administração pública não estatal e administração privada controlada pelo poder público",[648] fazendo com que o direito

---

[643] BARACHO, Teoria geral..., p. 43.
[644] FERRAZ & DALLARI, Processo administrativo..., cit., p. 24.
[645] Cf. HESSE, Elementos de direito constitucional da República Federal da Alemanha, p. 228 e ss.
[646] Ver ALEXY, Teoría de los derechos fundamentales, p. 456 et seq., e GONÇALVES LOUREIRO, João Carlos. O procedimento administrativo entre a eficiência e a garantia dos particulares. Coimbra: Universidade de Coimbra, 1995, p. 203 et seq.
[647] GONÇALVES LOUREIRO, O procedimento administrativo entre a eficiência e a garantia dos particulares, p. 211.
[648] BARACHO, Teoria geral, p. 47.

administrativo compreenda "não só as normas regulamentadoras da estrutura e disciplina interna da Administração", mas igualmente as normas que presidem a atuação dos agentes administrativos como "sujeitos de direito no exercício de seus poderes e no cumprimento dos seus deveres legais para com os administrados".[649] Isso é assim porque, no direito administrativo surgido com o constitucionalismo, "perpassa a tensão entre o poder de decisão e de execução dos órgãos administrativos e a necessidade de defesa dos direitos e dos interesses dos administrados".[650] Decorre daí a importância da tutela substantiva dos direitos subjetivos públicos do Estado e dos cidadãos, feita através de técnicas processuais administrativas e judiciais. O processo administrativo regula, então, o "exercício das prerrogativas públicas e os direitos subjetivos e liberdades públicas".[651]

Por essas razões, na sistemática brasileira o processo administrativo, tanto na Constituição quanto na legislação ordinária, figura como garantia constitucional, inscrito no inciso LV do art. 5º, que dispõe sobre os direitos fundamentais. Na Constituição de 1988, além de estar previsto especificamente o processo administrativo, a ele também se aplica, por força do preceito inscrito no inciso LIV do art. 5º, a cláusula do devido processo de direito (*due process of law*), fazendo com que o processo administrativo seja um dos meios capazes de concretizar princípios e regras constitucionais no plano da atividade administrativa.[652] Por conseguinte, os objetivos principais da extensão da forma processual à Administração consistem, justamente, em "assegurar o respeito a todos os atributos da cidadania no relacionamento entre a Administração e os Administrados, inclusive seus próprios agentes"[653] e em disciplinar, racionalizar (conferindo-lhes transparência e objetividade) as decisões da Administração.

O processo tende a ser um instrumento para a realização da atividade administrativa, pois acaba definindo a própria forma desta, a teor do que ocorre com a função judicial através do processo ou com a

---

[649] BARACHO, Teoria geral. p. 48.
[650] BARACHO, Teoria geral, p. 48.
[651] BARACHO, Teoria geral, p. 50/51.
[652] As Constituições brasileiras anteriores faziam referência expressa tão-somente no que diz respeito ao processo administrativo disciplinar, e as garantias inerentes ao esquema processual, "eram extraídas, pela doutrina e jurisprudência, por analogia ou interpretação extensiva, de garantias fixadas pelo processo penal", ou, por vezes, do sistema constitucional e seus princípios. Cf. MEDAUAR, *A processualidade...*, p. 73.
[653] FERRAZ, *Processo Administrativo*, p. 48.

função legislativa, por meio do processo legislativo. Daí decorrem, duas consequências: a primeira, de o procedimento jurisdicizar a atuação administrativa, "submetendo-a a regra ou pautas formais", e a segunda, de o procedimento permitir "aos cidadãos conhecer, anteriormente, o desenvolvimento da atuação administrativa, garantindo assim a defesa de seus direitos e interesses frente a ela".[654] Resta ver, assim, como foram concretizados tais princípios na legislação processual administrativa brasileira.

Como alhures explanado, a Lei Federal de Processo Administrativo brasileira concretizou, em grande medida, o preceito da publicidade e a cláusula do *due process of law*. A Lei Federal, contudo, não foi a primeira após a Constituição da República ter delineado os fundamentos básicos do processo administrativo (art. 5º, LIV e LV), pois, nos termos da repartição de competências de nosso sistema constitucional, os entes podem legislar autonomamente sobre direito administrativo. Pioneira foi a lei de Sergipe, de 1996, e ela expressa, de modo coerente com a controvérsia doutrinária e juriusprudencial sobre o conceito de ato administrativo, a preocupação de dotar a comunidade de um "texto o mais possível contemporâneo da época atual, obsequioso à realidade (...) e ao princípio constitucional do Estado de Direito", ao trazer, na Seção II do Capítulo VI (formas de atuação administrativa), um conceito de ato administrativo como "declaração unilateral da Administração Pública, no exercíco de função administrativa, e em cumprimento a normas de direito administrativo, destinada a produzir efeitos jurídicos em situação correta".[655] Quanto ao processo administrativo (que chama de procedimento), a lei sergipana enuncia seus princípios específicos no artigo 114, tais como legalidade objetiva, oficialidade, informalismo, verdade material, do inquisitório, da celeridade, da gratuita e da revisibilidade, isto é, aqueles que foram consolidados na tradição do direito administrativo brasileiro, conforme a exposição feita até aqui. A lei do Estado de São Paulo, de 1998, é mais ou menos na mesma linha, e a novidade, em relação à sergipana, é uma seção sobre procedimentos sancionatórios, aquilo que na lei de processo administrativo municipal de Porto Alegre é chamado de "constituição de dívida não tributária". Após a edição da Lei Federal, o processo administrativo foi codificado em seis estados brasileiros (Pernambuco, 2000; Goiás, 2001; Minas

---

[654] BARACHO, Teoria geral..., p. 53.
[655] Texto da Lei Complementar nº 33, de 26 de dezembro de 1996, do Estado de Sergipe, com a exposição de motivos. In: BARROS, Welington Pacheco. *Curso de processo administrativo*. Porto Alegre: Livraria do Advogado Editora, 2005, p. 175-229.

Gerais, 2002; Rio de Janeiro, 2002; Amazonas, 2003 e Roraima, 2004) e dois municípios (São Paulo, em 2006, e Porto Alegre, em 2016). Consoante as palavras de seus autores,[656] na Exposição de Motivos, a lei federal brasileira adotou um modelo sóbrio "que atendendo à essencialidade na regulação dos pontos fundamentais do procedimento administrativo, não inviabilize a flexibilidade necessária à área criativa do poder discricionário, em medida compatível com a garantia de direitos e liberdades fundamentais".[657] A referida lei é um marco na busca da codificação do direito administrativo brasileiro, uma vez que firmou como parâmetros básicos os princípios constitucionais da ampla defesa, consagrou o dever de transparência que se manifesta no acesso às informações e na obtenção de certidões e na garantia do direito de petição, além de ter considerado "a missão atribuída à defesa de direitos difusos e coletivos com a participação popular e associativa".[658] A lei consagra, em grande medida, da mesma forma, o preceito constitucional da moralidade, principalmente no que concerne à modalidade "proteção à confiança", como já explanado.

No artigo primeiro, a lei explicita, de plano, suas finalidades, quais sejam: estabelecer normas básicas sobre o processo administrativo no âmbito da Administração Federal direta e indireta, proteger os direitos dos administrados e o melhor cumprimento dos fins da Administração. Os preceitos da lei também se aplicam aos órgãos dos Poderes Legislativo e Judiciário quando no desempenho de função administrativa, isto é, quando praticam atos materiais de administração. Para além disso, a lei define o que se deva entender por "órgão", "entidade" e "autoridade", e restringe o seu âmbito de aplicação (art. 69). Resulta daí que ficou ressalvada a eficácia de leis especiais, com a aplicação subsidiária das normas gerais ali inscritas, como as que regulam o processo licitatório, disciplinar ou tributário, de que são exemplos o julgamento de contas de responsáveis por dinheiros públicos, organização da proposta orçamentária e execução do orçamento, que estão reguladas pela Lei

---

[656] Comissão de Juristas formada, inicialmente, pelas professoras Odete Medauar e Maria Sylvia Zanella di Pietro, pelos professores Inocêncio Mártires Coelho, Diogo Figueiredo Moreira Neto, Almiro do Couto e Silva, José Carlos Barbosa Moreira, sob coordenação de Caio Tácito, acrescida, em 31 de janeiro de 1996, dos professores Adilson de Abreu Dallari, José Joaquim Calmon de Passos, Paulo Eduardo Garrido Modesto e Carmen Lúcia Antunes Rocha.
[657] CAIO TÁCITO. Exposição de Motivos nº 548, de 30 de setembro de 1996, do sr. Ministro da Justiça e da Administração Federal e Reforma do Estado. *Arquivos do Ministério da Justiça*. Brasília, 49 (188): 225-241, jul./dez. 1996, p. 227.
[658] CAIO TÁCITO, Exposição de Motivos nº 548, p. 226.

de Responsabilidade Fiscal e aplicação das Leis 4.320/64 e 6.223 e do Decreto-lei 199/67, no que ainda couber; a autorização e concessão de pesquisa de lavra (Código de Minas); licença para caça (Código de Caça); derivação de águas públicas, aproveitamento industrial e quedas d'água (Código de Águas); justificação e legitimação de terras públicas; licitações para obras e serviços; determinação e exigência de crédito tributário e disciplina dos funcionários públicos, entre outros.

Além disso, do fato de o processo assentar na cláusula do "devido processo de direito", isto é, ser uma garantia que visa excluir a vontade arbitrária da atuação do poder, decorrem diversos princípios que o informam, tais como: a) princípio garantidor (art. 1º e art. 2º, *caput* e inciso VIII); b) princípio da participação dos administrados nas tomadas de decisões (art. 2º, inciso X; art. 3º, inciso III; art. 5º; todo o Capítulo V; art. 31 – previsão de consulta pública quando a matéria do processo envolver interesse geral –, art. 32, art. 33, art. 35, art. 38, art. 44, art. 46 e art. 58, *caput* e incisos); c) princípio da eficácia (art. 1º); d) princípio da imparcialidade e objetividade na ação administrativa (art. 2º, parágrafo único, incisos II e III); e) princípio da publicidade dos procedimentos e atos administrativos (art. 2º, incisos V e X) ; f) princípio do direito de acesso a documentos e autos, obtenção de cópias ou certidões (art. 3º, inciso II; g) princípio da segurança jurídica (art. 2º, *caput*, e 54º – prazo decadencial) ; h) princípio da não *reformatio in peius*, no procedimento em via de recurso, sem que o recorrente seja cientificado para que formule suas alegações antes da decisão e nos casos de revisão, quando surgirem fatos novos ou circunstâncias relevantes suscetíveis de justificar a inadequação da sanção aplicada (art. 64, parágrafo único e art. 65º, parágrafo único); i) princípio da unidade ou da concentração (art.12 e art. 15); j) princípio da obrigatoriedade de concluir o procedimento quando iniciado e mediante ato explícito (art. 49; k) princípio da hierarquia (art. 17 e art. 57); l) princípio da condenação do silêncio, com sanções (art. 42, §§1º e 2º e art. 48); m) princípio da legalidade (art. 2º, *caput*, e inciso I; n) princípio da prefixação de prazos para a conclusão, com consequências no que diz respeito aos controles de eficiência (arts. 41, 42, 43, 44, 49, 56, §1º, 59, *caput* e §§1º e 2º, 62; o) princípio da obrigatoriedade do contraditório e da ampla defesa (art. 2º, *caput* e inciso X e art. 3º, incisos II, III e IV); p) princípio da gratuidade (art. 2º, inciso XI); q) princípio da oficialidade (art. 2º, inciso XII); r) princípio da simplicidade de formas (art. 2º, inciso IX); s) princípio da obrigação de motivar (art. 2º, *caput*, e inciso VII e todo o Capítulo XII); t) princípio da economia processual (arts. 7º e 8º) e u) princípio do dever de completar a instrução (art. 49).[659]

Princípios gerais que regem toda a atuação administrativa, estão previstos no *caput* do art. 2º (finalidade, razoabilidade, moralidade, interesse público, eficiência e dever de proporcionalidade – sentido amplo), no inciso VI (proporcionalidade no sentido de adequação entre meios e fins – *stricto sensu*) e no inciso IV (atuação segundo padrões éticos de probidade, decoro e boa-fé – princípio da moralidade objetiva). Porque esses princípios são, hoje, estrurantes de toda a atividade administração, vale explicitá-los, como segue, resumidamente.

O juízo de razoabilidade tem três significados distintos, conforme a construção dos tribunais superiores brasileiros: primeiro, é diretriz que exige a relação das normas gerais com as individualidades do caso concreto, mostrando sob qual perspectiva a norma deve ser aplicada ou indicando em quais hipóteses o caso individual, em razão de suas especificidades, deixa de se enquadrar na norma geral. No segundo significado, razoabilidade é diretriz que exige uma vinculação das normas jurídicas com a realidade a qual elas se referem, e, terceiro, razoabilidade pode ser utilizada como diretriz que exige a relação de equivalência entre duas grandezas. No primeiro caso, a razoabilidade serve para demonstrar que a incidência da norma é condição necessária, mas não suficiente para a sua aplicação. No segundo caso, a razoabilidade exige a harmonização das normas com as suas condições externas de aplicação. Por último, a razoabilidade exige uma relação de equivalência entre a medida adotada e o critério que a dimensiona.

A imparcialidade decorre do princípio da impessoalidade que se deixa compreender, segundo Ana Paula Ávila,[660] como *objetividade* (ou impessoalidade *stricto sensu*) – proibição de tratamento pessoal, de discriminação (favorecimento), com vistas à preservação da igualdade –; como *neutralidade* – proibição de que os seus agentes sobreponham as suas convicções aos interesses que são de todos – e como *imparcialidade*. Por este postulado normativo, que decorre de duas regras essenciais: *nemo iudex in causa propria* e *audiatur et altera pars*,[661] fica claro que, tanto

---

[659] CF. MEDAUAR, Odete. *O direito administrativo em evolução*, p. 212-213, e BARACHO, Teoria geral..., p. 53.

[660] ÁVILA, Ana Paula de Oliveira. *O princípio da impessoalidade na administração pública. Por uma administração imparcial*. Rio de Janeiro/São Paulo/Recife: Editora Renovar, 2004, *passim*.

[661] Proíbe-se, pela primeira regra, o exercício de poderes funcionais por quem tenha interesse pessoal – direto ou indireto – nas questões controvertidas; pelo segundo, exige-se o contraditório e a participação de todos os interessados na decisão.

na dimensão de impermeabilidade aos interesses exteriores quanto na da necessidade de ponderação de todos os interesses relevantes no contexto decisório, o dever de transparência (publicidade) exterioriza a impessoalidade na atividade administrativa, sendo, pois, o seu pressuposto. Mas imparcialidade não é só isso, porque, depois da obra de John Rawls, que construiu uma teoria da justiça com base nesse conceito, é preciso compreender que imparcialidade, além de ser um dos meios de compabilitização entre a ética e a política, significa ao menos tentar, em processos de decisão, "vestir o véu da ignorância" de modo a não saber qual será a posição particular que se vai ocupar depois de escolhidos os princípios gerais de Justiça. Isso, para a Administração, é fatal, e significa, da mesma forma que o princípio da publicidade, uma revolução, na medida em que os agentes têm que se convencer que a Administração não possui um interesse que seja "seu": toda a atuação tem um endereço externo; ela é somente um instrumento. Na Lei Complementar nº 760/16, de Porto Alegre, por exemplo, a garantia da imparcialidade e da objetividade foi reforçada com a instituição de duas instâncias processuais: os órgãos administrativos inferiores e as comissões judicantes constituem a primeira instância, e órgãos recursais, a segunda. No artigo 12, está previsto o início do processo perante a autoridade de menor grau hierárquico para decidir. No Título II, estão previstos procedimentos especiais para a constituição de dívida não tributária e suas instâncias (art. 72). A imparcialidade e a objetividade da Lei de Porto Alegre ficam garantidas pela composição das Comissões Judicantes, sempre constituídas por servidores do quadro de cargos efetivos e presididas, necessariamente, por um procurador igualmente detentor do cargo efetivo de procurador municipal e indicado pelo Procurador-Geral do Município.

Relativamente ao preceito da proporcionalidade, é um conceito com muitos significados. De acordo com Robert Alexy,[662] existe uma conexão muito estreita entre a teoria dos princípios e a máxima da proporcionalidade e suas três máximas parciais de adequação (alcançar o resultado esperado), necessidade (aplicação do meio mais benigno) e proporcionalidade em sentido estrito (juízo sobre o equilíbrio do meio em relação ao fim), porque: a) os princípios são mandatos de otimização com respeito a possibilidades fáticas e jurídicas, de modo que a ponderação (proporcionalidade em sentido estrito) é obrigatória

---

[662] ALEXY, Robert. *Teoria de los derechos fundamentales*, p. 111 et seq.

quando uma norma fundamental com caráter de princípio entra em colisão com o princípio oposto, isto é, quando a possibilidade jurídica de realização da norma depende do princípio oposto; b) "os princípios são normas que ordenam que algo seja realizado na maior medida possível, dentro das possibilidades jurídicas e reais existentes",[663] e daí a sua otimização deve contribuir para alcançar o objetivo perseguido;[664] e c) a otimização fática deve visar sempre o meio mais benigno, quer dizer, sempre deve ser considerado se não estão à disposição outros meios convenientes que prejudiquem menos os afetados e a comunidade, segundo a máxima de Pareto.[665]

Sendo assim, o controle da proporcionalidade abrange quatro planos: a) a determinação do fim a perseguir; b) o juízo sobre a aptidão ou adequação do meio adotado; c) o juízo sobre a indispensabilidade do meio adotado e d) o *Proportionalität* (ou proporcionalidade em sentido estrito).

Humberto Ávila[666] assegura ser o dever de proporcionalidade não um "princípio normativo" ou uma "norma princípio", porque não é "espécie de norma jurídica que prescreve conteúdos direta ou indiretamente relacionados à conduta humana", "não entra em conflito com outras normas-princípios, não é concretizado em vários graus ou aplicado mediante regras de prevalência", mas tão somente "estabelece uma estrutura formal de aplicação dos princípios envolvidos: o meio escolhido deve ser adequado, necessário e não excessivo", consistindo em uma regra geral que assegura a realização dos fins estabelecidos pelos princípios. Por essa razão, para o autor o dever de proporcionalidade "consiste num postulado normativo aplicativo", isto é, em uma condição de possibilidade de aplicação devida de todo o Direito,

---

[663] ALEXY, *Teoria de los derechos fundamentales...*, p. 86.
[664] Robert Alexy assim exemplifica a máxima da necessidade: A norma N é promulgada pelo legislador tendo em vista aumentar a segurança do Estado (P1), mas atinge a liberdade de expressão (P2). Se a norma N não é adequada para promover P1 e acarreta perdas para P2, então existe, nesse caso, a possibilidade fática de realizar ambos princípios na maior medida possível, declarando inválida a norma N. In: Derechos, razionamiento jurídico y discurso racional. *Derecho y razón pratica*. México, Fontamara, 1993, p. 32.
[665] Pelo critério de otimização de Vilfredo Pareto, uma situação social será considerada ótima se não for possível transferi-la para outra situação onde, no mínimo, um indivíduo experimenta uma melhora e nenhum dos participantes piora. Cf. ALEXY *Teoria de los derechos fundamentales*, p. 164. Sobre as três máximas da proporcionalidade, ver também MAURER, *Elementos de direito administrativo*, p. 52.
[666] ÁVILA, Humberto Bergmann. A distinção entre princípios e regras e a redefinição do dever de proporcionalidade. *Revista de Direito Administrativo*, nº 215, jan.mar/1999, p.157-179.

já que "instituição simultânea de direitos e garantias individuais e de finalidades públicas e normas de competência, como faz a Constituição de 1988, implica o dever de ponderação, cuja medida só é obtida mediante a obediência à proporcionalidade". De resto, tem o dever de proporcionalidade a função de estabelecer limites à atividade estatal e "de garantir ao máximo a liberdade dos cidadãos", de modo que não resulta de um texto específico, mas da estrutura mesma dos princípios, que sempre requerem uma ponderação para sua aplicação. O que a proporcionalidade determina é que "um meio deva ser adequado, necessário – isto é, dentre todos os meios adequados aquele menos restritivo – e não deva ficar sem relação de proporcionalidade relativamente ao fim instituído pela norma".[667]

O princípio da moralidade, de acordo com José Guilherme Giacomuzzi, abrange três dimensões, a saber: a) a "boa-fé", que no direito público se traduz pela tutela da confiança; b) a probidade administrativa (deveres de honestidade e lealdade) e c) a razoabilidade (expectativa de conduta civilizada, do homem comum, da parte do agente público).[668] Pelo princípio da proteção à confiança, que compõe a moralidade administrativa, não pode a Administração Pública modificar, em casos concretos, orientações firmadas para fins de sancionar, agravar a situação dos administrados ou denegar-lhes pretensões. Isso é assim porque os valores da lealdade, da honestidade e da moralidade aplicam-se necessariamente às relações entre a Administração e os administrados.

Se a Administração não pode exercer seu poder, de forma a atender a confiança daquele com quem se relaciona, tampouco o administrado pode atuar em observância às exigências éticas. A aplicação do princípio da proteção à confiança, sua absorção por determinada realidade jurídica, permite ao administrado recobrar a certeza (confiança de que não lhe será imposta uma prestação que só superando dificuldades extraordinárias poderá ser cumprida) de que a Administração não adotará uma conduta confusa e equívoca que mais tarde lhe permita tergiversar sobre suas obrigações nem exigir do administrado mais do que seja estritamente necessário para a realização dos fins públicos

---

[667] Deduzindo o preceito da proporcionalidade do "Princípio do Estado de Direito", ver HECK, Luís Afonso. *O Tribunal Constitucional Federal*, p. 175 a 186.
[668] Ver: GIACOMUZZI, José Guilherme. *A moralidade administrativa e a boa-fé da administração pública*. São Paulo: Malheiros, 2002.

perseguidos.⁶⁶⁹ Daí o referido princípio visar à conservação de estados obtidos e se dirigir contra modificações jurídicas posteriores.

Assim, pode-se afirmar, em relação à aplicação do princípio, que a Administração Pública e o administrado hão de adotar um comportamento leal em todas as fases de constituição das relações até o aperfeiçoamento do ato e das possíveis conformações ao que haja nascido defeituoso. A lealdade no comportamento das partes na fase prévia de constituição das relações obriga a uma conduta clara, inequívoca, veraz, pelo que se rechaça qualquer pretensão que se baseie em uma conduta confusa, equívoca e maliciosa. Através do princípio da proteção à confiança presume-se *iuris tantum* que os órgãos administrativos exercerão suas potestades de acordo com o Direito, presunção que não pode ser destruída por simples conjecturas.

Resulta disso que a moralidade – na modalidade proteção à confiança – abrange deveres e formula a exigência de comportamentos justificados por parte da Administração, com várias consequências que vão desde a proibição ao *venire contra factum proprium* e a proibição à inação inexplicável e desarrazoada, vinculada ao exercício de direito, que gera legítima confiança da outra parte envolvida, até o dever de sinceridade objetiva e dever de informação, isto é, de não omitir qualquer dado que seja relevante na descrição da questão controversa e/ou que possa auxiliar na sua resolução.⁶⁷⁰

No particular, no que concerne à segurança jurídica, o já referido artigo 54 da Lei Federal de Processo Administrativo trata a regra da decadência, no plano da legislação processual administrativa, como uma consequência do princípio constitucional da segurança jurídica como princípio da proteção à confiança (moralidade, portanto). A Lei de Porto Alegre (LC 790/16) aprofunda a concretização da segurança jurídica, na modalidade proteção à confiança (moralidade), quando prevê a prescrição intercorrente, que acaba por fulminar o processo paralisado, garantindo-se, com isso, *a duração razoável do processo* (que diz respeito também ao *due process of law*).

Por sua vez, a cláusula do *devido processo jurídico* configura dupla proteção ao indivíduo, atuando tanto no âmbito material de proteção

---

⁶⁶⁹ Cf. GONZALES PEREZ, Jesus. *El principio general de la buena fe en el derecho administrativo.* Civitas, Madrid, 1983, *passim.*
⁶⁷⁰ Cf. GIACOMUZZI, *A moralidade administrativa e a boa-fé da administração pública* p. 275, aceitando a tese de Egon Bockman Moreira a respeito do *telos* do princípio da moralidade no art. 37 da CF.

ao direito de liberdade e propriedade quanto no âmbito formal, ao assegurar-lhe paridade total de condições com o Estado-persecutor e plenitude de defesa (direito à defesa técnica, publicidade do processo, à citação, à produção ampla de provas, de ser processado e julgado pelo juiz competente, aos recursos, à decisão imutável, à revisão criminal). No âmbito material, a cláusula do *due process of law* se confunde com a regra da legalidade e determina que ninguém será atingido em sua liberdade (legalidade penal) e em sua propriedade (legalidade tributária e administrativa) sem que exista uma lei autorizadora. Assim, em que pese o legislador constituinte ter estabelecido uma espécie de "tautologia" (porque o preceito do *due process of law* tem, no âmbito do *common law*, o mesmo sentido e valor da regra da legalidade no âmbito do sistema de direito romano-germânico ou *civil law*), é preciso esclarecer que nos termos da lei de processo administrativo em vigor assegura-se o devido processo formal, isto é, o direito de defesa e de ampla produção de prova e direito de participar do processo daqueles que vão ser afetados pelas decisões administrativas. As regras processuais sobre notificação, por exemplo, reconduzem-se a esse preceito, pois pela notificação o interessado toma ciência do ato praticado pela autoridade administrativa. A distinção entre existência, validade e eficácia se dá nos seguintes termos: existência é a produção mesma do ato normativo, seu atributo próprio; a validade diz respeito à inserção do ato normativo no ordenamento jurídico em geral, e, por fim, a eficácia é a relação de conformidade entre o preceito normativo e a conduta por ele normada. Por esssa razão se diz que eficácia é a observância do preceito pelo sujeito destinatário da norma, é a sua conduta individual. Pela notificação, a autoridade administrativa exerce, frente ao cidadão, uma pretensão determinada.

No que concerne à *eficiência*, é a realização eficaz de fins pré-dados, modo de realização ótima dos fins (noção formal que se traduz em uma relação entre meios e fins) e exigência de celeridade. A Constituição de 1998, antes da Emenda 19/98, já consagrava a exigência de eficiência para a Administração Pública, como no caso do art. 74, inciso II e §7º, que determina aos Poderes Públicos a obrigatoriedade de manter, de forma integrada, um sistema de controle interno com a finalidade de "comprovar a legalidade e avaliar os resultados, quanto à eficácia e *eficiência*, da gestão orçamentária, financeira e patrimonial de seus órgãos" e a necessidade de lei para disciplinar "a organização e funcionamento dos órgãos responsáveis pela segurança pública, de maneira a garantir a *eficiência* de suas atividades". A Emenda

Constitucional nº 42/03 introduziu, a seu turno, novas disposições de conteúdo para a exigência de eficiência da Administração Tributária, ao determinar que as administrações tributárias da União, dos Estados, do Distrito Federal e dos Municípios "atuarão de forma integrada, inclusive com o compartilhamento de cadastros e informações fiscais, na forma de lei ou de convênio" (inciso XXII do art. 37), além de dispor que compete privativamente ao Senado Federal a avaliação periódica da funcionalidade do "Sistema Tributário Nacional, em sua estrutura e componentes, e o desempenho das administrações tributárias da União, dos Estados e do Distrito Federal e dos Municípios" (art. 52, inciso XV).

Historicamente essa disposição pode remontar à Constituição Italiana de 1948, que, de forma pioneira, introduziu em seu texto a garantia do bom andamento da Administração "com vistas à efetiva realização do conceito *de buona amministrazione*", que, aperfeiçoado pela Constituição Espanhola e inscrito na Constituição Brasileira em 1998, ganhou o nome de eficiência.[671]

Quando a Constituição da República fala em "Princípio da Eficiência", segundo o STJ, refere-se ao fato de que "a atividade administrativa deva orientar-se para alcançar resultado de interesse público" (STJ – 6ª T – RMS nº 5.590/95). A doutrina brasileira, ao discutir o conteúdo do referido princípio, consubstanciou duas posições. A primeira é a de que a eficiência é nada mais do que manter de forma integrada sistema de controle interno com a finalidade de comprovar a legalidade e avaliar os resultados, quanto à eficácia e eficiência da gestão orçamentária, financeira e patrimonial dos órgãos da administração em geral (aí incluídos os do Poder Judiciário, do Legislativo e das entidades públicas). Significa dizer que nem precisaria estar explícito na Constituição, porque a eficiência não é um princípio, mas uma finalidade da Administração. Nesse sentido, todos os princípios que regem a atividade da Administração devem ser conjugados com o da boa administração (eficiência), que exige o exercício da função administrativa de forma eficiente e congruente. Daí que, segundo essa corrente o princípio da eficiência só veio a explicitar o que sempre foi finalidade da Administração: garantir qualidade na atividade pública e na prestação dos serviços.

---

[671] Cf. MOREIRA NETO, Diogo F. In: ÁVILA, Humberto (org.) *Fundamentos do direito do Estado*. Estudos em homenagem ao Prof. Almiro do Couto e Silva. São Paulo: Malheiros Editores, 2005, p. 101-102.

A segunda corrente reconhece a eficiência como "princípio" autônomo, cujo conteúdo é o de que o administrador deve laborar para produzir o efeito desejado, isto é, aquele que dá bom resultado, exercendo sua atividade sob o manto da igualdade, velando pela objetividade e imparcialidade. Se é assim, o referido princípio impõe à Administração a persecução do bem comum por meio do exercício de suas competências de forma imparcial, neutra, transparente, participativa, eficaz, sem burocracia e sempre em busca da qualidade, primando pela adoção de critérios legais e morais necessários para a melhor utilização possível dos recursos públicos, de maneira a evitar desperdícios e garantir a maior rentabilidade social. Assim, o princípio da eficiência dirige-se para a razão maior e fim do Estado, a prestação dos serviços sociais essenciais à população, visando a adoção de todos os meios legais e morais possíveis para a satisfação do bem comum. A consequência disso é que a eficiência "se soma aos demais princípios impostos à Administração, não podendo sobrepor-se a nenhum deles, especialmente o da legalidade, sob pena de sérios riscos à segurança e ao próprio Estado de Direito".[672]

A posição doutrinária mais forte é a segunda, que entende ser a eficiência um princípio autônomo, que se estrutura como um dever da Administração, qual seja, aquele dever que estrutura "o modo como a Administração deve atingir seus fins e qual deve ser a intensidade da relação entre as medidas que ela adota e os fins que ela persegue".[673] Mas isso, por si só, não diz muito a respeito do conteúdo da eficiência, porque nem sempre, por exemplo, cabe escolher, dentre as várias alternativas possíveis, a menos dispendiosa: o que a eficiência determina é que opção menos custosa deva ser adotada somente se as vantagens proporcionadas por outras opções *não superarem* o benefício financeiro. Dito de outro modo, a Administração tem o dever de escolher o meio mais econômico somente se restarem inalteradas a restrição dos direitos dos administrados e o grau de realização dos fins administrativos, mas este é o primeiro aspecto da eficiência. O segundo, diz respeito ao dever de promover o fim de modo satisfatório: mais do que adequação, a eficiência da Administração diz respeito à promoção, de forma satisfatória, dos fins em termos quantitativos, qualitativos e probabilísticos.[674]

---

[672] DI PIETRO, *Direito administrativo*, p. 73-74.
[673] ÁVILA, Humberto. *Sistema constitucional tributário*. São Paulo: Saraiva, 2004, p. 428.
[674] "Em termos quantitativos, um meio pode promover menos, igualmente ou mais o fim do que outro meio. Em termos qualitativos, um meio pode promover pior, igualmente

Advém daí que escolher um meio para promover um fim, mas promover esse fim "de modo insignificante, com muitos efeitos negativos paralelos ou com pouca certeza, é violar o dever de eficiência administrativa", diz Humberto Ávila,[675] e por isso se pode compreender por eficiência administrativa pela exigência de promover satisfatoriamente os fins, considerando "promoção satisfatória" aquela minimamente intensa e certa do fim.

Finalmente, o princípio da publicidade, já tratado em linhas gerais, por ser a condição necessária e suficiente para a democracia, é, igualmente, um dos fundamentos mais importantes das leis brasileiras de processo administrativo, e, nos termos do que está aqui sendo discutido, vale esmiuçar a relação do princípio com a participação do cidadão no processo administrativo.[676]

7.3.2 Publicidade e participação no processo administrativo

Em primeiro lugar, é preciso afirmar-se o aspecto instrumental da publicidade: é meio para que se atinjam os fins previstos em outras normas (regras ou princípios), quais sejam a proteção dos direitos e garantias fundamentais dos cidadãos e a tutela impessoal dos interesses públicos. Na discussão sobre as exceções ao postulado da publicidade, ressaltam aquelas decisões do poder que, se publicizadas, podem ameaçar a segurança e a existência mesma da *res publica:* é o caso dos chamados *arcarna imperii*, que têm o objetivo de conservar o Estado e a forma de governo existente. Assim, no Brasil, por exemplo, é a própria Constituição que estabelece o dever de segredo em muitas circunstâncias, tais como aquelas que servem para proteger a intimidade das pessoas (âmbito da *privacy*), resguardar o sigilo da fonte quando este é necessário ao exercício profissional, ou aquele dever de segredo que serve para proteger detentores de cargo político, como é o caso do discutido art. 55, §2º. Os parâmetros básicos estão dados pelo inciso LX do art. 5º: mesmo a lei só pode restringir a publicidade dos atos processuais, por exemplo, quando a defesa da intimidade ou o

---

ou melhor o fim que outro meio. Em termos probabilísticos, um meio pode promover com menos, igual ou mais certeza o fim do que outro meio", assevera Humberto Ávila in: *Sistema Constitucional Tributário*, p. 428.

[675] In: *Sistema constitucional tributário*, p. 430.

[676] Sintetizo aquir: TABORDA, Maren Guimarães. *O princípio da publicidade e a participação na administração pública*. Tese (Doutorado) – Curso de Direito, Universidade Federal do Rio Grande do Sul, Porto Alegre, 2006, 215 f.

interesse social o exigirem. Portanto, o sigilo se impõe na defesa do Estado e das instituições democráticas se for indispensável ao exercício da atividade pública (como nos casos de investigações policiais, das propostas em licitações antes de sua abertura e das plantas de presídios), ou ainda para proteger a privacidade individual do cidadão. Por vezes, a legislação ordinária estabelece a necessidade de sigilo, como se vê na legislação tributária, que obriga os servidores da Administração Fazendária a não divulgarem dados a que tenham acesso em razão de suas funções (art. 198 do CTN).

Objeto do direito de acesso são, em primeiro lugar, os documentos administrativos internos (*stricto sensu*) e aqueles que são administrativos em sentido amplo, isto é, todos aqueles que dizem respeito ao exercício material da função administrativa – a atividade praticada pelo Estado ou ente por ele delegado (personalidade e capacidade jurídicas), sob o regime jurídico administrativo – como por exemplo os documentos relativos aos serviços públicos e de todas as pessoas que fazem as vezes de autoridades. Os documentos relativos à atividade de direito privado da Administração também devem estar acessíveis. Poderá também ser objeto do direito de acesso a motivação dos atos administrativos, porque os cidadãos têm o direito não só de conhecer os arquivos administrativos, mas também a razão das decisões e, por vezes, os seus procedimentos preparatórios. Procedimento e motivação dos atos administrativos são os territórios nos quais se mede a publicidade administrativa.

No Brasil, a Lei Federal de Processo Administrativo firmou como parâmetros básicos os princípios constitucionais da ampla defesa, consagrou o princípio da publicidade que se manifesta no acesso às informações e na obtenção de certidões, bem como na garantia do direito de petição, além de ter considerado a missão atribuída à defesa de direitos difusos e coletivos com a participação popular e associativa.

Além disso, a par de inscrever a publicidade como um princípio informativo, o diploma legal garante, de modo geral, aos interessados, amplo acesso aos autos do processo (*dossiers*). Ao determinar a participação, no procedimento, dos sujeitos a quem a disposição a produzir efeitos diretos é destinada, isto é, os sujeitos que a lei manda que intervenham ou que podem sofrer um prejuízo importante, é dever da Administração comunicar (pessoalmente ou por outro meio) a esses sujeitos o início do procedimento, o órgão competente, o objeto do procedimento e o lugar onde se pode conhecer dos atos.

Na lei está prevista a possibilidade de que todos os participantes do procedimento conheçam seus atos (nos limites do direito de acesso) e apresentem memoriais escritos e documentos. É, aliás, neste particular que se destaca a importância do princípio da publicidade – acesso: ele serve para o exercício do direito de defesa no processo administrativo e para garantir a efetiva participação do interessado. Traduz-se, para a Administração, em dever de "facultar a vista dos autos a qualquer momento" e "dar ciência oportuna e leal ao interessado de todo e qualquer ato do procedimento, inclusive das diligências e documentos juntados de ofício pela autoridade". Por isso, a Administração tem o dever de contar os prazos para manifestação da data do fornecimento das cópias dos autos ou aquela em que foi permitida a vista requerida e de intimar o interessado por meio que assegure a certeza de ciência (no processo, por carta com aviso de recebimento, por telegrama etc.).

Relativamente ao controle das contas públicas, a orientação da jurisprudência é clara: as despesas dos entes públicos são acessíveis a todos, e a autoridade não pode negar informações de interesse do particular se essas informações não estiverem sob sigilo, em razão da sociedade e do Estado, vigorando, então, o princípio da acessibilidade ampla a informações pessoais e o do direito às certidões. Em certos casos, na colisão entre o interesse público e a salvaguarda da privacidade, prevalece o acesso, em razão da ponderação feita e do preceito da concordância prática. Por fim, é reconhecida a restrição do direito de acesso pela proteção da *privacy*.

A exigência de motivação dos atos administrativos é uma decorrência não só do princípio da publicidade, entendido como direito de acesso, como também do princípio do Estado de Direito, que exige a fundamentação das decisões judiciais. Ora, se a atividade administrativa vem formulada em esquema processual, toda e qualquer decisão, principalmente se for emitida em um processo administrativo, deverá ser motivada, isto é, deverá ser explícita, clara e congruente. Com o acesso à motivação, o cidadão fica sabendo o porquê das decisões administrativas, e a Administração explica as razões de sua decisão. A problemática da fundamentação dos atos administrativos – exposição das razões ou motivos da decisão e/ou recondução do decidido a um parâmetro que a justifique – está associada, no aspecto formal, à publicidade, e no aspecto material, à legitimidade, que, ainda por ser bastante complexa, não tem solução uniforme nos vários ordenamentos jurídicos. O ponto comum entre os ordenamentos que determinam uma fundamentação expressa dos atos administrativos e aqueles que não a determinam expressamente está em que, na maioria dos casos, é necessário fundamentar aqueles atos administrativos que afetam desfavoravelmente os direitos e interesses dos particulares. Cada país resolve a questão da obrigatoriedade de motivação ou fundamentação dos atos administrativos nos limites de sua tradição, mas o certo é que isso vem se impondo paulatinamente como um dever da Administração e um direito do cidadão, reconduzíveis à publicidade.[677]

Quanto à exigência de motivação dos atos e decisões administrativos, ela foi positivada no Direito brasileiro pela Lei de Processo Administrativo, sendo um dos seus princípios informativos. Essa ordenação positiva se assenta em uma regra contrária à tradição brasileira que, seguindo a doutrina francesa, entendia não haver dever de motivação sem expresso texto de lei, com algumas exceções.

O dever de motivação dos atos e decisões administrativas surge em um contexto de controle da atividade administrativa, constituindo um direito essencial dos administrados na defesa de seus direitos e um direito de conhecer as razões da Administração: pela motivação, ela se explica, diz por que decidiu. Nessa medida, a motivação e a fundamentação das decisões são um meio de realização do princípio da verdade material, já que, por elas, a Administração fica obrigada a aprofundar as razões de sua conduta e a procurar a conformidade completa entre o Direito e a vida. A motivação é igualmente importante para a apreciação contenciosa do ato ou decisão administrativa, pois, em face do conhecimento dos motivos, o interessado poderá avaliar a justeza desses atos e decisões, que poderão consistir em declaração de concordância com fundamentos de anteriores pareceres, informações, decisões ou propostas, que, neste caso, ficam fazendo parte integrante da decisão final.

Em face dessas considerações evidencia-se a importância da formulação da Lei de Processo Administrativo, pois os tribunais brasileiros, muitas vezes diante de uma utilização de um conceito jurídico indeterminado, deixam de avaliar o ato praticado pela Administração sob um argumento simplista de que "mérito" não é sindicável. Com a

---

[677] Ver: TABORDA, Maren; WEBER, Guilherme. Da possibilidade de a administração pública resolver por conta própria problema de inconstucinalidade das leis. In: BASSO, Ana Paula *et al. Direito administrativo e gestão pública e direito urbanístico, cidade e alteridade*. [Recurso Eletrônico]. LEFIS nº 19. CONPEDI. Zaragoza: Prensas da La Universidad de Zaragoza. 2019, p. 111-132; TABORDA, M. G.; WEBER, G. O. Fundamentação racional dos atos administrativos como dever constitucional. In: *XXVII Encontro Nacional do CONPEDI*, 2018, Porto Alegre. GT *Direito Administrativo e Gestão Pública II*. Florianópolis: Conselho Nacional de Pesquisa e Pós-Graduação em Direito, 2018.

promulgação da lei, consolida-se uma paulatina inversão de tendência, porque ela prevê que sejam motivados atos que, outrora, não o deviam ser, como por exemplo atos que decidam processos administrativos de concurso ou seleção pública.

O comando legal é explícito no sentido de determinar a motivação naqueles atos que neguem, limitem ou afetem direitos e interesses, que imponham sujeições, que dispensem ou declarem a inexigibilidade de processo de licitação, que decidam recursos administrativos, decorram de atos de ofício e deixem de aplicar jurisprudência firmada. O Superior Tribunal de Justiça tem manifestado a tendência de anular atos administrativos não fundamentados, sob o argumento de que este é um princípio garantidor da relação funcional, e tem afirmado, de outra parte, a posição de que não há possibilidade de analisar o mérito de ato administrativo discricionário, ainda que não existam atos discricionários absolutamente imunes ao controle jurisdicional.

A Lei de Porto Alegre, em seu artigo 53, por exemplo, prevê o dever de motivação de todos os atos administrativos, inclusive os discricionários. Neste tópico, o Grupo de Trabalho teve que superar a tradicional visão segundo a qual somente os atos administrativos vinculados devem ser motivados. O convencimento ocorreu a partir da compreensão de que, por "poder discricionário" se pode entender a margem de livre apreciação da oportunidade e conveniência de atos ou medidas administrativos. O legislador tem em vista o poder discricionário quando se remete à experiência técnica dos agentes administrativos, convidando-os a tomar, em certos casos, as medidas necessárias para a manutenção da ordem pública ou a concretizar o comando legal.

A legislação e a teoria do direito falam de poder discricionário quando o direito objetivo deixa ao órgão que determine, ele mesmo, sua ação, isto é, quando a lei ou o direito atribuem a decisão última sobre o "justo", o "correto", o "apropriado", no caso concreto, a alguém que tem a responsabilidade de decidir segundo sua convicção pessoal (valoração). Assevera English[678] que isso é assim porque "se considera ser a melhor solução aquela em que, dentro de determinados limites, alguém olhado como pessoa consciente da sua responsabilidade, faça valer o seu próprio 'ponto de vista'", de modo que a discricionariedade no direito não apenas é inevitável, mas também algo de bom: o princípio

---

[678] ENGISH, Karl. *Introdução ao pensamento jurídico*. 6. ed. Lisboa: Fundação Calouste Gulbenkian, 1988, p. 222.

do Estado de Direito conforma a discricionariedade no sentido de que a convicção pessoal "de quem quer que seja chamado a decidir, é elemento decisivo para determinar qual das várias alternativas que se oferecem como possíveis dentro de certo 'espaço de jogo' será havida como sendo a melhor e a 'justa'",[679] principalmente no domínio da Administração e da Jurisdição.

O motivo para a concessão da liberdade de decisão para a Administração não é só, como para concessão de poder discricionário ao juiz, a necessidade de ter em conta singularidades (concretizações), pois, em certos casos, só a autoridade administrativa é tecnicamente competente para editar algumas medidas que concernem ao interesse público. Isso é assim porque o legislador "muitas vezes, não está capacitado para colher a multiplicidade da vida e adotar uma regulação que satisfaça todas as possibilidades e alternativas da prática", diz Maurer,[680] e por isso a autoridade deve, em virtude do poder de autodeterminação que lhe confere o legislador, escolher dentre as diferentes soluções possíveis, aquela que, na espécie, responde melhor às instruções da lei. Em princípio, então, não existe um poder discricionário livre, mas somente um juridicamente vinculado: quando a autoridade atua em desconformidade com a finalidade da autorização e extrapola os limites legais do poder discricionário,[681] ela atua antijuridicamente, e, nesse caso, os tribunais "estão obrigados a revisar a observância das vinculações do poder discricionário e a revogar uma decisão de exercício de poder discricionário vicioso por causa da antijuridicidade".[682] Assim, os limites exteriores são os vícios de poder discricionário, que constitui uma ilegalidade, pois a Administração está proibida de agir arbitrariamente na esfera de liberdade que lhe é deixada. Daí que, se a autoridade não faz uso do poder discricionário que lhe compete, excede

---

[679] ENGISH, *Introdução ao pensamento jurídico*, p. 227.

[680] MAURER, *Droit administratif allemand*, 49.

[681] Cf. MAURER, *Droit administratif allemand*, p. 50. No texto, o autor cita o §40 da Lei de Procedimento Administrativo (*VwVfG*): "Se uma autoridade está autorizada a atuar segundo seu poder discricionário, ela tem de exercer o seu poder discricionário em conformidade da autorização e de observar os limites legais do poder discricionário", e o §114 da Lei de Organização dos Tribunais Administrativos (*VwGO*): "Enquanto a autoridade administrativa está autorizada a atuar segundo seu poder discricionário, o tribunal também examina se o ato administrativo ou a recusa ou omissão do ato administrativo é antijurídico, porque os limites legais do poder discricionário estão excedidos ou foi feito uso do poder discricionário em uma forma não correspondente à finalidade da autorização".

[682] MAURER, *Droit administratif allemand*, p. 50.

o quadro determinado legalmente, escolhendo uma consequência não prevista, abusa do poder discricionário, não se deixando dirigir exclusivamente pela finalidade da autorização e, ainda, viola direitos fundamentais e princípios administrativos gerais, pode ser obrigada, pelos tribunais, a revisar e a revogar sua atuação.[683]

Em suma, o equacionamento entre participação, publicidade e processo administrativo pode ser feito a partir da lei de processo administrativo, porque ela é o principal marco na concretização do Princípio da Publicidade. O conteúdo do conceito do princípio explica a extensão de suas realizações, que podem ser reagrupadas em torno de três polos: a) primeiramente, o direito de acesso aos *dossiers* (arquivos) administrativos, que devem ser abertos, já que não são propriedade da Administração e devem estar à disposição dos cidadãos. Cada país resolve, segundo sua tradição, os limites desse acesso; b) a segunda realização da publicidade diz respeito ao acesso à marcha intelectual da administração. É o direito ao acesso à motivação e fundamentação dos atos administrativos, já que os cidadãos têm direito de conhecer não só os arquivos, mas o porquê das decisões administrativas e, muitas vezes, o processo dos atos administrativos; c) por último, a realização mais forte da publicidade, porque aprofunda uma direção da democracia brasileira, é a que concerne à participação: a melhor maneira de realizar a publicidade é fazer os cidadãos participarem dos procedimentos da Administração. A publicidade tende a modificar radicalmente os procedimentos administrativos.

Atributo formal, uma *memória* ou tema significativo do sistema jurídico dos últimos 250 anos, publicidade diz respeito à comunicação pública e à mediação possível entre moral e política, pois, nos termos do postulado kantiano, o "poder exterior que retira dos homens a liberdade de *comunicar* publicamente seus pensamentos rouba-lhes também a liberdade de *pensar* (...)".[684] O direito é memória, porquanto ele, ao reproduzir as relações sociais, representa "a recordação que se imprime no direito".[685] A memória inventada pelo direito (justificativa de si mesmo) decorre da evolução do sistema e estruturou suas operações contínuas numa atemporalidade, de modo que "os eventos que o direito considera relevantes transformam-se em presente e, portanto,

---

[683] Cf. MAURER, *Droit administratif allemand*, p. 50-52.
[684] KANT, I. O que significa orientar-se no pensamento? In: *Textos seletos*. Edição Bilíngue. Petrópolis: ed. Vozes, 1974, p. 92.
[685] DE GIORGI, Raffaele. *Direito, tempo e memória*. São Paulo: Quartien Latin, 2006, p. 49.

fragmentam-se, a cada momento, em um antes e um depois".[686] Daí que o sistema jurídico invente uma realidade que está sempre presente e que se constitui através do cálculo de descrições. Os valores, estados, conceitos do direito constituem aquisições evolutivas que são sedimentos, pontos de referência para a sua operatividade, na simultaneidade de seus estados, isto é, de sua memória. Vale, então, inventariar, por último, como a nossa cultura problematiza o tema da relação entre a *Política* e a *Justiça*.

---

[686] DE GIORGI, Raffaele. *Direito, tempo e memória*, p. 61.

EPÍLOGO

EM QUAIS CONDIÇÕES É POSSÍVEL A COMPATIBILIDADE ENTRE ÉTICA E POLÍTICA?

O problema da relação entre Ética e Política é clássico e recorrente na nossa cultura e diz respeito às avaliações morais da política. Tanto uma quanto a outra podem ser visualizadas como experiência ou disciplina do saber que estuda aquelas experiências. A questão tem sido debatida com uso de variados argumentos (que não vem ao caso inventariar), e é bastante discutido se as esferas da ética e da política são comparáveis e, se o são, com base em quais critérios. Assume-se, aqui, a posição de que não só é possível comparar ética e política segundo o critério de que se está diante de duas esferas normativas (regulação de condutas e das relações intersubjetivas), como também a de que são compatíveis em grande medida, desde que preenchidas determinadas condições.[687]

Nos termos da tradição jusfilosófica, *ética* (termo da língua grega) e *moral* (latim) dizem respeito àquilo que apreendemos pelo hábito, que não advém da "natureza".[688] Assim, a ética pode ser também compreendida como um conjunto mais ou menos sistemático e coerente de princípios, diretrizes e normas para orientação e disciplina

---

[687] Ver: BOVERO, Michelangelo. Ética e política entre o maquiavelismo e o kantismo. *Lua Nova. Revista de Cultura e Política*. Nº 25. São Paulo. Abril de 1992, Disponível em: http://www.scielo.br/scielo.php?script=sci_arttext&pid=S0102-64451992000100007. Acesso em: 27 jul. 2017.

[688] ARISTÓTELES, *Ética a Nicômaco*, Livro II, 1, 15. Ver *Aristóteles (II)*. Coleção "Os Pensadores". São Paulo: Abril Cultural, 1979, p. 67; 69; ERNOUT, A.; MEILLET, A. *Dictionnaire étymologique de la Langue Latine: Histoire des Mots*. 4. ed. Paris: Klincksieck, 1985, p. 416.

das condutas. A política, por sua vez, pode ser entendida como um fenômeno público e coercitivo, relacionado, consequentemente, com o que é urbano (*urbe*), civil, público, bem como sociável e social, segundo a tradição do pensamento político que remonta a Aristóteles,[689] ainda que o substantivo "política" não tenha hoje o mesmo significado do grego *politiké*. Quando o Estagirita se refere ao *zoon politikón*, define ao homem, e não à política, exprimindo a concepção na qual a *polis* era a unidade constitutiva e a dimensão suprema da existência.[690]

Vive-se, no Brasil, em um tempo que traz a necessidade de reabilitação da filosofia prática, com a união das duas esferas e, por isso, as exigências de "ética na política" que emergem da opinião pública. Com efeito, o enigma ético da história é a persistente imoralidade do poder político e a sua inevitável violência, ou a contraposição, vivida na experiência, entre as razões de Estado e a Justiça Distributiva. Vale, então, explicitar, em linhas gerais, como a tradição da *Teoria do Direito* tem respondido à questão de saber em quais condições é possível a compatibilização entre ética e política.

A invenção da política e da história

Gregos e romanos inventaram a política e a história política "como uma história de guerra e política".[691] Fundada na convivência pública entre diferentes – na pluralidade de homens – distingue-se a política de todas as demais formas de convívio humano pela liberdade. O próprio viver era "estar entre seres humanos", e subjaz a esta tradição uma ideia de poder baseada no consentimento, e não só na violência. A partir do século XVII, em razão do surgimento do Estado Nacional (territorial), o qualificativo "político" aparece assimilado ao conceito de "Estado", entidade política por excelência. A realidade política aparece, ela mesma, como atividade estatal, numa espécie de círculo vicioso.[692]

---

[689] ARISTÓTELES. *Política:* Livro I, 1252 a. Lisboa: Vega, 1998, p. 49. Edição Bilíngue. 1. Edição em português feita a partir do grego. Doravante, as citações da Política são dessa obra.

[690] No viver político, os gregos viam a essência de sua vida, e não uma "parte", de modo que o homem não político era um ser deficiente (*ídion*). O viver político era o viver associado, de modo que o "social" estava abrangido pelo político. O vocábulo "social" é latino, e foi Tomás de Aquino, no período medieval, quem traduziu *politikón* por "animal político e social". Para essas considerações, ver SARTORI, Giovanni. *A política.* Brasília, Editora da Universidade de Brasília, 1981, p. 158-159.

[691] FINLEY, Moses. *L'Invention de la politique.* Paris: Flammarion, 1985, p. 90.

[692] SCHMITT, Carl. *La notion de politique.* Paris: Flammarion, 1992, p. 58.

Nas sociedades contemporâneas, o poder, ação concertada que funda uma comunidade, só pode existir em um espaço que é público, por meio de um "encontro" público que faz surgir o consentimento. Daí que o poder (a esfera pública) é, simultaneamente, o espaço das "aparências" e o lugar da "isonomia", isto é, um espaço em que a interação entre indivíduos iguais se dá por meio da livre troca de opiniões plurais e da ação. Como assevera Hannah Arendt, "o poder corresponde à habilidade humana não apenas para agir, mas para agir em concerto". Assim, pertence "ao grupo" e só existe quando o grupo se conserva unido. Quando se diz que alguém está "no poder", a referência é ao fato "de que ele foi empossado por um certo número de pessoas para agir em seu nome".[693]

Esfera da dominação, do comando, das ordens imperativas e coativas, das ações concertadas e decisões vinculantes, à política se atribuem pelo menos duas finalidades gerais: a *sobrevivência do grupo*, que muitas vezes coincide com a violação de poderes rivais, e a *convivência dos indivíduos*, que requer uma limitação recíproca da liberdade individual para evitar o recurso à violência. Na primeira perspectiva, "os fins justificam os meios"; na segunda, a convivência requer a realização da universalidade própria das normas morais, e aqui vem à luz o problema da ética, porque emerge para o primeiro plano a questão da Justiça, isto é, a exigência de condições equânimes para a interação social. Tais vertentes da política acabam por ser necessárias para definir o seu campo, uma vez que esta é "conflito", decorrente da relação política fundamental "amigo-inimigo" e "ordem e composição de conflitos internos ou externos". O que é especificamente político para Carl Schmitt (expoente da 1ª corrente) – o antagonismo amigo-inimigo[694] – é, para o contratualismo (2ª corrente), uma condição pré-política – o estado de natureza. De Spinoza a Rawls, passando por Hobbes e Kant, [695] a superação do conflito primitivo passa pela instauração de um poder

---

[693] ARENDT, Hannah. *Poder e violência*. Rio de Janeiro: Relume Dumará, 2001, p. 36. Aqui, Hannah Arendt tem uma posição diferente da de Weber, pois, para Weber o poder é uma ação estratégica em que o ator visa utilizar, da forma mais eficiente possível, os meios à sua disposição para atingir um fim previamente definido (isto é, submeter a vontade do outro à sua).
[694] Assim, Carl Schmitt: "A distinção específica do político, àquela que se pode ligar aos atos e móveis políticos, é a discriminação do amigo e do inimigo. Ela fornece um princípio de identificação que tem o valor de critério, e não uma definição exaustiva ou compreensiva". In: *La notion de Politique...*, p. 64.
[695] Ver: SPINOZA, *Tratado político*, p. 309; HOBBES, Thomas. *Do cidadão*, p. 97; RAWLS, John. *Teoria de la justicia*, Fondo de Cultura Econômica, México, 1993, p. 28.

comum, porque é regulado por "regras de jogo" democráticas, isto é, não violentas e desmilitarizadas (para Schmitt isso é precisamente um processo de desnaturalização e despolitização).[696]

Se em termos kantianos[697] a ética (moralidade) diz respeito à autonomia racional, a política diz respeito às relações heterônomas. A obrigação política é prescritiva, subsiste mesmo com a discordância (a ideia de uma autonomia política é uma aporia, que se resolve na ideia de lei da assembleia soberana). Nessas condições, se é possível a compatibilidade entre a autonomia ética e a heteronomia política, a autonomia ética somente se conservará se o indivíduo tiver boas razões, não contrastantes com os seus princípios morais, para reconhecer como legítimo o poder político. Uma dissensão moral acentuada pode atingir a legitimidade de um determinado arranjo, mas não pode alterar a relação política fundamental enquanto tal. As condições para a compatibilidade, portanto, entre ética e política, são de duas ordens, que não prescindem do direito, a saber, a legitimidade do poder político[698] e a distinção entre o que é público e o que é privado, variável no tempo e no espaço.

A discussão da primeira condição é bastante problemática, porque diz respeito às relações entre direito e moral, ou melhor, entre a Justiça e a violência. O problema que surge imediatamente é: as regras do agir político (tomar decisões vinculantes) são as mesmas do agir moral? Depende do ponto de vista. Na perspectiva *ex parte populi*, procura-se o casamento entre ética e política, adotando-se determinada concepção de justiça. Já do ponto de vista *ex parte princeps*, do produtor das decisões coletivas, afirma-se o divórcio entre as duas esferas. E os exemplos históricos são abundantes e evidentes de *per si* nesse sentido.

---

[696] SCHMITT, Carl. *Le nomos de la terre*. Paris: Presse Universitaire de France, 2001, p. 305 *et seq.*
[697] Kant, seguindo Locke, entendendo a transição do estado de natureza para o estado civil como a possibilidade de exercício dos direitos naturais através da organização da coação sob o domínio estatal, *verbis*: "Uma vontade unilateral não pode servir como uma lei coercitiva para todos no que toca à posse que é externa e, portanto, contingente, já que isso violaria a liberdade de acordo com leis universais. Assim, é somente uma vontade submetendo todos à obrigação, consequentemente somente uma vontade coletiva e geral (comum) e poderosa é capaz de suprir a todos tal garantia. Contudo, a condição de estar submetido a uma legislação externa geral (isto é, pública) acompanhada de poder é condição *civil*. Conclui-se que apenas numa condição civil pode alguma coisa externa ser minha ou tua". In: *A metafísica dos costumes*. Bauru: EDIPRO, 2003, p. 101.
[698] Para Raymundo Faoro, a legitimidade não se dilui na legalidade: "se a legitimidade estivesse contida totalmente na legalidade, desapareceria a participação ativa, com a resistência possível às leis que negassem os fundamentos da democracia". In: FAORO, Raymundo. *Assembléia constituinte* – a legitimidade recuperada. 2. ed. São Paulo: Brasiliense, 1982, p. 27.

Justiça e política

As primeiras reflexões significativas, que levaram à construção aristotélica exposta na *Política*, dão conta de que a realização de cada forma política (constitucional) depende da concepção de Justiça distributiva (que concerne à distribuição dos bens públicos) que a comunidade adota.[699] Há, portanto, pelo menos em termos ideais, uma relação estreita entre justiça (moral), legislação e regime político, de modo que um governo injusto só pode ser tirania, que extingue a política e se constitui como o domínio pré-político (doméstico).

Se moral bastasse para limitar a política, o direito não seria necessário. Por isso, desde a sua invenção, o *ius*, ciência dos valores humanos, não cessou de se estender ao campo da política, como se constata do teor de leis públicas romanas que, pelo menos desde meados do Principado, procuraram proibir a violência e a corrupção na política (*Lex Iulia de ambitus, Lex Iulia de vi publica et privata*).[700] Para os romanos, a *res publica* estava concebida como um povo organizado não somente sob o fundamento da utilidade comum,[701] senão que, antes de tudo, sob a convivência jurídica, o que, com respeito à comunidade humana, ocupa uma posição central, capaz de organizar o mundo. Advém daí que a ideia de política já não fosse mais somente associada ao poder, comando (vertical), mas ao bem comum ou interesse geral.

Até que a esfera do direito viesse a dominar a esfera da política, impondo-se como um fator de racionalização e crítica, milênios se passaram, e as discussões sobre a legitimidade do poder político sempre levaram em conta determinadas concepções de justiça para definir o que é o bom governo, a tirania, a guerra justa e a guerra santa.[702] Nas argumentações medievais de Tomás de Aquino e de Bártolo de Sassoferrato esses temas estiveram interligados, a ponto de o segundo

---

[699] Daí que o princípio da justiça distributiva oligárquica seja "a cada um segundo sua riqueza"; da justiça distributiva democrática, "a cada um segundo a sua condição de homem livre", e, na *politeia* (regime ideal), a justiça distributiva deve se caracterizar pela combinação dos critérios de liberdade, riqueza e virtude. Ver ARISTÓTELES, *Política*, III, 9, 1280 a e 1281 b.

[700] *Lex Iulia de ambitus*, de 18 a.C., sobre o delito de corrupção eleitoral; *Lex Iulia de vi publica et privata*, disciplinava crimes de violência na política. Textos in: DOMINGO, Rafael *et al.* (Coord.). *Textos de derecho romano*. Navarra: Editorial Aranzadi, 2002, p. 378-379.

[701] CÍCERO. *República*, I, XXV; In: EPICURO/LUCRÉCIO/CÍCERO/SÊNECA E MARCO AURÉLIO. Coleção "Os Pensadores". São Paulo: Abril Cultural, 1980, p. 147 *et seq.*

[702] Ver FITZ, *La edad media*. Guerra e ideología. Justificaciones religiosas y jurídicas. Madrid: Sílex, 2003, p. 23 *et seq.*

afirmar que "tirano é o que governa sem direito" ou contra o "direito natural".[703] Com as revoluções liberais e estruturação do Estado de Direito burguês, a política fica parcialmente "domesticada", uma vez que, no Estado de Direito liberal, as competências políticas se estruturam como competências funcionais, conformadas pela legislação. Separação de poderes, garantias de direitos, *due process of law*, jurisdição administrativa e jurisdição constitucional vão, doravante, estruturar a atividade política, e deve-se aos contratualistas, mais especificamente a Kant, a descoberta de que a mediação entre moral e política só pode ser feita pelo direito, através da publicidade, que impõe um dever aos poderes públicos: o de agir de forma transparente.[704] A articulação da moral com a política se dá porque, se no direito público se pode prescindir de toda a matéria (as diferentes relações empíricas dos homens no Estado ou dos Estados entre si), resta ainda a *forma da publicidade* "cuja possibilidade está contida em toda a pretensão jurídica, porque sem ela não haveria justiça alguma (que só pode pensar-se como publicamente manifesta), por conseguinte, também não haveria nenhum direito, que só se outorga a partir da justiça".[705] Decorre daí que, para Kant, o princípio da publicidade não é apenas ético (pertence à doutrina da virtude), como também jurídico (concerne ao direito dos homens).

Kant, todavia, pensa um ser humano despido de suas singularidades – o homem *noumênico* – como um sujeito abstrato, que não existe na realidade fenomênica.[706] Com o advento do normativismo e do positivismo sociológico, a legitimidade do poder político teve que ser encontrada no sistema jurídico, e não mais na moral. Kelsen, ao

---

[703] Para Tomás de Aquino a lei "não é mais que uma ordenação da razão para o bem comum, promulgada pelo chefe da comunidade", (Q. 90, art. 4º). A derivação da lei humana-positiva da lei natural está contemplada como algo que incide sobre a existência mesma dela como lei ou sobre o seu valor moral. "A lei humana que não deriva da lei natural nem é lei", (Q. 95, art. 2º). Apreciando a desconformidade da lei humana para com a lei natural, não sob o ponto de vista lógico, mas ético, Tomás nega à lei injusta valor moral, mas reconhece sua validez jurídica, (Q. 96, art. 4º). Ver: AQUINO, São Tomás. *Suma teológica*. 1ª Parte da 2ª Parte. São Paulo: Indústria Gráfica Siqueira S/A, 1954; Bártolo de Sassoferrato (*De Tyranno*): "Chama-se propriamente tirano quem governa [*principatur*] a coisa pública [*in communi re publica*] sem direito [*non iure*]". In: LOPES, José Reinaldo Lima; QUEIROZ, Rafael Mafei Rabelo; ACCA, Thiago dos Santos. *Curso de história do direito*. São Paulo: Método, 2006.

[704] Ver KANT, Immanuel. *A paz perpétua e outros opúsculos*, p. 130 et seq.

[705] KANT, *A paz perpétua*, p.164.

[706] KANT, Immanuel. *Crítica da razão prática*. São Paulo: Martins Fontes, 2002, p. 31 et seq., especialmente p. 31-32.

distinguir entre direito e moral, acentua que todas as normas jurídicas constituem valores e que a disputa sobre valores (que são relativos) sempre se dá num âmbito fora do direito, mais precisamente na política (a política do direito).[707] Por isso, na *Teoria Pura* Kelsen não se preocupa com o tema da Justiça e dos valores, fazendo-o em outras obras nas quais afirma a importância da democracia como procedimento para alcançar a legitimidade na política.[708] Já Weber compreende as ordens estatais modernas como manifestações do poder político que fundamentam sua legitimidade na crença de um poder político "legal-racional". Em sua perspectiva positivista, o direito é o que um legislador político delibera como direito em um procedimento legalmente institucionalizado, independentemente de ser democrático ou não. Segundo isso, o direito possui uma racionalidade própria, que é independente da moral.[709]

Hoje, nas sociedades contemporâneas, vive-se a era da economia social de mercado (trabalho e livre iniciativa com a mesma dignidade), da comunidade dos cidadãos, na qual impera o pluralismo político e o multiculturalismo, a dimensão ética se traduz na dignidade da pessoa humana como fundamento de direitos e deveres, e a jurídica, como um conjunto de relações básicas de Justiça. A reflexão jurídica volta, pois, a incluir no debate o problema da justificação moral do direito e da política.[710]

A compatibilização entre a política e a moral pela via procedimental-argumentativa

Nas sociedades ocidentais complexas há uma espécie de crise da moral, ou da dimensão valorativa, com a fragmentação do discurso valorativo,[711] o individualismo, o multiculturalismo e o relativismo. Em tal contexto, as teses de reabilitação da moral em relação ao direito devem ser entendidas. Habermas, por exemplo, critica a construção weberiana afirmando que se, atualmente, as qualidades formais do direito são descobertas na dimensão do procedimento juridicamente

---

[707] KELSEN, Hans. *Teoria pura do direito*, p. 8; 93 *et seq*.
[708] KELSEN, *A democracia*, especialmente p. 17 e 191.
[709] WEBER, Max. *Economia y sociedad*, p. 5-6; 21-23; 27-28; 510.
[710] Ver LERMANN, Laura. *O julgamento de Nuremberg:* fundamentos jurídicos das decisões e a internacionalização dos direitos humanos. Monografia de conclusão curso de Direito da Fundação Escola Superior do Ministério Público do Rio Grande do Sul. Porto Alegre, FMP, 2017.
[711] MACINTYRE, Alasdair. *Depois da virtude*. Bauru: Edusc, 2000, *passim*.

institucionalizado, e os procedimentos regram discursos jurídicos, a legalidade só é possível "no sentido de uma racionalidade de procedimento moral-prática, e que são praticados de forma racional".[712] Segundo seus argumentos, a própria política legislativa envolve processos de negociação e formas de argumentação, de modo que a criação legítima do direito depende de processos de comunicação.[713] Tais procedimentos ligam decisões com obrigações de fundamentação: o que é institucionalizado são os discursos jurídicos que operam sob as restrições exteriores do procedimento jurídico e sob restrições internas de criação argumentativa de razões cujas regras não se submetem a construção e valoração de razões à disposição da vontade dos participantes e que só podem ser alteradas no nível argumentativo.[714]

Advém daí que o núcleo da razão prática moderna seja a ideia de imparcialidade, pois a racionalidade de um procedimento (que precede à institucionalização) se mede no fato de saber se o ponto de vista moral está adequadamente explicitado: para Rawls, a justiça do resultado é garantida pelo processo de sua atualização; para Habermas, a argumentação moral é o procedimento mais adequado à formação da vontade racional. Tais teses, contudo, não superam a visão esterilizada e idealizada do ser humano: Rawls pressupõe uma posição originária e escolha de princípios de justiça sem que os participantes saibam quais serão suas posições na distribuição dos bens. Para ele, exige-se igualdade na repartição de direitos e deveres básicos, e mantêm-se as desigualdades sociais e econômicas, como por exemplo de riqueza e de autoridade, se são justas, isto é, se produzem benefícios compensadores para todos. Essa concepção é próxima daquela que baseia a igualdade na repartição dos bens produzidos – a utilitarista –, mas com ela não se confunde, segundo a crítica que o próprio autor lhe faz, porque "o utilitarismo não considera seriamente a distinção entre pessoas".[715] Habermas parte da idealização de um público pensante, sem distinção de situações concretas, que é capaz de formar a vontade racional a partir

---

[712] HABERMAS, Jürgen. *Direito e moral* (Tanner Lectures, 1986). São Paulo: Instituto Piaget, 1992, p. 33-34.
[713] HABERMAS, Jürgen. *Direito e democracia:* entre facticidade e validade, v. 2, p. 9; 26-27.
[714] ALEXY, Robert. *Teoria da argumentação jurídica.* A teoria do discurso racional como teoria da justificação jurídica. São Paulo: Landy, 2001, *passim* e especialmente p. 20-29.
[715] *Teoria de la justicia*, p. 46. Rawls indica ser a ideia principal do utilitarismo clássico aquela segundo a qual está corretamente ordenada, e é justa a sociedade em que as instituições mais importantes estão estruturadas de modo a obter o maior nível de satisfação distribuído entre todos os seus membros.

da argumentação moral. Quer dizer: com todo esforço, suas teses ainda não superam definitivamente o paradigma liberal-kantiano segundo o qual os princípios de justiça que definem direitos não podem decorrer de concepções de virtude ou da melhor forma de vida (morais).

Por isso, ganham relevância as teses como a de Honneth,[716] segundo a qual a ampliação dos direitos individuais fundamentais obtida pela luta social por igualdade ampliou o *status* objetivo de uma pessoa, dotando-a de novas atribuições e estendendo tais atribuições a um número sempre crescente de membros da sociedade. Com isso, o direito ganhou determinados conteúdos, e as relações jurídicas foram universalizadas, sendo paulatinamente adjudicadas àqueles grupos que até então estavam excluídos ou desfavorecidos. Exemplos são o reconhecimento da posição das mulheres, as políticas públicas de inclusão por razões étnicas e sociais, de moradia e educação populares etc.

Da mesma forma, Finnis argumenta que as ações práticas só podem ser compreendidas em razão de seus propósitos, valores e importância, como foram concebidos por pessoas e que estão refletidas "no discurso dessas mesmas pessoas, nas distinções conceituais que fazem, deixam de fazer, ou se recusam a fazer".[717] Os critérios de escolha, daí, não são totalmente neutros. Por isso, os direitos dos proprietários se consolidaram muito antes, na história, do que os direitos dos trabalhadores: os governos respondem seletivamente aos grupos com influência política, de modo que os interesses bem organizados, capazes de se defenderem por si mesmos, são os primeiros a ganhar efetividade e a alcançar seus objetivos através das leis. Nos sistemas políticos em que a lei se aplica com certeza e imparcialidade, as garantias legais dos grupos excluídos podem ser ampliadas, mas também poderão ser reduzidas.[718] Sandel, na mesma linha, argumenta que "a ganância é uma falha moral que o Estado deveria desencorajar", bem como que meditar sobre a Justiça envolve virtude e escolha, isto é, envolve "meditar sobre a melhor maneira de viver".[719] A noção de que uma sociedade justa afirma certas virtudes e determinadas concepções da vida boa não só

---

[716] HONNETH, Axel. *Luta por reconhecimento*: a gramática moral dos conflitos sociais. São Paulo: Editora 34, 2003, p. 192; 197.
[717] FINNIS, John. *Lei natural e direitos naturais*. São Leopoldo: Editora Unisinos, 2006. p. 17.
[718] Cf. HOLMES, Stephen. Linajes del Estado de Derecho. In: AECKERMAN, John (cord.) *Más allá del acceso a la información*: Transparência, redición de cuentas y Estado de Derecho. México: Siglo XXI, 2008, p. 40.
[719] SANDEL, Michael. *Justiça*. O que é fazer a coisa certa. 6. ed. Rio de Janeiro: Civilização Brasileira, 2012, p. 17-18; 29.

tem permeado o debate e os movimentos políticos nas últimas décadas, como também tem justificado a reflexão sobre quais são as virtudes que o ser humano necessita desenvolver para chegar a ser um agente racional e para fazer frente à sua vulnerabilidade e incapacidade.[720]

Daí que a consideração a determinados princípios morais tenha sido a pedra de toque da jurisprudência do Tribunal Federal Alemão e do Conselho de Estado Francês no desenvolvimento paradigmático do princípio da dignidade da pessoa humana. Nas decisões *Morsang-Sur-Orge*[721] e *Mephisto*,[722] examinou-se a natureza, o conteúdo e a extensão da proteção à dignidade humana em um caso concreto, e não abstratamente. Na medida em que a moralidade pública ultrapassa a ordem material e exterior que, conforme Hauriou, cobre somente a ordem pública, ela foi unida à ordem moral que um Estado liberal se recusa a impor. Os tribunais, então, construíam as suas decisões a partir da dimensão institucionalista da ordem jurídica.[723]

Quanto à distinção entre o que é público e o que é privado, são esferas e dimensões distintas do comportamento, e, portanto, deve subsistir um certo espaço para a autonomia moral livre de interferências políticas, o que se chama, modernamente, de *privacidade*. A questão aqui não é saber até que ponto a esfera pública (política) pode interferir na esfera privada,[724] e sim compreender a patrimonialização ou privatização dos vínculos políticos como injusta e imoral, na perspectiva da justiça distributiva.

Com efeito, as sociedades humanas, com suas distintas ideologias e configurações políticas, utilizam e justificam diferentes formas de distribuir os cargos políticos (o poder), a honra, o amor, a riqueza, recompensa e castigo, enfim, a multiplicidade de bens humanos.

---

[720] MACINTYRE, Alasdair. *Animales racionales y dependientes*. Por qué los seres humanos necesitamos las virtudes. Barcelona, Buenos Aires, Madrid: Paidós, 2001, p. 19.

[721] Texto da decisão 27 oct. 1995, Commune de Morsang-Sur-Orge in: LONG, WEIL, BRAIBANT, DEVOLVÈ e GENEVOIS. *Les grands arrêts de la jurisprudence administrative*. 13. édition. Paris: Dalloz, 2001, p. 768 e ss. Analisei com mais profundidade esse acórdão in: O Conselho de Estado Francês e a afirmação do princípio da proteção à dignidade humana como componente da ordem pública. OLIVEIRA, Cristiane Fagundes (org.). *Leituras do direito constitucional*. Porto Alegre: EDIPUCRS, 2009, p. 193-238.

[722] Sobre este caso, LARENZ, Karl, *Metodologia da ciência do direito*, 3. ed. Lisboa, Gulbenkian, 1997, p. 584 et seq.; HESSE, Konrad. *Elementos de direito constitucional da República Federal da Alemanha*, p. 242-243.

[723] HAURIOU, *Précis de droit administrafi et de droit public*, p. VI.

[724] Fiz isso mais pormenorizadamente em *O princípio da publicidade e a participação na Administração Pública*. 2006. 215 f. Tese (Doutorado) – Curso de Direito, Universidade Federal do Rio Grande do Sul, Porto Alegre, 2006.

Há bens, contudo, que não são passíveis de repartição sob nenhum critério racional, como afeto, amor etc. – os chamados "bens interiores" ou "da alma". Só os bens "externos" são partilháveis, segundo critérios históricos. Os princípios de justiça são, pois, plurais, de modo que bens sociais distintos devem ser distribuídos por razões distintas e com recurso a diferentes procedimentos e agentes.

Nos termos da tese de Walzer,[725] há injustiça ou "monopólio" quando o critério utilizado em uma esfera de distribuição é estendido a outra ou quando uma "rede", por exemplo, o mercado, hegemoniza todas as demais. Todos os dias vemos exemplos de pessoas que obtiveram sucesso no mercado, por sua capacidade de ganhar dinheiro, que se transformam, da noite para o dia, em merecedoras de tudo o que de melhor a sociedade produz: são imediatamente reconhecíveis como "os mais bonitos", os "mais inteligentes", "os mais poderosos". É como se estivessem posicionados no primeiro lugar da fila na repartição de todos os outros bens. Da mesma forma, o parentesco, critério utilizado milenarmente para a repartição do patrimônio familiar, quando utilizado na esfera da política (da distribuição das posições de mando), gera uma injustiça, uma imoralidade a que o direito chama "nepotismo" e procura coibir. Amor, afeto, sexo, igualmente: troque-se por qualquer outra retribuição que não seja amor, afeto e sexo e temos uma indignidade, pois o outro não é um fim em si mesmo. Por dinheiro, tem-se prostituição; por poder, assédio, e por aí vai.

De outra parte, quando o critério do mercado absorve a política, a esfera pública – política – fica corrompida (o dinheiro garante os cargos) e assume, em grande medida, funções de propaganda. A função mediadora do "público" passa para as associações e partidos que se preocupam em obter aquele consentimento ou tolerância.[726] É também consequência do processo de subversão da publicidade originária (tornada propaganda) o fato de os partidos e associações políticas se verem obrigados a utilizar os meios de comunicação de massa para influenciar seus eleitores de modo publicitário, análogo à pressão dos comerciais sobre os consumidores. Assim, os velhos propagandistas e agitadores partidários dão lugar a especialistas em publicidade, que são contratados para "vender" política, e assume especial relevância o *marketing* político.

---

[725] WALZER, Michael. *Las esferas de la justicia. Una defensa del pluralismo y la igualdad.* México: Fondo de Cultura Económica, 1993.
[726] HABERMAS, *Mudança estrutural da esfera pública*, p. 212.

Advém daí que, para além da publicidade, a compatibilidade entre ética e política (entre Estado e Justiça) só pode se dar pela sucessiva extensão do direito à esfera da política, na absorção de princípios morais pelo direito, na via procedimental e legislativa, como no caso da fixação, em tessitura aberta, da obediência ao preceito da moralidade (art. 37, *caput*, Constituição da República Federativa do Brasil)[727] ou ainda dos ditames da lei anticorrupção (Lei 12.846, de 1º de agosto de 2013) ou de leis de iniciativa popular, como a Lei Complementar 135/2010 (*Ficha Limpa*) e Lei 9.849/99, que tipificou o crime da compra de votos. Ainda assim, é lugar comum nos discursos dos políticos brasileiros, por exemplo, que "a troca de cargos em ministérios por apoio às posições do governo em votações congressuais não é ilícita (contra o direito)" ou mesmo que é "natural em política o caixa dois nas campanhas eleitorais". Bastante persistente também é a prática do nepotismo, que proibido pela Súmula Vinculante nº 13 do STF, tem obrigado os órgãos de controle da Administração a estabelecer normas locais e o Judiciário a remover parentes de governantes dos cargos em que foram investidos.[728] Daí que o direito – o Judiciário – acaba por resolver questões que, em principio, não são de sua competência, pois o fundamento último da independência judicial é o fato de o poder judicial ser o ramo "menos perigoso do poder estatal" ao não estimular lealdades nem mobilizar apoio politico.[729] Paradoxalmente, nessas situações, o *staff* jurídico faz a crítica do ativismo judicial.

Em síntese, porque as razões de Estado (da política) nem sempre coincidem com as razões morais (da ética), o direito, tecnologia social com estatuto forte, que contém uma analítica do poder e de sua normalização racional e que, por isso mesmo constitui um dos valores fundacionais da nossa civilização,[730] é chamado a fazer a mediação entre as duas esferas. *Publicidade* e *moralidade* são, pois, os campos do direito nos quais a compatibilidade entre política e ética é viável. Contra a imoralidade violenta do poder, assim, contrapõem-se os processos

---

[727] Ver GIACOMUZZI, José Guilherme. *A moralidade administrativa e a boa-fé da administração pública*. São Paulo: Malheiros, 2002, *passim*, e GONZALES PEREZ, Jesus. *El principio general de la buena fe en el derecho administrativo*. Civitas, Madrid, 1983, *passim*.

[728] Ver PARECER Nº 1151/2009 da Procuradoria Geral do Município de Porto Alegre, da lavra de Heron Nunes Estrella. Disponível em: http://lproweb.procempa.com.br/pmpa/prefpoa/pgm/usu_doc/1151-2009.pdf. Acesso em: 27 de julho de 2017.

[729] HOLMES, *Más allá del acceso a la información*, p. 45.

[730] SCHIAVONE, Aldo. *Ius: la invención del derecho en Occidente*. 2. ed. Buenos Aires: Adriana Hidalgo Editora, 2012, p. 16.

democráticos de tomadas de decisão. Por isso, restou assentado na nossa cultura que todo o ato político tem que tolerar um controle por parte do público, por cuja aprovação pode alcançar a legitimidade moral e a legalidade jurídica. A publicidade dos atos políticos, via de consequência, é a condição indispensável para a legitimação moral da política e para a democracia a partir da unidade de interesse entre governantes e governados.[731]

Na *Teoria do Direito*, portanto, articula-se um novo estágio que torna o direito dependente de princípios morais e o adapta a uma racionalidade procedimental: a Jurisdição tem a tarefa de complementar a produção e aperfeiçoar o direito vigente guiada por princípios. De acordo com isso, a imparcialidade da Jurisdição deve estar institucionalizada. A legitimidade da política advirá de uma racionalidade dos processos de jurisdição e de legislação que garanta tal imparcialidade. O ingresso do direito na política se dá, então, pela via da "racionalidade moral do procedimento", e isso só tem possibilidade de realização em uma democracia. Há aí, parafraseando Bovero, um novo realismo que entende *imoral* a corrupção em todas as suas formas, e *amoral* a redução da política à lógica do mercado.

Terra Brasilis – Porto Alegre – 30º S/ 51ºW – Primavera de 2021.

---

[731] Ver TABORDA, Maren. Publicidade no processo administrativo fiscal: estudo de caso. In: GESTA LEAL, Rogério, GAVIÃO FILHO, Anízio (orgs.) *Bens jurídicos indisponíveis e direitos transindividuais:* percursos em encruzilhadas [recurso eletrônico]. Porto Alegre: FMP, 2015, p. 394-431; Noberto. *O futuro da democracia:* uma defesa das regras do jogo. 2. ed. Rio de Janeiro: Paz e Terra, 1986, p. 90, e MAIHOFER, Werner. Princípios de una democracia en libertad. In: HEYDE, Wolfgang (Org.) *Manual de Derecho Constitucional.* Madrid: Marcial Pons, 1996, p. 274.

REFERÊNCIAS

ABADIA, Jesús Lalinde. El modelo jurídico europeo del siglo XIII. *GLOSSAE. Revista del derecho europeo*, nº 5-6. 1993. Murcia: Instituto de Derecho Común Europeo. Universidad de Murcia.

ABBAGNANO, Nicola. *Dicionário de filosofia*. São Paulo: Editora Mestre Jou, 1970, v. "Historiografia".

ALENCASTRO, Luiz Felipe. *O trato dos viventes. Formação do Brasil no Atlântico Sul*. São Paulo: Companhia das Letras, 2000.

ALEXY, Robert. *Teoria de los derechos fundamentales*. Madrid: Centro de Estudios Constitucionales, 1997.

ALEXY, Robert. *Derechos, razionamiento jurídico y discurso racional*. Derecho y Razón Pratica. México, Fontamara, 1993.

ALPA, Guido. Aspetti e problemi della partecipazione nel diritto urbanistico: appunti per una discussione. *Rivista Trimestrale di Diritto Pubblico*, Milano, n. 1, 1979.

ALTHUSSER, Louis. *Montesquieu, la política y la historia*. Madrid: Editorial Ciencia Nueva, S.L.,1968.

AMBROSINI, Diego Rafael, FERREIRA, Gabriela Nunes. Os juristas e o debate sobre "país legal" e "país real" na República Velha. In: MOTA, Carlos Guilherme, FERREIRA, Gabriela Nunes (org.) *Os juristas na formação do Estado-Nação brasileiro*. 1850-1930. São Paulo: Saraiva, 2010.

ANDRADE DE OLIVEIRA, Fernando. Administração Pública e Ato Administrativo. *Revista Trimestral de Direito Público*, n. 1, 1993.

ARENDT, Hannah. *Da revolução*. São Paulo: ed. Ática, 1990.

ARENDT, Hannah. *Lições sobre a filosofia política de Kant*. 2. ed. rev. ampl. Rio de Janeiro: Relume Dumará, 1993.

ARENDT, Hannah. *A condição humana*. 10. ed. Rio de Janeiro/São Paulo, 2000.

ASSIS, Araken. *Manual da execução*. 9. ed. São Paulo: Ed. Revista dos Tribunais, 2004.

AUTIN, Jean Louis. Le Contrôle des Autorités Administratives Indépendantes par le Conseil d'*État* est-il pertinent? *Revue du Droit Public et la Science Politique en France et a l'étranger*. RDPSP. Paris: Librairie Générale du Droit et de Jurisprudence, 1991, p. 1533/1566

ÁVILA, Ana Paula de Oliveira. *O princípio da impessoalidade na administração pública*. Por uma administração imparcial. Rio de Janeiro/São Paulo/Recife: Editora Renovar, 2004.

ÁVILA, Humberto. *Sistema constitucional tributário*. São Paulo: Saraiva, 2004.

ÁVILA, Humberto Bergmann. A distinção entre princípios e regras e a redefinição do dever de proporcionalidade. *Revista de Direito Administrativo*, nº 215, jan.mar/1999

BACLET-HAINQUE, Rosy. Le Conseil d'*État* el L'Extradition en Matière Politique. *Revue du Droit Public et la Science Politique en France et a l'étranger* Paris: Librairie Générale du Droit et de Jurisprudence, 1991, p. 197-248.

BACOT, Guillaume. L'esprit des lois la séparation des pouvoirs et Charles Eisenmann. *Revue du Droit Public et Science Politique*, nº 3, Paris: Librairie Générale du Droit et de Jurisprudence, 1992.

BAGOLINI, Luigi. Il fondamento dei diritti umani. *Rivista Internazionale di Filosofia del Diritto*, nº LVIII, 4, Giufré, Milão, 1991.

BANDEIRA DE MELLO, Celso Antonio. *Curso de direito administrativo*. 9. ed. São Paulo: Malheiros, 1997.

BANDEIRA DE MELLO, Oswaldo Aranha. *Princípios gerais de direito administrativo*. 2. ed. Rio de Janeiro: Forense, 1979.

BARACHO, José Alfredo de Oliveira. Aspectos da teoria geral do processo constitucional: teoria da separação de poderes e funções do Estado. *Revista de Informação Legislativa*. Brasília: Senado Federal. Subsecretaria de Edições Técnicas, ano 19, nº 76, 1982.

BARACHO, José Alfredo de Oliveira. Teoria geral dos procedimentos de exercício da cidadania perante a administração pública. *Revista de Direito Administrativo*, nº 207, jan/mar. 1997.

BARBOSA, Silvio Henrique Vieira. Informação X Privacidade: O dano moral resultante do abuso da liberdade de imprensa. *Revista de Direito Civil, Imobiliário, Agrário e Empresarial*, nº 73, 1995.

BARROS, Welington Pacheco. *Curso de processo administrativo*. Porto Alegre: Livraria do Advogado Editora, 2005, p. 175-229.

BASSI, Franco. Il principio della separazione dei potere (evoluzione problematica). *Rivista Trimestrale di Diritto Pubblico*. Ano XV, n. 1. Milão: Giuffrè, 1965.

BÉCHILLON, Denys de. Sur L'Identification de la Chose Jugée dans La Jurisprudence du Conseil d'État. *Revue du Droit Public et la Science Politique en France et a l'étranger*. RDPSP. Paris: Librairie Générale du Droit et de Jurisprudence, 1994, p. 1793-1824.

BECKER, Alfredo Augusto. *Teoria geral do direito tributário*. 3. ed. São Paulo: Lejus, 1998.

BELLOMIA, Salvatore. *Il Diritto di accesso ai documenti Amministrativi e suoi limiti*. Milano: Giuffré, 2000.

BÉNOIT, Francis-Paul. Montesquieu inspirateur des Jacobins/La théorie de la "bonne démocratie". *Revue du Droit Public et Science Politique*, nº 1, Paris: Librairie Générale du Droit et de Jurisprudence, 1995.

BENVENUTI, Feliciano. *Enciclopedia del diritto*. Vol. IX. Milano: Giuffrè, 1961, v. "Contraddittorio (dir. amm.)".

BENVENUTI, Feliciano. Funzione amministrativa, procedimento, processo. *Rivista Trimestrale di Diritto Pubblico*, 1952.

BERMAN, Harold J. *La formación de la tradición jurídica de Occidente*. 1. ed. México: Fondo de Cultura Econômica, 1996.

BOBBIO, Norberto. *Estado, governo e sociedade:* Para uma teoria geral da politica. 4. ed., São Paulo: Paz e Terra,1992.

BOBBIO, Norberto. *Hobbes e o jusnaturalismo*. Ensaios escolhidos. São Paulo: C.H.Cardim Editora, s/d.

BOBBIO, Norberto. *Locke e o direito natural*. Brasília: Editora da Universidade de Brasília, 1997.

BOBBIO, Norberto. *Teoria do ordenamento jurídico*. 5. ed., Brasília: UnB, 1994.

BOBBIO, Noberto, BOVERO, Michelangelo. *Sociedade e estado na filosofia política moderna*. São Paulo: Editora Brasiliense, 1996.

BONAVIDES, Paulo; PAES DE ANDRADE. *História constitucional do Brasil*, Brasília, 1989.

BORGES, G.V.; TABORDA, M.G. Transparência, direito fundamental de acesso e participação na gestão da coisa pública: exposição de motivos ao Projeto de Lei de processo administrativo no Município de Porto Alegre. In: LEAL, Rogério Gesta; GAVIÃO FILHO, Anizio Pires. (Org.). *Bens jurídicos indisponíveis e direitos transindividuais:* percursos em encruzilhadas. 1. ed. Porto Alegre: FMP, 2015, v. 1, p. 247-268.

BOWN, Stephen R. *1494*. Como uma briga de família na Espanha Medieval dividiu o mundo ao meio. São Paulo: Globo, 2013.

BRAGA DA CRUZ, Guilherme. *O direito subsidiário na história do direito português*. Coimbra: Universidade de Coimbra, 1975.

BRANDÃO CAVALCANTI, Themístocles. *Tratado de direito administrativo*, vol. I. Rio de Janeiro: Freitas Bastos, 1955.

BRAUDEL, Fernand. *Civilização material, economia e capitalismo*. Séculos XV-XVIII. Volume 3. O Tempo no Mundo. São Paulo: Martins Fontes, 1996.

BRAUDEL, Fernand. *Memórias do Mediterrâneo*. Pré-história e antiguidade. Lisboa: Terramar, 2001.

BRETONE, Mário. *Derecho y tiempo el la tradición europea*. Mexico: Fondo de Cultura Económica, 1999.

BRUNNER, SCHWERIN. *Historia del derecho germánico*. Madrid: Labor, 1936.

BUCCI, Maria Paula Dallari. *Direito administrativo e políticas públicas*. 1. ed. São Paulo: Saraiva, 2006.

BUENO, Eduardo. *A coroa, a cruz e a espada*. Lei, ordem e corrupção no Brasil Colônia. Rio de Janeiro: Objetiva, 2006.

BUENO, Eduardo. *Capitães do Brasil*. A saga dos primeiros colonizadores. Rio de Janeiro: Objetiva, 1999.

BUENO, Eduardo. *Náufragos, traficantes e degredados*. As primeiras expedições ao Brasil,1500-1531. Rio de Janeiro: Objetiva, 1998.

CAIO TÁCITO. *Direito administrativo*. São Paulo: Saraiva, 1975.

CAIO TÁCITO. Bases Constitucionais do Direito Administrativo. *Revista de Direito Administrativo*, nº 166, out./dez. 1986.

CAIO TÁCITO. Exposição de Motivos nº 548, de 30 de setembro de 1996, do sr. Ministro da Justiça e da Administração Federal e Reforma do Estado. *Arquivos do Ministério da Justiça*. Brasília, 49 (188): 225-241, jul./dez. 1996.

CAIO TÁCITO. *O desvio de poder em matéria administrativa*. Temas de direito público (Estudos e pareceres). V1. Rio de Janeiro: Renovar, 1997.

CAIO TÁCITO. *Presença norte-americana do direito administrativo brasileiro*. Temas de direito público (Estudos e pareceres). V1. Rio de Janeiro: Renovar, 1997.

CALASSO, Francesco. *Gli Ordinamenti Giuridici del Rinascimento Medievale*. Seconda Edizione. Milano: Giuffrè, 1951.

CALASSO, Francesco. *Glossatori, la teoria della sovranità, studio di diritto commune pubblico*. 2. ed. Milano: Dott. A. Giuffrè Editore, 1950.

CALLASSO, Francesco. *Introduzione al diritto commune*. Milano: Giuffrè Editore, 1951.

CALDERA, Jorge. *História do Brasil com empreendedores*. São Paulo: Mameluco, 2009.

CAMPOS, Francisco. *O Estado Nacional:* sua estrutura, seu conteúdo ideológico. Brasília: Senado Federal, Conselho Editorial, 2001.

CANARIS, Claus-Wilhelm. *Pensamento sistemático e conceito de sistema na ciência do direito*. Lisboa: Fundação Calouste Gulbenkian, 1989.

CANOTILHO, José Joaquim Gomes. *Direito constitucional*. Coimbra: Almedina, 1993.

CAPDEQUÍ, José Maria Ots. *Manual de historia del derecho español en las Indias y del derecho propriamente indiano*. Tomo I. Buenos Aires: Instituto de Historia del Derecho Argentino, 1943.

CAPELLETTI, Mauro. *La jurisdiccion constitucional de la libertad*. Mexico: Imprenta Universitaria, 1961.

CARONE, Edgar. *A República Velha* (Evolução Política). 2. ed. São Paulo: DIFEL, 1974.

CARONE, Edgar *A Segunda República* (1930-1937). 1. ed. São Paulo: DIFEL, 1973.

CARVALHO, José Murilo. *A construção da ordem/teatro de sombras*. 2. ed. Rio de Janeiro: Relume Dumará, 1996.

CARVALHO, José Murilo (org.). *Nação e cidadania no Império:* novos horizontes. Rio de Janeiro: Civilização Brasileira, 2007.

CARVALHO, José Murilo. *Pontos e bordados*. Escritos de história e política. Belo Horizonte: Editora UFMG, 1999.

CARVALHO, Paulo de Barros. *Curso de direito tributário*. São Paulo: Saraiva, 1993.

CASSESE, Sabino. Le conditions de participation du citoyen à la vie administrative. In: RIVERO, Jean et al. *La participation directe du citoyen à la vie politique et administrative*. Bruxelles: Bruylant Breuxelles, 1986.

CATALANO, Pierangelo. *Diritto e persone*. Studi su origine e attualità del sistema romano. Turim: Giappichelli, 1990.

CAVALCANTI, Themístocles Brandão. *Tratado de direito administrativo*. 3. ed. Vol. I, 1955.

CAVALLO, Bruno (a cura di). *Procedimento amministrativo i diritto di accesso:* Legge 7 agosto1990, n. 241. Napoli: Edizioni Scientifiche Italiane, 1993.

CAYGILL, Howard. *Dicionário Kant*. Rio de Janeiro: Jorge Zahar Editor, 2000, v. "Publicidade".

CHAPUS, René. *Droit administratif general*. 7. ed. Tomo I. Paris: Montchrestien, 1993.

CHAUÍ, Marilena. Amizade, recusa do servir. In: LA BOÉTIE, Ettienne. *Discurso da servidão voluntária*. Brasiliense: São Paulo, 1982.

CHAUÏ, Marilena. *Espinosa:* vida e obra. São Paulo: Abril Cultural, 1979, Coleção "Os Pensadores".

CHEVALLIER, Jacques. Le Droit Administratif entre Science Administrative et Droit Constitutionnel. In: CHEVALLIER, Jacques et al. *Le Droit Administratif en Mutation*. Paris, Presse Universitaire de France, 1993.

CIRNE LIMA, Ruy. *pequena história territorial do Brasil:* sesmarias e terras devolutas. 2. ed. Porto Alegre: Livraria Sulina, 1954.

CIRNE LIMA, Ruy. *Princípios de direito administrativo*. 6. ed. São Paulo: RT, 1987.

CLAVERO, Bartolomè. Codificación y Constitución: Paradigmas de un Binomio. *Quaderni Fiorentini, XVIII*. Florença: 1992.

CLAVERO, Bartolomè. *Institucion historica del derecho*. Madrid: Marcial Pons, 1992.

CÓDIGO de Procedimento Administrativo. 3. ed. Coimbra: Livraria da Universidade, Edições Jurídicas, 1998.

COELHO DA ROCHA, M.A. *Ensaio sobre a história do governo e da legislação de Portugal* (para servir de Introducção ao Estudo do Direito Patrio). Coimbra: Imprensa da Universidade. 1872.

COLLIVA, Paolo. In: BOBBIO, Norberto; MATTEUCCI, Nicola; PASQUINO, Gianfranco. *Dicionário de política*. Brasília: Editora Universidade de Brasília, 1986, v. "Feudalismo".

COMPARATO, Fábio Konder. *A afirmação histórica dos direitos humanos*. 3. ed. São Paulo: Saraiva, 2003.

CONTIPELLI, Ernani. Crowdsourcing constitution: solidariedade e legitimação democrática na Pós modernidade. *Revista Eletrônica Direito e Política*, Programa de Pós-Graduação *Stricto Sensu* em Ciência Jurídica da UNIVALI, Itajaí, v. 8, n. 3, 3º quadrimestre de 2013, p. 16. Disponível em: www.univali.br/direitoepolitica. Acesso em: 16 maio 2021.

CORAIL, Jean-Louis. *La Crise de la notion juridique de service public en droit administratif français*. Paris: Librairie Générale du Droit et de Jurisprudence, 1954.

CORDEIRO, Tiago. *A grande aventura dos jesuítas no Brasil*. São Paulo: Planeta, 2016.

COSTA, Mário Júlio de Almeida. *História do direito português*. Coimbra: Almedina, 1996.

COSTA, Mário Júlio de Almeida. Para a história da cultura jurídica medieva em Portugal. *Boletim da Faculdade de Direito de Coimbra*. Vol. XXV. Coimbra: Coimbra Editora, 1959.

COTRIM NETO, A. B. Do contencioso administrativo e do processo administrativo – no Estado de Direito. *Revista de Informaçao Legislativa*, nº 95, jul. a set. 1987.

COUTO E SILVA, Almiro. Atos jurídicos de direito administrativo praticados por particulares e direitos formativos. *Revista de Direito Administrativo*, nº 95, jan./mar. 1969.

COUTO E SILVA, Almiro. Consulta formulada pelo Prefeito Tarso Genro: Veiculação de Publicidade com Infrigência eventual do art. 37, §1º das CF e Estatuto das Licitações. Possibilidade do *slogan* "Administração Popular". *Revista da Procuradoria Geral do Município de Porto Alegre*, v. 8, nº 9, agosto/1996.

COUTO E SILVA, Almiro do. Os indivíduos e o Estado na realização das tarefas públicas. In: bandeira de mello, celso antonio (org). *Direito administrativo e constitucional*: estudos em homenagem a Geraldo Ataliba. São Paulo: Malheiros, 1997.

COUTO E SILVA, Almiro. Ação Direta de Inconstitucionalidade de Lei Estadual ou Municipal frente à Constituição Estadual. Repensando o cabimento do Recurso Extraordinário. *Revista da AJURIS*. Ano XXXIV, nº 107, setembro de 2007.

CRETELLA JR. O contencioso administrativo na Constituição de 1969. *Revista de Direito Administrativo*, nº 104. Rio de Janeiro: FGV, abr./jun 1971, p. 30-48.

CRETELLA JÚNIOR, José. *Do ato administrativo*. 2. ed. São Paulo: José Bushatsky Editor, 1977.

CROWLEY, Roger. *Conquistadores*. Como Portugal forjou o primeiro império global. São Paulo: Planeta, 2016.

DALLARI, Dalmo de Abreu. O Conselho de Estado e o Contencioso Administrativo no Brasil. In: *Revista de Direito Público*, vol. 11, ano 3, jan-mar.1970. São Paulo: Editora Revista dos Tribunais.

DAVID, René. *Os grandes sistemas de direito contemporâneo*. São Paulo: Martins Fontes, 1993.

DE GIORGI, Raffaele. A Administração Pública na Sociedade Complexa. *Revista da Faculdade de Direito da FMP*, nº 08. Porto Alegre: FMP, 2013.

DEBBASCH, Charles e RICCI, Jean-Claude. *Contentieux administratif*. 5. ed. Paris: Dalloz, 1990.

DEBBASCH, Charles. Introduction. In: *La Transparence Administrative en Europe*. Actes du colloque tenu à Aix en octobre 1989. Paris: Centre National de la Recherche Scientifique, 1990.

DEBBASCH, Charles. *La Transparence Administrative en Europe*: actes du colloque tenu à Aix en octobre 1989. Paris: Centre National de la Recherche Scientifique, 1990.

DEGRAZIA, Carlos Biavaschi. *Análise jurídica e histórica do instituto do "uti possidetis"*. Trabalho de conclusão de curso (Graduação em Ciências Jurídicas e Sociais). Pontifícia Universidade Católica do Estado do Rio Grande do Sul, 2007.

DI PIETRO, Maria Sylvia. 500 anos de direito administrativo brasileiro. *Revista da Procuradoria Geral do Estado da Bahia*. Brasília: ENAP, v. 26, n. 2, p. 29-54.

DI PIETRO, Maria Sylvia Zanella. *Direito administrativo*. 28. ed. São Paulo: Editora Atlas, 2015.

DI PIETRO, Maria Sylvia. *Direito administrativo*. 2. ed. São Paulo: Atlas, 1991.

DIAMOND, Jared. *Armas, germes e aço*: os destinos das sociedades humanas. São Paulo: Record, 2001.

DOMINGUES, José. *As ordenações afonsinas*. Três séculos de Direito Medieval (1211-1512). Sintra: Zéfiro Edições, 2008. Disponível em: https://www.academia.edu/3123263/As_Ordena%C3%A7%C3%B5es_Afonsinas_-_Tr%C3%AAs_S%C3%A9culos_de_Direito_Medieval_1211-1512.

DORIA, Pedro. *1565. Enquanto o Brasil nascia*. A aventura de portugueses, franceses, índios e negros da fundação do País. Rio de Janeiro: Nova Fronteira, 2012.

DUSSO, Marcos Aurélio. *Do mecanismo de proteção jurídico-institucional utilizado nos modelos de estado absoluto e despótico iluminista*: da monarcomaquia e sua utilização nos processos de expulsão dos jesuítas, em Portugal e na França. Tese (Doutorado). Programa de Pós-graduação em Direito. Faculdade de Direito, Universidade Federal do Rio Grande do Sul, 2018.

ENGISH, Karl. *Introdução ao Pensamento jurídico*. 6. ed. Lisboa: Fundação Calouste Gulbenkian, 1988.

EISENMANN, Charles. O direito administrativo e o princípio da legalidade. *Revista de Direito Administrativo*. Vol 56. 1959. Disponível em: http://bibliotecadigital.fgv.br/ojs/index.php/rda/issue/view/1222

EISENMANN, Charles *et alli*. *cahiers de philosophie politique* (A la mémoire de Charles Einsenmann). Bruxelles: Éditions OUSIA s.c., 1985.

ENTERRIA, Eduardo Garcia. *Revolucion francesa y administracion contemporanea*. 4. ed. Madrid: Civitas, 1994.

FAORO, Raymundo. *Os donos do poder*: Formação do patronato político brasileiro. Edição revista, acrescida de índices remissivo. 3. ed. São Paulo: Globo, 2001.

FARELO, Mário. Redes de Justiça e conhecimento da cidade medieval portuguesa. O exemplo de Lisboa (séculos XII-XV). *e-SLegal History Review 22(2016)*. Disponível em: https://run.unl.pt/bitstream/10362/57208/1/FARELO_2016_e_SLegal.pdf

FAZZALARI, Elio. *Enciclopedia del diritto*. Vol. XXXV. Milano: Giuffrè, 1986, v. "Procedimento (teoria generale)".

FERGUSON, Niall. *Civilização*. Ocidente X Oriente. 2. Reimpressão. São Paulo: Planeta, 2012.

FERRARI, Janice Helena. Direito à própria imagem. *Cadernos de Direito Constitucional e Ciência Política*, nº 4, RT, São Paulo, 1993.

FERRAZ JR. Tércio Sampaio. Sigilo de dados: o direito à privacidade e os limites da função fiscalizadora do Estado. *Cadernos de Direito Constitucional e Ciência Política. Revista dos Tribunais*, São Paulo, 1992.

FERRAZ, Sérgio e DALLARI, Adilson Abreu. *Processo administrativo*. 1. ed. 3. Tiragem. São Paulo: Malheiros, 2003.

FERRAZ, Sérgio. O processo administrativo e a Constituição de 1988. *Revista Trimestral de Direito Público*, nº 1/1993.

FERREIRA, Waldemar Martins. *As capitanias coloniais de juro e herdade*. Vol 1. São Paulo: Saraiva, 1962.

FIGUEIREDO, Lucas. *Boa ventura!* A corrida do ouro no Brasil (1697-1810). A cobiça que forjou um país, sustentou Portugal e inflamou o mundo. Rio de Janeiro/São Paulo: Editora Record, 2011.

FIORAVANTI, Maurizio. *Los derechos fundamentales*. 4. ed. Madrid: Trotta, 2003.

FITZ, Francisco García. *La edad media*. Guerra e ideología. Justificaciones religiosas y jurídicas. Madrid: Sílex, 2003.

FORSTHOFF, Ernst. *Tratado de derecho administrativo*. Madrid: Instituto de Estudios Politicos, 1958.

FRANCE. CONSEIL D'ÉTAT. *Analyse de la jurisprudence* : Conseil D'État. Droit économique 1997. Disponível em: http://www.conseil-etat.fr/

FRANCO, Afonso Arinos Mello. "Introdução" à edição fac-simile da Constituição do Império do Brasil e da Carta portuguesa de 1826. In: *O constitucionalismo de D. Pedro no Brasil e em Portugal*. Rio de Janeiro: Arquivo Nacional, 1972.

FROMONT, Michel. La Codification du Droit Administratif par la Loi du 25 Mai 1976. *Revue du droit public et de la science politique en France et a L'Étranger*, nº 6. Paris: Librairie Générale du Droit et de Jurisprudence, 1977.

FROMONT, Michel. *La répartition des compétences entre les tribunaux civils et adminstratifs en droit allemand*. Paris: Librairie Générale du Droit et de Jurisprudence, 1960.

FUERO JUZGO en latin y castellano. Madrid: Real Academia Espanhola, por Ibarra, impressor de cámara de S.M. 1815. ed. Fac-símile disponível in www.cervantesvirtual.com.

GARCÍA DEL CORRAL, D. Ildenfonso. *Cuerpo del derecho civil romano*. Edición facsímil da edição orginal de 1889, feita por Jaime Mollinas, Editor. Valladolid: Lex Nova, 1989, Tomo I.

GARCIA, Fernando Cacciatore de. *Fronteira iluminada*. História do povoamento, conquistas e limites do Rio Grande do Sul a partir do Tratado de Tordesilhas. Porto Alegre: Editora Meridional Ltda, 2010.

GARCIA NETO, Paulo Macedo. A reforma judiciária de 1871. In: MOTA, Carlos Guilherme, FERREIRA, Gabriela Nunes (org.) *Os juristas na formação do Estado-Nação brasileiro*. 1850-1930. São Paulo: Saraiva, 2010.

GARGARELLA, Roberto. *La justicia frente ao gobierno*. Barcelona: Ariel, 1996.

GARNER, Lydia M. Justiça Administrativa no Brasil do Segundo Reinado (1842-1889). 1997. Paper apresentado no *XX International Congress of the Latin American Studies Association*. Guadalajara. Disponível em: http://lasa.international.pitt.edu/LASA97/garner.pdf. Acesso em: 22 dez. 2018.

GASPARI, Elio. *A ditadura envergonhada*. 1. ed. Companhia das Letras: São Paulo, 2002.

GIACOMUZZI, José Guilherme. *A moralidade administrativa e a boa-fé da administração pública*. São Paulo: Malheiros, 2002.

GIANNINI, Massimo Severo. *Enciclopedia del diritto*. Vol. XXXI. Milão: Giuffrè, 1981, v. "Organi (Teoria Generale)".

GIANNINI, Massimo Severo. *Enciclopedia del diritto*.Vol. IV. Milão: Giuffrè, 1988, v. "Atto Amministrativo".

GIANNINI, Massimo Severo. I Pubblici poteri negli stati pluriclasse. *Rivista Trimestrale di Diritto Pubblico*. Milano, v. 2-3.

GOMES DA SILVA, Nuno J. Espinosa. *História do direito português*: fontes do direito. Lisboa: Calouste Gulbenkian, 1991.

GOMES DE SOUZA, Rubens. *Compêndio de legislação tributária*. São Paulo: Financeiras, 1954.

GOMES, José Osvaldo. *Fundamentação do acto administrativo.* 2. ed. Coimbra: Coimbra, 1988.

GONÇALVES, Albenir Itaboraí Querubini. *O regramento jurídico das sesmarias.* São Paulo: Leud, 2014.

GONÇALVES LOUREIRO, João Carlos. *O procedimento administrativo entre a eficiência e a garantia dos particulares.* Coimbra: Universidade de Coimbra, 1995.

GONZALES PEREZ, Jesus. *El principio general de la buena fe en el derecho administrativo.* Civitas, Madrid, 1983.

GONZALES, Ariosto. *Las primeras formulas constitucionales en los países del Plata* (1810-1814). Montevideo: Barreiro Y Ramos S.A Editores, 1962.

GORDILLO, Agustin. Participacion Administrativa. *Revista de Direito Público,* São Paulo, v. 18, n. 74, p. 15-25, abr./jun. 1985.

GRANDO, Guilherme. *O conceito histórico de soberania e a sua relativização na contemporaneidade.* Trabalho de conclusão de curso (Graduação em Ciências Jurídicas e Sociais). Faculdade de Direito da Fundação Escola Superior do Ministério Público do Rio Grande do Sul. Porto Alegre, 2017.

GROSSI, Paolo. *L'ordine giuridico medievale.* 10. ed. Roma-Bari: Laterza, 2003.

GUANDALINI JR, Walter. *Gênese do direito administrativo brasileiro.* Formação conteúdo e funções do Direito Administrativo durante a construção do Estado no Brasil Imperial. Tese (Doutorado). Programa de Pós-Graduação em Direito. Faculdade de Direito. Universidade Federal do Paraná, 2011.

GUARACY, Thales. *A criação do Brasil 1600-1700:* como uma geração de desbravadores desafiou coroas, religiões e fronteiras, dando ao país 5 dos seus 8,5 milhões de m² e ilimitadas ambições de grandeza. São Paulo: Planeta, 2018.

HABERMAS, Jürgen. *Consciência moral e agir comunicativo.* Rio de Janeiro: Tempo Brasileiro, 1989.

HABERMAS, Jürgen. *La lógica de las ciencias sociales.* Madrid: Editorial Tecnos, 1996.

HABERMAS, Jürgen. *Mudança estrutural da esfera pública.* Rio de Janeiro: Tempo Brasileiro, 1984.

HABERMAS, Jürgen. *O discurso filosófico da modernidade.* Lisboa: Publicações Dom Quixote, 1990.

HABERMAS, Jürgen. *Direito e democracia:* entre facticidade e validade. 4. ed. Rio de Janeiro: Tempo Brasileiro, 1997. v. 2.

HAMEISTER, Martha Daisson; GIL, Tiago Luís. Fazer-se elite no extremo-Sul do Estado do Brasil: uma obra em três movimentos. Continente do Rio Grande de São Pedro (século XVIII). In: FRAGOSO, João Luís Ribeiro; CARVALHO DE ALMEIDA, Carla Maria; SAMPAIO, Antonio Carlos Jucá. (Org.) *Conquistadores & negociantes.* História das elites no antigo regime nos trópicos. América Lusa, séculos XVI a XVIII. Rio de Janeiro: Civilização Brasileira, 2007.

HAMILTON, Alexander; MADISON, James; JAY, John. *O federalista*. Coleção "Os pensadores". São Paulo: Abril Cultural, 1979.

HARARI, Yuval Noah. *Sapiens*. Uma breve história da Humanidade. 4. ed. Porto Alegre: L&PM, 2015.

HARDY, Jacques. Le Statut Doctrinal de la Jurisprudence en Droit Administratif Français. *Revue du Droit Public et la Science Politique en France et a l'étranger* Paris: Librairie Générale du Droit et de Jurisprudence,1990.

HART, L.A. *O conceito de direito*. Lisboa: Fundação Calouste Gulbenkian, 1990.

HATTENHAUER, Hans. *Los fundamentos histórico-ideologicos del Derecho Alemán*. Entre la Jerarquia y la Democracia. 2. ed. Madrid: Editorial Revista de Derecho Privado, 1981.

HAURIOU, Maurice. *Précis de droit administratif et de droit public*. 12. ed. Paris: Dalloz, 2002.

HECK, Luís Afonso. *O tribunal constitucional federal e o desenvolvimento dos princípios constitucionais*. Contributo para uma compreensão da Jurisdição Constitucional Alemã. Porto Alegre: Sérgio Antonio Fabris Editor, 1995.

HESPANHA, António Manuel. *As vésperas do Leviathan:* instituições e poder político, Portugal (século XVII). Coimbra: Almedina, 1994.

HESPANHA, António Manuel. *História das instituições*: épocas medieval e moderna. Coimbra: Almedina, 1982.

HESPANHA, António Manuel. *Justiça e litigiosidade:* história e prospectiva. Lisboa: Fundação Calouste Gulbenkian, 1993.

HESSE, Konrad. *Elementos de direito constitucional da República Federal da Alemanha*. Porto Alegre: Sérgio Fabris Editor, 1998.

HESSE, Konrad. *Derecho constitucional y derecho privado*. Madrid: Civitas, 1995.

HOBBES, Thomas. *Do cidadão*. São Paulo: Martins Fontes, 1998.

JELLINECK, Georg. *Diritti pubblici subbiettivi*. Milano: Società Editrice Libraria. 1912.

JELLINECK, Georg. *Teoria general de Estado*. Buenos Aires: Editorial Albatros, 1970.

JOURDAN, Philippe. La formation du concept de service public. *Revue du Droit Public et la Science Politique en France et a l'Étranger*. Paris: Librairie Générale du Droit et de Jurisprudence, 1988.

JOURNÉ, Maurice. *Droit administratif*. Paris, Sirey, 1925, p. 84-85 e 203-204.

KANT, Immanuel. *A paz perpétua e outros opúsculos*. Lisboa: Edições 70, 2004.

KANT, Immanuel. *La metafísica de las costumbres*. 3. ed. Madrid: Tecnos, 1999.

KANT, Immanuel. O que significa orientar-se no pensamento? In: *Textos seletos*. Edição Bilíngue. Petrópolis: ed. Vozes, 1974.

KANTOROWICZ. Ernst H. *Os dois corpos do rei:* um estudo sobre teologia política medieval. São Paulo: Companhia das Letras, 1998.

KELSEN, Hans. A competência da Assembléia Nacional Constituinte. In:. SOLON, Ari Macedo. Um texto de Kelsen sobre o Brasil. *Revista Trimestral de Direito Público.* São Paulo: Malheiros, 1993.

KELSEN, Hans. *Teoria pura do direito.* 4. ed. Coimbra: Arménio Amado, 1979.

KELSEN, Hans. *Jurisdição constitucional.* São Paulo: Martins Fontes, 2003.

KELSEN, Hans. *A Democracia.* São Paulo: Martins Fontes, 1993.

KIMMINICH, Otto. A jurisdição constitucional e o princípio da divisão de poderes. *Revista de Informação Legislativa.* Brasília: Senado Federal – Subsecretaria de Edições Técnicas, nº 105, jan./mar 1990.

KOSELLECK, Reinhart; GADAMER, Hans-Georg. *Historia y hermenéutica.* Barcelona-Buenos Aires-México: Ediciones Paidós, 1997.

LABAND, Paul. *Le droit public de l'empire allemand.* 1. ed. Paris: V. Giard & E. Brière, 1901.

LAPERUTTA, Lilla (a cura di). *Procedimento amministrativo e diritto di accesso:* commento organico alla L. 241/1990 come modificata dalle leggi 11 febraio 2005, n. 15 e 14 maggio 2005, n. 80. Napoli: Edizioni Simone, 2005.

LE GOFF, Jacques. *História e memória.* 3. ed. Campinas: Editora da Unicamp, 1994.

LIMA DA FONSECA, Antonio Cezar. Anotações aos direitos da personalidade. *Revista dos Tribunais,* nº 715, São Paulo: RT, 1995

LOBO, Rodrigo. *Junta de lançamento da décima urbana.* Disponível em: http://linus.an.gov.br/. Acesso em: 28 jan. 2020.

LOCKE, John. *Segundo tratado sobre o Governo* (Ensaio relativo à verdadeira origem, extensão e objetivo do governo civil). São Paulo: Abril Cultural, Coleção "Os Pensadores", 1979.

LONG, WEIL, BRAIBANT, DEVOLVÈ e GENEVOIS. *Les grands arrêts de la jurisprudence administrative.* 13. édition. Paris: Dalloz, 2001.

LOPES, José Reinaldo Lima. *O direito na história.* Lições Introdutórias. 1. ed. São Paulo: 2000.

LOPES, José Reinaldo Lima; QUEIROZ, Rafael Mafei Rabelo; ACCA, Thiago dos Santos. *Curso de história do direito.* São Paulo: Método, 2006.

LOPES, José Reinaldo. O diálogo entre o direito e a história. In: RIBEIRO, Gladys S; NEVES, Edson Alvisi; FERREIRA, Maria de Fátima Cunha Moura. *Diálogos entre direito e história:* cidadania e justiça. Niterói: Editora da Universidade Federal Fluminense, 2009.

LOPES, José Reinaldo. *O oráculo de Delfos.* O Conselho de Estado no Brasil-Império. São Paulo: Saraiva, 2010.

LOPES, José Reinaldo Lima. *História da justiça e do processo no Brasil do século XIX*. Curitiba: Juruá, 2017.

LUHMANN, Niklas. *Legitimação pelo procedimento*. Brasília: UNB, 1980.

LUHMANN, Niklas. *Sistema giuridico e dogmatica giuridica*. Bologna: Il Mulino, 1978.

LYNCH, Christian Edward Cyril. Para além da historiografia Luzia: o debate político-constitucional do Primeiro Reinado e o conceito de Governo Representativo (1826-1831). In: RIBEIRO, Gladys S; NEVES, Edson Alvisi; FERREIRA, Maria de Fátima Cunha Moura. *Diálogos entre direito e história*: cidadania e justiça. Niterói: Editora da Universidade Federal Fluminense, 2009.

LINCH, Christian Edward Cyril. A idéia de um Conselho de Estado Brasileiro. *Revista de Informação Legislativa*. Brasília: Senado Federal, a. 42, n. 168, 2005.

MACHADO, Gustavo Castagna. O federalismo como meio de garantia das condições de execução do projeto castilhista para o Estado do Rio Grande do Sul na República Velha. In: FLORES, Alfredo (org.) *Temas de história do direito*: O Brasil e o Rio Grande do Sul na construção dos conceitos jurídicos republicanos (1889-1945). Porto Alegre: Instituto Histórico e Geográfico do Rio Grande do Sul, 2014.

MacILLWAIN, Charles. *Constitucionalismo antiguo y moderno*. Madri: Centro de estudios constitucionales, 1991.

MALBERG, Carré de. *Contribution à la theorie generale de l'état*. Paris: Sirey, 192.

MARCOU, Gérard. Intégration juridique et logiques nationales. In: MARCOU, Gérard et alli. *Les mutations du droit de l'administration en Europe*. Pluralisme et convergences, Paris: Editions L'Harmattan, 1995.

MARIANI, Marco. *Il diritto di accesso doppo la riforma dell'azione amministrativa*: legge 11 febbraio 2005, n. 15. Torino: Giappichelli, 2005.

MARINS, Carlos Eduardo Garcez; BECAK, Rubens. *O poder moderador na constituição política do império do Brasil*. São Paulo: Universidade de São Paulo, 2016.

MARQUES, Mário Reis. *História do direito português medieval e moderno*. 2. ed. Coimbra: Almedina, 2009.

MARQUES, Mário Reis. O liberalismo e a codificação do direito civil em Portugal. *Boletim da Faculdade de Direito da Universidade de Coimbra*, Coimbra, v. 29, 1986. Suplemento.

MARTIGNETTI, Giuliano; BOBBIO, Norberto; MATTEUCCI, Nicola; PASQUINO, Gianfranco. *Dicionário de política*. Brasília: Editora Universidade de Brasília, 1986, v. "Propriedade".

MARTINEZ DIEZ, Gonzalo. Recepcion de fueros locales leoneses o castellanos en territorio português. *Boletim da Faculdade de Direito de Coimbra*. Vol. LVIII. Coimbra: Universidade de Coimbra, 1982.

MARTINS JÚNIOR, José Isidoro. *História do direito nacional*, p. 7. Disponível em: http://helciomadeira.sites.uol.com.br.

MARTINS-COSTA, Judith et al. *A reconstrução do direito privado*. São Paulo: Revista dos Tribunais, 2002.

MARTINS-COSTA, Judith. O regime das concessões e permissões municipais. *Anais do XXIV Encontro Nacional de Procuradores Municipais*. Porto Alegre: Assembléia Legislativa, 1998.

MARTINS-COSTA, Judith. *A boa-fé no direito privado*. São Paulo: Editora Revista dos Tribunais, 1999.

MARTINS-COSTA, Judith. Publicidade e ação administrativa (Interpretação do art. 37, §1º, da Constituição Federal). *Revista de Direito Público*. Nº 97. São Paulo. Jan.-Mar. 1991.

MARTINS-COSTA, Judith. Almiro do Couto e Silva e a re-significação do princípio da segurança jurídica na relação entre o Estado e os cidadãos (a segurança como crédito da confiança). In: ÁVILA, Humberto (org.) et al. *Fundamentos do Estado de Direito*. Estudos em homenagem ao professor Almiro do Couto e Silva. São Paulo: Malheiros, 2005.

MASUCCI, Alfonso. La legge tedesca sul processo amministrativo. *Quaderni di diritto processuale amministrativo*. Milão: Giuffrè, 1991.

MATTEUCCI, Nicola. In: BOBBIO, Norberto; MATTEUCCI, Nicola; PASQUINO, Gianfranco. *Dicionário de política*. Brasília: Editora Universidade de Brasília, 1986, v. "Soberania".

MAURER, Harmut. *Droit administratif allemand*. Paris: Librairie Générale du Droit et de Jurisprudence, 1994.

MAURER, Harmut. *Elementos de direito administrativo alemão*. Porto Alegre: Sérgio Fabris Editor, 2000.

MAYER, Franz. La Legge sul procedimento amministrativo nella Repubblica Federale Tedesca. *Rivista Trimestrale di Diritto Pubblico*, Milano, n. 3, 1977.

MAYER, Otto. *Le droit administratif allemand*. Paris: V. Giard & E. Brière, 1903.

MEDAUAR, Odete. *O direito administrativo em evolução*. São Paulo: Revista dos Tribunais, 1992.

MEDAUAR, Odete. *A processualidade no direito administrativo*. São Paulo: Editora Revista dos Tribunais, 1993.

MEIRA, Sílvio. O "imperium" no direito romano. *Revista de Informação legislativa*. Brasília: Senado Federal, ano 23, nº 90, abr./jun. 1986.

MEIRELLES, Hely Lopes. *Direito administrativo brasileiro*. 22. ed. São Paulo: Malheiros,1997.

MELLO, Amílcar D'Avila de. *Primórdios da justiça no Brasil*. Coletânea de documentos castelhanos do século XVI. Florianópolis: Tekoá et Orbis, 2014.

MELO FREIRE, Pascoal José de. História do direito civil português. *Boletim do Ministério da Justiça*, nº 173, nº 174 e nº 175, fevereiro, março e abril de 1968.

MELO, José Correa. *Modos de governar e administrar*: os conselhos políticos e administrativos de D. Pedro II a partir da Seção de Fazenda do Conselho de Estado (1842-1889). Tese (Doutorado). Programa de Pós-graduação em Direito. Faculdade de Direito, Universidade Federal do Rio Grande do Sul, 2018.

MELO, José Correa. *O Conselho de Estado e a justiça administrativa*: uma análise do contencioso administrativo no Brasil-Império. Dissertação (Mestrado). Programa de Pós-graduação em Direito. Faculdade de Direito, Universidade Federal do Rio Grande do Sul, 2013.

MENDES DE ALMEIDA, Fernando. *Constituições do Brasil*. 5. ed. São Paulo: Saraiva, 1967.

MENDES DE ALMEIDA, Fernado. *Os atos administrativos na teoria dos atos jurídicos*. São Paulo: Editora Revista dos Tribunais, 1969.

MENDES, Gilmar Ferreira. Colisão de direitos fundamentais: liberdade de expressão e de comunicação e direito à honra e à imagem. *Revista de Informação Legislativa*, nº 122, Brasília, 1994.

MEULDERS-KLEIN, Marie-Thérèse. Vie privée, vie familiale et droits de l'homme. *Revue Internationale de Droit Comparé* nº 4, Paris, 1992.

MIGNOLO, Walter. Desobediência epistêmica: a opção descolonial e o significado de identidade em política. *Cadernos de Letras da UFF*, Dossiê: Literatura, língua e identidade, Niterói,n. 34, p. 287-324, 2008.

MIRANDA, Jorge. *Manual de direito constitucional*. Tomo I. Coimbra: Coimbra Editora, 1990.

MIRANDA, Jorge. *Textos históricos de direito constitucional*. Lisboa: Casa da Moeda, 1990.

MIRANDA, Jorge. *Funções, órgãos e actos do estado*. (Apontamento de lições). Lisboa: Faculdade de Direito da Universidade de Lisboa, 1990.

MIRANDA, Jorge. *Teoria do Estado e da Constituição*. Rio de Janeiro: Forense, 2002.

MIRANDA, Rosângelo R. Tutela Constitucional do Direito à proteção da própria vida privada. *Cadernos de Direito Constitucional e Ciência Política*, nº 13. São Paulo: RT, 1995.

MODUGNO, Franco. *Enciclopedia del diritto*. Vol. XVII, Milão: Giufré, 1981. Verbete "Funzione."

MONTESQUIEU, Charles Louis de Secondat (Barão de La Bréde). *Do espírito das leis*. São Paulo: Abril Cultural, 1979, Coleção "Os Pensadores".

MONTESQUIEU, Charles Louis de Secondat (Barão de La Bréde). L'Esprit de lois. Livre XI. In: KRIEGEL, BLANDINE. *Textes de philosophie politique classique*. Coleção Que sais-je? Paris: Presse Universitaires de France, 1993, p. 90-101.

MORAND-DEVILLER, Jacqueline. *Cours de droit administratif*. Paris: Montechrestien, 1991.

MOREIRA, Egon Bockmann. *Processo administrativo*. Princípios constitucionais e a Lei 9.784/1999. 2. ed. rev. e aumentada. São Paulo: Malheiros, 2003.

MOREIRA DE PAULA, Jônatas Luiz. *História do direito processual brasileiro*. Das Origens Lusas à Escola Crítica de Processo. 1. ed. São Paulo: Editora Manole, 2002.

MOREIRA NETO, Diogo de Figueiredo. *Curso de direito administrativo*. 11. ed. Rio de Janeiro: Forense.

MOREIRA NETO, Diogo Figueiredo. Juridicidade, pluralidade normativa, democracia e controle social. (Reflexões sobre alguns rumos do direito público neste século). In: ÁVILA, Humberto (org.) et al. *Fundamentos do Estado de Direito*. Estudos em Homenagem ao Professor Almiro do Couto e Silva. São Paulo: Malheiros, 2005.

MOREIRA NETO, Diogo Figueiredo. *Legitimidade e discricionariedade* (Novas reflexões sobre os limites e o controle da discricionariedade). Rio de Janeiro: Forense, 1989.

MOTA, Carlos Guilherme (coord.). *Os juristas na formação do Estado-Nação brasileiro*. Vol. I – Século XVI a 1850. Coleção Juristas Brasileiros. São Paulo: Quartier Latin, 2006.

MOTA, Carlos Guilherme, FERREIRA, Gabriela Nunes (org.) *Os juristas na formação do Estado-Nação brasileiro*. 1850-1930. São Paulo: Saraiva, 2010.

MOTA, Carlos Guilherme; LOPEZ, Adriana. *História do Brasil*. Uma interpretação. 3. ed. São Paulo: Editora Senac São Paulo, 2012

MÜLLER, Friedrich. *Discours de la Méthode Juridique*. Paris: PUF, 1993.

NEQUETE, Lenine. *O poder judiciário no Brasil a partir da independência*. 2v. Atualizada por Roberto Rosas. Brasília: Supremo Tribunal Federal, 2000.

NEQUETE, Lenine. *O Poder judiciário no Brasil:* crônica dos tempo coloniais. 2v. ed. Fac. simile. Brasília: Supremo Tribunal Federal.

NETO, Lira. *Getúlio:* dos anos de formação à conquista do poder (1882-1930). São Paulo: Companhia das Letras, 2012.

NIGRO, Mario. Problemi dei nostri tempi: il nodo della partecipazione. *Rivista Trimestrale di Diritto e Procedura Civile*, Milano, mar. 1980.

NIGRO, Mario. Procedimento Amministrativo e Tutela Giurisdizionale contro la Pubblica Amministrazione: Il probleme di una Legge Generale sul Procedimento Amministrativo. *Rivista di Diritto Processuale*, Milano, n. 2, apr./giug. 1980.

NOVAIS, Jorge Reis. Contributo para uma Teoria do Estado de Direito. Do Estado de Direito liberal ao Estado social e democrático de Direito. Suplemento ao *Boletim da Faculdade de Direito da Universidade de Coimbra*. Separata do volume XXIX. Coimbra, 1987.

OLIVEIRA, Carlos Alberto Álvaro. Jurisdição e Administração (notas de direito brasileiro e comparado). *Cadernos de Direito Constitucional e Ciência Política*. Nº 5. São Paulo: Revista dos Tribunais, outubro-dezembro, 1993.

OLIVEIRA, Regis Fernandes de. *Ato administrativo*. São Paulo: RT,1980.

OLIVEIRA, Sônia Regina Martins. *Juristas ao final do império brasileiro (1873-1889):* perfis, discursos e modelos a partir do estudo da revista o direito. (Tese) Programa de

Pós-Graduação em Direito da Universidade Federal do Paraná. Curitiba, 2015. Disponível em: http://www.acervodigital.ufpr.br. Acesso em: 10 dez. 2019.

ORDENAÇÕES AFONSINAS. Livro I. Lisboa: Fundação Calouste Gubelkian, 1998. Edição fac-simile da edição da Real Imprensa da Universidade de Coimbra, no ano de 1792.

ORDENAÇÕES DEL-REI DOM DUARTE. ed. Preparada por Martim de Albuquerque e Eduardo Borges Fortes. Lisboa: Fundação Calouste Gulbenkian, 1988. Disponível em: http://www.iuslusitaniae.fcsh.unl.pt. Fontes Históricas do Direito Português.

ORDENAÇOES FILIPINAS. São Paulo: Edição Saraiva, 1957.

ORDENAÇÕES MANUELINAS. Lisboa: Fundação Calouste Gubelkian. ed. Facsimile da edição feita pela Real Imprensa da Universidade de Coimbra, 1797.

ORESTANO, Riccardo. *Il "problema delle persone giuridiche" in diritto romano*. Turim: Giappichelli, 1968.

PAGE, Martin. *A primeira aldeia global*. Como Portugal mudou o mundo. 15. ed. Lisboa: Casa das Letras, 2016.

PAIM, Antonio. *A escola de Recife*. Estudos complementares à história das idéias filosóficas no Brasil. Vol V, 3. ed. São Paulo: Editora UEL.

PANIÁGUA, Jose Maria Rodriguez. *Historia del pensamiento juridico*. Vol. I. Madrid: Universidad Complutense, 1988.

PEREIRA DA SILVA, Vasco Manuel Pascoal Dias. *Em busca do acto administrativo perdido*. Coimbra: Almedina, 1996.

PONDÉ, Lafayette. Considerações sobre o processo administrativo. *Revista de Direito Administrativo*, nº 130, out./dez. 1977.

PONTES DE MIRANDA, Francisco Cavalcanti. *Comentários à Constituição de 1967*. Com a Emenda nº 1, de 1969. Tomo I. São Paulo: Editora RT, 1970.

PONTES DE MIRANDA, Francisco Cavalcanti. *Fontes e evolução do direito civil brasileiro*. Rio de Janeiro: Forense, 1981.

PONTES DE MIRANDA, Francisco Cavalcanti. *Tratado de direito privado*. 2. ed. Tomo I. Rio de Janeiro: Editora Borsoi, 1954.

RANKE, Leopold von. *La monarquía española de los siglos XVI y XVII*. México: editorial Leyenda, Col. Carabela, 1942.

REGO, Vicente Pereira. *Elementos de direito administrativo brasileiro, para uso das faculdades de direito do império*. 2. ed. Recife: Tipografia Comercial de Geraldo Henrique de Mira & C., 1860.

RIBAS, Antonio Joaquim. *Direito administrativo brasileiro*. Rio de Janeiro: F.L.Pinto & C., Livreiros-Editores, 1866.

RIBEIRO, Darcy. *O povo brasileiro:* a formação e o sentido do Brasil. 1. ed. São Paulo: Companhia das Letras, 1995.

RICCOBONO, BAVIERA, FERRINI, FURLANI, ARANGIO-RUIZ. *Fontes iuris romani antejustiniani:* pars altera. Firenze: Barbèra, 1940.

RICOEUR, Paul. *Historia y verdad.* 3. ed. Madrid: Ediciones Encuentro, 1990.

RIGAUX, François. La liberté de la vie privée. *Revue Internationale de Droit Comparé,* nº 3, 1991.

RIVERO Jean. *Direito administrativo.* Coimbra: Almedina, 1981.

RIVERO, Jean et al. *La participation directe du citoyen à la vie politique et administrative.* Bruxelles: Bruylant Breuxelles, 1986.

RIVERO, Jean. *Curso de direito administrativo comparado.* São Paulo: Editora Revista dos Tribunais, 1995.

RIVERO, Jean. Rapport de Synthèse. In: *La transparence administrative en Europe.* Actes du colloque tenu à Aix en octobre 1989. Paris: Centre National de la Recherche Scientifique, 1990.

RODRIGUES, Itiberê de Oliveira. *Direito administrativo.* Registro em meio eletrônico. "Curso Preparatório ao Concurso de Procurador do Município" promovido pela Escola de Direito Municipal de Porto Alegre, agosto a dezembro de 1997, Porto Alegre, RS.

RODRIGUES, José Honório. *Atas do Conselho de Estado.* Brasília, Senado Federal, 1973-1978. 13 v. ilust. color. Disponivel in http://www2.senado.leg.br/bdsf/item/id/188985. Acesso em: 24 jun. 2020.

RODRIGUEZ, Pascual Marzal. El ius commune como derecho supletorio en Valencia. *GLOSSAE. Revista del derecho europeo,* nº 5-6. 1993. Murcia: Instituto de Derecho Común Europeo. Universidad de Murcia.

ROTTLEUTHNER, Hubert. Les métaphores biologiques dans la pensée juridique *Archives du philosophie du droit.* T. 31. Paris: Sirey, 1986.

ROULAND, Norbert (Org.). *Direito das minorias e dos povos autóctones.* Brasília: Editora UnB, 2004.

ROUSSEAU, Jean J. *Do contrato social.* São Paulo: Abril Cultural, 1979, p. 44.

ROUVILLOIS, Frédéric. Le raisonnement finaliste du juge administratif. *Revue du Droit Public et la Science Politique en France et a l'étranger* Paris: Librairie Générale du Droit et de Jurisprudence, 1990, p. 1817-1857.

SALAZAR, Alcino. *O conceito de ato administrativo.* Rio de Janeiro: [s. ed.], 1945.

SALDANHA, Nelson. A teoria do "poder moderador" e as origens do direito político brasileiro. *Quaderni Fiorentini,* XVIII, Firenze, 1993.

SALINAS, Natasha Schmitt Caccia. Reforma administrativa de 1967. A conciliação do legal com o real. In: MOTA, Carlos Guilherme; SALINAS, Natasha Schmitt Caccia (Org.) *Os juristas na formação do Estado-Nação brasileiro*. 1930 – dias atuais. São Paulo: Saraiva, 2010, p. 460.

SAVIGNANO, Aristide. *Enciclopedia del Diritto*. Milano: Giuffrè, 1986, v. "Participazioni".

SCHIAVONE, Aldo. *Ius*: la invención del derecho en Ocidente. 2. ed. Buenos Aires: Adriana Hidalgo Editora, 2012.

SCHMITT, Carl. *Teoría de la Constitucion*. Madrid: Editorial Revista de Derecho Privado, s/d.

SCLIAR, Wremyr. Getúlio Vargas e a modernização da administração pública. *Revista Procuradoria-Geral do Município de Porto Alegre*, v. 01, 2006.

SEABRA FAGUNDES, Miguel. *O contrôle dos atos administrativos pelo poder judiciário*. 4. ed. Rio de Janeiro: Forense, 1967.

SÉRVULO CORREIA, José Manuel. *Legalidade e autonomia contratual nos contratos administrativos*. Coimbra: Almedina, 1987.

SÉRVULO CORREIA, José Manuel. O Direito à informação e os direitos de participação dos particulares no procedimento e, em especial, na formação da decisão administrativa. In: AMARAL, Diogo Freitas; LOPEZ RODÓ, Laureano. *Procedimento administrativo*: ponencias del I coloquio hispano-português. Santiago de Compostela: Escola Galega de Administración Publica, 1994.

SEVILLA, San Isidoro. *Etimologias*. Madrid: Biblioteca de Autores Cristianos, 1951.

SILVA, José Afonso da. *Curso de Direito Constitucional positivo*. Malheiros Editor, 12. ed. São Paulo, 1996.

SKINNER, Quentin. *As fundações do pensamento político moderno*. São Paulo: Companhia das Letras, 1996.

SOUTO MAIOR BORGES, José. *Lançamento tributário*. 2. ed. São Paulo: Malheiros, 1999.

SOUZA JÚNIOR, Cezar Saldanha. *O tribunal constitucional como poder*. Uma nova teoria da divisão dos poderes. São Paulo: Memória Jurídica, 2002.

SPINOZA, Baruch. *Tratado político*. Coleção "Os Pensadores". São Paulo: Abril Cultural, 1979.

SPINOZA, Baruch. *Tratado da correção do intelecto*. São Paulo: Abril Cultural, 1979, Coleção "Os Pensadores".

STASSINOPOULOS, Michel. *Traité des actes administratifs*. Atenas: Collection de L'Institut Français d'Athènes, 1954.

SUNFELD, Carlos Ari. Princípio da publicidade administrativa (Direito de certidão, vista e intimação). *Revista de Direito Administrativo*, nº199. Rio de Janeiro, jan./mar. 1995.

SYEYÈS, Emanuel Joseph. *A constituinte burguesa.* (O que é o terceiro estado?). Rio de Janeiro: Liber Juris, 1986.

SZKLAROWSKY, Leon Frejda. *À luz da Constituição, é possível instituir validamente a execução do crédito tributário por autoridade diversa da jurisdicional?* Disponível em: www.jus.com.br. Acesso em: 10 dez. 2020. Texto publicado, reproduzido mediante permissão expressa do site e de seu autor.

TABORDA, Maren Guimarães. *A delimitação da função administrativa na ordem estatal.* Dissertação (Mestrado). Programa de Pós-graduação em Direito. Faculdade de Direito, Universidade Federal do Rio Grande do Sul, 2001.

TABORDA, Maren Guimarães. O princípio da transparência e o aprofundamento dos caracteres fundamentais do direito administrativo. *Revista de Direito Administrativo.* Rio de Janeiro: Renovar, n. 230, p. 251-279. Out/dez 2002.

TABORDA, Maren G. Ensaio sobre a construção da tese do Estado como Pessoa Jurídica. *Direito & Justiça.* Revista da Faculdade de Direito da PUCRS. Porto Alegre, v. 32, n. 1, p. 51-76, - junho 2006.

TABORDA, Maren Guimarães. Elementos para a compreensão da vocação hereditária dos filhos na tradição jurídica brasileira anterior à codificação de 1916. *Revista da faculdade de direito da FMP.* Porto Alegre, n. 5, p. 200-237, 2010.

TABORDA, Maren. A tese de Montesquieu e a práxis dos pais fundadores da República Norte-Americana. *Revista da Faculdade de Direito da FMP,* nº 08 (2013). Porto Alegre: Fundação Escola Superior do Ministério Público do Rio Grande do Sul.

TABORDA, Maren Guimarães. A administração fiscal na sociedade complexa: o caso da constituição dos créditos não tributários no município de Porto Alegre. In: NERY, Cristiane; CAMPELLO, Geórgia T.J (Org.) *Direito municipal em debate.* Belo Horizonte, Editora Forum, 2014.

TABORDA, Maren Guimarães. Entre morcegos e beija-flores: reflexões críticas sobre a Jurisdição Constitucional no Brasil. *Direito & Justiça* (Porto Alegre. Impresso), v. 40, 2014.

TABORDA, Maren Guimarães. Os 90 anos da Procuradoria-Geral do Município de Porto Alegre: breve relato sobre a descoberta e a afirmação do Estado Democrático de Direito em âmbito local. *Revista Procuradoria-Geral do Município de Porto Alegre,* v. Especial.Porto Alegre: CORAG, 2015, p. 12-24, 2015.

TABORDA, Maren Guimarães. A Administração Fiscal na Sociedade Complexa: o caso da constituição dos créditos não tributários no Município de Porto Alegre. In: GESTA LEAL, Rogério; GAVIÃO FILHO, Anizio (Org.) *Coleção tutelas à efetivação de direitos indisponíveis.* Porto Alegre, FMP, 2016.

TABORDA, Maren; MATIAS, Flávia Hagen. Democracia procedimental, opinião pública e mídia: o caso da Revolução das Panelas e Frigideiras. In: SILVA, Lucas Gonçalves; FREITAS, Ruben Corrêa (Org.) *Teoria constitucional.* 1. ed. CONPEDI: Florianópolis, 2016, v. p. 166-185.

TABORDA, Maren. Afirmação da soberania e da autonomia dos monarcas portugueses frente ao direito canônico: legislação real, prática do morgadio e da mestiçagem como estratégia ocupação e povoamento. In: ALMEIDA, Cybele; FELONIUK, Wagner; FLORES,

Alfredo; LUBICH, Gerhardt; VARGAS, Anderson (Orgs.) *Violência e poder:* reflexões brasileiras e alemãs sobre o medievo e a contemporaneidade. 1. ed. Porto Alegre: DM Editora, 2017, v. 1, p. 181-208.

TABORDA, Maren; ZANDONÁ, Thais. A atividade do comunicação social e formação da opinião pública. *Revista de Direito Econômico e Socioambiental,* v. 8. Curitiba, 2018, p. 410-445.

TABORDA, Maren; FILIPPIN, Vinicius. Revolução Francesa e restauração: notas sobre os modelos constitucionais adotados nos países do Prata e no Brasil no início do século XIX. *Revista Brasileira de História do Direito,* v. 3, p. 82-101, 2018.

TABORDA, Maren; SPAREMBERGER, Raquel. O STF e o estatuto constitucional dos indígenas: reflexões sobre a construção jurisprudencial de um direito objetivamente justo. In: *II Congresso de Filosofia do Direito para o Mundo Latino,* 2018, Rio de Janeiro. *Direito, razões, racionalidade.* Rio de Janeiro: CONPEDI, 2018.

TABORDA, M. G.; WEBER, G. O. Fundamentação racional dos atos administrativos como dever constitucional. In: *XXVII Encontro Nacional do CONPEDI,* 2018, Porto Alegre. *GT direito administrativo e gestão pública II.* Florianópolis: Conselho Nacional de Pesquisa e Pós-graduação em Direito, 2018.

TABORDA, Maren; WEBER, Guilherme. Da possibilidade de a Administração Pública resolver por conta própria problema de inconstucinalidade das leis. In: BASSO, Ana Paula et al. *Direito administrativo e gestão pública e direito urbanístico, cidade e alteridade.* [Recurso Eletrônico]. LEFIS n. 19. CONPEDI. Zaragoza: Prensas da La Universidad de Zaragoza, 2019, p. 111-132.

TABORDA, Wilmar. *Poder político e direito de família* – O sujeito de direito no âmbito da família. Uma visão histórico-política. Porto Alegre: Editora AGE, 2010.

THE VISIGOTHIC CODE. Tradução S.P. Scott. Disponível em: www.fordham.edu/halsall/sbook2.html/ (Print Edition: Boston Book Company, 1910).

TOCQUEVILLE, Alexis de. *A democracia na América.* São Paulo: Edusp, 1987.

TOCQUEVILLE, Alexis. *O antigo regime e a revolução.* Coleção "Os Pensadores". São Paulo: Abril Cultural, 1979.

TREVELYAN, George McCaulay. *A Revolução Inglesa.* Brasília: Editora da Universidade de Brasília, 1982.

TRIPOLI, César. *História do direito brasileiro.* Vol. I. (Época colonial). São Paulo: Revista dos Tribunais, 1936.

TRUYOL Y SERRA, Antonio. *Historia de la filosofia del derecho y del Estado.* 1. De los orígenes a la baja edad media. 11. ed. Madrid: Alianza Editorial.

URUGUAI, Visconde de. *Ensaio sobre o direito administrativo.* Rio de Janeiro: Typographia Nacional, 1862. Texto integral in: CARVALHO, José Murilo (org). *Visconde do Uruguai.* São Paulo: Editora 34, 2002 (Coleção Formadores do Brasil).

VARELA, Laura Beck. Das propriedades à propriedade: construção de um direito. In: MARTINS-COSTA, Judith H. (org.) *A reconstrução do direito privado.* São Paulo: Editora Revista dos Tribunais, 2002.

VEDEL, Georges. *Droit administratif.* Tomo I. Paris: Presse Universitaire de France, 1958.

VELLEY, Sèrge. La constitutionnalisation d'un mythe: Justice administrative et séparation des pouvoirs. *Revue du Droit Public et la Science Politique en France et a l'étranger.* RDPSP. Paris: Librairie Générale du Droit et de Jurisprudence,1989.

VIEIRA DE ANDRADE, José Carlos Vieira. *O dever de fundamentação expressa dos actos administrativos.* Coimbra: Almedina, 2003.

VIEIRA MARTINS, Maria Fernanda. A velha arte de governar: o conselho de Estado no Brasil Imperial. In: *Topoi,* v. 7, n. 12, jan.-jun., 2006, p. 178-221.

VILLEY, Michel. *Leçons d'histoire de la philosophie du droit* (Les origines de la notion de droit subjectif). Paris: Dalloz, 1957.

VOVELLE, Michel. *Jacobinos e jacobinismo.* Bauru: EDUSC, 2000.

WEBER, Max. *Economia y sociedad* – Esbozo de sociología comprensiva. 11. reinpresión, Cidad del Mexico: Fondo de Cultura Económica, 1997.

WEBER, Max *Ensaios de sociologia.* 5. ed. Rio de Janeiro: Zahar Editores, 1982.

WEFORT, Francisco. *Espada, cobiça e fé.* As origens do Brasil. 1. ed. Rio de Janeiro: Civilização Brasileira, 2012.

WEHLING, Arno; WEHLING, Maria José. *Direito e justiça no Brasil Colonial:* O Tribunal da Relação do Rio de Janeiro (1751-1808). Rio de Janeiro/São Paulo/Recife: Editora Renovar, 2004.

WEIL, Prosper. *O direito administrativo.* Coimbra: Livraria Almedina, 1977.

WHITE, Hayden. *Metahistória.* La imaginación histórica en la Europa de siglo XIX. Mexico: Fondo de Cultura Económica, 1992.

WIEACKER, Franz. *História do direito privado moderno.* 2. ed. Lisboa: Fundação Calouste Gulbenkian, 1993.

WOLF, Armin. Los *iura propria* em Europa en el siglo XIII. *GLOSSAE, Revista del derecho europeo,* nº 5-6. 1993. Murcia: Instituto de Derecho Común Europeo. Universidad de Murcia.

XAVIER, Alberto. *Do procedimento administrativo.* São Paulo: Bushatsky, 1976.

YOLTON, John W. *Dicionário Locke.* Rio de Janeiro: Jorge Zahar Editor, 1996.

Esta obra foi composta em fonte Palatino Linotype, corpo 10
e impressa em papel Pólen Bold 70g (miolo) e Supremo 250g (capa)
pela Paulinelli Serviços Gráficos.